553

HISTOIRE

DE LA

LITTÉRATURE

DRAMATIQUE

PARIS. — IMPRIMERIE DE J. CLAYE,
RUE SAINT-BENOIT, 7.

HISTOIRE
DE LA
LITTÉRATURE
DRAMATIQUE

PAR

M. JULES JANIN

« Pleurez-moi seulement pendant la minute où la cloche tintera pour vous dire : *il va loger avec les vers*. Oubliez-moi, et ne répétez plus ce pauvre nom de Shakespeare ! »
SHAKESPEARE.

TOME CINQUIÈME.

PARIS
MICHEL LÉVY FRÈRES, ÉDITEURS
RUE VIVIENNE, 2 BIS

1857

HISTOIRE
DE LA
LITTÉRATURE DRAMATIQUE

FRÉDÉRIC SOULIÉ
OU L'HOMME DE LETTRES

Aux premiers jours de la révolution de juillet, à l'heure où monte, au milieu du ciel apaisé, l'astre éclatant de Victor Hugo l'élégiaque, le romancier et le poëte dramatique... là nous nous sommes arrêtés, ou, pour mieux dire, là nous sommes revenus, pour y retrouver, à leurs plus belles heures, les talents que nous avons admirés, les œuvres que nous avons vu naître, les beaux esprits que nous aimions! — 1829-1830, certes la date est fulminante! La politique est un volcan, la littérature est une fournaise. En ce moment unique dans notre histoire, l'art dramatique est en pleine révolution, attendant et pressentant, même avant les hommes d'État, la révolution qui va venir.

S'il vous en souvient (le moyen d'oublier cette orageuse maîtresse?), nous étions tous, les uns et les autres, remplis d'une émotion indicible, à la fin du règne aimable et clément du bon roi Charles X. Tout commençait alors, et tout recommençait dans les domaines de l'intelligence et de l'esprit. Pour peu qu'on eût vingt ans, et que l'on eût écrit quelque beau vers, pour peu qu'on eût aligné quelques lignes d'une prose incorrecte et brûlante, on se croyait, très-volontiers, un grand homme. Nul, en ce temps-là, n'eût osé passer sous l'Arc-de-Triomphe, sans baisser la tête, non par humilité, mais par orgueil; le premier venu, poëte ou peintre, on avait peur de se briser la tête contre ces fabuleuses hauteurs. C'était une fièvre approchante du délire des ravageurs de province : on marchait dans les royaumes de M. Étienne, de M. Arnault, de M. de Jouy, de la poésie impériale comme en pays conquis, comme devaient marcher les Normands de Rollon sur le sol ravagé de la Neustrie ; on prêtait l'oreille à des bruits étranges, inconnus ; on voyait, en plein jour, le fantôme d'Hamlet, les sorcières de Macbeth ; et chacune de ces sorcières insolentes vous disait en ricanant : — *Tu seras roi, Macbeth !*

Tu seras roi ! c'était ton mot d'ordre, époque brillante d'orages inachevés, de tempêtes apaisées, de foudres et d'éclairs qui s'en vont mourir dans un ciel serein, sans avoir frappé aucun des dieux et des rois littéraires ! Hélas ! que nous voilà loin de cet enivrement, de ces longs espoirs, de ces vastes pensées, des libertés rêvées, des chefs-d'œuvre entrevus ! A vingt-cinq ans de distance, un terrible espace dans la vie humaine, et surtout dans la vie d'un écrivain, (fardeau rude à porter) ces grands jours de notre jeunesse ont à peine la réalité de la fable ou d'une brillante insomnie ; on n'y croit pas, on n'y croit plus ; on se demande, épouvanté du néant de tant de grandeurs, de quelles illusions on était la dupe, la victime et le jouet ?

Pourtant c'était quelque chose de beau et de grand, cette attente fatidique au milieu de la France intelligente ; la curiosité des belles-lettres était devenue une fièvre, l'inspiration ressemblait à la peur ; la passion littéraire avait pris toutes les dimensions de la haine ; la ronde infernale qui se démenait autour de la statue insultée de Racine, et même au piédestal ruiné du grand Corneille, attirait l'attention, la curiosité ; la réprobation, la louange universelle ; à coup sûr, cela occupait et préoccupait toutes les âmes. La montagne était véritablement en travail, et l'attente était immense des œuvres qu'elle allait enfanter.

Eux-mêmes les vieux hommes ne demandaient qu'à vivre une heure encore, afin d'assister à l'accomplissement de cet art nouveau qui menaçait de tout envahir ; les enfants étaient impatients de la gloire nouvelle, et volontiers eussent-ils frappé les hommes faits, disant d'un geste dédaigneux : « Otez-vous de notre soleil ! » Certes le danger était grand, pour les écrivains et pour les poëtes acceptés depuis longtemps, mais on le faisait plus grand qu'il ne devait être ! Le premier venu, il est vrai, pouvait mettre le feu aux poudres, restait à savoir comment la mine était chargée? Ajoutez que déjà les démolisseurs avaient fait des tentatives, inquiétantes pour ceux qui voulaient tout sauver; la langue française avait subi de rudes secousses, et dans cette invasion unanime, elle n'avait pas dédaigné, plus d'une fois, de s'humaniser de gré ou de force. Ainsi pas un livre ne s'écrivait, pas un drame n'arrivait au parterre, et pas un poëme n'était accompli sans que, le jour de l'accomplissement, autour de l'œuvre nouvelle, se livrât une bataille à outrance. Enfin c'était un combat à mort, où le plus souvent, les nouveaux venus l'emportaient, parce qu'ils attaquaient, parce qu'ils étaient audacieux et jeunes, parce qu'ils ne doutaient pas de leur mission, parce qu'ils plaisaient à la foule, et parce qu'ils avaient pour leur devise : « perfectionner! » un mot superbe. Au nom de Shakspeare, de Dante et de Schiller ils avaient levé la bannière, et sur cet étendard de révolte ils avaient écrit en lettres de feu : *Nil ibi majorum respectus;* « à bas les anciens, honneur aux nouveaux! »

Quoi d'étonnant donc que les novateurs impuissants, M. le vicomte d'Arlincourt lui-même, aient fait accepter des œuvres burlesques? La nouveauté en toute chose fait mieux que commander la bienveillance, elle commande l'admiration. Voilà les raisons principales des premières victoires de la naissante poésie, et voilà comment nous avons tous passé, les uns et les autres, spectateurs attentifs, par ces épreuves, par ces délires, par ces illusions décevantes et vraies tout ensemble, et qu'il faut regretter comme on regrette les passions éteintes.... Encore une fois, que sont-ils devenus ces beaux jours de force, de grâce, et de turbulence, de malaise, et de poésie; où chacun osait tout vouloir, parce que chacun croyait tout pouvoir. Hélas! tout vouloir est d'un jeune homme, et tout pouvoir est d'un insensé.

C'était donc peu de jours avant la révolution de 1830 (la révolution était dans l'air) : le premier soir de *Roméo et Juliette*, en présence d'une de ces foules qui n'existent plus, nulle part, car la curiosité s'émousse et s'efface aussi bien que tout le reste; on attendait depuis un mois, que dis-je? depuis trois heures; et de ces attentes fébriles, personne aujourd'hui ne saurait avoir l'idée. On doit attendre ainsi le signal d'une bataille, quand s'agitent les drapeaux impatients, quand le clairon fait entendre son cri provoquant et sonore, quand le canon essaie au loin sa grande voix, quand la tempête est suspendue sur la tête des deux armées qui font silence et se regardent, comme pour reconnaître la place de la fosse commune. En ce temps-là, pas un seul de ces spectateurs en délire n'eût donné son banc au parterre, même pour aller au secours de son père! Ils étaient, dans leur opinion, au poste d'honneur, et maintenant leurs vieux parents ne pourraient plus mourir, que passé minuit. Rien de plus étrange à voir que cette foule attendant le drame nouveau; les mœurs et les habitudes étaient changées, et jamais plus incroyable réunion de fête et de plaisir. On eût dit, à leurs regards pleins de fièvre, à leurs poings crispés, que les futurs spectateurs de la pièce nouvelle étaient venus au théâtre, uniquement pour se battre. On regardait son voisin d'un regard sombre, comme si l'on eût été à côté d'un ennemi; on se comptait : les deux camps se menaçaient du regard, et celui-là eût passé pour un lâche qui se fût écrié : « De bonne foi, pourquoi donc nous manger les yeux pour des aventures si antiques? » Ainsi le drame était dans la salle, avant d'être sur le théâtre; toute poitrine était oppressée, les cœurs étaient émus, les regards étaient furieux; pour un hémistiche, on se serait battu jusqu'aux morsures. C'était là le bon temps!

Et notez bien que chacun payait de sa personne, que l'on sifflait ou que l'on applaudissait soi-même, que la place sous le lustre était devenue un vrai champ de bataille, une place honorable, et que le musicien de l'orchestre était chassé avec son violon ou sa contre-basse, à moins que la contre-basse ne servît d'asile à quelque enthousiaste dépisté. Plus d'une fois nous sommes entrés au parterre, à midi, pour un spectacle qui commençait à sept heures du soir! — Silence! — Et quand la toile se perdait tout là-haut, il était temps, les zélés du parterre allaient tomber suffoqués.

La première représentation de *Romeo et Juliette*, la tragédie de Shakspeare, traduite en vers par M. Frédéric Soulié, est une des représentations mémorables de cette époque des fièvres et des transes infinies, et certes quand un homme a soulevé, autour de son œuvre, tant d'émotions palpitantes, il faut pardonner à cet homme un peu de son orgueil, car il y a de ces instants de fête et de bruit qui touchent de bien près au délire.

Bien peu, parmi les poëtes de ce temps qui ont le plus fatigué la renommée, ont commencé comme a commencé Frédéric Soulié. Il était ardent et jeune, il avait vingt-six ans, il était tout rayonnant de sa renommée naissante; c'était un de ces esprits téméraires qui ne s'inquiètent pas d'oser avec sagesse; au contraire, ils ne connaissent pas de limite à l'audace. La réalité ne les occupe guère, le possible n'a rien de piquant pour eux; les conventions, ils les bravent; les règles, ils passent à travers ces toiles de l'araignée; ardents parce qu'ils sont amoureux, passionnés et même tendres, ils sont cependant plus jaloux de frapper fort, que de toucher et de plaire; au lieu d'ensemencer, ils renversent le sac d'une main prodigue, sans se demander où donc ils prendront la semence du lendemain? Or, le moyen de ne pas s'intéresser à ces violences de l'amour, du cœur, de l'esprit, du langage et des sens?

Le drame, en ce temps-là, était une œuvre sans fin; le drame, au gré de ces âmes attentives, ne durait jamais assez longtemps; le poëte n'était jamais trop long, au gré de ces ravissements faciles, plus encore que sains et vigoureux. Nos pères seront très-étonnés quelque jour, lorsqu'en compulsant les archives de la préfecture de police, ils retrouveront cette longue suite d'ordonnances dans lesquelles le poëte et les spectateurs sont suppliés, de par monsieur le préfet! de ne pas rester au théâtre après une heure du matin. Minuit! depuis si longtemps l'heure des fantômes et des catastrophes au delà des sens, n'était plus que l'heure accoutumée du quatrième acte. Le drame avait pris les dimensions de la biographie; on ne se contentait plus de choisir un point clair dans la vie et dans le travail de son héros : la clémence d'Auguste ou le meurtre de Britannicus, on voulait voir cette vie en son entier. « Enfant au premier acte, et barbon au dernier, » ce n'était pas encore assez; il nous fallait l'enfant au berceau, et nous n'étions pas contents que nous n'eussions vu le vieillard couché dans sa tombe; ainsi la naissance annonçait nécessairement l'agonie! En même temps, pour bien faire, il fallait grouper, autour du principal héros, tous les hommes de son temps, tous les hommes de sa race et de sa monarchie, et l'opinion de ces hommes, et leur histoire.

Les poëtes nouveaux avaient remis en honneur un vieux mot : pour dire une *tragédie*, ils l'appelaient, modestement, une trilogie. Or, la *trilogie* exigeait nécessairement *un prologue*, et nécessairement aussi *le prologue* appelait *un épilogue*. On n'en disait jamais trop; on n'en disait jamais assez. Jamais le poëte dramatique n'était trop loin de Racine et de Voltaire, en revanche il n'était jamais trop proche et de Schiller et de Shakspeare. A la seule annonce de *Roméo et Juliette*, le soupçon ne vint à personne qu'il pouvait être question, en ces temps avancés, des arrangements du bonhomme Ducis. Ah! fi! monsieur Ducis! On n'était rien dans l'art nouveau, si l'on n'était pas tout de suite un révolutionnaire. On n'était pas un inventeur, si l'on n'arrivait pas, de plein saut, à travers les théâtres étrangers, à produire un grand effet sur le théâtre français. Aujourd'hui *Roméo et Juliette*, *Othello* plus tard, *Macbeth* ensuite; hors de ces tentatives il n'y avait pas de salut pour les auteurs dramatiques, vingt-quatre heures avant les poëmes de 1830; jugez cependant, par la seule indication de ces excès poétiques, si les bons esprits, les esprits modérés, les gens du goût ancien qui osaient encore invoquer, mais tout bas, Aristote, Horace et Despréaux, étaient en peine du temps présent !

Les esprits modérés et sages s'écriaient que l'on dégringolait vers la barbarie; ils comparaient les poëtes modernes à ce duc de Florence qui disait à sa fille Marie de Médicis : *Fate figliuoli in ogni modo;* ils s'écriaient que l'esprit ne suffit pas dans les œuvres humaines; que pour être véritablement riche, il fallait aux produits de l'esprit, ajouter quelque petit revenu en sens commun, et qu'à passer par toutes ces passions et tous ces délires, le bon sens avait gagné plus d'une pleurésie. A ces esprits chagrins on répondait en les sifflant; à leurs arrêts impertinents, quand on daignait répondre, on répondait comme fait Polyeucte :

> Allons! foulons aux pieds ce foudre ridicule!

On faisait mieux que cela : ces bonnes et dignes gens de l'opposition littéraire, élevés dans le culte et dans le respect des vieux dieux, on les forçait d'écouter et d'entendre, peu à peu, à leur insu, par une honnête supercherie, on vous les conduisait enchaînés à leur raison rigoureuse, au beau milieu de ces larmes, de ces terreurs, de ces surprises; puis, — sous prétexte que l'œil est plus près de l'âme que l'oreille, on vous les plaçait à la plus belle place, et de façon à ce qu'ils vissent bien couler les larmes, couler le sang, à ne rien perdre de l'agonie finale, et tant on faisait, tant on s'appliquait à vaincre ces répugnances, tant on finissait par déployer de séductions irrésistibles (M. Duviquet prêché par Victor Hugo)! que, plus d'une fois, ces opposants, écrasés et vaincus par l'admiration des jeunes satellites d'alentour, sont revenus du théâtre, honteux d'avoir trouvé belle plus d'une tirade, indignés du plaisir qu'ils avaient eu, malheureux des larmes qu'ils avaient répandues, de l'intérêt avec lequel eux-mêmes, eux-mêmes! ils avaient écouté cette longue histoire de crimes, d'amour, de remords, d'esprit, de licence et de terreur!

De cette éclatante fascination des meilleurs esprits, obéissant à leur insu à des nouveautés qui leur semblaient si dangereuses, s'il nous fallait indiquer un grand exemple, nous choisirions volontiers (en laissant à part M. Victor Hugo dans sa renommée et dans sa gloire) la première œuvre dramatique de Frédéric Soulié, cette tragédie de Shakspeare dont nous parlions tout à l'heure. A des titres divers, et par un grand nombre de beaux ouvrages qu'il a accomplis, à lui tout seul, dans le livre et sur le théâtre, Frédéric Soulié a joué un très-grand rôle dans la littérature de ce temps-ci. Par les plus charmantes qualités de l'esprit, par l'abondance, l'énergie et la variété de son œuvre de chaque jour, ce galant homme enlevé, si jeune, au grand art qu'il exerçait, se recommande à nos plus chères sympathies.

Hélas! après une lente agonie, il s'est vu mourir à peine âgé de quarante-cinq ans, dans toute la force de l'âge et du talent, à l'heure même où, par le succès énergique de son dernier drame, il venait de découvrir enfin dans quelle voie il devait marcher désormais. Esprit intelligent, âme honnête et vaillante, imagination, gaîté, terreur, et parfois le style... il avait tout ce qui fait les écrivains durables, et les écrivains populaires. Bien qu'il fût soumis à la hâte malheureuse des écrivains que la fortune opprime, et qu'il n'eût pas le temps de polir son œuvre *ad unguem*, il avait cependant conservé ce profond respect, pour soi-même et pour son œuvre, à quoi se reconnaît le véritable homme de lettres, plus ami de la gloire que de l'argent, et qui change volontiers un peu de bonne renommée, contre un sac d'écus. Non, il n'était pas de ces insensés et de ces prodigues qui jettent leur esprit aux quatre vents du ciel, comme fait une fille imprudente de sa jeunesse et sa beauté, et jamais, quelle que fût sa gêne, il n'eût consenti à signer un drame ou un livre, indignes d'un écrivain.

Il était né un inventeur ; — un inventeur prudent, habile et délié, qui ne livrait rien au hasard. Au contraire, il aimait à disposer sa fable avec un soin tout paternel ; il arrangeait, il méditait son conte ou son drame avec une volonté ferme, un esprit toujours présent, et une conviction profonde de la beauté de son ouvrage. Ainsi il a créé des merveilles : *Le Lion amoureux*, par exemple, un petit conte, en trois chapitres, qui prend sa place à côté du *Mouchoir bleu*, d'Étienne Béquet! Ainsi il a mis au jour, dans un cadre immense, un livre incomparable, les *Mémoires du Diable*, une comédie infernale où le rire et les larmes, où les vices les plus terribles et les vertus les plus charmantes se heurtent sans se briser, se mêlent sans se confondre. A peine êtes-vous entré avec ce maître-conteur, dans cette terre inconnue où rien ne se passe comme dans celle que vous habitez, soudain il faut le suivre, et vous le suivez à perdre haleine, incapable que vous êtes de mettre un frein aux passions de cet homme, un arrêt à sa volonté. Il va, il va, par les champs, par les villes, par les palais, par les chaumières, par tous les sentiers connus et inconnus, du ciel à l'enfer et des sommets à l'abîme, riant et pleurant, et si fier de tirer, du néant, tant de créatures ignorées, et de les ranger dans une belle ordonnance, avec toutes les forces et toutes les grâces de la vie éloquente! Il vivait avec ses héros, il était l'amoureux de ses amoureuses, il se battait dans le champ clos de ses drames.

Était-il assez heureux quand de sa tête fumante, sortaient tant d'émotions et d'aventures auxquelles le monde était participant et attentif ! — C'étaient là ses plaisirs! On eût dit qu'il savait à l'avance que la mort allait venir, et le frapperait au milieu de son travail, tant il était à l'œuvre à toute heure de la journée, et, soit qu'il écrivît ou qu'il songeât, sa peine était la même. Il oubliait cette parole de Salomon : « La méditation de l'esprit afflige le corps », et pourtant son cœur, gonflé dans son enveloppe étroite, bondissant à chaque pensée, à chaque parole, avertissait ce malheureux de ne pas répandre ainsi, sur un théâtre ingrat ou dans des livres stériles, le peu de jours qui lui étaient réservés. Il y avait vingt ans (quand il est mort) qu'il était condamné à mort, il le savait, il le sentait, et depuis vingt ans il redoublait de zèle et d'ardeur. Il disait souvent un certain vers qu'il aimait :

> Le réel est étroit, le possible est immense.

Et notez bien qu'il écrivait seul, sans aide et sans appui étranger ; notez bien qu'il était l'ennemi de la collaboration, qui est, presque toujours, un aveu d'impuissance[1] ; il ne comprenait pas plus que l'on se mît deux pour écrire un bon mot, que deux à le comprendre... Il alla ainsi plus longtemps que l'on n'eût pu croire, aimé du public, suivi du succès, populaire à bon droit, en pleine faveur de l'opinion, qui lui pardonnait beaucoup plus qu'elle n'eût pardonné à tout autre que lui ; sa renommée était grande, à ce point, qu'il marchait tout de suite après M. de Balzac, Balzac le premier sans conteste, Balzac le premier, Frédéric Soulié le second, dans ce grand art de parler aux esprits du fond d'un livre. Hélas ! l'un et l'autre, Frédéric Soulié et M. de Balzac, ils sont morts l'un et l'autre à la peine, étouffés à l'heure même où leurs preuves étaient faites... une heure excellente, entre toutes, qui sonne, ici-bas, pour un si petit nombre d'artistes et d'écrivains !

Quand il fut conduit au tombeau (en 1847, quatre ans après M. Casimir Delavigne, et trois ans avant M. de Balzac) par une foule reconnaissante, au milieu d'un deuil unanime, Frédéric Soulié obtint le grand honneur d'une louange publique ; un grand poète, un juge écouté qui était son ami et son maître avait réclamé l'honneur de cette oraison funèbre ; il fut loué surtout « parce qu'il était mort, disait M. Victor Hugo, au milieu de son œuvre non interrompue, avec le candide sourire d'un jeune homme,

---

[1] La collaboration ! elle est jugée, et sans appel par ces deux lignes de La Bruyère : « L'on n'a guère vu, jusqu'à présent, un chef-d'œuvre d'esprit qui soit l'ouvrage de plusieurs. Homère a fait l'*Iliade,* Virgile l'*Énéide,* Tite-Live les *Décades,* et l'orateur romain ses *Oraisons.* »

avec la gravité bienveillante d'un vieillard. » Louange austère qui nous rappelait, malgré nous, cette épitaphe d'un tombeau athénien : « Ici repose Bias, plus courbé par le travail que par les années; il fut appelé doucement chez les morts, comme il venait de défendre et de sauver son ami. Ainsi, sa tâche accomplie, il s'endormit du dernier sommeil ! »

Qui eût dit cependant que Frédéric Soulié mourrait si jeune, à le voir animé des plus généreuses ardeurs, et tout semblable à l'épervier qui suit le vent et la proie? Il s'enivrait de sa poésie, il s'enchantait au bruit de ses plus intimes passions. M. de Balzac n'avait pas plus de patience et M. Victor Hugo lui-même n'avait pas une volonté plus ferme. Hélas! que de travaux! Hélas! combien de luttes pénibles! Hélas! que de déceptions cruelles! Quel mépris pour le possible, quelle soif ardente de l'inconnu !

Ajoutez que cet homme fut, de son vivant, une imagination puissante, un écrivain d'un naturel exquis et d'une verve ingénieuse qui se répandait abondamment çà et là, comme fait une lumière subite que l'on introduirait dans les ténèbres. Il réunissait, dans sa tête féconde, les grandes qualités du poëte comique : il savait rire, il savait pleurer; il a trouvé, sans les chercher, de nouveaux sentiers qui menaient à la terreur, à la pitié, à la haine, à l'amour, à la vengeance, à toutes les grandes passions du cœur humain. Jeune encore, où trouvez-vous une vie aussi laborieuse et mieux remplie? A vingt ans, il était un poëte élégiaque, et ses vers d'amour se ressentent de tout le feu divin de la première jeunesse. Il est bien près de nous certes, il est notre voisin, il était notre frère, il était notre ami, nous l'avons vu naître, agir et mourir ; et pourtant, il nous serait impossible, à l'heure où nous sommes, de raconter tout ce qu'il a fait, tant c'était un esprit actif, ingénieux, laborieux. Parlons-en cependant, et « parlons-en tout à notre aise! » Bien peu de nos contemporains tiendront, dans ce livre, autant de place que cet homme-là.

§ I

Melchior-Frédéric Soulié naquit à Foix, dans le département de l'Ariége, au mois de décembre de la première année de ce siècle : « Ce siècle avait un an ! » Soulié avait deux ans de plus que M. Victor Hugo, son exemple et sa lumière. Il a raconté lui-même, en très-peu de paroles, comment, en naissant, il fut un danger pour sa mère, et comment il n'a jamais vu sa ville natale.

« Ma naissance rendit ma mère infirme. Elle quitta ma ville natale quelques jours après ma naissance, et, bien que je sois retourné souvent dans mon département, et à quelques lieues de Foix, je ne l'ai jamais vue. Je demeurai avec ma mère dans la ville de Mirepoix jusqu'à l'âge de quatre ans. Mon père était employé dans les finances et sujet à changer de résidence. Il me prit avec lui en 1804. En 1808, je le suivis à Nantes, où je commençai mes études. En 1815, il fut envoyé à Poitiers, où je fis ma rhétorique. Mon premier pas, dans ce que je puis appeler la carrière des lettres, me fit quitter le collége. On nous avait donné une espèce de fable à composer. Je m'avisai de la faire en vers français. Mon professeur, qui était un séminariste de vingt-cinq ans, trouva cela si surprenant, qu'il me chassa de la classe, disant que j'avais l'impudence de présenter, comme de moi, des vers que j'avais assurément volés dans quelque *Mercure*. Je fus me plaindre à mon père, qui savait que, dès l'âge de douze ans, je rimais à l'insu de tout le monde. Il se rendit auprès de mon professeur, qui lui répondit : « qu'il était impossible qu'un écolier fît des vers français.

« — Mais, lui dit mon père, pourquoi cet écolier fait-il des vers latins ? — Oh ! ceci est différent, reprit le professeur, je lui enseigne comment cela se fait dans le *Gradus ad Parnassum*. »

« Je note cette anecdote, moins pour ce qu'elle a d'intéressant, que pour la réponse du professeur... Mon père me fit quitter le collége et se chargea de me faire faire ma philosophie. Il avait été lui-même, à vingt ans, professeur de philosophie à l'Université de Toulouse, qu'il quitta pour se faire soldat en 1792. Il s'était retiré avec le grade d'adjudant général, par suite d'une maladie contractée dans les reconnaissances qu'il avait faites, sur les Alpes, pour l'expédition d'Italie. »

Et voilà, en peu de mots, tout ce que Frédéric Soulié racontait de son enfance. Il était de l'avis de Cicéron, qui exécrait l'autobiographie [1] et qui s'en exprime énergiquement, dans son Traité des *devoirs*.

Il avait un esprit rare et charmant qui lui disait que tous ces enfantillages se ressemblent, et qu'il n'y faut pas revenir, une fois que le récit en a été fait heureusement par quelques plumes éloquentes. « Il se croit si nécessaire à notre histoire, qu'il s'imagine qu'elle commence où il a commencé, qu'elle s'arrête où il finit lui-même! » Ainsi parle un des héros des *Lettres persanes*, et plus loin, l'illustre président de Montesquieu, en riant de ce rire aimable et grave qui ne l'abandonne jamais : « Je vois, dit-il, de tous côtés, des gens qui parlent sans cesse d'eux-mêmes. Leur conversation est un miroir qui représente, presque toujours, leur impertinente figure; ils vous parleront des moindres choses qui leur sont arrivées, et ils veulent que l'intérêt qu'ils y prennent les grossisse à vos yeux; ils ont tout fait, tout dit, tout vu, tout pensé; ils sont un modèle universel, un sujet de comparaison inépuisable, une source d'exemples qui ne tarit jamais. Oh! que la louange est fade, lorsqu'elle réfléchit vers le lieu d'où elle part! Heureux celui qui a assez de vanité pour ne dire jamais de bien de lui, qui craint ceux qui l'écoutent, et ne compromet point son mérite avec l'orgueil des autres. »

La belle page! A coup sûr Frédéric Soulié l'avait sous les yeux lorsque, interpellé par un de ces mille faiseurs de biographies qui sont le ridicule ou la honte des belles-lettres et des beaux-arts, il répondait, en si peu de mots, aux nombreuses questions du biographe, honnêtement éconduit. En effet, c'est une horrible tâche et digne de pitié, cette façon de dévoiler, à tous les regards indiscrets, la plaie intime de son cœur. — « Cache ta vie, » a dit le sage; il savait que celui-là, en effet, qui dévoile sa vie arrive tout de suite à dévoiler son voisin, à le calomnier plus tard. Si tu vivais seul au monde, peut-être aurais-tu le droit de raconter tes bonnes fortunes; mais, songes-y bien, Don Juan, pour que ta

---

[1]. Deforme est de se ipso prædicare, et cum irrisione audientium, imitari militem gloriosum. *De offic.* I.

liste soit complète, il te faut traîner tes malheureuses complices dans le mépris public. Ajoutez que ce galant homme, peint par lui-même, se pose à la belle place éclatante, laissant ses coopérateurs dans une ombre défavorable. Ainsi, les droits esprits, à peine ils ont commencé à écrire les premières pages de leur vie, ils y renoncent. Gibbon, Gœthe et Walter Scott n'ont raconté que leur premier chapitre. Ainsi fait Dante, en sa *Vie nouvelle*, et encore il appelle à son aide l'allégorie et la fiction. Pour aller plus loin dans cette dissection autobiographique, il faut être saint Augustin, un prodige de sainteté, ou Jean-Jacques Rousseau, un phénomène d'orgueil.

> Pour vivre à Paris nous vendions
> L'histoire de notre vie,

est un couplet de M. Joseph *Pain* (écrit en collaboration avec M. J. Boully), que chantait souvent Frédéric Soulié, et Dieu sait s'il fut joyeux, le jour où quelque libraire enthousiaste lui vint commander ses *Mémoires*.—Non, disait-il, je ne suis pas un assez grand personnage, et Dieu soit loué! je n'ai pas eu beaucoup d'aventures en toute ma vie [1]. Ainsi il écrit, en deux pages, sa vie entière. « Un peu après ma sortie du collége, mon père fut accusé de bonapartisme, et destitué. Il vint à Paris, et je l'y accompagnai. J'y achevai mes études. J'y fis mon droit assez médiocrement, mais avec assez de turbulence pour être expulsé de l'École; mon crime était d'avoir signé des pétitions libérales, et pris une part active à la révolte contre le doyen, qui me fit expédier, ainsi que mes camarades à l'École de Rennes, où nous achevâmes notre droit comme des forçats, sous la surveillance de la police. On m'avait signalé comme carbonaro. Je profitai de mon exil pour établir une correspondance entre les ventes de Paris et celles de Rennes. Mon droit fini, je rejoignis mon père à Laval, où il avait repris son emploi. J'entrai dans ses bureaux, et, bientôt après dans l'administration; j'y demeurai jusqu'en 1824, époque

---

1. « Qui se fait haïr ou mépriser en parlant de soi, parle mal. Évitez « donc la vanité, la légèreté, l'effronterie, et tout ce qui ressemble à quel- « que vice, ou tout simplement à quelque défaut de l'esprit. »
L'Éducation d'un prince.

à laquelle mon père fut mis à la retraite, pour avoir mal voté aux élections. »

Vous l'entendez, il mena, dans les écoles de la Restauration, une jeunesse *politique*; il conspirait, le malheureux ! A l'âge où les jeunes gens s'abandonnent à des passions moins dangereuses, il appelait, à l'aide de ses dix-huit ans, toutes les violences cachées ; il s'exaltait lui-même au souvenir des anciens attentats, il savait ce qui se passait dans les *ventes*, et les serments qui se prêtaient sur le poignard. Ne vous y trompez pas, ce moment de la jeunesse, entre la Restauration et la Révolution de juillet, présente à qui l'étudie, un étrange aspect de fanatisme et de loyauté, de découragement et de naissante ferveur auquel on ne saurait rien comparer. Bientôt, dans les livres et dans les drames de Frédéric Soulié, vous retrouverez cet esprit violent et passionné, ce courage et cette espérance en tous les excès des jeunes années. Véritablement il y a quelque chose de cette inspiration précoce, et de cette philosophie aventureuse, dans un livre excellent... formidable de M. Eugène Pelletan : *la Profession de foi du dix-neuvième siècle*. Un livre éloquent, certes, où le bruit de la rue amène une leçon, où le tumulte du carrefour apporte une grâce, une poésie, un bon conseil. Lorsqu'au premier abord, *la Profession de foi du dix-neuvième siècle* eut frappé mon intelligence, — à coup sûr, me disais-je à moi-même, j'ai rencontré un des hommes dont il est parlé dans le livre de M. Eugène Pelletan... Cet homme-là, c'était Frédéric Soulié !

Lorsqu'au premier chapitre de son livre, M. Eugène Pelletan nous introduit à l'extrémité du Luxembourg, au bout du jardin botanique, en cet *humble hôtel de la Chartreuse*, où s'est faite *sa seconde naissance*, il me semble en effet que Frédéric Soulié fut un des jeunes habitants de cette maison studieuse. Il n'était pas né un homme vulgaire ; et lui aussi il a senti fermenter, dans son âme, les plus justes et les plus formidables passions, à l'heure difficile où la jeunesse apporte à ses amants, à ses fanatiques, à ses sujets rebelles, les tumultes, les extases, les grandeurs, les malaises, les doutes, les paradoxes, les vérités, les révolutions, les défaites dont se composera, tantôt, la vie humaine !

En ce moment formidable il faut choisir : ou l'infamie ou la gloire, ou le profit ou la vertu ? — Aspiration puissante, et désenchantement infini ! Le paradis et l'abîme ! Ici le nuage et là-haut le jour ; l'éternel duo de l'alouette et du rossignol qui chante, du côté de Vérone ! Alcibiade, à vingt ans, avait fait son choix, il avait choisi... tout ! Il avait pris, pour lui-même la vertu et le vice, l'honneur et la honte, la philosophie et la débauche ! Il est ivre, et le voilà qui tient tête à Socrate. — « Eh bien ! dit Alcibiade à Socrate, on s'étonne ici de ma sobriété ; en ce cas, il faut boire ; de mon autorité privée je me constitue le maître et le roi du festin ! Çà, qu'on apporte la plus large coupe de la maison ! » Et comme il faisait circuler à la ronde ce vase d'airain qui ne contenait pas moins de huit cotyles : — « Alcibiade, s'écriait un des convives, prends garde ! Il ne sera pas dit que nous passerons la nuit à chanter des chansons d'ivrogne, à nous enivrer comme des esclaves !... » A votre santé ! dit Alcibiade. Et le voilà qui vide la coupe insolente !

A *l'hôtel de la Chartreuse*, nous avons moins de fête et moins de joie ; on voit tout de suite que ces jeunes gens ont choisi, de préférence, les sentiers austères, à savoir la pauvreté, la méditation, la réserve, l'étude et le travail, afin d'être un jour des hommes simples, modestes, honorés et contents d'eux-mêmes. Pas un de ces esprits sérieux (voilà leur gloire et leur toute-puissance !) n'a goûté de la jeunesse dorée et de la vie oisive ; à peine s'ils ont entendu parler de l'amour, la fête passagère de la jeunesse passagère. Cette fière, honnête et calme jeunesse aurait eu grande honte de couper la queue à son chien, et de cacher ses gueulées sous les cris plaintifs du fidèle animal ! Elle aurait honte de se promener dans la rue, avec des musiciennes *à tant la soirée !* et d'être aussi habile qu'Alcibiade, à vider à longs traits, une coupe profonde !

Une table frugale, un pain de la veille, et des morceaux comptés, puis un verre ou deux de ce bon vin de Jurançon que but l'enfant béarnais, mêlé à la première goutte du lait maternel, voilà toute la fête de *l'hôtel de la Chartreuse*, et sans autre préambule aussitôt le drame commence. Un drame éloquent et très-simple, entre plusieurs jeunes gens inconnus, naïfs chercheurs d'idées nouvelles, et souvent dominés par l'idée, au moment où ils se figurent qu'ils vont commander à l'idée. Où vont-ils ? à quel but ? par quels sentiers ? quelle est la clarté qui les guide ?...

Ils ne savent que dire ! Ils savent seulement qu'ils sont poussés à un but mystérieux, marqué par la Providence ; ils savent que la jeunesse a sa mission, et marchant dans l'ombre incertaine de tant de crépuscules, ils se disent, pour se rassurer, que l'homme, après tout, « est un être intelligent doué de liberté ! » Voilà leur Évangile ! Ils cherchent, d'une âme honnête et d'un cœur dévoué, le problème introuvable de Job à Prométhée, de Prométhée à Faust, et de Faust à Manfred ! — avec cette différence pourtant, et cette différence est toute à leur gloire, que dans la voie où ils sont entrés, pleins d'une ardeur sincère, ils ont laissé le doute aux ronces du chemin : « Le doute est le suicide de l'intelligence ; or l'intelligence est faite pour croire et la force pour agir. La foi est sa vie, elle vit uniquement en croyant. »

Honnêtes, loyales et consolantes paroles : « agir et croire ! » Il n'y a rien de plus dans les *Méditations poétiques*. Par la croyance et par le travail, ajoutez par le courage et par la vertu, vous arrivez nécessairement à la vérité. Or, « la vérité ici-bas,
« c'est la visite de Dieu lui-même à notre intelligence ; ouvrons-
« lui, au fond de notre cœur, une respectueuse hospitalité ; brû-
« lons, devant elle, le parfum religieux de la pensée, balayons,
« du seuil de notre âme, toute velléité de raillerie, et toute vaine
« poussière. Recueillons-nous, et nous préparons à la céleste en-
« trevue, dans la simplicité et dans l'austérité. »

Miratur molem Æneas...
Miratur portas, strepitumque et strata viarum.

N'aimez-vous pas cette admiration juvénile, en présence de cette nouvelle *Cité de Dieu*, et n'est-ce pas là, je vous prie, un digne et ferme langage ? Le jeune *croyant du dix-neuvième siècle*, par la force même de sa croyance, a décrété, dans le fond de son âme, qu'il n'est rien d'impossible à la pensée, et que la voix de sa croyance ne peut pas dire un mensonge ! « Pourquoi donc
« Christophe Colomb a-t-il attiré l'attention des siècles sur sa mé-
« moire ? Est-ce simplement pour avoir traversé l'Atlantique ? Eh !
« chaque jour des milliers d'hommes le traversent ainsi, qui ne
« laissent pas plus de trace dans l'humanité que le sillage de leur
« navire sur l'écume. Non ; Christophe Colomb est immortel pour

« avoir soupçonné, à notre continent, une autre rive au delà
« du couchant, et pour être allé la chercher sur la foi d'un
« soupçon ! »

Quoi de plus juste et de plus vrai? *Sur la foi d'un soupçon*, tout le xviiie siècle s'est mis en route à la recherche, à la conquête de la poésie et de ses nouvelles destinées. *Il soupçonnait* que tout n'était pas dit encore, et que bien des choses étaient à faire, il les a faites, ou du moins il les a tentées. Sur la foi d'un soupçon, nous avons eu, d'un homme qui soupçonnait que M. Reynouard, M. Arnault et M. de Jouy n'avaient pas dit nécessairement le dernier mot de l'art dramatique, *Hernani* et *Marion Delorme;* sur la foi d'un homme qui *soupçonnait* que l'*Encyclopédie* était loin d'avoir épuisé la philosophie et la sagesse ici-bas, nous avons eu le *Génie du Christianisme!* Sur *la foi de ce soupçon* que J.-B. Rousseau n'était pas, Dieu soit loué ! le premier et dernier des poëtes lyriques, nous avons eu la merveille et le miracle de ce siècle : *les Méditations poétiques.* Quiconque arrive, ici-bas, avec un peu de génie, a bien vite *soupçonné* qu'il n'y a pas de génie inutile, et quiconque est intelligent a compris, bien vite et deviné, qu'il aurait sa place au banquet des poëtes nouveaux. « Nous et nos œuvres, nous sommes voués à la mort! » disait Horace le poëte. Il disait aussi qu'une œuvre nouvelle a bientôt remplacé l'œuvre expirée. Il compare en même temps les mots de la langue aux feuilles des arbres qui tombent à l'automne, pour reparaître au printemps.

Les étoiles même, splendeurs du ciel, elles *filent* dans le ciel attristé, et les voilà ces étoiles éternelles qui tombent de vieillesse... heureusement en voici d'autres qui, pour la première fois, se mettent en marche à travers l'espace réjoui, et, il ne tiendra qu'à vous, par les silences indiqués dans Virgile, *per amica silentia lunæ!* de suivre à la trace de ces mondes errants, l'humanité tout entière en traînant les fantômes de son passé! Course éclatante à travers ces nuits splendides qu'attendait le philosophe Fontenelle, pour se promener dans les cieux !

La douce pauvreté de la jeunesse et ses rudes labeurs, ses espérances et ses déceptions, sa joie immense à propos d'un sourire, et ses doutes impitoyables que nous raconte Eugène Pelletan, vous les retrouverez, à chaque page aussi, dans les œuvres de

Frédéric Soulié. C'est bien le conspirateur, c'est bien la créature indomptée, et c'est bien, en même temps, l'âme facile à vivre, à laquelle rien n'a manqué pour être heureux, rien que la flamme heureuse et pure du foyer domestique. « Heureuse et à jamais « bénie la date mystérieuse où, la première fois, une aïeule « inconnue, Ève régénérée, suspendit à son côté sa quenouille « chargée d'un flot d'argent! Elle eut, ce jour-là, sa fonction; elle « compta, devant l'homme. La poésie antique avait raison de « mettre dans la main des reines, une quenouille, — un sceptre! »

Ainsi parle Eugène Pelletan, le père de famille! — « Hélas! ils vivaient d'une vie inconnue et malheureuse, dans une tour d'airain qu'ils s'étaient bâtie à eux seuls, lui et sa complice! » Ainsi gémissait Frédéric Soulié, détenu à perpétuité dans les tristes faveurs du mariage libre. « O misère, disait-il encore, ô déception! » — O bonheur, s'écrie Eugène Pelletan, lorsqu'il songe à la reine honorée et sérieuse de la maison!... « Et le soir venu, sa tâche finie et sa corbeille remplie, elle ranimait l'étincelle et préparait le repas, pendant que le mari revenait du travail de la journée; après la fatigue, elle était pour le maître la joie et le sourire du retour! »

Ainsi, *s'il n'est pas bon que l'homme soit seul*, il n'est pas juste que l'homme ait une compagne qui soit la femme d'un autre homme. Il y a, dans le livre d'Eugène Pelletan, lorsqu'il raconte les émotions des premiers-nés du xixe siècle, un profond sentiment des inspirations de la famille, et des bonheurs du foyer domestique. A l'entendre, on comprend qu'il a vu, de près, les misères des unions mauvaises, les malheurs de l'isolement, et qu'il les compare aux fêtes, quasi divines, du poëte et de l'écrivain *qui ont charge d'âmes*, non-seulement au dehors, mais aussi dans l'intérieur de leurs maisons. Soyez aimés! soyez loués! soyez honorés! nous dit-il, restez fidèles aux unions légitimes, prenez garde de n'être pas une pierre de scandale, et je vous promets, enfants de ce siècle des tempêtes et des orages, que vos leçons, vous, donnant l'exemple, auront toute leur portée, et que votre enseignement ne sera pas stérile. Aimez-vous les uns les autres, et dans ce travail fraternel, soudain tout se complète, et se déclare, et s'agrandit!

« Chaque jour est un enseignement, tout rempli des saines

paroles; chaque homme, donne à chaque homme, ce qu'il a de meilleur, et complète, par l'échange, le déficit de sa pensée; elle a cela de divin l'échange, on gagne au marché, de part et d'autre! »

En effet, il ne suffit pas d'être un romancier que l'on écoute, un poëte que l'on admire, il faut être aussi un homme que l'on imite; c'est beau d'être un grand écrivain, c'est mieux d'être un exemple! Il est glorieux de bien chanter, il est plus glorieux de mêler sa voix aux voix de l'avenir. Et tout monte, et tout marche, et tout chante, et la science accomplit ses merveilles, et chaque jour le miracle arrive au miracle, attestant — à chaque minute, une nouvelle victoire de la science sur la nature! La science! — Elle recule toutes les frontières, elle analyse tous les corps; elle décompose la double flamme de l'électricité, elle soupçonne le mystère caché du magnétisme, elle analyse la pâle couronne de l'aurore boréale, elle enfouit, sous la cité, traversée de mille fleuves d'un feu caché, des clartés régulières qui soudain remplacent le jour; elle secoue, au milieu de la nuit profonde l'aigrette azurée de la flamme électrique; elle va chercher, aux entrailles du globe, l'eau jaillissante du puits artésien; elle entrelace la vallée et la montagne, et d'une rive à l'autre rive, sous l'Océan furieux et vaincu, passe la flamme qui transmet la parole avec la rapidité de la sensation! Au fond de la mer, un homme plonge et marche à travers l'inconnu; sur la plaque argentée, un rayon du soleil obéissant, fixe l'image exhalée et triomphante du chlore fugitif; sur la pierre, aussi bien que sur l'acier, l'artiste reproduit sa pensée. Aujourd'hui le coton usurpe la force et l'énergie de la poudre; enfin, dans ce monde arraché aux disputes, c'est à qui saura le mieux labourer, semer, récolter, tisser, forger, mouler, former, transformer.

Ces miracles qui les nie? Il y aura cependant et toujours un plus grand miracle, et plus digne du respect et de l'admiration des hommes intelligents, que les miracles de la science, à savoir les miracles vraiment divins de la poésie; un vers de Corneille aura toujours la palme sur une machine à vapeur, une fable de La Fontaine passera toujours avant la plus belle mécanique à filer la soie. Ils auront beau dire aussi, MM. les abbés Gaume et les sacristains de la même école : anathème à Virgile! Anathème à Voltaire! Ils ne prévaudront pas contre l'éternelle beauté!

Donc, de quelque côté qu'elle arrive, qu'elle se manifeste en grognements confus, en colères bruyantes ; qu'elle ait renoncé à laver ses mains, à peigner ses cheveux ; qu'elle parle une langue sans vie et sans grâce, une langue inerte et morte, ou qu'elle monte le cheval aveugle et boiteux de l'Apocalypse, cette critique absurde, impuissante, odieuse et doucereuse, ne saurait arrêter l'ode errante sur toutes les lèvres, l'ironie et l'instinct du drame, la verve et l'inspiration de la parole, un instant comprimée ! Il faut laisser dire M. Gaume et M. Nicolardot, son digne camarade, y compris toute la séquelle des objurgateurs du génie et du bon sens, ils ne peuvent rien arrêter, Dieu merci ! — Ils ont vécu de leur colère, ils en sont morts ! Et dit Homère en son *Iliade* : « Cet emportement donna le corps de ces héros en proie à tous les chiens, en proie à tous les vautours ! »

Ils sont morts : *par leur propre faute, et pour avoir mangé les bœufs du soleil !* C'est pourquoi la comédie, et le poëme, et l'histoire, et le roman, et la causerie intime, une des gloires, une des forces de l'esprit français, n'ont guère à s'inquiéter des aimables dédains de celui-ci, des furieuses colères de celui-là ! Quelle honte, en effet, quelle misère et quelle pitié si le monde intelligent obéissait à ces fanatiques ; s'il se laissait accuser même un instant, par ces voix grêles, par ces plumes stériles, par ces voix impuissantes, par ces imaginations sans force et sans vie : *Exerces pretiosa odia !* Exercez, messieurs, vos haines implacables, vous êtes libres ; mais laissez-nous reconnaître les faveurs de ce siècle qui fut notre père et notre mère, laissez-nous honorer ce siècle insulté par vos délations ; il commence à *René*, il s'arrête aux *Contemplations*, en passant par les *chansons de Béranger* et les Méditations poétiques ! Il est le siècle de l'histoire, il est le siècle du roman. Il a produit des drames terribles, des comédies charmantes ; il est le père de Balzac, le parrain de M. Scribe ; il inspirait Lamartine ; M. de Lamennais fut son prêtre, M. Guizot lui enseigna l'histoire, M. Villemain l'éloquence ; il eut M. Cousin pour son maître de philosophie ; il est maudit par Nicolardot, il a été béni par M. de Chateaubriand.

Ne maudissons pas notre siècle, surtout ne le laissons pas maudire. Il a sa vertu ! il a sa gloire ! il eut ses libertés ! A cette heure encore : « L'armée est en marche, et de loin elle ignore que des voix l'insultent ; ces voix ne vont pas jusqu'à elle. Cependant le général, debout sur la colline, voit déjà la bataille gagnée et prophétise la victoire ! »

Littora littoribus contraria, fluctibus undas.
Imprecor...

§ II.

Revenons, cependant, à Frédéric Soulié, et ne soyez pas en peine de ce long détour. Le présent livre est une suite de détours. Je ne suis pas seulement un historien de l'art dramatique, j'écris les mémoires littéraires de mon temps, et j'ai parfois mes fantaisies auxquelles j'obéis volontiers. Certes, l'auteur des *Mémoires du Diable* et de la *Closerie des Genêts* sera véritablement le héros de ce long chapitre, encore est-il juste que, chemin faisant, je m'arrête aux beaux esprits et aux beaux livres que sa présence ou son souvenir me font rencontrer en chemin.

Qu'il ait appartenu à la plus brillante jeunesse de ce siècle, qu'il en ait partagé les violences, les rancunes et les inspirations, la chose n'est pas en doute; qu'il ait vécu, en sa qualité d'étudiant en droit, dans un de ces oasis cachés de la jeunesse et de la pauvreté, la chose est certaine ; il n'y a pas déjà si longtemps, dans ce jardin du Luxembourg, où il se promenait jeune homme, entre M. Monteil et M. de Laromiguière, on eût retrouvé la trace de Frédéric Soulié. Que de fois je m'y suis promené avec lui ! Nous cherchions les sombres allées, et quand il était sûr qu'on ne le voyait pas, il me lisait ses vers. Chose étrange ! Il avait commencé par étudier l'abbé Delille et par l'imiter. De l'abbé Delille il s'était élevé à M. Guiraud, de M. Guiraud il avait passé à M. Soumet, qu'il aimait et qu'il honorait comme son père en poésie. Il tenait au Midi par la redondance et par la couleur ; il aimait le bruit des paroles sonores, ce bruit-là fût-il un peu vide ; on voyait tout de suite, à sa causerie, qu'il avait lu, avec soin, les discours du général Foy et les déclamations de Benjamin Constant.

Quand il revint de sa province à Paris, il apportait triomphalement son premier recueil ; ce recueil s'intitulait — fièrement, nous dirions presque héraldiquement : *les Amours françaises*, par F. Soulié « de Lavelanette. » Il était un peu risqué ce : *de Lavelanette*. Il sentait son gentilhomme, un peu plus que le carbonaro. Frédéric Soulié avait deux motifs pour signer ainsi : d'abord il enjolivait son nom propre, en même temps il évitait toute confusion avec un bel esprit de son temps, M. J.-B. Soulié, élégant écrivain royaliste, et grand ami de Charles Nodier. M. de Corbière, un grand amateur de beaux livres, avait envoyé, le même jour, M. Charles Nodier et M. Soulié, bibliothécaires à la bibliothèque de l'Arsenal [1].

Ce poëme des *Amours françaises*, publié en 1821 (l'auteur avait vingt-trois ans), chez le libraire à la mode en ce temps-là, chez Ladvocat, libraire au Palais-Royal, dans les vieilles galeries de bois, toutes frissonnantes du premier délire et du premier accent des *Odes et Ballades*, n'annonçait guère, à vrai dire, le poëte et l'écrivain, le *dramatiste* et le conteur, qui, pendant un quart de siècle, a tenu la France attentive à ses moindres récits.

On voyait, tout d'abord, dans ce poëme enfantin, arriver la *Fille du Franc* et puis la *Fille du Châtelain* :

1. Il n'y a pas longtemps (au mois d'août 1855), nous visitions, dans la maison de Saint-Jean-de-Dieu, rue Plumet (le jeune Ourliac est mort, naguère, dans cette hospitalière maison), un des meilleurs et plus honorables poëtes de ce temps-ci. La maison est vaste, aérée et bienveillante; elle est tenue avec une grande charité, par des frères hospitaliers qui prodiguent, à tant de misères, la plus fraternelle et la plus touchante pitié. Notre ami, sauvé par le zèle et par la bonté de ces braves gens, était assis à la fenêtre, au soleil, et d'une voix calme il nous dit : « Grâce aux bons frères me voilà sauvé; mais je l'ai échappé belle. Sur le lit que voici, sont morts deux hommes que vous avez aimés et honorés; M. Urhan, qui jouait de l'alto dans l'orchestre de l'Opéra et qui pendant vingt ans n'avait vu ni le visage ni même la jambe d'une danseuse, et M. Jean-Baptiste Soulié, le bibliothécaire de l'Arsenal. »

Ce M. Soulié était une grande figure affable, intelligente et plaintive. Il n'était pas de ce monde; il rêvait plus qu'il n'agissait. Sa voix n'était pas une voix, c'était une plainte. Il était abominablement pauvre et d'un grand courage. Il avait conquis même l'amitié de son homonyme le carbonaro Frédéric Soulié.

Et comme ce même jour nous racontions à Béranger, le poëte, ce lit mortuaire, cette chambre funèbre, cet hôpital caché, ces braves gens qui ne connaissent des poëtes que leurs infirmités, leurs plaies, leur abandon, leur misère et leur isolement : « Donnez-moi exactement l'adresse de cette hospitalière maison, nous disait Béranger, ça peut servir! »

Dans le dur esclavage où dormait nos ancêtres.

Arrivait, plus tard, la *Fille du Catholique* :

Un beau jeune homme errait, souriant mais pensif.

Il y avait aussi *Laure, ou la fille de l'émigré*, et l'invocation de ce poëme est vraiment brillante :

O bords de la Mayenne, où sous un ciel grisâtre
S'élève de Laval le vaste amphithéâtre,
Où l'églantier fleuri de ses piquants buissons
Du plaintif rossignol protége les chansons,
Où durant ses ardeurs la reine des étoiles
Voit briller sur les prés la neige de vos toiles,
Lieux où j'ai tant vécu, du monde retiré,
Je n'aimerai plus rien quand je vous oublierai.

Quand il eut raconté les *Amours françaises*, il raconta la poétique élégie où l'on voit tomber ces trois maîtres-poëtes : Gilbert, Millevoye, André Chénier, et cette fois on dirait que la tristesse du jeune homme est plus vraie et plus sincère que tout à l'heure, en nous disant les misères des jeunes amours. Il aimait la poésie, il l'aimait d'une attentive et sérieuse passion. Gilbert, Millevoye, André Chénier, inspirent à ce nouveau venu d'assez beaux vers :

Je meurs, et le malheur m'a dit la vérité.

Ainsi parlait le Gilbert de Frédéric Soulié. Il nous montrait, en même temps, André Chénier marchant en triomphe à la mort... à la gloire !

Et sur le char la victime placée
S'asseyait, sans regret, seul avec sa pensée...
Seul il croyait mourir, mais des vastes prisons
S'élance, près de lui, le chantre des saisons ;
Oubliant que tous deux l'échafaud les appelle :
« Oui, puisque je retrouve un ami si fidèle, »
Dit Chénier, et ce chant d'un enfant d'Apollon
Accompagne leur marche, et fut encor trop long!

Il avait fait aussi, en vrai jeune homme, une *Épitre à son Chien*. Pour tout dire, il avait chanté toute son enfance, et l'on voit déjà, dans ces poëmes attristés, la trace première de l'affreux mal qui devait l'emporter, à vingt-cinq ans de distance.

> A mes regards voilés ma lampe va s'éteindre,
> C'en est fait, ce n'est plus le moment de se plaindre,
>   Accomplissons mon sort.
> Fermons des jours trop courts et peu dignes d'envie :
> J'ai passé, j'ai souffert, voilà toute ma vie;
>   Allons savoir la mort!
>
> Adieu, jours tant rêvés que son amour espère;
> Encore un peu de temps, et peut-être mon père
>   Aurait connu l'orgueil!
> Jours de gloire et d'espoir, qu'à jamais j'abandonne,
> Vous l'eussiez consolé, peut-être une couronne
>   Eût paré mon cercueil!

Il me lisait, tout bas, ces choses-là dans le jardin du Luxembourg. Et comme il était, en ces moments heureux, sous ces beaux arbres, au bruit des eaux jaillissantes, parmi ce peuple de statues, plein de jeunesse et plein de force, en plein air, en pleine santé ; et comme son grand œil noir, triste et doux, quand il disait ces choses tristes, brillait des mille feux du printemps, de la poésie et de l'espérance, on ne pouvait se défendre de sourire à ce poëte errant, d'un pas si calme et si doux, dans les fraîches allées du Luxembourg.

Et c'est pourquoi, à chaque instant, dans cette histoire de la vie littéraire au XIXe siècle, me revient en mémoire avec ses mille accidents, avec ses grandes peines et ses grandes joies, mon cher et poétique voisin, le jardin du Luxembourg. C'est pourquoi, en me souvenant des poëmes nouveaux, des poëtes inconnus, des philosophes oubliés et des jeunes amours, dont cette académie en fleurs était semée incessamment, il me semble que toute ma vie a passé, et que toute ma vieillesse approchante s'écoulera dans ce doux jardin des paisibles méditations.

Aussi bien, jamais, moi présent, on n'a touché impunément à tes frais ombrages, mon cher et beau jardin, la joie et l'orgueil de ces hauteurs, le facile rendez-vous des vieux professeurs et des jeunes poëtes, l'asile enchanté où se promènent, innocents l'un et l'autre, l'enfant qui s'essaie à vivre, et le vieillard qui va mourir : « Encore un jour d'été! encore une heure! » Ainsi songeant il va, d'un pas calme, le long de ces allées sablées, entassant, feuilles fanées de son hiver, sous ses pas chancelants, les belles années d'autrefois, quand il parcourait, triomphant et superbe, ces mêmes allées du Luxembourg.

Pour les habitants de l'autre rive, pour les riches voisins du jardin des Tuileries, les promeneurs ambitieux des boulevards, le nom seul de notre jardin bien-aimé ressemble à une épigramme. Le jardin du Luxembourg, perdu là-haut, y pensez-vous? Et les voilà qui se heurtent sur le bitume enflammé par le soleil de juillet; les voilà qui s'entassent dans la grande allée (aux Tuileries), très-satisfaits de se regarder face à face, afin de savoir comment ils sont vêtus..... La liberté n'est pas là, ce n'est pas là une promenade heureuse, en toute hâte, et par pitié, ramenez-nous à nos rosiers fleuris, dont la douce vapeur remplit cet espace aérien, à nos lilas, précurseurs du printemps, à nos vieux arbres qui ont vu passer, à leurs pieds, tant de générations.

Ce ne sont pas, en ce lieu de la cérémonie universelle, les mêmes jeunes filles, que dis-je? les mêmes enfants! A la petite Provence des Tuileries, vous ne rencontrez que de belles petites demoiselles d'un esprit précoce comme leur beauté, de grandes dames de six ans qui jouent au cerceau, d'une main déjà dédaigneuse; à notre petite Provence du Luxembourg, vous trouverez de vrais enfants, des enfants joyeux, de pauvres gens, qui sont créés et mis au monde pour le grand combat qu'on appelle la bataille de la vie. Chez nous tout est plus simple que dans la ville riche, le paysage est préféré au chef-d'œuvre de bronze, la tulipe ne cède pas à la rose, les violettes poussent en plein champ, on trouve du blé dans nos plaines et des bluets dans ces blés; le tournesol, tête ronde, salue en s'inclinant les passants; on n'y fait pas la guerre à l'oseille; le thym et le serpolet des lapins de La Fontaine fleurissent à l'ombre du coudrier; dans le coudrier on cueille des noisettes, des raisins dans ces vignes grimpantes à l'échalas rustique; dans le bassin, vaste miroir où se reflètent *les Heures* de Pradier, les eaux ne sont pas forcées de s'élever en gerbes jaillissantes; les poissons ne sont pas forcément vêtus de rouge; au printemps, le rossignol chante dans les bois, le moineau jase en mendiant toute l'année dans les allées, les oiseaux du ciel suspendent leurs nids de mousse à ces branches paisibles.

On a vu bondir des agneaux dans ces prairies, on a entendu le mugissement des génisses. Écoutez! le merle, ce moqueur au bec doré, siffle en sautillant sous ces tilleuls!

Certes, j'ai vu de beaux jardins aimés des hommes, aimés du ciel, je n'ai rien vu qui me fut une joie, une fête comparable aux fêtes du Luxembourg. Le printemps y chantait de si douces chansons; l'été y brisait tous ses feux; l'automne était grave, et recueilli. Ajoutez que d'inspirations heureuses, quand décembre et ses frimas remplissaient ce vaste espace, ami du silence et de la méditation. Le vrai jardin des quatre saisons, ce Luxembourg! Le jardin du poëte et le jardin de l'enfant. Que de douces élégies et que d'heureux mariages il a inspirés! Quelles rencontres de la jeunesse avec la jeunesse, et de l'amour avec l'amour!

Nous n'avions pas, dans le cours fleuri de nos vingt ans, d'autre domaine et d'autre fortune, et pas d'autres remparts. Ici l'*Observatoire* où régnait en maître absolu le grand Arago, le roi des étoiles, et son disciple et son ami, M. Mauvais, qui s'est tué de ses mains, parce qu'il a fallu quitter cet asile étoilé de la science; là il avait vu le jour et là il voulait mourir. Il s'est tué de ses mains pour accompagner au plus vite, jusqu'au fond de sa tombe honorée, l'ami, l'allié, le dieu de sa vie..... En face de l'*Observatoire* s'élevait le temple auguste de la libre parole; sous ces voûtes attristées, M. de Chateaubriand fit entendre, pour la dernière fois au monde en deuil, sa voix éloquente. Ah! que d'étoiles! Ah! que de beaux discours d'un bout à l'autre de cette allée où l'enfant joue et sourit à sa mère! Hélas! que de libertés, d'espérances, de souvenirs!

Le jardin du Luxembourg est notre enfant, il est notre ancêtre. Au Luxembourg, les arbres ont cent ans; quand nous étions jeunes, les soldats qui le gardaient étaient presque aussi vieux que les arbres. Chaque jour passent, dans ces sentiers que leur ont frayé le mérite, l'honneur et la vieillesse, les nobles habitants de ces demeures : le maréchal de France, le magistrat, le poëte, le penseur, l'écrivain, l'orateur, toutes nos gloires de la paix, toutes nos vertus de la guerre; ils passent, rêvant aux travaux d'autrefois, au travail d'aujourd'hui. Les statues du jardin, à demi brisées, jouets fragiles des révolutions, ont pris je ne sais quelle attitude résignée qui les fait ressembler, de loin, à des vétérans revenus de la bataille. Ici, le grand silence! ici, le vaste espace! ici, le grand soleil, et les belles fleurs brillant de tout l'éclat de leurs alliances!

A votre droite, le jardin botanique offre aux studieux, les plus rares, les plus curieux et les plus charmants échantillons de la création divine! A votre gauche, une ferme; on entend le coq qui chante, et la vache appelant la fermière en aide à ses mamelles remplies. Dans le bassin, le cygne vous reconnaît et vous salue. On est chez soi..... seulement pour bien aimer ce beau jardin il ne suffit pas d'y passer, il faut y vivre. Si ces arbres ne vous connaissent pas, ils n'auront rien à vous dire, vous êtes un étranger pour eux, ils sont des étrangers pour vous. En revanche, s'ils vous ont vu, enfant, qui jetiez aux vents votre gaieté folâtre; s'ils vous ont vu jeune homme, triste et gai tour à tour, amoureux, ambitieux, rêveur; s'ils vous voient, aujourd'hui, calmé sous l'étreinte austère de l'âge mûr; s'ils vous attendent bientôt, demain, infirme, blanchi et revenu des rares et courtes délices de la passion, ces beaux lieux, pour vous, leur allié, n'auront pas de mystères; ils vous aiment comme la patrie aime son fils; ils vous racontent leurs belles histoires, les poëmes commencés, les élégies inachevées, les tragédies en projets, les amours et leurs douces primeurs; vous lisez les noms cachés sous l'écorce des hêtres; ces pas charmants empreints dans ce sable enchanté vous les reconnaissez à leur flamme. Ils sont errants, autour de nos fronts réjouis, les parfums et les soupirs de la vingtième année!

Et pas un brin d'herbe qui ne vous parle, et pas un banc qui ne vous dise les confidences qu'il a entendues; pas une des fleurettes du gazon qui ne raconte les prières et les vœux, murmurés au fond de ces âmes errantes, pas une étoile de ce coin du ciel bleu qui ne vous bénisse en passant.— Ce bel univers est à vous, vous en êtes le maître absolu. — Pour vous ont été plantés ces beaux arbres; ces allées nouvelles ombrageront vos petits-fils. Qui pourrait dire les joies et le bonheur que répand, dans cette partie de la ville immense, ce petit monde printanier? Qui pourrait dire le repos, la santé, les regards charmés, les inquiétudes apaisées, les consolations et les espérances que contient, dans son enceinte séculaire, ce tout petit coin de terre?

Le jardin du Luxembourg est l'orgueil de cette rive. Nous vous laissons, mes seigneurs, vos palais, vos monuments, vos réunions brillantes, votre Opéra, vos chanteurs d'Italie, et ces longues places sans noms, à force d'avoir porté tant de noms glorieux ou souillés; nous vous laissons les colonnes de bronze et les arcs-de-triomphe, nous vous laissons ces villes entières qu'a bâties la baguette des fées, cette Bourse où se font et défont tant de fortunes; gardez tout, gardez tout; appelez à vous la vie et ses passions, ses fortunes et ses délires, ses drames et ses contes; appelez à vous le jeu et l'amour, nous ne voulons que notre jardin; notre matinée est si belle en ce lieu d'ombre et de lumière; le midi est plein de calme et de chansons, et le soir, quand nous sommes forcés de traverser la rivière, c'est notre joie encore, en rentrant dans nos demeures, de reconnaître notre royaume à la douce senteur de ses lilas, ou de ses orangers en fleurs!

Entrez donc, qui que vous soyez, vous serez le bienvenu dans nos parterres. On ne vous chicanera pas sur votre habit-veste et sur votre casquette rouge, jeune homme aux cheveux blonds; le factionnaire est tout disposé à vous porter les armes, mademoiselle en bonnet rond! Vous venez en voisins, vous êtes reçus en amis. Le Luxembourg est une institution de bienveillance, d'urbanité, de bon voisinage; le palais est ouvert, les gazons ne sont pas défendus: pas de *grande allée*, parce que toutes les allées sont bonnes et belles, parce qu'on ne vient pas là pour la montre, mais pour le plaisir. Quand la nuit est tombée, le cadran s'allume et vous dit l'heure; quand passe l'armée, l'armée salue le noble palais au son triomphant de ses musiques militaires, à la flamme de ses étendards! La fontaine de Jean Gougon, que surmonte le distique de Santeul, ne refuse son eau à personne; la coupe hospitalière est attachée à sa chaîne d'argent. A travers les glaces entr'ouvertes, vous pouvez entrevoir les chefs-d'œuvre de la galerie de peinture. Pas de jardins réservés, pas de terrasse fermée; vous êtes le maître de l'orangerie et des serres; pour peu que le cœur vous en dise, entrez dans le jardin de M. le chancelier, vous verrez briller sa volière de tous les feux colorés des tropiques, vous entendrez roucouler son colombier.

Beau jardin de la science, de la philosophie, de la poésie et de la politique, des jeunes années, des honnêtes amours, des calmes vieillesses, des grands moralistes de l'École de Droit, des philosophes de l'école moderne et des sept sages de la Grande-Chaumière ! O fête et rêverie, repos et récréation, causeries amicales et soupirs de l'allée des Soupirs ! Admirable endroit pour le soleil qui se lève, un bon endroit pour le soleil couchant. Hélas ! tu cherches en vain tes habitants d'autrefois : M. Laromiguière, il est mort ! M. Alexis Monteil, il est mort ! Pradier, il est mort ! Frédéric Soulié, il est mort ! Chateaubriand, il est mort ! Arago, il est mort ! La pairie, elle est morte ! Ils ne sont plus les grands écrivains éclos à ton ombre. Ils sont vaincus tes grands poëtes, et le plus grand de tous est en exil !

§ III

C'était une des maximes de Machiavel que toutes les choses humaines sont en jeu, et que le monde est un grand registre à partie double, où le hasard inscrit *l'actif* et *le passif*[1]. J'ai souvent entendu Frédéric Soulié lui-même accepter cette étrange maxime, et croire à l'intervention du hasard. Il avait vu naître et grandir les nouveaux pouvoirs littéraires, et il ne s'étonnait d'aucune espèce de domination. « Le génie a ses jeux de hasard, disait-il, aussi bien que la fortune ! Heureux qui joue habilement à ce jeu-là, plus heureux qui s'en méfie. » Et lui-même il s'en était méfié longtemps. Que de peines il s'est données pour n'être pas un homme de lettres ! Que de soins, même après la publication de ses élégies et de ses poëmes, pour rentrer dans la vie active, et dans l'existence vulgaire !

Il avait commencé par une humble place dans les contributions indirectes ; il perdit sa place le même jour que son père avait perdu la sienne. — « Et pourtant, disait-il avec une rancune profonde, mon père était l'homme le plus distingué de sa partie ! » Il fallut donc renoncer à l'emploi qui le faisait vivre ; alors il se fit entrepreneur de menuiserie. « Le succès des *Amours français* n'avait pas été assez éclatant pour me montrer la carrière des

---

1. Fato dantur imperia, et adimuntur. Fortunæ hi ludi sunt, etc.

lettres comme un avenir assuré. Je devins directeur d'une entreprise de menuiserie mécanique. Ce fut pendant que j'étais fabricant de parquets et de fenêtres que je fis *Roméo et Juliette*. Nous étions déjà en 1827. Cet ouvrage fut reçu à l'unanimité au Théâtre-Français. Mais on décida, sans la connaître, de lui préférer une tragédie que M. Arnauld fils promettait sur le même sujet. Sa tragédie finie, elle fut peu accueillie. Alors on se tourna vers une traduction de Shakspeare, par M. Émile Deschamps. J'appris tout cela par hasard. Je portai ma pièce à l'Odéon. J'eus mille peines à obtenir une lecture. Je dus cette faveur à Janin, qui était déjà une autorité. Je fus reçu, joué, applaudi. »

Je fus joué, je fus applaudi! Rien de plus. Il n'en dit pas davantage. On croirait qu'il a voulu donner, lui-même, un exemple de la sobriété d'un poëte, en parlant de ses œuvres et de sa personne. Eh bien! ne croyez pas Frédéric Soulié sur sa parole, il avait gardé, de sa première épreuve littéraire, une énorme impression, et sa première tragédie est en effet un des plus grands événements de sa jeunesse et de notre jeunesse à nous tous.

Cela se passait peu de jours avant la révolution de juillet, notre mère, *alma mater*, à l'heure où la jeunesse allait venir. Étions-nous jeunes, étions-nous contents, étions-nous libres d'écrire en ce temps-là! Nous levions fièrement la tête, comme autant de novateurs, sûrs de leur fait. Laissez-nous passer, ne nous faites pas obstacle, ou prenez garde, vous serez brisés! Ainsi nous allions tout droit notre chemin, comme des gens qui veulent *débarbariser* la France. Le poëte entendait parler avec pitié de Jean Racine, et il estimait Shakspeare, bien heureux qu'on daignât lui emprunter quelques-uns de ses chefs-d'œuvre; le comédien parlait de temps à autre de ce brave Talma, ce bon homme mort à temps; la jeune première souriait au nom seul de mademoiselle Mars, sa grand'-mère. « On va lui apprendre enfin les belles façons élégantes, le beau langage, et le vrai jeu de la prunelle et de l'éventail à *votre* mademoiselle Mars. » Quant au critique, ma foi! figurez-vous un tonneau rempli de poudre fulminante, et sauve qui peut! De toutes parts d'honnêtes gens qui nous tendaient la main, des libertés qui nous venaient en aide, et ces jeunes princes, nos camarades, l'honneur et l'espoir de la jeunesse française. Belles journées de travail, de liberté, d'espérance et d'enivrement!

Figurez-vous que dans ce bel âge d'or et d'heureuse misère, Juliette, la chaste épouse de Roméo, Juliette cette création divine, sortie toute fraîche éclose de la pensée et de l'amour d'un si grand poëte, rêve italien des beaux jours de l'Italie passionnée et combattante; Juliette... c'était mademoiselle Anaïs; mademoiselle Anaïs elle-même, le petit visage chiffonné, la petite voix malicieuse, le regard provoquant, le sourire ingénu; telle qu'elle était, l'accorte fillette, plus digne de s'appeler Marton que Juliette Capulet, elle suffisait à notre idéal. Elle avait des yeux brillants comme le feu, elle était très-jolie, très-désolée quand elle se mettait à pleurer, très-échevelée de toutes sortes de vrais cheveux qui retombaient en grosses tresses sur ses petites épaules bien enfermées; puis elle se jetait sur son tombeau de si bonne grâce, laissant tomber son pied nu sur le bord de la fosse entr'ouverte! En même temps arrivait, sombre et guttural, tout vêtu de noir, Lockroy lui-même, qui depuis a écrit tant de gais vaudevilles (*Passé minuit*), et une fois sur cette tombe à la Shakspeare, il y allait de si bon jeu et de si bon chagrin, il se jetait avec tant d'ardeur, de gémissements et de sanglots sur Juliette endormie, il lui donnait, de si bon cœur, de si friands baisers bien appliqués (la joue de la morte en rougissait), que nous nous mettions tous à pleurer comme des enfants!

C'est même parce que nous avons pleuré et sangloté, sans vergogne, au dernier acte de *Roméo et Juliette,* et parce que la foule, indécise encore à des beautés si nouvelles, a été entraînée et subjuguée par nos larmes, que ce premier essai de Frédéric Soulié trouva grâce dans ce parterre qui pressentait à peine le drame qui allait venir. Certes, la tentative était hardie, elle était téméraire. Ce jeune homme s'adressait à un chef-d'œuvre entier, complet, d'une poésie éloquente et triste, un drame excellent dans lequel les passions du Midi se rencontrent, sans se heurter, contre les tristesses du Nord.

Chacun des personnages qui s'agitent et qui souffrent dans cette action à la fois simple et violente, tient le langage qu'il doit tenir, et Shakspeare a rarement trouvé tant de terreur, unie à tant de passion. — Éloquents comme des Italiens qui gardent toujours en réserve deux ou trois *concetti* pour leur misère, — tendres comme des amoureux de vingt ans, — menaçants comme des jeunes gens indomptés, voilà ces héros ! — Quant au dénouement de ce drame immense, il est tel qu'il n'y en a peut-être pas de plus touchant, de plus complet dans toutes les tragédies de tous les théâtres de l'univers.

Encore une fois, imiter la tragédie de Shakspeare, même en s'éloignant autant que possible de ce désespérant modèle, était une tentative téméraire et qui ne peut guère se justifier que par la jeunesse même du poëte. Ce n'est pas que, même dans sa témérité, il n'ait été très-habile ; au contraire, il n'est arrivé à son but qu'à force d'habileté.

Il a pris tout ce qu'il a pu prendre ; il a laissé l'impossible, il a renoncé à l'inconnu ; sur les vingt-cinq personnages du drame de Shakspeare, et sans compter le *chœur* et les *citoyens de Vérone*, Soulié en a retranché dix-huit. — De la perpétuelle agitation, de la fièvre et du mouvement qui se fait autour de ces deux maisons implacables, il n'a gardé que l'agitation la plus indispensable ; il a concentré toute l'action dramatique et l'attention de la foule, sur Juliette et sur Roméo. Si jeune encore, il savait déjà ce qu'il pouvait oser ; il savait où s'arrête l'audace, et qu'on attribuerait à sa modestie, à sa réserve, les retranchements qu'il faisait à ce vaste poëme que l'œil seul de Shakspeare pouvait embrasser d'un regard. C'est pourquoi sans doute, à présent que par la fréquentation même de ces chefs-d'œuvre, nous nous sommes habitués aux plus grandes difficultés de l'art dramatique, il nous semble, en relisant la tragédie de Frédéric Soulié, qu'elle est écrite en plein silence, en pleine solitude. Où sont donc les grands bruits de Shakspeare ? Eh oui ! maintenant que nous avons appris cette langue nouvelle, il arrive que les huit uniques personnages du drame français nous paraissent beaucoup trop calmes. Quoi d'étonnant ? nous avons encore dans l'esprit, dans l'oreille et dans le cœur les bruits, les agitations, les plaintes amoureuses, les imprécations furibondes du drame shakspearien.

Dans ce drame enchanteur, Shakspeare s'était proposé, non-seulement de raconter les touchantes amours de Roméo et Juliette, mais encore de peindre au naturel la haine des Montaigus et des Capulets, cette haine furieuse qui partageait Vérone, et qui, plus d'une fois, avait eu tous les caractères de la guerre civile. Soulié, en homme prudent, n'a songé qu'à Roméo, qu'à Juliette, et il ne s'est servi des Montaigus et des Capulets que pour avoir un bon prétexte à son drame. Aussi, dans la tragédie française, toute cette action se déroule peu à peu, sagement, pendant que le drame anglais éclate en imprécations de toutes sortes.

Dans la tragédie française on voit entrer et sortir incessamment la jeune fille, le jeune homme, le vieillard accompagné de quelques domestiques, et vous attendez patiemment qu'arrive enfin l'instant marqué pour la pitié, pour la terreur; dans la tragédie anglaise, à chaque instant c'est l'heure de trembler. Dans le drame anglais la conversation s'engage entre deux serviteurs des Capulets. Ces braves gens, à la première occasion, se promettent d'*être francs du collier* contre le premier Montaigu qui va passer dans la rue; en effet, passe un domestique des Montaigus, Abraham. Déjà donc la dispute s'engage entre les subalternes, jusqu'à ce que de proche en proche elle enflamme les têtes les plus hautes. C'est une merveilleuse façon d'entrer en matière. Ainsi commence l'ouverture du *Freischutz*.

Paraît alors Roméo : le beau jeune homme est triste, il se croit amoureux d'une belle personne appelée Rosaline; il parle comme parlerait un sonnet de Pétrarque. Cependant la fête s'apprête chez le vieux Capulet; ces nobles murailles se remplissent de feux et de lumières. Juliette, une enfant de quatorze ans, *la plus belle fleur du printemps de Vérone*, se pare pour le bal; on la doit présenter, ce soir même, au jeune comte Pâris. Par le ciel ! se dit Roméo dans la rue, je veux voir, ce soir, la belle Rosaline; j'irai à la fête des Capulets ! Et l'imprudent ! il entre dans cette maison ennemie comme s'il eût été conduit par la reine Mab. Cette entrée de Roméo chez les Capulets est solennelle presque autant que l'entrée des masques dans la maison de don Juan. Bientôt Roméo est reconnu par le cousin des Capulets, Tybalt. Mais le vieux Capulet, bon vieillard au fond de l'âme, prend le jeune Roméo sous sa garde; il ne veut pas que cette fête soit troublée, et puis l'audace et la confiance du jeune homme sont loin de déplaire au vieillard. Voilà donc Roméo en présence de Juliette, aussitôt... adieu à son autre amour !

Ces deux jeunes gens se regardent, ils s'aiment, ils se le disent; ils n'ont pas le temps d'attendre jusqu'à demain; demain se reverront-ils ? Cette nuit d'amour passe donc comme un songe, et cependant quand Roméo va pour sortir, n'admirez-vous pas le vieux Capulet qui le retient, sans façon, *à une ridicule petite collation improvisée!*

Au second acte, Roméo fait bonne garde sous les fenêtres de Juliette, et les deux amants se parlent d'amour. Jamais nuit vénitienne n'a entendu de plus tendres paroles, même aux beaux jours de Desdémona la Vénitienne. — Roméo quitte sa maîtresse pour aller consulter le frère Laurence; c'est ce frère Laurence qui s'appelle Talerni dans la pièce de Frédéric Soulié. Mais Talerni ne vaut pas le frère Laurence; Talerni est une espèce de secrétaire d'État, un secrétaire occulte qui gouverne le prince; le frère Laurence n'est qu'un prêtre, et plus il vit modeste, caché, loin du prince, plus il est tout puissant dans Vérone et sur l'esprit de l'auditeur. Dans la tragédie de M. Soulié, Talerni se montre un peu trop souvent; il entre à chaque instant, et comme bon lui plaît en cette maison désolée et révoltée de Capulet; dans le drame de Shakspeare, à peine voit-on, à peine on entend le frère Laurence, mais on devine à chaque instant sa volonté et sa présence. Talerni est brusque et même un peu brutal dans ce grand projet de réconciliation entre les Capulets et les Montaigus; le frère Laurence, au contraire, a pour devise : *lentement, sagement*, et il ajoute, en véritable disciple de Machiavel : *qui court trébuche*. Bientôt cependant le frère Laurence unit Roméo et Juliette, et, certes, ce n'est pas là un des moindres mérites de la tragédie de Shakspeare, que ces deux tragédies les plus touchantes se passent justement entre Desdémona mariée à Othello, entre Juliette mariée à Roméo! Ainsi était *l'Alceste* d'Euripide. Mais pourquoi donc ces trois grands exemples de l'amour, de la passion et de la terreur *dans le mariage*, ont-ils été si rarement suivis?

Au troisième acte, et Frédéric Soulié savait l'importance du troisième acte, le poëte se rappelle qu'il a un peu négligé la querelle des Capulets et des Montaigus, et cette querelle, il l'engage de nouveau, non pas, cette fois, entre valets, mais entre Tybalt et Roméo. D'abord Roméo se modère; mais, bientôt insulté par Tybalt, son épée ne tient plus au fourreau, et le Capulet tombe sous les coups du Montaigu. Cependant que fait Juliette? Juliette attend Roméo, son époux, l'assassin de Tybalt!

Dans la tragédie de M. Soulié, Roméo tue le propre frère de Juliette, afin que la scène soit plus terrible et plus dramatique ; dans la tragédie anglaise, Tybalt n'est que le neveu du vieux Capulet, et je pense que Shakspeare a raison. Tout à l'heure, en effet, le vieux Capulet, voyant Juliette au tombeau, aura bien assez de désespoir sans qu'il soit besoin de lui tuer son fils ; Shakspeare, « ce barbare, » à peine a commencé de nous raconter les amours de Juliette et de Roméo ; or cet amour des deux jeunes gens est moins odieux quand Juliette n'a perdu que son cousin. Juliette, dans les bras du meurtrier de son frère, serait bien difficile à excuser.

Voilà ce que Shakspeare a bien compris et ce qu'il dit avec éloquence. Aussi bien, grâce à la prévision du poëte, on comprend tout de suite que la mort de Tybalt n'est qu'un incident à la tragédie, et qu'elle ne peut pas en être le dénouement. Au contraire, (et Frédéric Soulié fut le premier à convenir qu'il s'était fourvoyé) dans la tragédie française, aussitôt que l'on vous annonce la mort violente du dernier fils du vieux Capulet, il saute aux yeux que le vieux Capulet en perdant ce fils, le dernier espoir de sa maison, fait une perte beaucoup plus grande et plus irréparable, que lorsque tout à l'heure il perdra Juliette sa fille ! Une fille, hélas ! rien qu'une fille pour prolonger cette illustre haine et pour soutenir cette maison chancelante ; c'est bien peu. Ainsi, (et que ce soit pour tout le monde une leçon de ne pas corriger les grands poëtes,) cet imprudent Frédéric Soulié, pour avoir voulu rendre le vieux Capulet plus intéressant et plus digne de pitié qu'il n'est dans Shakspeare, a diminué l'intérêt qu'on porte à ce grand vieillard, et par contre-coup l'intérêt que l'on porte à Juliette. — Dans ce drame excellent il faut absolument que la blanche et chaste figure de cette intéressante fille se détache, nette et pure des passions, des haines et des malheurs qui l'entourent. En général, il ne faudrait pas ajouter à Shakspeare, non plus que lui rien ôter. Nous en avons de bien tristes exemples. Voyez monsieur Ducis !

La chose est si vraie que Roméo ne pouvait pas tuer le frère de Juliette, que maintenant savez-vous où donc, à cette heure de la nuit, est Roméo ? Il est dans la chambre de Juliette. Depuis qu'il a promené Roméo sous le balcon de sa bien-aimée, le grand poëte lui préparait cette heure tranquille, cette heure unique de bonheur et d'amour. Vous savez tous par cœur cette touchante élégie de l'amour : *Ce n'est pas le jour, c'est le rossignol et non l'alouette qui a frappé ton oreille!* — *C'est l'alouette qui annonce le matin et non pas le rossignol!* répond Roméo. Et quand enfin le jeune amant, persuadé par tant d'amour, s'écrie, transporté de joie : *Je dis comme toi, c'est le rossignol, l'oiseau des nuits*, alors la jeune épouse s'écrie à son tour : *C'est le jour, c'est le jour! hâte-toi!* et bientôt Roméo galope sur la route de Vérone.

Je ne crois pas que sur aucun théâtre bâti de main d'homme, à l'usage d'un poëte né d'une femme, il y ait jamais eu de scène plus remplie à la fois de mélancolie et de tendresse; or cette admirable scène est fort bien indiquée dans la pièce de Frédéric Soulié, mais elle n'est pas aussi bien placée, et tant s'en faut, que dans le drame de Shakspeare. Dans le drame anglais, quand Roméo dit adieu à Juliette, il est proscrit, il est banni, il faut qu'il abandonne, absolument, quand viendra le jour, aux premiers chants de l'alouette matinale, sa famille, ses amis, sa jeune épouse; Juliette, de son côté, est bien plus digne d'excuse d'avoir ainsi reçu, chez son père, la nuit, son Roméo, quand Roméo n'a plus d'asile, plus d'espoir, et quand il va partir pour ne plus revenir! Au contraire, dans la pièce de Frédéric Soulié, Roméo, il faut bien le dire, passant la nuit auprès de Juliette, n'est guère qu'un mari en bonne fortune auprès de sa femme; le danger manque à cette situation pour la rendre respectable; le danger manque pour excuser Juliette. C'est qu'en effet, en Angleterre, en France, en tous pays la logique est inexorable. Shakspeare n'a fait tuer que Tybalt, un simple neveu des Capulet, mais aussi il s'est réservé, dans toute sa grâce et dans toute sa vraisemblance, la belle scène des adieux. Frédéric Soulié a fait tuer le propre frère, le frère unique de Juliette; oui, mais en même temps il est obligé de transposer la scène touchante et hardie de ces deux jeunes époux qu'avait unis le père Laurence en leur disant : *Séparez-vous, jusqu'à ce que la sainte Église ait fait de vous une seule personne en deux corps!*

L'acte quatrième de la tragédie française ne pourra guère soutenir la comparaison avec le chef-d'œuvre de Shakspeare.

Tybalt mort, Roméo exilé, la pauvre Juliette est pressée, impérieusement, par l'ordre de son père qui la veut marier.

Ce mariage est bien plus vraisemblable après la mort de son cousin, qu'il n'est vraisemblable après la mort de son frère ; et que dis-je? le jour même de cette mort! D'autant plus que tout à l'heure, le vieux Capulet de Frédéric Soulié promettait la main de sa fille, à celui qui tuerait Roméo Or, personne ici n'a tué Roméo; c'est Roméo qui désarme le jeune Espagnol, le prétendu de Juliette, et à ce propos je ne vois donc pas pourquoi Frédéric Soulié fait intervenir dans son drame, *un Espagnol*. Tout ce qui se passe là, se passe bel et bien entre Italiens véritables du XVIe siècle; galants et forcenés, altérés d'amour et de vengeance. Cet Espagnol de Frédéric Soulié joue dans tout cela un mauvais rôle : il n'aime guère Juliette, il ne hait pas trop Roméo, il n'a pas été élevé au milieu de ces dissensions funestes qui épouvantent Vérone ; il ne saurait ni les partager, ni les comprendre ; il fait tache dans cette haine comme dans cet amour. Dans le drame de Shakspeare, au contraire, tout ce qui se passe est Italien : Tybalt, Italien de Vérone ; Roméo, Italien de Naples ; Juliette, Italienne de Venise ; Capulet, Italien de Florence ; le frère Laurence, Italien de Rome ; l'apothicaire, Italien de Mantoue. C'est une sanglante et amoureuse mêlée d'Italiens de toutes les températures, qui se haïssent ou qui s'aiment avec toute la fureur de leur soleil.

Je disais donc que le quatrième acte de la tragédie anglaise est tout rempli de toutes sortes d'irritations et de terreurs. Ici le père Laurence qui se demande enfin ce qu'il doit faire, et comment il va sauver cette pauvre jeune femme de quatorze ans qu'il a mariée... et qu'il a perdue ! Plus loin, Juliette, enfant tout à l'heure, enfant timide, à présent jeune femme, et femme courageuse qui se débat, mais en vain, contre son père et contre le mari que lui veut donner son père. Plus loin, Roméo errant, proscrit, loin de Juliette, loin de Vérone, qui frappe à la porte de cet honnête apothicaire dont la pauvreté vend des poisons. Au milieu du drame, les apprêts de cette fête, les cuisiniers, les musiciens, les belles parures, enfin le vieux Capulet qui vient frapper à la porte de la nourrice, en lui disant joyeusement : — « Levez-vous! levez-vous! levez-vous! le coq a chanté pour la seconde fois ; qu'on éveille ma fille ! » Oui certes, voilà le mouvement, voilà la vérité, voilà un vif et tout puissant intérêt.

Et remarquez bien, je vous prie, que le vieux Capulet de Shakspeare est cent fois plus intéressant que celui de Frédéric Soulié. Le vieux Capulet de la tragédie française a perdu son fils ; il est plongé dans le deuil ; sa vengeance n'est pas satisfaite ; le cadavre de son fils est encore tout chaud, sa maison est pleine de chagrin, entourée de périls ; cet homme est si à plaindre qu'il est peut-être un peu plus à plaindre que Juliette... il est, à coup sûr, plus à plaindre que Roméo. — Le Capulet de Shakspeare au contraire, le seul Capulet, se trouve dans des conditions bien plus favorables. Il n'a perdu que son neveu, il s'est vengé, et Roméo exilé, le vieux Capulet ne demande plus rien.

Tout va au contraire : les Montaigus sont humiliés, les Capulets sont triomphants ; le vieux bonhomme a trouvé un gendre qui lui convient, qui est jeune, brave, hardi, qui remplacera, et au delà, son neveu Tybalt, assez mauvais sujet du reste ; sa joie est donc complète. Aussi il est alerte et joyeux, il plaisante avec la nourrice, il rit avec les musiciens, il se promet de danser à cette noce, il veille lui-même sur tous les préparatifs de la fête, et cette fois il ne se contenterait pas, comme au premier acte, *d'une ridicule petite collation improvisée*. Admirables calculs du grand poëte ! En effet, plus il y a de joie en cette maison, et plus la pauvre Juliette est à plaindre ; plus le vieux père a oublié la mort de son neveu, et plus il sera cruellement frappé de la mort de sa fille. Mais aussi quelle terreur profonde quand enfin arrive le vieillard sur ce corps inanimé, et quand Juliette, placée entre son père et sa mère, est entourée de toutes ces plaintes et de tous ces désespoirs ! Alors seulement vous comprenez pourquoi le poëte avait rempli, tout à l'heure, cette maison funèbre de fêtes, de feux de joie, de cuisiniers, de danseurs et de musiciens.

Toutefois, il faut reconnaître que, dans sa dernière scène, Frédéric Soulié a arrangé très-habilement la mort de Juliette, et qu'il a traduit, en très-beaux vers, cette horrible agonie, ces terreurs superstitieuses et ces angoisses incroyables — « Mais quoi ! si j'allais me réveiller avant le temps où Roméo doit venir ? — Si ce breuvage n'exerçait aucun effet après ce second mariage ? »

La scène est très-belle et très-touchante, et cette fois Frédéric Soulié s'est fort bien rappelé ce que dit Macbeth : *Les trop longs discours jettent un souffle trop froid sur l'action*; ajoutons ce que dit le père Laurence : — *Mon fils, parle simplement!*

Quant au cinquième acte, il était la force, il était la juste espérance de Frédéric Soulié ; il savait qu'une fois arrivé au tombeau de Juliette, sa tragédie était sauvée. En effet, aussitôt qu'il est délivré des Capulets, des Montaigus, de la partie haineuse de ce drame à laquelle il n'a jamais voulu toucher ; une fois qu'il s'est emparé tout à fait de Juliette, de Roméo, de ces deux amours, de ces deux douleurs, oh! alors il n'est plus reconnaissable : plus d'hésitations, plus de lenteurs, plus de longueurs, plus de ces interlocuteurs inutiles qui prétendent jouer un rôle dans cette action tragique, pour quelques mots qu'ils débitent au hasard.

L'auteur dramatique se révèle enfin à ce cinquième acte, tel que vous le retrouverez plus tard, soit dans le roman, soit au théâtre, énergique, impitoyable, passionné, convaincu. On le voit et on le comprend alors, Frédéric Soulié a sacrifié toute sa tragédie à ce cinquième acte, comme font ces peintres espagnols, qui jettent le soleil sur le premier plan de leur tableau, laissant tout le reste dans l'ombre. Pendant quatre actes ce jeune homme a marché au pas de course et presque au hasard, tant il avait hâte d'arriver dans ces caveaux funèbres où devait se nouer, s'accomplir et se dénouer tout son drame.

Ce cinquième acte est à lui seul une tragédie. Le retour de Roméo, ces anciens tombeaux, et sur le plus récent de tous, cette jeune fille étendue, à la pâle lueur de cette lampe qui jette sa pâle clarté sur le beau visage de Juliette... enfin le désespoir de cet amant qui ne peut rien comprendre à cette mort, à ce poison, et tout d'un coup le réveil de Juliette, cette ombre toute blanche qui descend de sa tombe, et Roméo qui se tient à distance, immobile, éperdu, et cette grande joie qui lui vient au cœur quand enfin il a dit : — C'est elle! Alors ils se regardent, ils se reconnaissent, ils sont heureux... Puis encore, et tout d'un coup : « qu'as-tu fait, Roméo? C'est la mort! »

Alors voici qu'ils changent de rôle, elle et lui, jusqu'à ce qu'enfin la mort les réunisse dans la même tombe, ces deux pauvres jeunes gens qui, en si peu de temps, ont passé par les transes les plus épouvantables de la joie et de la douleur, de la vie et de la mort.

§ IV

« A dater de *Roméo et Juliette*, je me fis décidément homme de lettres. » Lorsqu'il parle ainsi, Frédéric Soulié ne dit pas tout ce qu'il voulait dire ; il ne dit pas ses doutes, ses hésitations, ses craintes, et je ne sais quel effroi presque invincible que je n'ai vu qu'à lui, pendant que le premier venu, sans style et sans esprit, que dis-je, hélas! la première venue, à la première rime en pet en l'air, arrivait sans hésiter, à cette implacable et terrible profession des belles-lettres qui dévore impitoyablement ses plus courageux adeptes. *Je me fis homme de lettres*, disait Frédéric Soulié ; il était au comble de la renommée et de son art, qu'au seul souvenir de cette *relation*, comme il l'appelait, on le voyait frissonner et pâlir.

Son bon sens rare pressentait tous les labeurs à venir ; avec le sang-froid qui ne l'a jamais quitté, même dans ses innocentes folies, il s'en voulait, à lui-même, de cette pierre de Sisyphe et de ce tonneau des Danaïdes. Il comprenait, par intuition, l'isolement, la peine et l'abandon de cette vie abominable qui consiste à produire, à produire encore, aujourd'hui, demain, plus tard, toujours, au milieu de l'envie et des haines, de la cabale et des injures, de l'indifférence et de l'oubli.

Je me fis homme de lettres, décidément! Il n'eût pas dit autrement : *Je me jetai dans l'abîme!* A vingt ans de distance, entouré de tant de renommée et d'un succès si légitime, il regrettait sa mécanique, sa menuiserie et ses parquets. « Tant de travaux, à quoi bon? Tant de labeurs et tant de drames, c'était bien la peine! Et pas un jour de repos, et pas une heure absolument contente! Et toujours la dette à ma porte, et mon pauvre cœur toujours gonflé à chaque émotion nouvelle! » Devenu poëte, d'artisan qu'il était, il pleurait son métier perdu ; il avait raison de le pleurer. Faiseur de parquets mécaniques, il eût gagné, sans trop de travail, une grande fortune ; écrivain cher à la foule, il eut grand'peine à vivre ; il mourut presque insolvable, et sans avoir pu mettre une heure d'intervalle, entre ce travail et cette mort implacable.

Ainsi, ses regrets constants et légitimes obéissaient à cette parole du Psalmiste : « Celui qui marche dans les sentiers du travail, portant le poids de la semence, viendra avec des cris de joie chargé des gerbes qu'il aura recueillies. » Quant à lui, Frédéric Soulié, il a marché dans un pénible et stérile sentier, où il ne pouvait recueillir que des ronces, de l'ivraie et des épines. Il travaillait encore à l'heure où la mère de famille dit à ses rudes enfants, les laboureurs : — « Allons, enfants, debout, voici votre pain ; le travail vous appelle dans les champs ! » — Alors ils se lèvent, bien repus de sommeil, à l'heure où le poëte veille encore. Cependant le jour paraît ; dans le clocher doucement éveillé, l'*Angelus* chante son cantique, et déjà la moisson tombe sous la faucille obéissante, les pauvres gens suivant les faucheurs, et les faucheurs oubliant, à dessein, l'épi du pauvre. Ah ! le pauvre ! Il ramasse dans les campagnes clémentes, même les bleuets dont les enfants se font une couronne. Hélas ! que la poésie est une peine abominable, comparée à ce travail rustique !

Il n'y a pas de glanes, et pas de bleuets... et pas de couronnes pour *l'homme de lettres* ; il n'y a point de mère de famille qui lui dise au départ : *Voilà ton pain !* et qui lui dise au retour : *Voilà ton pain !* Homère lui-même, qui porte dans sa tête féconde *l'Iliade* et *l'Odyssée*, et la terre et le ciel, tous les dieux et tous les hommes, c'est-à-dire toutes les passions du genre humain, quand la fin du jour est venue, aveugle et sans gloire, il mendie, et les dieux et les hommes ne s'inquiètent pas de la sainte et royale misère ! « Il n'y a pas d'autre façon de vivre en ces arts difficiles, » disait un bel esprit du xvi⁰ siècle, *qui s'était fait homme de lettres*, mais ceci dit, et quand il est bien convenu de sa propre misère, il se venge sur les *âmes stupides* qui préfèrent l'argent au bonheur d'écrire.

« Il faudrait, dit-il, exiler, dans les plus affreux parages, ces lâches contempteurs des belles-lettres, ces mécréants qui n'ont souci que du lucre, et qui méprisent même les œuvres sublimes, réduisant tout le travail de l'esprit à une indigne question de viande et de pain : *Quibus nulla scientia tàm honesta, digna, excellens et sublimis esse potest, quam non ad indignissimum panis lucrandi quæstum depravent* [1].

De cette hésitation, de ce malaise et de ce doute infini, quand il lui fallut renoncer à la vie et au travail de tout le monde, pour adopter les belles-lettres comme sa nourriture et sa fortune, on retrouve, à chaque instant, le souvenir dans les paroles et dans les rimes de Frédéric Soulié. Il avait souvent à la bouche cette parole de La Bruyère : « La gloire et le mérite de certains hommes est de bien écrire, et de quelques autres c'est de n'écrire point. » Il savait, par cœur, ces vers du *Misantrope*, où le poëte enseigne par la bouche de son héros :

> Qu'il faut qu'un galant homme ait toujours grand empire
> Sur les démangeaisons qui nous prennent d'écrire ;
> Qu'il doit tenir la bride aux grands empressements
> Qu'on a de faire éclat de tels amusements ;
> Et que, par la chaleur de montrer ses ouvrages,
> On s'expose à jouer de mauvais personnages.

Un jour il fut touché, jusqu'aux larmes, de cette lettre où madame de Sévigné, qui sentait sa fin prochaine, se vantait d'avoir noué l'un à l'autre, et d'une main prudente, les deux bouts de l'année. « Ainsi, je mourrai sans dette et sans argent comptant, c'est tout ce que peut demander une chrétienne. » Il aimait aussi beaucoup ce passage de Perse le satirique, si bien traduit par M. Félix Desportes son ami :

> Oh ! quels frivoles soins remplissent notre vie !
> O néant d'ici-bas ! ô misère ! ô folie !
> — Et qui lira cela ? — Vous me parlez, je crois !
> — Vous serez sans lecteurs ? — J'en aurai deux ou trois.
> — Deux ou trois ? pas un seul ! C'est un affront insigne,
> Mais il faut qu'aujourd'hui tout auteur s'y résigne.

Une autre fois, il citait ces vers de Despréaux contre les malheureux qui, pour vivre,

> Ont mis leur Apollon au gage d'un libraire
> Et font d'un art divin, un métier mercenaire.

---

[1]. Jean Cinapius, professeur de grec à Heidelberg en 1528.

— Despréaux en parlait fort à son aise, disait-il, Louis XIV était là qui venait à son aide. Ici, chez nous, il faut vivre de son labeur ; il n'y a que des pensions occultes, dont un homme vaillant ne peut pas et ne doit pas vouloir. Laissons cet argent aux esprits médiocres, aux imaginations épuisées, aux faiseurs de cantates, ces flatteurs de la chose accomplie, aux vocations perverses ; l'honnête écrivain doit vivre, uniquement, de ce qu'il gagne, et quand il ne peut plus vivre il faut qu'il meure. Qui a dit cela? disait-il encore. « Hélas! nous avons tout mangé, même la table où nous mangions [1]! » Certes, il n'était pas enthousiaste et convaincu de sa profession, cet habile et populaire écrivain. Il avait adopté, non-seulement toutes sortes d'épigrammes contre l'exercice assidu des belles-lettres, mais des épîtres même où il était parlé de l'existence cachée et des silences lointains :

> Ami, garde toujours ton petit horizon ;
> Ne fuis jamais le ciel de ta jeune saison ;
> Bois le vin de ta vigne ou l'eau de ta fontaine.
> Pourquoi poursuivre en vain la fortune lointaine?
> Ne dépasse jamais le Mont du Vieux Rocher
> Où tu vois tous les soirs le soleil se coucher ;
> Promène ta jeunesse au bord de la prairie,
> Du ruisseau qui murmure à sa rive fleurie ;
> Cueille l'humble pervenche aux lisières des bois,
> Pour parer au retour quelque gorge aux abois...
> Moi, j'ai fui le pays en poëte inconstant ;
> Un beau matin d'avril je partis en chantant,
> N'ayant que mon esprit et mon cœur pour ressource :
> J'ai déchiré mon cœur aux débuts de la course ;
> Et mes illusions, qui me donnaient la main,
> Ont laissé mon esprit errer sur le chemin.

Qui donc lui avait appris ces vers charmants? Je n'en sais rien ; il les aimait comme on aime une chanson dont on ne connaît pas l'auteur. Enfin il était l'ennemi de son art, à ce point qu'il acceptait même les malédictions de Henri Heine, et même la comédie où Molière (hélas! cette comédie est son chef-d'œuvre!) a voué, aux plus cruels mépris la profession littéraire.

Il acceptait, dans les *Femmes savantes*, que Ménage et l'abbé Cottin fussent voués aux gémonies! Il pardonnait à Despréaux, son

---

[1]. Etiam mensas consumimus (Virgile).

malheureux poëte, mendiant son pain de *cuisine en cuisine* [1] !!

Il disait donc, avec Henri Heine, que la littérature est une « grande et éternelle Agrippine, incessamment éventrée, ô misère! par messieurs ses enfants! » L'image est terrible ; elle est belle, elle est vraie, et quand on pense à ces misères, seulement depuis *les Femmes savantes* jusqu'à *l'Écossaise,* en passant par les satires de Despréaux, on se demande, par quelle force et quelle toute-puissance, la littérature de cette nation a pu se tirer de ces massacres, de ces Saint-Barthélemy, de ces batailles, de ces meurtres, de ces assassinats, de ces empoisonnements, de ces violences, de ces calomnies, de ces outrages abominables? Comment ont pu se sauver, de la ruine et de la honte, les malheureux écrivains, traînés dans ces fanges par leurs confrères, le puissant s'amusant à égorger le plus faible, et le plus faible, à son tour, s'attaquant au plus fort? — C'est la loi : le génie outragé par l'esprit, l'esprit écrasé par le génie! Ici des poëmes déchirés par des mains impitoyables; plus loin des drames étouffés sous des sifflets sans pitié : mêlée ardente où tout ce qui peut servir à assassiner un galant homme, est cruellement employé ; et ni paix, ni trêve, ni pitié, ni rémission! Guerre impie! Il n'y a pas d'été et pas d'hiver qui suspende ces Waterloos et ces Pharsales. Pourvu que mon voisin soit borgne, il ne me déplaît pas d'être aveugle ; que je pende, à ce gibet, mon ennemi littéraire, et puis je vais marcher d'un pas libre à l'échafaud :

> Tel est blessé qui blesse, et meurt content, s'il tue!

Mais pour en revenir aux *Femmes savantes,* et à l'époque où fut joué ce chef-d'œuvre, au moins fallait-il être juste pour tout le

---

[1]. La misère des lettres! On vient de découvrir une lettre que Mirabeau adressait à Chamfort, en 1784, six ans avant la royauté de Mirabeau. Voici un fragment de cette lettre étrange et voisine de la mendicité. Après avoir raconté à Chamfort sa triste situation, *par suite de son déménagement,* Mirabeau ajoute à ses plaintes : « S'il est possible, dans ce beau Rosny que le plus désintéressé des surintendants qu'ait eus la France n'a pas dédaigné de porter à une valeur de plusieurs millions, *de penser à l'indigence,* et de former des plans utiles pour elle, rêvez à quelque grande entreprise de librairie que vous puissiez proposer à Panckoucke *pour moi,* et qui m'assure *la liberté d'envoyer chercher, dix ou douze fois par an, douze ou quinze louis,* certainement, je ne serai ni aussi indiscret, ni aussi paresseux, ni probablement aussi stupide que La Harpe... »

monde, et ne pas compromettre cette espèce de sacerdoce du poëte satirique et du poëte comique, en louant toutes sortes de vanités et d'impuissances qui devaient ôter son crédit à la plus juste satire, et son apparence de justice à la plus loyale comédie. Il fallait enfin, tout en flétrissant la mauvaise poésie et la conduite mauvaise, honorer, défendre et respecter la profession des lettres ! — Voilà l'équité qui manque aux satires de Despréaux ; voilà la loyauté qui manque à cette comédie des *Femmes savantes*.

Tant qu'il a pu humilier, ravaler, insulter, écraser l'homme de lettres et la profession des lettres dans sa comédie, et les prostituer aux pieds d'un courtisan de l'Œil-de-Bœuf, qui écrase à plaisir, sous son talon rouge, le savant et l'écrivain, Molière l'a fait dans *les Femmes savantes*. Autant qu'il a pu entourer, de sa louange et de ses flatteries, des écrivains médiocres mais bienvenus à la cour, Despréaux l'a fait dans son *Art poétique* et dans ses satires. Comment donc ! il a adressé sa plus belle épître au marquis de Dangeau (le successeur de l'abbé Cotin à l'Académie, on dit même que l'éloge *académique* de l'abbé Cotin a été arraché des Mémoires secrets de l'illustre compagnie, et ce serait vraiment une lâcheté bien grande !) or, on pouvait dire du marquis de Dangeau, ce que disait M. le duc de Saint-Simon du palais de Versailles, qu'il appelait *un favori sans mérite !* Dans *l'Art poétique*, La Fontaine, humble et poétique ami du surintendant Fouquet, n'est même pas nommé ; La Fontaine ! Il y a un : *peut-être !* ajouté à la gloire même de Molière ; enfin si vous voulez trouver des louanges injustes, dans ces poëmes où la satire semble obéir aux plus vrais instincts du juste, du beau et du bon, vous les trouverez, pour ainsi dire, à chaque vers.

Ainsi vous lisez, dans *l'Art poétique*, le vers que voici :

> Ne désavouerait pas Malherbe ni Voiture !

Il dit aussi, avec une grande admiration pour les *rondeaux* :

> Que de son nom, chanté par la bouche des belles,
> Benserade en tous lieux amuse les ruelles.

Il admire M. de Segrais, et il en parle, comme il parlerait de Virgile écrivant pour les consuls :

> Que Segrais de l'églogue enchante les forêts !

Enfin Despréaux compare M. de Racan au grand Homère :

> Racan pouvait chanter à défaut d'un Homère!

Quoi donc! tant de zèle et d'admiration pour les uns, tant de cruauté pour les autres? A genoux devant le poëte ami du roi, sans pitié pour le pauvre diable qui court après le pain de chaque jour? Tantôt (que ce soit la rime qui l'exige ou son caprice personnel) il met celui-là à la place de celui-ci ; tantôt le même poëte, attaqué au premier chant, comme un vil bouffon, devient un poëte sérieux au troisième chant! Bien plus, la seconde édition de *l'Art poétique*, pour les noms propres, ne ressemble en rien à la première édition ; ce qui était blanc est devenu noir ; Saint-Amant et Coras, criblés de coups d'épingle, deviennent, dans la préface en prose, des hommes de génie; Quinault, sacrifié d'abord, à ce misérable Lulli, à ce *coquin ténébreux*, devint, plus tard, un poëte aimé et honoré. « Je me réconciliai, dit Quinault, avec l'auteur des *Satires*, et je n'eus pas lieu de m'en trop réjouir. M. Despréaux me parlait toujours de ses vers, il ne me parla jamais des miens ! » Deux poids, deux mesures, et pourtant Despréaux, parlant de lui-même à la façon d'Horace, avait dit en très-beaux vers :

> Mais tout fat me déplaît et me blesse les yeux,
> Je le poursuis partout comme un chien fait sa proie.

« Comme un chien! » rien n'est plus vrai, et quand on voit, attachés à la même proie, un homme de la force de Molière et de la violence de Despréaux, on se prend à regretter que cette proie ait nom l'abbé Cottin! Véritablement le bon homme, eût-il plus de génie, il n'était pas de force à résister à ces deux gueules armées d'un double râtelier. Certes la bête aux trois mâchoires n'était rien, comparée à la dent de ce boule-dogue appelé Molière et Boileau. — Et quand je pense que Molière, un beau jour, s'est dit à lui-même : « Il faut que j'en finisse avec l'abbé Cottin ; je vais en faire un monstre énorme, une façon de Tartufe, un fléau, le fléau d'une honnête famille ; il sera adoré de la mère, admiré de la tante, et la fille aînée ira jusqu'à l'extase, pour un pareil drôle.

« Je veux que l'abbé Cottin, pareil à Tartufe, s'empare des esprits et des âmes de cette maison hospitalière; qu'il jette son dévolu sur la plus jeune et la plus charmante fille qui soit au monde, et que cette enfant ait grand'peine à se sauver de la bave d'un pareil imbécile. Il faut aussi, cette fois encore, que, même la servante Martine, ait en haine le faux bel esprit, tout comme Dorine aura en haine le faux dévot, et que Martine soit exclue et mise à la porte de cette maison, pour une question grammaticale, tout comme le fils d'Orgon sera chassé du toit paternel, pour avoir surpris Tartufe aux pieds d'Elmire ! Et voilà comme je pourrai témoigner, moi, Molière, que je hais tout autant l'abbé Cottin que je hais Tartufe, et que le faux bel esprit me déplaît tout autant que le faux dévot. »

Ainsi il parle, et sur cette donnée il construit une comédie en cinq actes et en vers... les *Femmes savantes*, lui qui dans le temps des *précieuses*, durant leur règne absolu, et sur le seuil même de l'hôtel de Rambouillet, le centre élégant de la société polie, avait trouvé que c'était assez d'un petit acte en prose, pour châtier ce nid de caillettes des deux sexes ! Cinq actes contre l'abbé Cottin, un acte entier pour Ménage, Ménage qui joue, en ce lieu du bel esprit, le rôle de Laurent avec Tartufe !

Cette fois Molière a été plus cruel pour Ménage, que pour Laurent lui-même, et dans une violente rencontre, il a mis aux mains ces deux compères qui se traînent dans la boue, à la honte des lettres, et qui *éventrent* la littérature du grand siècle, afin d'amuser, de ce spectacle odieux, les petits marquis de la cour, si souvent et si cruellement fustigés (avec la permission de Louis XIV) par Molière en particulier, et par la comédie en général.

O misère !... ô vanité de cet art du poëte comique ! — Il ne sait pas résister à une bonne plaisanterie ! Et comment donc Molière, en cette scène cruelle des *Femmes savantes*, n'a-t-il pas vu qu'il donnait leur revanche aux petits messieurs du *Misanthrope*, et qu'il allait consoler, par cet exemple public des lâchetés et des hontes de la littérature, ces mauvais et funestes gentilshommes que devait nous montrer Regnard, et qui déjà s'étaient glissés dans *Don Juan* et *le Bourgeois gentilhomme*, où l'on voit un jeune escroc de l'OEil-de-Bœuf, prêtant la main aux voleries d'une entretenue de l'an de grâce 1654 !

Cette scène entre Vadius et Trissotin, cette charretée d'injures et d'immondices que ces deux hommes de lettres se jettent à la tête l'un de l'autre, ce ridicule reproche qu'ils s'adressent, d'avoir copié les Grecs et les Latins (comme si Molière et Racine, Corneille et Despréaux, La Fontaine et Montaigne, Voiture et Balzac, Régnier et Rabelais avaient fait autre chose!) est à mon sens une action mauvaise! Honte à l'oiseau qui salit son nid! dit le proverbe. « Il faut, disait quelqu'un qui avait le droit de faire des maximes, laver son linge sale en famille. » Et ne voilà-t-il pas un beau linge à laver en public, les manchettes de monsieur Ménage, et le rabat de l'abbé Cottin!

Ajoutez ceci : tant d'esprit, tant de rage et tant de verve avec mille incidents curieux et de charmants détails ; ici, le bon Chrysale, un homme d'Aristophane lui-même, et là cette douce image de cette aimable beauté *qui n'entend pas le grec* (un emprunt fait à Térence), enfin cette rustique servante digne du vieux Plaute, et ces accents de l'âme humaine, de l'âme bourgeoise au milieu de ces précieuses, trois fois ridicules, Cathos mariée et Madelon à marier, tout cela pour démontrer que Cottin est un imbécile, que Cottin fait de mauvais vers, que Cottin est l'émule et le disciple de Tartufe, et que Cottin est un mécréant!

Quel exemple il a donné, et donné sans le vouloir, ce grand Molière, aux vengeances à venir! Quel chemin pernicieux il a ouvert aux faiseurs de comédies et de satires! A cette scène regrettable des *Femmes savantes*, commence en effet *l'Écossaise* de Voltaire, et cette publique violence faite au grand critique Fréron! Mais Dieu soit loué! Fréron n'était pas un abbé Cottin sans défense; il se défendait lui-même ; et comme Voltaire, après cette attaque insensée (il n'était pas brave tous les jours) se retournait vers M. de Malesherbes, afin que ce grand magistrat, l'arbitre de la censure, empêchât Fréron de se défendre (ô lâcheté des dénonciations!), il arriva que M. de Malesherbes, lui-même, fit tomber les barrières et les obstacles qui s'opposaient aux représailles de Fréron!

Telle est la toute-puissance des grandes œuvres de l'esprit humain qui n'obéissent pas à certaines lois de l'honneur et du devoir... elles poussent, tôt ou tard, à d'impardonnables excès! Si Molière avait pu savoir que *les Femmes savantes* enfanteraient *l'Écossaise*, que l'abbé Cottin entraînerait le grand critique Fréron dans un abîme, et si Despréaux, lorsqu'il livrait aux ironies, le poëme infortuné de M. Chapelain, se fût douté qu'il poussait Voltaire à écrire son poëme de *Jeanne d'Arc*, Molière et Despréaux eussent hésité, j'imagine, honnêtes gens qu'ils étaient tous les deux.

Heureusement que, plus tard, cette question même de la maladie et de la peste poétiques, a été reprise, en sous-ordre, sur ce même Théâtre-Français, le *théâtre des femmes savantes*, et qu'un poëte de notre siècle, abandonné à ses propres forces, un poëte de la rue et du carrefour, un pauvre diable, exposé aux foudres de l'archevêque et à la censure du roi Louis XV (Louis XV, censeur de quelque chose ou de quelqu'un!), Piron, pour tout dire, en plein dix-huitième siècle, arrivera, et prenant en main la défense de la poésie insultée, et de ses frères, les poëtes, indignement outragés, fera aimer et applaudir son *poëte*.

Autant *les Femmes savantes*, Trissotin et Vadius, et Molière auront déshonoré, à plaisir, l'exercice et la profession des belles-lettres, autant le poëte Piron va les honorer par sa grâce, par son esprit, par sa jeunesse et par les nobles sentiments de son cœur. Muses, il ne sera pas dit, plus longtemps, que vous êtes nécessairement la calomnie et le mensonge! Il ne sera pas dit, plus longtemps, que celui-là qui s'agenouille à vos autels, est un infâme et un pervers! Au contraire, on verra, clairement, par cet exemple, que vous êtes vraiment filles de Jupiter et de Mnémosyne, et que vous avez vu le jour aux bords de la docte fontaine! Esprit, grâce, enthousiasme, et sainte ivresse que la poésie apporte aux esprits d'élite, on va voir enfin, que si vous n'êtes pas de la terre, au moins vous n'appartenez pas à la honte des petites maisons!

Et véritablement, cette admirable *Métromanie* était une consolation, en même temps qu'elle était un chef-d'œuvre; elle était une espérance; elle nous montrait enfin que dans ce siècle du doute et du travail souterrain, il y avait, Dieu en soit loué! un brave et digne homme qui croyait au génie, à l'honnêteté, à l'inspiration, à l'amour, et même aux bonheurs du poëte! Un peuple qui a produit la *Métromanie*, à cette heure des sanglantes ironies, des sarcasmes sans pitié, à l'heure de Figaro naissant, de Candide en plein triomphe, et du fameux discours contre les spectacles, emprunté à Platon lui-même, un pareil peuple était digne de voir arriver (digne oubli de ses révolutions) *les Méditations poé-*

tiques, *les Orientales*, *les Feuilles d'automne* et *Jocelyn*.

Quand je parle ainsi, quand j'appelle à mon aide, contre Molière et *les Femmes savantes*, Piron et *la Métromanie*, il faut que j'obéisse à une grand'peine qui est en moi ! En effet, en écoutant les violences de cette comédie, à l'aspect de ces deux misérables gens de lettres, traités par Molière, comme les Hébreux ne traitaient pas le bouc émissaire, et songeant à part moi que cette comédie des *Femmes savantes* est écrite, à la date de madame de Sévigné, à la date de madame Dacier, le meilleur traducteur d'Homère, entre madame de Longueville et madame Scarron, entre madame de Montespan et sa sœur l'abbesse de Chelles, dignes héritières de *l'esprit des Mortemart*, il me semblait que cette comédie était un outrage aux belles-lettres de cette nation, et j'enviais le sort des plus humbles artisans qui peuvent cacher leurs moindres bévues. L'habit que tu m'as fait est trop étroit, remporte-le et fais-en un autre ! Ou bien, la forme de ce chapeau est méchante, qu'on le remette à la forme ! Au contraire, dans les lettres la moindre faute est irréparable, et voilà ce qui amuse le spectateur, et voilà ce qui le fait rire, et voilà ce qui le rend si heureux, chaque fois que les lettrés lui apparaissent dans leurs guenilles et dans leur honte.

Or toutes les armes sont bonnes, dans cette guerre épouvantable ! On se tue avec les griffes comme les tigres ; on se déchire à belles dents, comme font les lions et les femmes. Bientôt, du mépris des œuvres on passe au décri des personnes : tel qui n'était ce matin, qu'un *mauvais poète*, sera demain un *faussaire*, un *voleur*. Celui-ci écrit une mauvaise élégie, on vous dira, si vous le voulez savoir, qu'il a empoisonné son père et sa mère ! — Puis, si par malheur, dans cette mêlée abominable, se rencontre un pauvre diable sans feu ni lieu, un malheureux, en haillons, qui ne sait où dîner, Colletet sous Louis XIV, et le neveu de Rameau sous Louis XV, les autres malheureux, ces malheureux poètes, ces malheureux joueurs de violon, quand ils devraient se cotiser, pour couvrir les nudités de leur confrère, ils poussent des cris de joie, ils battent des mains, ils appellent, qui s'en veut réjouir, à leur trouvaille. — « Accourez, disent-ils, venez voir Colletet crotté jusqu'à l'échine, et venez voir le parasite Montmaur faisant son vil métier de parasite !

« Apprenez aussi comment Rameau *le neveu*, s'il veut manger, ce soir, est forcé de saluer la petite Hus, et de proclamer qu'elle est supérieure à la Dangeville. O misère! la petite Hus, une momie, une carpe à demi pâmée, une plaque de fard et de céruse, une insolente créature qui donne à Rameau des petits soufflets, quand elle est contente et bien aise! — Que dirons-nous de J.-J. Rousseau qui se fait un gilet des vieux jupons de madame d'Epinay, et comme c'est amusant à voir Diderot et d'Alembert, à qui madame Geoffrin donne des culottes de velours, pour leurs étrennes!
« Venez voir ça, Messieurs et Mesdames, ça vous réjouira j'imagine :

> Et cela fait toujours passer une heure ou deux. »

Quant à moi, spectateur affligé de ces hontes de l'esprit et de ces misères des gens de lettres, si je me mets à relire ces violences, à contempler ces supplices, à me souvenir de tant et tant de cruautés dont la profession des lettres est semée, par le crime de ceux mêmes qui devraient s'entr'aider le plus, il me semble que je suis le jouet d'un rêve pénible. Ah! misère attachée à ce grand art d'écrire, le plus rare et le plus difficile de tous les arts! Il ne peut cacher aucune de ses fautes; tout ce qu'il fait, il le fait au grand jour; à peine échappée à la bouche qui la prononce, la parole imprudente vole, et s'en va on ne sait où, dénonçant celui qui l'a prononcée! Un mauvais livre a vu le jour, tu donnerais la moitié des heures qui te restent, pour rappeler le livre entier au bercail de tes brebis malades... rien n'y fait, un seul exemplaire de ce livre échappé à ta fièvre, à ta pauvreté, à ta lâcheté... un seul chapitre, une seule cantate, et te voilà perdu à tout jamais! En vain, sur ta prose imprudente, et sur ton vers mercenaire auront passé les années, en vain tu voudras racheter ce méchant couplet par de belles œuvres savantes, en vain tu paierais, au poids de l'or, ce feuillet qui est ton insomnie et ton remords... un jour arrive, après des jours, une minute, où soudain, semblable au fantôme assis à la table du meurtrier, ton livre ou ta chanson vont apparaître et couvrir ton front chauve de honte et de rougeur! C'est la loi de l'art d'écrire! On n'écrit rien qui ne touche à la vie universelle!

A peine écrite, à demi prononcée, adieu ta parole! Il n'y a pas de force, ici-bas, qui la puisse abolir. Que j'en ai connu de braves gens, d'illustres esprits qui, pour avoir oublié un seul instant cette loi féroce, en dehors de toute espèce de pardon, se sont fermé toutes les avenues. Entre autres beaux esprits, j'en pourrais citer un qui écrivit, à vingt ans, un roman, rien qu'un roman !

Vingt ans se passent. Certes, le roman semblait oublié, anéanti, perdu, et cependant notre écrivain était revenu au culte des lettres sérieuses. Il avait subi dans l'antique Sorbonne, à la louange universelle, toutes les épreuves du doctorat ; il avait écrit une thèse qui est restée un chef-d'œuvre de goût littéraire. Enfin, le voilà hors de page, et comme il avait affaire à un digne ministre de l'instruction publique, à M. Villemain lui-même, M. Villemain donne à son néophyte, une chaire en quelque université de province. O misère ! Oh ! le digne et pauvre garçon ! A peine arrivé, à peine installé dans cette chaire, conquise au prix de tant de travaux et de veilles, une indigne et lâche dénonciation tombait au pied de cette chaire éloquente ! Voici la chose, — et la colère qu'elle nous inspire vous dira suffisamment que nous ne l'inventons pas. — Ce livre oublié reparaissait soudain lancé dans cette arène par la main d'un cuistre... et le nouveau *docteur ès-lettres*, le grand professeur se voyait forcé, pour ce livre, enfant de ses vingt ans, de renoncer à tant de légitimes espérances. Jouez donc avec une profession exposée à de pareilles traverses ! Parlez donc légèrement de cette profession des lettres qui ne permet pas une erreur, pas une faute et pas une ligne exposée au désaveu !

Enfin, riez, riez donc, messieurs les invulnérables, de ces misères que vous ne sauriez comprendre. Ils riaient, en effet, grâce à Molière et grâce à Despréaux, de ces injures, de ces violences, de ces parricides ! Ils riaient, véritablement, de ces batailles à armes non courtoises. — Le maître absolu du monde poétique, Despréaux, n'eût même jamais conquis sa renommée, s'il n'avait pas fait *pleurer le sang* à tant de braves gens, tristes amoureux des belles-lettres, à tant de lettrés qui manquaient de génie ! Oui, le XVIIe siècle a *pu* rire, et il a ri de ces larmes versées, de ces douleurs, de ces plaintes, de ces meurtres, de ces bûchers, de ces carcans ! Il a ri de Colletet mourant de faim ; il a ri de l'abbé Cassagne, conseiller et prédicateur du roi, qui devient fou, et qu'on enferme à Saint-Lazare !

Ils ont ri, quand M. de Brienne, plus fou quel'abbé Cassagne, l'a frappé au visage, si bien que le malheureux prédicateur, dans un moment de clairvoyance, expire de honte et de douleur! Comme il s'est amusé, le public, de Jean Desmarets de Saint-Sorlin, que Molière lui-même a pillé plus d'une fois, et même dans *les Femmes savantes*; comme il a ri de M. de Lasserre, un poëte dramatique! Et pourtant M. de Lasserre, insigne honneur! avait eu, le même jour, quatre portiers de la Comédie étouffés, par la foule accourue à son *Thomas Morus!* « Quatre portiers tués sous moi, disait-il en riant ; jamais Corneille ou le grand Condé n'ont tué tant de portiers ou tant de chevaux dans une seule bataille! »

On riait aussi beaucoup de M. Ménage, comme si le savant Ménage n'avait pas eu une élève qui s'appelait madame de Sévigné, qui créait, en se jouant, la véritable, élégante et sincère prose française, un des miracles les plus accomplis de l'esprit humain, la prose française; disons mieux, le miracle de l'esprit français! Comme on riait, juste ciel! à propos des *Femmes savantes*, comme on riait de ce Ménage, un pédant qui savait le grec et le latin, mieux qu'homme de France, et comme on se moquait de Vaugelas, et comme on chassait de l'Académie (avec votre boule noire, ô La Fontaine!) un vrai bel-esprit qui s'appelait Furetière, celui qui avait écrit l'admirable *Requête des Dictionnaires!* C'était une joie, entre la dispute de Job et la dispute d'Uranie, en attendant la dispute des anciens et des modernes! Même on s'est moqué de Boursault, même on s'est moqué d'un poëte appelé Regnard, un poëte qui avait, chose étrange, inouïe, incroyable, cinquante mille livres de rentes, et qui promettait de consoler la ville et la cour de la perte de Molière! Il est vrai que la satire eut bien vite laissé en repos le riche et heureux Regnard, tant le public comprenait qu'il était impossible de rire d'un poëte qui donnait à dîner! Haro donc sur le vieux Chapelain, qui est un avare, et sur Colletet, qui est un gueux! Paix à Regnard, il est riche; et paix à Boursault, il a le bec et l'ongle pour se défendre, et pas mal d'esprit et de talent.

Ils ont ri surtout d'un brave et honnête homme, d'un caractère enjoué et des meilleures mœurs, M. Louis-Nicolas Feret. Il était riche et bien apparenté; il vivait simplement, bourgeoisement dans la pratique des plus modestes vertus. Il était, de surcroît, un des fondateurs de l'Académie (et ce n'est pas ce qu'il a inventé de plus mal); enfin il a écrit *l'Honnête Homme*, et ce livre-là, il avait le droit de le signer. Malheureusement il s'appelait *Feret*, et son nom rimait avec *cabaret ;* si bien qu'ils ont fait végéter et finalement mourir au cabaret, grâce à la rime, un homme respectable qui n'y avait jamais mis les pieds. O justice de la satire ! Ainsi ils ont traité M. de Montreuil, dont il est si bien parlé dans les Mémoires de M. de Cosnac ! « Un bel esprit, gai comme un moineau, étourdi comme un hanneton ! »

Mais la meilleure plaisanterie, une bonne farce, là, ce qui s'appelle une bonne farce, et dont messieurs les poëtes comiques et même les poëtes sérieux ont ri à gorge déployée, elle est arrivée, au temps des *Femmes savantes* et des *Satires,* à un pauvre jeune homme qui avait à peine trente ans, et qui montrait déjà les meilleures dispositions pour la poésie. Il s'appelait Petit, et quoique fils d'un tailleur, il était beau et bien fait, avec un charmant sourire et de l'esprit qu'il jetait à tous les vents.

Ce Petit était un vrai disciple de Théophile, de Regnier, de Berthelot, de Sigognes, un enfant du « cabinet satirique, » élevé dans « le recueil parfait des vers piquants et gaillards de ce temps-là ». Il savait par cœur la description de la *foire de Saint-Germain-des-Prés* et *l'Aubade du dimanche gras.* Comme il avait été élevé, il écrivait ; il écrivait des chansons plaisantes, des noëls gaillards, des satires, lançant çà et là toutes sortes de fusées, comme c'était la mode, en ces temps de bastilles et de pouvoir absolu. Sa muse était hardie, insolente et folle ; elle inquiétait le lieutenant de police et les gens d'église. On la cherchait pour l'embastiller, on ne la trouvait pas. Un jour, hélas ! (le rire commence ici) sous la fenêtre de ce pauvre diable, passait un prêtre, et le vent qui voulait châtier le poëte, emporta des feuillets chargés de vers qu'il jeta sur la tête de ce cruel passant.

Ah ! si vous aviez passé par là, monsieur de Fénelon, ou vous-même, Bossuet, et que le vent de bise vous eût apporté ces scandales empreints de la violence des passions et du feu de la jeunesse, il me semble que je vous vois grimpant, tout d'une haleine, au grenier du poëte. — « Ah ! malheureux ! fermez votre fenêtre, ou vous êtes perdu ! » Puis, la fenêtre fermée et les papiers brûlés, le saint docteur eût représenté à ce jeune homme (lui tenant les deux mains!) qu'il abusait de sa verve et de son génie!

« A quoi bon le bel esprit que Dieu vous a donné, monsieur Petit, s'il ne vous sert qu'à injurier les honnêtes gens, à mépriser les saines croyances, à faire sourire les libertins? Allons, jeune homme! un bon mouvement; et puisque, tôt ou tard, (votre talent même vous y convie,) il vous faudra revenir à l'honnêteté littéraire, eh bien! revenez-y tout de suite, et, laissant les libertins de profession, écrivez quelque belle chose qui plaise aux honnêtes gens, et que je puisse lire au roi lui-même! » Ainsi eût parlé Fénelon, ainsi eût agi Bossuet; et le jeune homme était sauvé dans sa vie et sauvé dans son âme, sauvé dans son esprit et sauvé dans sa fortune. — On eût ri un peu moins dans *le sacré vallon*, mais on eût été bien content dans la vallée de Chevreuse ou chez madame de Montespan!

Hélas! le prêtre qui passait dans ce carrefour, et qui recueillait ces feuillets incendiaires, n'était ni un Fénelon, ni un Bossuet, ni un Vincent de Paul; il n'avait pas traversé la vie et ses vanités; il ne savait pas que l'esprit, tout comme le corps, a ses fièvres et ses pestes. A peine il eut jeté un regard effrayé sur les essais de cette muse des chansons grivoises, le prêtre (il ne savait pas encore l'Évangile, il était un de ces fanatiques qui croient à la corde, au feu, au bûcher, au supplice, à l'inquisition, à la délation, et qui, brûlant le livre, pleurent de ne pas brûler l'auteur), le prêtre apporte, en toute hâte, à M. le procureur général, ces pages inachevées... et ce jeune homme, en cet âge ordinairement rempli d'excuses et de pitié, fut livré au bras séculier! Que vous dirai-je? Il fut pendu, entre deux voleurs, en place de Grève, à la lueur des torches. Peut-être que la France a perdu ce jour-là un grand poëte... Eh! Dieu! s'il fallait le châtier, il eût suffi de le mettre au pain et à l'eau, pendant huit jours. De ce supplice affreux un souvenir est resté dans *l'Art poétique*, et Despréaux a parlé, sans aucune espèce d'intérêt et de pitié, de ces vers maladroits

> Conduisant tristement le plaisant à la Grève!

On nous dira, je le sais bien, que Molière et Despréaux, Voltaire et Diderot, Horace et Virgile contre Mœvius, Juvénal aussi, Martial, enfin, et tous les autres, Tacite lui-même, sont autant de vengeurs qui châtient les mauvais poëtes, les mauvais prosateurs, les viles espèces toutes prêtes à souiller, le soir, avec rage, ce qu'elles adoraient ce matin avec ardeur, et qu'en fin de compte, de ces bandits de la plume ou de ces vanités fabuleuses, il faut bien que justice se fasse ! A coup sûr, il faut que le Parnasse ait ses gendarmes ; il faut qu'Apollon ait ses gardes du corps, et que la muse insultée sache à qui demander justice de ces violences.

— « Il y a des gens dégoûtants avec du mérite ! » a dit l'auteur des *Maximes*, dans ce langage dédaigneux qui allait si bien à son éloquence ; et ces gens *dégoûtants*, que voulez-vous qu'on en fasse, s'il faut vraiment renoncer à les châtier comme ils le méritent ?... A plus forte raison, les gens dégoûtants sans mérite et sans valeur ; mais prenez garde lorsque vous châtiez ces misérables, la honte et le fléau de l'art d'écrire, prenez garde à ne pas souiller la profession même ! — Otez ces malheureux de la voie où ils se traînent, et puis suivez votre chemin, sans vous en soucier davantage. Excusez, je le veux bien, ce vendeur de biographies et ce marchand d'insultes, à condition cependant que vous reprendrez bientôt toute votre sérénité, et que vous châtierez ces misérables, dans l'ombre où ils se vautrent.

« La profession !..... Respectons avant tout la profession..... » disait souvent ce regrettable Armand Bertin. Plus que personne il haïssait et méprisait, de toutes les forces d'un cœur généreux, les hontes et les lâchetés de la plume, et plus que personne il hésitait à les mettre au jour. C'est passé si vite un faquin ! c'est si facilement démasqué un hypocrite ! Ils sont marqués par une si grande infamie, et par tant de mépris publics, les malheureux qui déshonorent *la profession!* Enfin, songez donc à la gloire, à l'honneur, aux dieux de notre Olympe ! Admirez et contemplez sur les hauteurs, ces majestés vivantes, ces poëtes honorés, ces écrivains qui sont la louange même du genre humain ; contemplez les grands artistes, saluez les maîtres, voyez que d'honneur, que de génie et combien d'éternels respects ! Fi de ces malheureux qui vous arrêtent ! Est-ce qu'on s'attache aux broussailles, quand on est monté sur un char de triomphe ? Honte aux monstres accroupis sur le seuil du temple ! Est-ce qu'on les regarde, une fois qu'on est prosterné aux autels de Minerve ?

Le genre humain tout entier salue Homère et l'*Iliade*. Lisez

Plutarque, amis, ou la *Vie d'Agricola*, et ne pensez pas à ce misérable Arétin !

Frédéric Soulié, quand il accomplissait, avec tant de peine et de labeurs, les difficiles devoirs de son éloquente profession, avait donc un très grand tort de regarder ce vil peuple grouillant à ses pieds. Insensé ! pendant que les étoiles brillantes resplendissaient dans les plaines du ciel !

§ V

« C'est, en vérité, un pitoyable métier que celui d'auteur dramatique ; » et vingt pages plus loin : « C'est véritablement un pitoyable métier que celui d'auteur dramatique ! » Ainsi parlait Frédéric Soulié dans la très-énergique et très-injuste préface de son second drame : *Christine à Fontainebleau*. Il avait alors vingt-huit ans à peine ; il était encore tout animé et tout glorieux du succès de *Roméo et Juliette*, qu'il appelait lui-même *une des heureuses tentatives de la littérature moderne* [1].

A cette heure où sa jeunesse était si violente, où son esprit était si fécond, le jeune poëte ne doutait de rien, et il s'appelait de sa privée autorité, le rénovateur *le plus hardi et presque le premier de cette école qui a voulu révolutionner et qui révolutionnera certainement l'art dramatique en France*. Oui, il disait cela de lui-même, dans la préface de *Roméo et Juliette* ; il disait que c'était lui « qui avait brisé les barrières du *drame illégitime*. » Il disait cela en riant, mais il le disait...

Pensez donc à sa misère, à sa douleur, lorsqu'à son second drame, et dès le premier acte, il vit son œuvre exposée à la huée et couverte d'opprobres ! On sifflait..... comme on a rarement sifflé, même les vers des Eunuques.— On sifflait, on riait, on hurlait, puis de temps à autre un silence énorme, afin que la comédienne et le comédien, maintenus par ce silence, eussent le loisir de se remettre et d'amener de nouveaux scandales. Soulié lui-même la racontait avec des rages toujours nouvelles, cette

---

1. Préface de *Roméo et Juliette*.

unique représentation de *Christine à Fontainebleau*, et il l'appelait *le fanatisme du quolibet*.

« Imaginez des mots de la halle partis des loges, des apostrophes *tutoyées*, adressées aux acteurs, des sifflets continus et des clameurs perpétuelles sans qu'on ait pu entendre une scène entière de mon travail ! » En même temps il se rappelait ses belles journées d'espérance et d'inspiration ; il se revoyait dans l'humble et charmant pavillon que lui et moi nous avions loué dans une ancienne maison qui touchait au Raincy, l'antique château de monseigneur le duc d'Orléans, dont la famille heureuse et nombreuse passait et repassait, avec des cris de joie, aux alentours de notre solitude. Hélas ! M. le duc de Chartres était à peine un jeune homme, et le duc d'Aumale était un enfant. Dans sa préface, il n'a pas nommé le Raincy, Frédéric Soulié, il n'a pas parlé de ce grand parc où nous avions nos libres entrées. « Une nature vaste et riche, avec des bois sombres, des eaux fraîches et voilées, des prairies qui parfument l'air du soir. » Il n'a pas voulu convenir que tout ce charme appartenait à un parc royal. Il a eu souvenance aussi « de ces équipages brillants qui emportaient de belles jeunes filles riantes, et qui semblaient heureuses » ; il n'a pas osé convenir que ces enfants d'une sainte, étaient aussi les enfants d'une reine ! Il restait toujours *le carbonaro* qui ne veut pas reconnaître même les grâces de l'enfance, et les douces promesses de la première jeunesse des enfants et des princes de la maison de Bourbon. C'est pourtant dans ces frais paysages, sur le bord de ces limpides étangs, aux cris joyeux de ces enfants, le printemps de l'année et de la maison de Bourbon, que le poëte avait écrit sa *Christine*.

Hélas ! et plus il aimait son œuvre, et plus il y comptait pour sa gloire et pour sa fortune, plus il accusait de perfidie et de cruauté ce parterre acharné à sa proie. « Ils égorgeaient mon drame sans le connaître ! Et si l'on savait quelles tortures me furent imposées, à l'abri de ce vaste rideau qui voile le fond du théâtre, dans cet étroit espace où le poëte, à l'heure de la première représentation, se promène seul, quand le succès le trahit, pendant cette heure éternelle où s'éteignent une à une tant d'espérances, la joie de la famille, le triomphe des amis, et parfois le regard d'une femme ! »

Après vingt ans de ce désastre, après vingt ans de renommée et de succès en tous les genres de littérature et de poésie, il proclamait sa *Christine* un chef-d'œuvre.

« Oui, disait-il, *Christine* est ce que j'ai fait de mieux. » Il avait au sujet de sa tragédie une épouvantable histoire qu'il racontait avec d'intimes frémissements! C'était à Saragosse, aux temps de la guerre. On conduisait un prisonnier français au tribunal de l'inquisition, et ce malheureux marchait, d'un pas calme, entre une double haie de soldats et de familiers du saint-office. Au détour d'une rue, un mot prononcé, par hasard, à voix basse, alla d'un bout de la foule à l'autre bout.... et la foule eut comme un frisson. — Hâtons-nous, dit tout bas l'officier qui commandait l'escorte. On marche encore une vingtaine de pas; soudain un cri s'élève, un cri furieux... « Mort au Français! » Ce peuple avait deviné que l'accusé était un Français! « A mort! à mort! Tue et tue! » On le presse, on le prend, on l'insulte, on le tourmente, on le traîne, on le tue, on lui mange le cœur? — Voilà mon histoire! ajoutait Frédéric Soulié.

A dater de cette horrible journée, il prit la critique en haine, et bien qu'il ait fait, lui-même, de la critique, il ne pardonnait pas, il n'a jamais pardonné au *Constitutionnel*, le feuilleton de M. Évariste Dumoulin, le feuilleton de M. Moreau au *Courrier français*. Il est vrai que ce M. Évariste Dumoulin était un maladroit et un ignorant; quant à M. Moreau, c'était un galant homme qui n'avait que faire en cette galère. En même temps, le poëte outragé s'attaquait à la *Gazette de France*, à cette inhabile et royaliste coterie, hostile à tout ce qui était la vie et la jeunesse, et qui a fait plus de mal à la restauration, que ses meilleurs amis ne lui ont fait de bien. « M. Évariste Dumoulin! disait Soulié, M. Moreau! M. Moreau a écrit un article qui ressemble à un article de M. Évariste Dumoulin! Ah! monsieur Moreau! »

En même temps il heurtait, l'un contre l'autre, la *Gazette* et le *Constitutionnel*, M. de Genoude et M. Jay, et il les brisait avec une haine, une rage, une violence incroyables. Ce fut le vrai commencement de ces colères qui devaient venir à bout, en cinq ou six années, de la toute-puissance de l'ancien *Constitutionnel*.

Il succomba pour n'avoir pas voulu reconnaître, à l'heure même où elles éclataient, les forces nouvelles de l'esprit contemporain.

« Ils ne valent pas Nonotte et Patouillet! s'écriait Frédéric Soulié ; ils insultent à la jeunesse au nom de Corneille, comme la *Gazette* insulte à la France au nom de la royauté. » Et toujours il en revenait à prendre en main la défense et la protection de son drame. « Ils n'ont pas compris, lorsque j'arrachais leur masque à mes héros, que j'accomplissais un devoir de poésie et de conscience! »

Eh bien, nous pouvons dire et le redire, Frédéric Soulié, lorsqu'il plaidait avec tant d'énergie et de colère la cause de son drame, plaidait une cause perdue. Et moi aussi je l'ai beaucoup admiré ce drame-là; je l'ai vu naître et j'en ai été le premier confident; autant que l'auteur lui-même, il me semble que j'ai eu ma part de ces cris et de ces violences... pourtant, en le relisant à tant de distance et de sang-froid, je trouve en effet, que cette *Christine* a mérité tant et de si cruelles proscriptions. Avec sa passion pour son fameux « mélange de beau et de laid, de grand et de petit, de bon et de mauvais », Frédéric Soulié a fait une œuvre informe, un monstre à deux têtes, un conte, moins voisin du drame que du cauchemar. Monaldeschi, son héros, n'est qu'un bandit du dernier étage; non content de trahir sa reine et de tromper sa maîtresse, il la vole; il est *un voleur;* il traîne avec lui ces tristes dépouilles, et véritablement il n'y a pas moyen de s'intéresser à cet homme-là.

L'héroïne, elle aussi, cette fameuse *Christine*, est horrible à voir; elle tue, elle empoisonne, elle a des poignards et des alambics à ses gages. Encore si le beau Monaldeschi était aimé, véritablement aimé de cette femme ; on pardonne à la passion tant de choses! Mais véritablement elle ne l'aime pas, ou ce qui est pire elle ne l'aime plus. Elle en aime un autre, un jeune homme, un Suénon de la Gardie, et pourtant elle a fait empoisonner le père de ce jeune homme. Ajoutez le plus vil entourage qui pût souiller à jamais ce palais de Fontainebleau, le palais du Primatice, de François Ier et de Léonard de Vinci! La plus vile et la plus immonde canaille accompagne la reine Christine en ce séjour des grâces, des élégances et beaux-arts, de François Ier à Henri IV, de Henri le Grand à Louis XIII, de M. de Sully au cardinal Mazarin, de la belle Gabrielle à mademoiselle de Lavallière.

Où régnaient, naguère, par la puissance des belles passions, les plus belles dames de l'histoire galante : Charlotte de Beaume, dame de Samblançay, Corisandre d'Andouyns, Antoinette de Pons, Jacqueline de Beuil et tant de rois, de princes, de gentilshommes, de jeunes gens, de grands artistes, Frédéric Soulié nous montrait, à la suite d'une reine équivoque, un tas de brigands sans aveu : Merula, *bandit napolitain;* Landini, empoisonneur; Santinelli, assassin de profession. Ainsi, dès la première scène il était déjà difficile de dominer l'horreur que nous causait ce monde-là ! Cependant l'auteur sifflé se fâche d'avoir été sifflé !

En même temps, ce n'était, dans ce palais de Fontainebleau, que conspirations, rébellions, fantaisies du corps de garde; on dirait une place publique abandonnée aux saltimbanques, c'est à peine si l'on y reçoit une lettre du premier ministre de Louis XIV enfant. — Non, ce n'était pas le palais de nos rois, cet abominable Fontainebleau que nous montrait Frédéric Soulié, c'était une caverne. Lui-même, le poëte, en sa préface, il appelle l'entourage de sa triste héroïne, *une cour hideuse...* et puis voyez l'inconséquence, il se fâche lorsque ce public turbulent, avide et furieux des nouveautés dont il a le pressentiment, se met à huer cette *œuvre hideuse!* — En ceci Frédéric Soulié a manqué de justice; il a manqué de patience. *Agere et pati fortia humanum est.* On peut en dire autant du poëte dramatique; il faut que le poëte dramatique apprenne à supporter les grandes déceptions, en même temps qu'il s'essaie à tenter les grandes œuvres. Si Frédéric Soulié, après tant de succès, avait voulu se rendre compte à lui-même, avec sang-froid, de sa *Christine*, il eût compris enfin qu'il n'y avait rien de plus absurde et de plus odieux. Comment donc, il veut raconter les amours de la reine avec Monaldeschi, et tout de suite il nous montre Monaldeschi préoccupé de l'enlèvement d'une fillette !

Il veut nous montrer comment « un roi est roi partout » (le mot de Charles-Quint parlant de François Ier son captif) et voilà une reine, occupée uniquement à se démontrer à elle-même, que son amant est un voleur, un faussaire, et que dis-je? un *pamphlétaire!* pendant qu'un second amant qui pointe au loin, Suénon de la Gardie, oubliant son propre père, empoisonné par cette femme, se met à roucouler autour d'elle à la façon d'un Bassompierre ! Enfin quelle horrible scène, au second acte, cette jeune fille étendue, vivante, sur une table de dissection !

Mortua quin etiam jungebat corpora vivis...

C'est le supplice inventé par Maxence. Après quoi venait un acte, non moins étrange, dans lequel on voyait Christine exposée aux émeutes de sa *hideuse cour*, et finissant par imposer silence à cette douzaine de factieux, par la majesté de son front et par l'éclat de sa couronne ! Enfin, pour conclure, il nous fallait assister à l'agonie abominable de la petite Marianne. Éperdue entre un assassin, un empoisonneur, une reine et un moine, elle s'empoisonne, et dans son délire elle montre, à qui les veut voir, les diamants volés par Monaldeschi, son séducteur. Christine abandonne (et le moine aussi l'abandonne) à Mérula et à Santinelli son complice, la jeune fille expirante, et la reine et le père Lebel quittent l'ermitage en toute hâte, sans s'inquiéter du sort de cette enfant. Quant aux abominables confusions du cinquième acte, il serait impossible d'en trouver de pareilles, même dans les drames qui sont venus plus tard. Ici, Monaldeschi tout sanglant promène sa plaie à travers les passages du château ; là, le jeune la Gardie, aux pieds de Christine, écoute avec épouvante les gémissements de son rival, au milieu d'un affreux cliquetis d'épées et de poignards. Eh ! comme on voit que l'auteur était encore un jeune homme ; il s'était imaginé que le châtiment de Christine était contenu dans son commencement d'amour pour Suénon, le rival de Monaldeschi !

Ainsi, et de tout point, l'œuvre était un mauvais drame, écrit en style redondant ; seulement, de temps à autre, un beau vers, une heureuse pensée illustraient ces ténèbres. Ainsi le père de Marianne, sa fille enlevée, et désignant à la reine une porte secrète dont Monaldeschi avait la clef :

A qui l'ouvrez-vous donc qu'il veuille une servante ?

Ainsi le portrait de Monaldeschi :

Lâche sous sa noblesse, et vil sous sa beauté.

Ainsi Monaldeschi, lui-même, insultant la reine et s'abandonnant à ses justes récriminations :

M'accuser sans raison, me frapper sans remords !

Et le monologue de Christine (ils ont gardé précieusement le monologue, messieurs les romanciers, s'ils ont aboli le confident :)

> Et j'ai su rester grande en dehors des grandeurs!

Enfin, au quatrième acte (après l'abandon de Marianne par Christine et le père Lebel), la scène touchante et vraie où l'on voit le père de Marianne à côté de sa fille expirée :

> Elle aurait eu seize ans, vienne Sainte-Marie...

Il n'y avait certes rien de plus touchant que cette fille expirée et ce père au désespoir, mais le drame de Frédéric Soulié était perdu à cette heure, et le peu d'effet que l'on pouvait en attendre était gâté par cet assassin et cet empoisonneur que le père de Marianne instituait gardiens du corps de sa fille. Il y avait aussi je ne sais quels scrupules du père Lebel qui empêchaient ce brave homme de donner l'absolution à Marianne. Enfin toutes sortes de brutalités, aussi le public, s'étant mis une fois à siffler, a tout sifflé.

§ VI

Huit jours après la chute éclatante de sa tragédie, un chagrin presque aussi vif attendait l'auteur de *Christine à Fontainebleau*. Un nouveau drame, également en vers, dont l'héroïne était Christine à Fontainebleau, sur le même théâtre, et joué par la même comédienne, allait paraître, et réussir autant que la première *Christine* était tombée. Ici nous rencontrions une *trilogie*, et la susdite trilogie appartenait à un poëte nouveau, tout brillant, tout pétulant de sa fortune naissante. Inconnu la veille, il était déjà célèbre pour avoir obtenu, sans conteste, un des plus grands succès du théâtre moderne : *Henri III et sa Cour*. Ce jeune homme était plein de vie et de passions ; il était semblable au nuage apportant le tonnerre et les éclairs, et il comprenait, confusément, que pour longtemps le théâtre appartiendrait à ceux qui « oseraient oser. » C'était un de ces esprits passionnés et hardis, actifs, ingénieux et turbulents qui ne s'inquiètent guère d'oser avec prudence ; ils défient l'abîme pourvu qu'en y tombant, le monde entende le bruit de leur chute.

Les téméraires! et qu'il faut les plaindre, au milieu de leurs plus grands succès, en songeant aux déceptions qui les attendent lorsque leur fougue épuisée, et leur verve anéantie, ils se débattent jusqu'à la fin de leurs jours, contre leur popularité perdue et leur succès d'autrefois. — Laissons-les faire, ils sont les enfants gâtés du public, qui leur pardonne volontiers toutes leurs fautes. Ne leur parlez pas de ce qui est possible, ils ne croient guère qu'à l'impossible, et quant à la réalité, ils la méprisent.

Dans cette trilogie de *Christine* on assistait à l'abdication de la reine, et tout de suite après cette abdication, on entrait dans le sentier qui devait conduire cette infortunée (en passant par Fontainebleau et par tous les ennuis de la royauté absente, en passant par Rome et par tous les remords de la vieillesse et de l'isolement) à l'heure suprême de l'agonie. Ainsi, sans le savoir, sans le vouloir peut-être, l'auteur de la nouvelle *Christine* avait remplacé la tragédie et le drame par le roman historique; il écrivait un conte, une histoire, un drame, une fable, parfois même une tragédie, et si, par hasard, ce qu'il avait ramassé en toute hâte, dans ses lectures, venait à lui manquer, alors il inventait, et ses inventions valaient pour le moins les choses qu'il imitait ou qu'il copiait sans scrupule.

On a beaucoup parlé de la *Christine* de M. Alexandre Dumas; on n'en parle plus guère : le temps, qui dévore toutes choses, a dévoré la *Christine* écoutée aussi bien que la *Christine* autrefois sifflée; et pourtant de ce drame oublié, il en reste assez, du moins dans nos souvenirs, pour qu'on en parle encore aujourd'hui. Disons mieux et soyons justes, sous l'outrage de tant d'années si remplies de tout ce qui attire l'intérêt, l'oubli, l'épouvante et la curiosité des multitudes, les grâces fugitives de la *Christine* de M. Alexandre Dumas n'ont pas toutes disparu; un drame véritable est resté au fond de cette confusion, une passion réelle se cache sous ces cendres éteintes. Le prologue eut bientôt disparu du théâtre, il était inutile. Le premier acte est une exposition un peu longue, mais nécessaire. L'histoire de l'abdication de Christine, le mouvement du peuple suédois, les vieillards solennels, aux pieds de la reine, la fureur du grand écuyer Monaldeschi, l'intérêt romanesque qui se rattache au page Paula, faisaient attendre patiemment la tragédie; et d'ailleurs, à être ainsi annoncée, la tragédie n'avait rien à perdre.

L'acte troisième, intitulé *Corneille*, n'est pas une longueur sans excuse. On y trouvait de très-beaux vers de Corneille, et ces beaux vers de Corneille, le grand'père des vers d'*Hernani*, de *Marion Delorme* et de *Ruy-Blas* n'écrasaient pas trop cette poésie nouvelle en ce temps-là, et toute remplie de ces mots qui ressemblent à des officiers de fortune. L'intérêt languit peut-être, mais d'une façon très-supportable, durant tout ce troisième acte. L'acte suivant, tout au rebours, je n'en sais guère de plus complétement dramatique. Cette reine abandonnée dans le plus triste des exils, l'exil d'une tête sans couronne; ce Monaldeschi, vil Italien qui n'aimait de cette femme que son diadème d'or; ce terrible Sentinelli guettant sa proie, la lâcheté infinie de cette trahison, l'étendue de la misère de cette femme outragée, tout cela est bien posé, bien raconté, on y sent beaucoup moins le brillant cliquetis de ces paroles sans frein et sans lois qui nous occupaient tantôt, sans nous intéresser et sans nous plaire.

Je n'aime guère la scène des deux estocadeurs; ce coup de poignard joué aux dés, cette bonne lame à Tolède trempée, tout cela c'est du ponsif; ces belles choses appartiennent à la caducité du drame; la lame de Tolède, est pour le moins, aussi émoussée et aussi ridicule aujourd'hui, que les haches des licteurs de l'ancienne tragédie. Il y a pourtant un très-joli mot et comique, c'est le mot de ce bandit qui, voyant passer le confesseur, dit au bandit son camarade : *Il en est!* La scène empruntée à Gœthe (*le Comte d'Egmont*), quand l'imprudent comte d'Egmont revient à cheval, pour se jeter dans la gueule du loup, est fort bien en situation, et, ma foi, le jeune poëte a pris son bien où il l'a trouvé, il n'y a que les peureux qui perdent à ce jeu-là!

Véritablement, la dernière scène de ce quatrième acte entre Monaldeschi et Sentinelli est une scène absolument dramatique, et plus tard le poëte ne trouvera jamais rien de plus terrible. En effet, Sentinelli suppliant Monaldeschi, et lui adressant à l'avance les prières, les motifs, les raisonnements, les larmes, les abjurations, les génuflexions que contiennent l'âme et le corps du grand écuyer, et ce là-he Monaldeschi répondant, par des monosyllabes, à cette ardente prière de l'ennemi qui est à ses pieds, tout cela est inventé, tout cela est écrit d'une façon vive et ferme, et fait pardonner bien des obscurités, bien des négligences et plus d'un barbarisme créé à plaisir; en un mot, ce sont là de ces passages vainqueurs auxquels on ne saurait résister.

Après ce quatrième acte si rempli, une grande habileté, c'est d'avoir arrangé si bien la catastrophe finale, que le meurtre de l'amant par la maîtresse, nous paraisse non-seulement excusable, mais digne encore de notre intérêt et de notre pitié! La terreur de Monaldeschi devant la mort qui s'approche, nous convient mieux que toute la fanfaronnade épique. Cet homme est lâche, tant mieux; il a peur de la mort, il l'avoue et nous lui en savons gré. D'ailleurs ça nous change, et nous voilà délivrés, pour l'instant, de tous ces faquins de héros pour qui la hache du bourreau n'est qu'un jouet et une déclamation. La scène avec Paula est trop longue; Paula parle trop, elle a trop de sentences, elle tombe dans les concetti, et c'est dommage.

— Je n'aime guère *la toilette* du patient, faite par Sentinelli lui-même; ce joli poignard, tiré de sa gaîne, pour faire un œillet à un manteau est une fantaisie mesquine; Monaldeschi doit avoir la peur d'un homme; à l'aspect de ce poignard, sa terreur est la terreur d'un enfant!—Ceci dit, tout le reste est digne de toutes louanges; cette fois, le drame va marcher d'un pas terrible, et ne s'arrêtera qu'au dénoûment. La dernière tentative de Monaldeschi sur le cœur de la reine, l'habile flatterie de ce serpent replié sur lui-même, ce regard plein d'un feu amoureux, cette séduction imprévue d'un amour mal éteint, ce brûlant soupir, cette vie disputée comme on dispute sa maîtresse à son rival, cette déclaration *in extremis*, cette femme vaincue qui crie au prêtre: *Éloignez-vous!* tout cela c'est de la vraie hardiesse, c'est du beau drame, c'est quelque chose de très-complet que Frédéric Soulié n'avait même pas pressenti. Et quand enfin la reine a pardonné une trahison pardonnable à toutes les femmes, la trahison politique; quand elle s'est dit qu'après tout cet homme est fidèle à leurs amours et qu'il n'a jamais aimé qu'elle; quand elle règne, quand elle triomphe, quand elle foule aux pieds cette couronne tant rêvée, alors un rien, un bruit, un nom, un cri annonce à cette femme, et par un coup imprévu, qu'elle est trahie dans son amour, trahie dans sa beauté, trahie, perdue, insultée.....

Une rivale! Ah! voilà que tout se brise, et que tout éclate! Allons! tue! et tue! et tue encore! et quand il est tué, — *qu'on l'achève!* Cela est beau! Mais cela eût été beau dans tous les théâtres, dans tous les systèmes, dans toutes les poétiques; car tout cela c'est la passion qui se trahit, c'est l'amour qui pousse son grand cri de regrets, de remords, de désespoir, c'est la tragédie comme les maîtres l'entendaient.

Mais, hélas! dans ce besoin de tout briser, dans ce hors de page des esprits, telle était l'ardeur, si reculée était la limite, que nul ne savait où s'arrêter ni comment s'arrêter. — On allait, on allait tant que l'on pouvait aller, à tire-d'aile comme l'épervier qui suit le vent. Ces jeunes âmes éblouies à leur premier pas dans cette carrière où les attendaient tant de vicissitudes, tant de déceptions, et peut-être, hélas! un grand oubli, ne savaient plus ce qui était bien, ce qui était mal; ces esprits aventureux auraient eu honte de s'arrêter. « Marche, et marche! » Ils marchaient et le peuple les suivait. Le poëte s'enivrait d'éloquence, et le parterre se grisait à l'entendre; le comédien n'était content que lorsque enfin sa voix et son corps épuisés lui refusaient tout service. Croirait-on qu'après ce terrible et passionné cinquième acte de *Christine*, après ces cinq actes, précédés d'un prologue, ces enragés-là voulaient encore savoir ce qu'il y avait au delà de Monaldeschi égorgé? — Il y avait Christine en cheveux blancs!

Il y avait cette tristesse des âmes fatiguées, moins dramatique à coup sûr que le remords. Il y avait les rides, les cheveux blancs, la vieillesse qui décharme et désenchante toutes choses, et cet oubli, suivi de mépris, dont rien ne peut relever les grandeurs déchues, quand elles n'ont pas été vraiment grandes. Voilà ce qu'il y avait, derrière le cercueil de Monaldeschi; à savoir un chapitre de l'histoire vulgaire, le ver qui dévore le manteau de pourpre et qui en fait un haillon! — Ce n'était pas assez d'avoir passé du palais dans la tombe, il fallait donc de la tombe penser à l'ossuaire! Mais, Dieu merci! cette triste fantaisie ne fut pas de longue durée, l'épilogue disparut, comme avait disparu le prologue, et désormais ce drame, en cinq actes d'une longueur raisonnable, pris et repris, d'un théâtre à l'autre, est resté dans nos souvenirs, parmi les compositions les plus sincères et les plus habiles du théâtre contemporain!

§ VII

Peu s'en fallut que la chute de sa *Christine*, et le succès du drame accepté ne détournassent Frédéric Soulié du théâtre et de sa véritable vocation. Il était jeune, il se décourageait volontiers. Toujours dans l'extrême, tantôt il voulait dépasser M. Victor Hugo, tantôt il enviait le génie et le destin de M. Guilbert de Pixérécourt.

« Après *Christine*, ajoute Frédéric Soulié, je quittai le théâtre. Je m'attachai aux journaux. Je fis le *Mercure*. Je fus du *Figaro*. Pendant l'année 1830, je fis jouer une petite pièce en deux actes, ayant pour titre *une Nuit du duc de Montfort*; elle me rapporta plus d'argent que mes deux tragédies, toute médiocre qu'elle fût. La révolution de 1830 arriva. J'y pris part, je me battis. Je suis décoré de juillet, ce qui ne prouve rien, mais enfin je me suis battu. »

Ainsi, il parle assez légèrement, de ce moment de sa jeunesse; il devrait ajouter, pour être juste envers lui-même, qu'il dépensa beaucoup de verve et d'esprit dans le petit journal. Le petit journal, cette piqûre et cette fête de chaque jour est un des compagnons de la liberté de la presse. Il rit en piquant, il pique en riant, il trouve, en se jouant, le côté ridicule des hommes les plus graves et des choses les plus sérieuses. Il est la voix qui chante et l'esprit qui médit. Il est la flamme et le feu, et son *qui-vive!* est compté.

Le petit journal a des ennemis; qui le nie? — Il a surtout sa grâce et sa force. Entre des mains loyales, c'est une arme charmante, et rien ne vaut, pour plaire et charmer, le petit journal. Il est utile aux heures tranquilles où l'esprit a son cours; il a souvent donné le signal des plus sévères justices; il dénonce, à la façon d'un enfant qui dit ce qu'il voit et qui ne sait ce qu'il dit, plus d'une renommée usurpée et plus d'une intolérable vanité. Où s'arrête le grand journal, recommence à l'instant le petit journal; parfois le grand journal, trouvant que la piste est bonne, poursuit le lièvre qu'aura fait lever son camarade.

Un petit journal, grand comme la main, une liberté large comme le petit doigt, ont arrêté plus d'un bandit qui marche à ses fins honteuses, lorsqu'il se croit protégé par la nuit et par le silence. Ils en jouaient, à merveille, du petit journal, les jeunes gens de la fin de la Restauration. Que de rires, que de bons mots, que de déclamations plaisantes, quel enivrement à tout dire, à tout dénoncer, à tout deviner! Mais aussi les honnêtes gens, les braves cœurs, les écrivains honorés, les malices innocentes! Une fois dans cette phalange armée à la légère, on vit Frédéric Soulié dépasser les plus hardis, marcher avec les plus braves, châtier les plus fiers. Il avait un beau rire, une aimable gaîté, la main franche et la voix nette ; il se vengeait de toutes ses forces, sur les coteries, sur les dandys, sur les primeurs insipides que chaque jour apporte et remporte. A le voir animé, violent, provocant, on eût dit que c'était un vrai journaliste à ses premières armes... Il était mieux qu'un journaliste, il était un poëte. Il se reposait de sa dernière défaite, en attendant l'heure de la revanche. Alors arriva, semblable à un coup de foudre en un ciel serein, la révolution de 1830. Ne dirait-on pas (à entendre parler notre capitaine disant : *Je me suis battu!*) que Frédéric Soulié a pris une illustre part dans les *trois journées?* Je sais la part qu'il y a prise ; écoutez-moi, j'y étais, et peu s'en est fallu que moi-même aussi je ne fusse un héros [1].

Nous étions au second jour de la révolution ; c'était à midi ; une douzaine de héros avaient forcé le grand arsenal du théâtre de l'Odéon. O bonheur! la citadelle contenait une demi-douzaine de vieux fusils qui avaient assisté à toutes les batailles de *Robin des Bois*, à toutes les chasses de la *Forêt de Senard*. Une fois prises, ces belles armes sont distribuées à la foule : Soulié eut la plus belle, il eut le fusil même de Tony, ce même fusil qui ratait deux fois sur trois, ce qui n'empêchait pas le *vautour*, visé par le

---

[1]. Dans une vente d'autographes (Laverdet, janvier 1856), on a vendu la lettre d'un bel esprit qui était lui-même, bel et bien, un des combattants de juillet. Il s'adressait à un de ses amis qu'il avait trouvé dans la mêlée, et il lui demandait une attestation ainsi conçue :

« J'atteste que le jeudi 29 juillet (1830), à midi, en face du Louvre, au « moment du combat, j'ai rencontré M. *** se battant ; que nous sommes « restés dix minutes au milieu du feu, que plusieurs personnes ont été bles-« sées autour de nous, puis nous nous sommes perdus de vue, chacun se « battant pour son compte. » O vanité de ces guerres, plus que civiles, dont les héros ont besoin d'une *attestation!*

Freyschutz, de tomber sur la scène, frappé d'une balle, et le public d'admirer ce *coup étonnant*..... Bon! et ne voilà-t-il pas qu'à moi aussi, le hasard accorde une de ces armes glorieuses. — A l'Hôtel de Ville! dit Soulié, qui était le chef de la bande. — A l'Hôtel de Ville! répond le chœur, et nous partons. Le trajet n'est pas long de l'Odéon au Pont-Neuf; pourtant que de tristes réflexions m'accompagnèrent! — Comment, me disais-je, en marchant, le fusil sur l'épaule et le chagrin dans le cœur, te voilà, toi-même, un royaliste, et fils d'un père royaliste, allant *te battre* contre les soldats du roi? Que c'était bête et ridicule! Ajoutez que je n'avais pas touché un fusil de ma vie, et que je devais ressembler au soldat du poëme de Berchoux:

...Armé d'un fusil inhumain
Qui jamais, par bonheur, ne fit feu dans sa main.

Ainsi nous allions. Frédéric Soulié, qui était un chasseur acharné et qui avait été conspirateur, y allait bon jeu et bon argent; il marchait, la tête haute, et maniait son fusil comme une coquette son éventail. Déjà nous avions franchi le carrefour de Buci, et déjà nous touchions au Pont-Neuf, encore une vingtaine de pas et la foule en s'ouvrant, et en se refermant sur nous, nous portait, tout armés, à l'Hôtel de Ville, encore un pas..... j'étais un héros! Voyez la chance! En ce moment Soulié rencontre un carbonaro de ses amis, un féroce, un furieux; rage et damnation! — Ah! disait le sacripant en me regardant, es-tu heureux, Frédéric, d'avoir un fusil! — Citoyen, dis-je à ce terrible fantaisiste, si mon fusil vous pouvait être agréable, il ne faut pas vous gêner!... Il prit le fusil sans dire merci! il partit sans dire gare! Et maintenant, Soulié notre capitaine, à la suite de ce terrible camarade, était à peine Soulié le lieutenant. Je les vis disparaître dans la poussière, au soleil, dans la mêlée et dans la foule, et je revins sur mes pas, aussi content que le poëte Horace, lorsqu'il se débarrasse de son bouclier. « *Relicta non bene parmula!* »

Que Frédéric Soulié se soit bien battu, j'en suis sûr; qu'il ait fait grand mal à *l'ennemi*, Dieu soit loué, je ne le crois pas. Qu'il ait eu raison de s'en vanter, au bout de vingt ans, quand les meilleurs esprits de 1830 se repentaient, tout haut, d'avoir prêté leur concours à ces injustes et coupables violences contre un roi dont les douces et calmes vertus, dont la probité chevaleresque, et toutes les grâces les plus franches et les plus charmantes de la majesté royale méritaient tous les respects..... Sans nul doute, Frédéric Soulié eût mieux fait de ne pas s'en vanter.

Le poëte n'est pas créé et mis au monde pour aller à l'émeute ; il n'est pas fait pour monter sur les barricades ; l'écrivain n'a pas le droit de prendre, en ses mains irritées, les armes brutales du soldat, il a d'autres armes, plus redoutables, dont la blessure est éternelle. Une fois atteint par ces armes vengeresses, vous ne pourrez vous tirer d'affaire qu'à force de gloire et de vertus. Comptez donc combien peu sont sortis, sains et saufs, des étreintes de Tacite, et des griffes de Juvénal ?

§ VIII

Notez que Frédéric Soulié avait naturellement le bon esprit de ne pas se mettre en cause à tout propos. Il savait que l'écrivain doit attirer l'attention du public sur ses livres, et non pas sur sa personne. Pour en avoir fait d'une façon obscure et cachée, il n'aimait pas la politique ; il y pouvait entrer, il ne le voulut pas. Le chef de la nouvelle génération des politiques, le soldat-poëte Armand Carrel, maître du *National*, eût volontiers accepté Frédéric Soulié pour un des trois ou quatre collaborateurs de ce grand journal, tout semblable à un boulet de canon... Frédéric Soulié refusa l'honneur qui lui était proposé : le roman l'attirait, le drame, un instant négligé, le rappelait de plus belle. Il eût compris bien vite, il fut peut-être le premier à le comprendre, que le roman allait être un des besoins de cette société nouvelle qui faisait une révolution en trois jours. « Frère, si vous ne dormez pas, contez-nous un de ces beaux contes que vous savez, » disait la foule aux maîtres du roman moderne : Honoré de Balzac, Frédéric Soulié, George Sand, Ch. de Bernard, Eugène Sue, Alphonse Karr, Alexandre Dumas, Maquet, Michel Masson. Je ne sais quelle oisiveté pesait sur les esprits et sur les âmes, dans ces temps pacifiques, mais le conte était devenu un des besoins de chaque jour, et c'était, parmi les écrivains les plus écoutés, à qui raconterait à cette foule avide et curieuse, une suite incroyable de romans en dix volumes. Plus l'histoire était longue, et plus elle était la bienvenue. Hélas! que d'inventions, que d'esprit, que de talent, même un peu de génie ils ont dépensé, ces habiles et inépuisables fascinateurs pour récréer, chaque matin, à son réveil, cette foule heureuse, oisive, imprudente, qui buvait, à longs traits, le poison de ces récits menteurs! Quelle peine ils auront, les critiques à venir, pour retrouver leur voie à travers ces feuilles volantes, emportées par le temps et par la mort! Nous-mêmes, les amis, les frères d'armes, les contemporains de celui-ci que voilà, mort à moitié de sa carrière, et que nous avons suivi, pas à pas, comme autrefois Molière et Despréaux suivaient Louis XIV à l'armée... à peine si nous pouvons réunir, dans ce chapitre suprême, les différents titres de ce célèbre écrivain, qui déjà nous échappent, en dépit de notre amitié, de notre constance et de notre zèle. Allons, courage, et maintenant qu'il est en route au théâtre et dans les livres, suivons-le, et marchons avec lui.

Clotilde, un des grands succès du nouvel art dramatique, fut le premier retour de Frédéric Soulié à ces fêtes du théâtre auxquelles il ne devait plus jamais renoncer. *Clotilde*, en dépit de mille reproches qu'on peut faire, est un drame qui ne sera pas oublié. Cette œuvre était hardie et nouvelle à l'heure où elle fut tentée; un assassinat suivi d'un vol, telle était l'entrée de jeu, et pendant cinq actes il fallait s'intéresser à un voleur taché de sang. Le drame se passe au milieu de toutes sortes de passions étranges : filles séduites, femmes perdues, intrigants subalternes, beaux esprits de salon, le monde le plus singulier des grands mondes. En dépit du succès, on peut dire aujourd'hui, que *Clotilde* est un drame déclamatoire, languissant, diffus : vous reconnaissez, à chaque instant, un esprit qui tâtonne, une imagination puissante, à ses premiers essais. D'où vient cependant que, dès la première scène, vous vous sentez attiré par je ne sais quel intérêt dont vous rougissez vous-même, auquel cependant vous obéissez en esclave? D'où vient, qu'à l'instant même où commence cette action incroyable, impossible, par un coup de pistolet, jusqu'au moment où elle se termine à l'aide du poison, votre âme est en suspens, votre logique ordinaire s'arrête, dans votre tête, comme le sang dans vos veines? — Rien n'est plus simple : c'est, tout simplement que vous avez affaire à un homme qui devine déjà, avant de les mettre en œuvre, les principales ressources de son art. En trois essais de sa verve abondante cet homme est arrivé, tout de suite, à tenter les résultats les plus difficiles du drame, et tout son secret le voici : avant de se mettre à son drame, il a étudié, l'un après l'autre, les personnages qu'il fait agir et parler; il les a vus non pas au repos, et mollement assis dans un fauteuil, mais au contraire il les veut debout, éveillés, animés par toutes les passions, bonnes ou mauvaises. Une fois que ses personnages sont lancés dans l'arène dramatique, il ne redoute pour eux qu'une chose, c'est de les voir s'arrêter en chemin, avant qu'ils aient dit tout ce qu'ils veulent dire, avant qu'ils aient touché le but qu'ils doivent toucher.

De là cette espèce de fièvre contagieuse qui, à la représentation de pareils drames, s'empare de vous, malgré vous-même. On se dit : C'est absurde, impossible, immoral, toutes les lois divines ou humaines sont violées, oubliées, et cruellement insultées dans ce drame abominable.... rien n'y fait; l'auteur dramatique est plus fort que vous-même, et maintenant qu'il vous pousse de ses deux mains puissantes, il faut marcher.

— Mais, direz-vous, je ne puis pas, de bonne foi, m'intéresser à un pareil bandit, à un lâche assassin qui tue un vieillard dans une cave, à ce Don Juan manqué qui se jette aux genoux d'un usurier, quand il devrait être aux genoux de sa maîtresse. — Marche et marche! dit la voix; marche, et que t'importe? Le crime est commis, l'usurier est mort, sa fortune appartient à l'assassin, la jeune personne attend son fiancé funeste, et rien ne peut s'opposer à ces noces cruelles. — Mais, dites-vous, je suis moi-même un père de famille, et ma fille vient d'avoir ses dix-sept ans dont j'entends encore le son argentin, amoureux et bienveillant; je ne puis pas, de bonne foi, dans ma position, aller avec vous, drame moderne, et dans une honnête maison bourgeoise, pour assister au déshonneur de cette enfant qui me rappellera ma fille. — Marche, allons marche! a répété la voix; marche, et que t'importe? A l'heure qu'il est, ton bel enfant est couché près de sa mère, il rêve de papillons et de bluets dans les champs, de tendres sourires et de doux regards dans le bal; marche, allons marche! on ne te fera pas grâce d'un crime ou d'un vice... il est là, le séducteur!

Mais, répétez-vous, une fois entré dans la chaste alcôve, je vais crier : Au voleur ! je vais réveiller le père de famille ! je vais appeler les voisins, je ne veux pas que cet affreux Christian enlève, dans ses bras de meurtrier, cette belle personne qui va se perdre... au même instant vous criez : Au feu ! à l'aide ! au secours ! au secours ! — On ne vous entend pas, reprend le drame ; tes cris ne frappent ni les oreilles ni les cœurs ; tu es la voix criant dans le désert : *Vox clamantis in deserto !* A quoi bon ta morale, insensé ? A quoi bon ces cris de détresse ? et ne vois-tu pas que l'amour est le complice de Christian ? Ne vois-tu pas qu'il est aimé de cette belle fille, et que pour être à lui, elle se jetterait dans un gouffre ? Donc, fais silence, et marche encore, avec moi, marchons toujours !

Ainsi dominé par ce terrible logicien, vous êtes semblable à l'homme de la légende, monté sur le cheval pâle, en croupe d'un cavalier noir, à qui le cavalier noir répète à voix sinistre : — *Les morts vont vite !* Et voilà comme le drame le plus faible l'emporte sur les plus formidables raisonnements. Prenez garde à vous. Une fois lancé, vous marchez de séductions en séductions, de précipices en précipices ; vous tombez d'un abîme dans un autre abîme, vous traversez, en toute confusion, les sept cercles de l'enfer ; tant que dure ce pénible songe, vous voyez passer, sous vos yeux, toutes sortes d'images riantes ou terribles, toutes les puissances de la terre, de l'abîme et du ciel sont déchaînées à votre encontre ; vous entendez, à votre oreille, toutes sortes de blasphèmes et de prières, de malédictions et de serments d'amour, jusqu'à ce qu'enfin le cheval pâle s'arrête en quelque cimetière, au bord de quelque fosse entr'ouverte ; alors vous ouvrez des yeux égarés, vous vous demandez si c'est vous-même qui êtes là ? — Et vous êtes bien étonné d'avoir fait tant de chemin, malgré vous.

Cependant le chemin est fait. L'auteur dramatique vous a poussé où il a voulu vous pousser ; et maintenant que vous êtes dans son abîme, essayez de vous en tirer ! Le drame a sur votre esprit et sur vos sens la toute-puissance du cauchemar ; il vous a transporté dans tous les extrêmes, vous étiez entre ses mains un jouet futile, et quand il n'a plus voulu de votre âme, il vous a précipité dans une mare de sang. — C'est tout à fait l'his-

toire de la ballade de *Lenor* : le bourgeois accouplé au démon, le
voyageur à pied qui monte à cheval, l'amoureux terre à terre,
qui se pousse dans l'idéal, le grammairien qui se préoccupe, au
lit de mort, d'une faute de français que fait le prêtre en l'admi-
nistrant. Mais pour opérer de pareilles merveilles du haut d'un
théâtre, et pour forcer les esprits les plus distingués à se plaire
à des inventions dramatiques, dont ils ne voudraient pas entendre
vingt mots de suite, s'ils étaient de sang-froid, en vérité on ne
peut arriver à de pareils résultats qu'au moyen d'une fascination
inexplicable. Or cette fascination suprême appartient surtout au
dramaturge à qui rien n'est caché des mystères de son art.

Frédéric Soulié, qui les a devinés, plus qu'il ne les a appris,
ces rudes secrets, plus difficiles et plus compliqués de jour en
jour, à mesure qu'on en abuse, il devait finir par les savoir à ce
point que des inexpériences de *Clotilde*, il devait atteindre aux
complications miraculeuses de la *Closerie des Genêts*, son chef-
d'œuvre. Il était né, cet artiste choisi, pour mieux faire toujours,
et pour mourir quand il ne pourrait plus faire aussi bien. Il
réunissait à la hardiesse, la verve et la chaleur, l'esprit et l'ironie ;
il est violent, emporté, terrible, sans façons, ricaneur, brutal,
licencieux, amoureux surtout. Dans ses livres qui sont des drames,
dans ses drames qui sont des livres, il marche, par sauts et par
soubresauts, brisant l'obstacle sans le vouloir tourner jamais;
acceptant l'impossible, comme on accepte la nécessité; fêtant le
paradoxe, comme un ami fidèle et riche, dont la bourse vous est
toujours ouverte; enfin il méprisait ouvertement toutes les vertus
de convention, il bouleversait toutes choses, à plaisir, et le plus
naïvement du monde. Je n'en veux, pour l'instant, d'autre preuve
que ce drame de *Clotilde*, dans lequel l'auteur avait trouvé
moyen de tirer quelques conclusions honnêtes, et parfaitement
inattendues au milieu de ces cruels excès.

Rappelons cependant l'histoire de *Clotilde*. Le héros, devenu
riche par un assassinat, se sert de sa fortune pour enlever sa
maîtresse; aussitôt commence, entre ces deux pauvres forçats
de l'amour sans prudence et sans avenir, cette vie exceptionnelle
des unions mauvaises, dont les misères sans fin, sont racontées,
dans ce drame, avec une verve infinie. Cette vie à part du monde
accepté des honnêtes gens, ce tête-à-tête affreux de deux êtres

qui pèsent, l'un sur l'autre, de tout le poids de leur abandon et de leur ennui, ce néant perpétuel des plus tendres sentiments du cœur, ce duel contre la société, dédaigneuse de l'insulte, et qui répond, à une insolence, par un coup de pied on ne sait où, ce blasphème intérieur de deux forçats accouplés à la même chaîne, et qui ne savent pas pourquoi ils se trouvent, réciproquement, si difformes, que vous dirai-je? tous les malheurs infinis de cette damnation à perpétuité qu'on appelle, en bon français, le *concubinage*, nous sont représentés, d'une épouvantable façon, dans *Clotilde*.

On disait que le troisième acte était languissant et vide... il est au contraire plein de terreur. Voilà en effet un salon tout rempli d'harmonies et de lumières ; on cause, on joue, on danse, on est heureux. Dans ce lieu, tout disposé pour le plaisir, tout est grâce, esprit, bonté, sourire; on ne vous demande qu'une seule condition, pour être le bienvenu dans cet *Éden*, c'est de ne pas franchir la petite ligne que voici, tracée sur le sable : une ligne imperceptible, moins que rien, qui se montre à peine là-bas, tout au bout de ce domaine qu'on appelle le monde. Qui que vous soyez, respectez cette séparation si futile en apparence... au delà du monde où vous êtes si bien, il n'y a que des ronces, des épines, des glaces éternelles, des sables brûlants, de la misère et de la honte.

Restez donc, heureux que vous êtes, du bon côté de la ligne fatale. Ici est le doux aspect de la montagne; au penchant opposé commence la Sibérie; or quel homme sage voudrait changer le ciel de Naples, contre ces neiges éternelles? Pourtant l'imprudente Clotilde a franchi, sans honte et sans peur, ce Rubicon fleuri; elle est restée, ici-bas, seule avec Christian, son complice; et quand enfin, poussée par la jalousie, abandonnée, honteuse, elle vient le chercher dans ce monde dont elle s'est chassée elle-même, vous pouvez juger de ses angoisses! C'en est fait, elle est même au-dessous de toutes ces femmes vicieuses, mais mariées, que le monde désigne d'un doigt méprisant, et qu'il accepte, tant qu'elles se maintiennent à l'ombre de leur mari, et dans les limites voulues. Ni son amour, ni sa beauté, ni son esprit, ni ses grâces touchantes, ni son dévouement à cet homme, ne peuvent sauver Clotilde. En même temps le monde se rue en hurlant sur elle, comme fait le tigre sur sa proie; absolument, il faut qu'elle repasse cette Bérésina, mal à propos franchie; il faut qu'elle rentre dans son silence et qu'elle y rentre seule! Ainsi le veut le monde, ainsi la société l'ordonne. Pauvre Clotilde! Véritablement cet acte est très violent et très bien fait. Il est bien mieux qu'une péripétie, il est une leçon.

Au quatrième acte, la leçon continue. L'auteur vous a montré les misères du monde, il va vous montrer, à présent, les misères non moins grandes, de cet horrible intérieur, et de ce foyer misérable, qui n'est pas, tant s'en faut, l'honnête et sacré foyer domestique. Clotilde est seule, elle attend. Chaque heure de cette nuit fatale la frappe au cœur. Le moindre bruit de la rue la tire de sa torpeur! — « C'est lui! c'est Christian!... » Vain espoir... le bruit passe et s'en va, tout au loin. Ce sont les pas hâtés de quelque mari qui rentre avec sa femme ou la voiture de quelque jeune fille qui revient du bal avec son père. La Desdemona de Shakspeare, qui va mourir innocente et pleurée, est moins à plaindre, mille fois, que cette misérable Clotilde, unie à cet ingrat, seule au monde, coupable et repoussée. Acceptez donc ce quatrième acte, et ne dites pas qu'il arrête le drame dans sa marche, comme si le drame n'était fait que pour courir, à la façon d'un cheval anglais, dans une poussière inerte, avec mille accidents puérils.

En revanche, le cinquième acte, la catastrophe, produit peu d'effet, à mon sens. Christian, uni par des liens de fer à cette Clotilde qu'il insulte sans pitié ni rémission, qu'il déteste et qu'il méprise de tout l'amour et de tout le respect qu'il lui a portés, était à mon sens, un homme bien plus malheureux, c'est-à-dire un héros bien plus dramatique que ce même Christian, seul et libre dans sa prison; cet heureux condamné à mort, qui sait, au juste, le jour et l'heure de la délivrance. Tout ceci n'est plus que déclamation froide, sanglots prévus, catastrophes inévitables. Je donnerais tout ce dernier acte, pour une scène du troisième ou du quatrième acte, et pourtant je suis bien sûr que Frédéric Soulié n'était pas de mon avis.

Le rôle de Clotilde fut créé au Théâtre-Français, par Mlle Mars, et elle y avait apporté sa réserve, sa grâce, sa décence, et ce grand air de la belle et bonne compagnie qui ne l'abandonna jamais, même sous le haillon. Ainsi il était arrivé que cette Clotilde, éperdue et sans honte, se montrait à nous si calme, si décente, si réservée, qu'il fallait bien de l'attention pour deviner les affreux combats qui se livraient dans cette âme en peine. Plus ces événements paraissaient étranges, plus ces sentiments étaient incroyables, et plus se faisait sentir la dignité personnelle de cette admirable Mlle Mars. C'était un contresens peut-être; à coup sûr c'était un contresens admirable. Je me rappelle surtout la scène du bal et la scène du pardon. Dans ce bal où elle était exposée à toutes les insultes, Clotilde se défendait comme un magnifique lion contre des chiens hargneux; et quand enfin il faut mourir, à la façon dont cette pauvre femme acceptait la mort, au transport mal contenu qui éclatait sur son beau visage, on comprenait que la mort était, pour elle, une délivrance, et la seule compensation qui fût digne de tous les maux qu'elle avait soufferts!

Écoutez, cependant, à propos de *Clotilde*, un critique éminent (Étienne Bequet), et voyez s'il était possible de mieux parler :

« Le succès de *Clotilde* a été très-grand; il n'est pas vrai, comme l'ont prétendu quelques personnes, qu'il soit dû tout entier à l'art prodigieux de Mlle Mars. Plusieurs parties de cet ouvrage dans lesquelles se retrouve, en son entier et sans mélange le talent viril de M. Frédéric Soulié, sont conçues fortement, et rendues plus fortement encore. J'avoue cependant que l'impression générale est triste et pénible; on est ému quelquefois, jamais attaché; nulle sympathie de durée ne vous lie aux personnages, ne vous intéresse à leur malheur, ne vient, dans votre cœur, excuser leurs fautes. Le motif en est que les caractères sont exagérés; ils ne sont pris ni dans la nature ni dans la société, ou du moins ils vont plus loin que la nature et la société.

« Ainsi du personnage principal, de Christian, le fond de ce caractère est vrai. Ces hommes qui essaient tout et se rebutent bientôt de tout, inapplicables avec toute leur capacité, dont l'inconstance ou plutôt le dégoût perpétuel passe du barreau à la littérature, du théâtre à la banque, ne faisant rien parce qu'ils font de tout, nuisibles à eux-mêmes, incommodes aux autres, esprits d'abord mécontents et bientôt dangereux; ces hommes, dis-je, ont toujours existé, et maintenant où l'éducation est plus étendue et plus superficielle que jamais, plus que jamais aussi les voit-on nombreux. Cependant parce qu'ils ont fait un mauvais vaudeville, un mauvais plaidoyer, un mauvais roman, parce qu'ils ont follement perdu à la Bourse le mince héritage de leurs pères, ils n'assassinent pas, ils laissent vivre tout le monde, ils vivent eux-mêmes, ou plutôt végètent, malheureux de leur ambition, écrasés de leur inutilité ; les plus extragants conspirent, ou du moins croient conspirer.

« Si donc c'était une idée morale et vraie à exposer au théâtre que cette nécessité, pour tout homme, de choisir un état certain, de s'y attacher par réflexion, de le suivre avec persévérance, c'était aussi passer le but, et par conséquent, affaiblir l'intérêt, que de pousser jusqu'au meurtre, la rigueur de cette vérité. On n'est point un assassin parce qu'on n'a pas un état : on n'est rien, et c'est déjà un assez grand châtiment. Ajoutez qu'à faire de Christian un meurtrier, l'auteur n'a pas moins détruit l'émotion dramatique, que blessé la vérité sociale. Le crime sur la scène n'est pardonné qu'aux mouvements désordonnés de l'âme, à ces passions qui, dans leurs plus terribles excès, conservent quelque noblesse, quelque élévation : ainsi l'amour, la haine, la vengeance. Mais tuer pour voler, tuer pour satisfaire au penchant le plus vil du cœur humain, l'avarice, voilà qui est intolérable. Dès qu'on a vu Christian arracher, à ce malheureux juif, son portefeuille sanglant, plus de pitié ; plus de compassion, ni pour son amour, ni pour ses remords ; et quand le bourreau vient le saisir, volontiers on l'abandonne au bourreau.

« Aussi, dans le dernier acte, lorsque Christian voit se dresser l'échafaud, qu'il s'applique ce vers si connu :

Étrange empressement de voir un misérable!

et s'écrie : « Oh ! les misérables, les hommes, où sont-ils ? où « sont-ils ? Là, partout, à la porte de la prison, sur les quais, sur « les ponts, aux fenêtres, sur les toits, sous l'échafaud... C'est « Christian... le voilà... il est pâle, il a peur... Je veux voir... rien, « exécrables fous, il n'y a rien à voir, rien, etc. » D'ordinaire les déclamations contre la peine de mort et le cruel plaisir d'assister à l'agonie d'un malheureux émeuvent la partie du public qui raisonne peu, c'est-à-dire le plus grand nombre : ici ces déclamations paraissent à tous froides et même ridicules. On est tenté de lui répondre : Mais c'est toi le fou, c'est toi le misérable ! Ceux-là qui vont chercher le sot et barbare plaisir de ta mort sont à blâmer et à plaindre, puisqu'il leur faut de telles émotions, mais ta mort est juste, car celui-là ne mérite ni grâce ni pitié des hommes, qui n'a trouvé ni dans son cœur ni dans l'éducation un frein contre le crime.

« Comme le caractère de Christian est odieux, il suit de là que la passion de Clotilde, passion si vive, si tendre, si résignée cependant, nous trouve souvent insensibles. On est fâché de voir cette âme élevée associée à tant de bassesse. Le sang de Raphaël Bazas a rejailli jusque sur elle, et la souillure en est restée indélébile ; confidente du crime, elle en est devenue complice. Cette existence équivoque qu'elle traîne avec un meurtrier, la déshonore ; aussi Clotilde ne devient-elle vraiment dramatique, je dirai même intéressante, qu'au moment où elle venge et elle, et la société, au moment où à son tour elle devient presque criminelle. En ce moment sa juste colère, son indignation de tant de mépris, de tant d'ingratitude, la relève de ce long abaissement : « il a tué « Raphaël Bazas, je vous l'ai déjà dit, » est une belle situation, un grand effet de scène qui sera toujours applaudi. »

§ IX.

Après *Clotilde*, et dans le même ordre d'idées, il faut placer immédiatement, du même auteur, *la Famille Lusigny*.

La *Famille Lusigny* est un souvenir du *Père de Famille*, et pourrait attester de la toute-puissance du drame et de la poétique de Diderot. Vous le retrouvez, bien souvent, dans ce traité de l'art dramatique moderne, ce Diderot, ce maître éloquent des esprits qui commencent ; il est le critique le plus original et partant le plus écouté du dernier siècle ; il en représente, à lui seul, les vertus et les vices, l'obéissance et la révolte. Il a enseigné à son siècle, mieux que n'a fait l'auteur de *Tartufe* au siècle de Louis XIV, la haine et le mépris de l'hypocrisie ; il a pour ainsi dire, affranchi les poëtes de son temps, des habitudes et de la règle du vieux Versailles, du vieux Despréaux, de l'antique Aristote ; il a prêché, par son exemple et dans ses livres, la toute-puissance de l'inspiration, et l'extrême liberté en toutes les choses qui tiennent à l'exercice des beaux-arts ; il a aidé, de sa louange et parfois de son admiration, les nouveautés les plus étranges, à savoir : la comédie où l'on pleure et le drame où l'on rit, l'églogue en pet-en-l'air et le dictionnaire en dialogues; chemin faisant, il indiquait mille chemins de traverse aux poëtes à venir, et c'est justement un de ces mille sentiers, indiqués par Diderot son maître, que Frédéric Soulié aimait à parcourir. Les futures générations, retrouvant, plus tard, cette imitation du *Père de Famille* (la *Famille de Lusigny*) dans le répertoire du Théâtre-Français, croiront d'abord que l'archiviste s'est trompé de date, et que la *Famille de Lusigny* est tout à fait du même âge que le drame de Diderot.

En effet, madame de Lusigny avant de devenir la très-légitime maman du marquis de Lusigny, son fils, a mis au jour, mais dans un jour clandestin, un enfant naturel (ainsi fit madame de Tencin quand elle exposait, sur les marches d'une église (Saint-Jean-le-Rond, le petit d'Alembert), et c'est justement la reconnaissance de cet enfant naturel par madame de Lusigny, qui sera, s'il vous plaît, le sujet du présent drame. Même la chose irait plus vite qu'on ne pense, si le duc d'Arencourt, l'oncle du marquis de Lusigny, ne venait se jeter à la traverse de cet amour maternel.

Évidemment le personnage de ce duc est calqué sur le personnage du Commandeur dans le *Père de Famille* : c'est le même despotisme et le même orgueil indompté, c'est la même vanité effrontée et misérable. Avec ces quatre personnages, madame de Lusigny, qui joue ici le rôle du père de famille, le duc d'Arencourt qui n'est autre que le Commandeur, avec l'enfant naturel et le fils légitime, M. Frédéric Soulié a composé un fort beau second acte, écrit avec beaucoup moins d'entraînement qu'un acte de Diderot. Mais heureusement pour lui, que M. Frédéric Soulié ne s'en est pas tenu à ces imitations habiles; il ne s'est pas contenté de prendre à l'auteur du *Père de Famille*, ses deux principaux personnages, il en a inventé un, à son tour, qui donne à cette imitation, une physionomie originale. Cet homme, ce nouveau-venu dans ce drame, c'est M. de Gourville, membre du Parlement de Paris. M. de Gourville sera, s'il vous plaît, dans ce drame, le représentant de cette toute-puissante opposition de la loi contre le bon plaisir, qui jette tant de variété et tant d'intérêt sur le Parlement de Paris de 1765 à 1789.

M. de Gourville, homme de courage, homme de sang-froid, membre du Parlement, lutte avec avantage contre l'emportement, la colère et l'ambition de M. d'Arencourt, l'ami du Roi. L'effet dramatique d'une pareille lutte était certain, si l'auteur eût osé la prolonger pendant cinq actes. Mais il arrive, en même temps, que le duc d'Arencourt ne se défend pas assez, et que M. de Gourville est vaincu trop vite. — Au contraire, ces deux hommes placés dans ce champ clos, devaient employer à se perdre l'un l'autre, le gentilhomme, tout son crédit, le magistrat, toute la force que la loi donne aux honnêtes gens... l'un ne pouvait pas être trop insolent, l'autre ne pouvait pas être trop superbe. C'était en effet, dans cette *Famille de Lusigny*, le passé qui était aux prises avec l'avenir. Voltaire, défendant Calas, a remporté toute cette gloire, parce que sa défense a été persévérante, autant qu'éloquente et courageuse. Comme aussi je n'aime pas que l'un de ces nobles champions, M. le duc d'Arencourt, poussé à bout par M. de Gourville, ait recours à la violence, et fasse enlever, par ses valets, les papiers qui pourraient perdre la cause de son neveu. La violence ne devrait pas intervenir en cette affaire; M. le duc d'Arencourt ne devrait pas être aidé par des portefaix, il donne trop beau jeu à Gourville. Voilà comment pour n'avoir pas osé se servir, comme il convenait, de ce personnage très-dramatique et habilement créé, M. Frédéric Soulié a passé à côté d'un drame intéressant, et tout rempli d'une douce pitié. La chose étrange que l'imitation la plus audacieuse ait soudain ces faux scrupules, et que le copiste le plus habile ne sache pas, de temps à autre, brûler ses vaisseaux comme a fait Guillaume le Bâtard !

Ainsi, pour s'être arrêté un moment avant d'avoir touché le but, l'auteur de la *Famille de Lusigny* a manqué sa comédie, alors (voyez un autre accident, non moins imprévu que le premier), un homme arrive, après Frédéric Soulié, qui d'un petit morceau de cette *Famille de Lusigny*, s'est construit à lui-même, un drame à peu près bon, la *Duchesse de Lavaubalière*. Il y avait dans cette *Duchesse de Lavaubalière* (le seul drame supportable de M. Rougemont qui en avait fait cinquante) un personnage excellent, qui fit la fortune de la *Duchesse de Lavaubalière*. Il s'agissait d'un notaire, et d'un notaire de village, honnête homme qui se dévoue à une pauvre fille, et qui, pendant cinq actes, veille sur elle, comme sa providence. Ce brave homme n'a pour lui que la loi, et quelques papiers qu'il a trouvés dans son étude. Eh bien! (telle est la toute-puissance excellente de cette force irrésistible qu'on appelle la loi, même aux époques de pouvoir absolu, à l'ombre des bastilles, sous le règne abominable du bon plaisir), ce simple notaire de village parvient à sauver du déshonneur son humble protégée.

D'abord, il la marie à un duc qui veut la séduire. Quand elle est duchesse, la pauvre femme va mourir empoisonnée dans son palais ; le notaire la sauve, il a son testament entre les mains. Quand elle est sauvée, le notaire la sépare de cet homme, de cet empoisonneur ; il a des lettres qui prouvent que le duc de Lavaubalière est un bâtard. Quand il a ôté la couronne ducale à Lavaubalière, le notaire l'envoie pourrir à *la Bastille;* il possède, *ad hoc* une lettre de cachet. Cette fois, la lutte entre ces deux hommes est longue et terrible, et c'est tant mieux, car plus elle est longue et plus le parterre s'y intéresse. Eh bien! ce héros d'un drame applaudi, ce notaire qui protége la duchesse de Lavaubalière, appartenait à la *Famille de Lusigny*.

C'est dans le drame de M. Frédéric Soulié que M. de Rougemont a trouvé son notaire; et voyez la chose heureuse de savoir se servir de ses emprunts! M. Frédéric Soulié emprunte deux personnages à Diderot, et ces deux personnages passent inaperçus dans sa pièce! M. de Rougemont emprunte un seul personnage à M. Frédéric Soulié, et M. de Rougemont, à l'aide de ce personnage unique, obtient un des drames les plus intéressants et les mieux conduits, sinon les plus littéraires de l'époque où furent représentés *Clotilde* et *Mademoiselle de Belle-Isle*. — *Sic vos non vobis dramificatis!*

Gaëtan il Mammone appartient à la même époque, au même genre de drame et d'émotions. Ce terrible et impossible héros, *Gaëtan il Mammone*, est le fils d'un laboureur, poëte à ses heures, « paresseux avec délices, » mal vêtu et bien bâti, voilà pour les Napolitaines; éloquent, timide et beau chanteur, voilà pour plaire à toutes les femmes. En ce temps-là vivait à Naples la célèbre Léonora Pimental, une muse, une Sontag, une Corinne. Elle et lui, Léonora Pimental et Gaëtano, ils feraient, sans conteste, une paire d'amoureux et de poëtes, lui élégie, elle poëme épique; elle chante l'amour et la patrie; il chante la gloire et la liberté !

Ambo ætate pares, ambo ætatibus, Arcades ambo...

Aussi bien voilà notre héros qui frôle ces riches dentelles, frémissantes de tous les feux du jour; il suit, de très-loin, dans son sentier, la divine Léonora, et pendant qu'elle chante sur sa lyre d'or : *Muse, chantons la colère d'Achille*, il racle, en soupirant, sur sa guitare à demi fêlée : *O ma tendre musette!* Ils sont donc bien loin l'un de l'autre, et bien loin de s'entendre, et cependant une grande dame du pays (« ce sont de grandes dames, » disait la *Tour de Nesle* en ses chansons), lady Melbourne, disait un soir pour s'égayer : Qu'on appelle un certain Gaëtan qui passe, en ce moment, sur la place Royale, et qu'il vienne souper avec moi! Gaëtan soupe en effet avec la dame; après le souper, la dame le met à la porte, sans *espoir de retour* pour messire Gaëtan, à qui le souper et le reste avait pourtant donné quelques *espérances*. Mais qu'importe au vagabond? Dans l'intervalle il a rencontré Léonora, et il ne songe plus à la grande dame, au contraire, un jour que lady Morton fait prier Gaëtan de lui venir chanter les *chansons qu'on chante à Lisette*, le brutal répond qu'il n'a plus de voix pour cette princesse, et que pour cette fois elle aura beau lui jeter son mouchoir, il ne ramassera pas son mouchoir. Ah! malheureux Gaëtan! il n'a jamais vu la *Tour de Nesle* à la Porte-Saint-Martin.

Heureusement qu'à la même heure, entraient à Naples les soldats de la république Française, sous les ordres du général Championnet, et que les Napolitains, pris au dépourvu, faisaient de Gaëtan, leur général en chef. Ce fut alors que Gaëtan devint Gaëtan le héros, *il Mammone*, Gaëtan le sauveur de sa ville natale, et Dieu sait à quel faîte il serait monté, Gaëtan *il Mammone*, si la belle Léonora ne l'eût arrêté dans sa gloire. O misère! ô trahison! Léonora appartient au parti français, et le Mammone déshonoré par cette femme, ne songe plus qu'à se venger.

Voilà donc que ces deux premiers actes vous représentent une rencontre, un dîner, deux rendez-vous d'amour, un guet-apens, une bataille, une forteresse prise d'assaut, un homme assassiné, et que sais-je encore? Il n'y allait pas de main morte, notre ami Frédéric Soulié; il savait que lorsqu'on ne peut pas frapper juste il faut du moins frapper fort; une fois lancé dans ses fictions, il ne savait pas s'arrêter, il n'a su s'arrêter qu'au dernier moment de son œuvre, à la *Closerie des Genêts*. Hélas! il ne devait pas aller plus loin!

Au troisième acte, en effet, cet impitoyable appelait à son aide un personnage inattendu, *une muette* (il voyait bien cependant que son drame tournait au *Masaniello*), et cette muette elle aime, elle aussi *il Mammone*. Elle l'aime, elle le protége, elle voudrait l'arracher des piéges de Léonora, mais de son côté Léonore avoue à Gaëtan que si elle est française au fond du cœur, elle n'est pas injuste, et que l'amour de son héros l'a touchée..... Hélas! le malheureux Gaëtan quand il touche au bonheur, il est accusé d'avoir assassiné M. Georges, un jeune français que protégeait Léonora et qui était le frère de la dame! « Il a tué mon frère! » A cette accusation, Gaëtan répond en invoquant le témoignage d'un témoin oculaire, le vieux Stéphen : Miséricorde! il est aveugle, il n'a rien vu le vieux Stéphen! Ainsi, entre l'aveugle et la muette, Gaëtan, s'il veut apprendre enfin les mystères qui l'entourent, n'a plus qu'un moyen bien simple, il ouvrira les lettres de Georges à Léonora ; il est vrai qu'il ne sait pas lire, l'infortuné Gaëtan!

En résumé, ce *Gaëtan il Mammone* était un mauvais drame, une œuvre impossible, accolée au nom de ce terrible inventeur. C'est qu'en effet, cette fois, Frédéric Soulié s'était amusé à mettre en scène une abominable femme qui appartenait à M. Henri Delatouche, à l'auteur de *Fragoletta*. Ce livre de M. Henri Delatouche avait été longtemps une des admirations de Frédéric Soulié ; il trouvait que cet étrange héros, homme à demi, femme à demi, l'éperon au pied, l'éventail à la main, ce pêcheur que l'on porte dans le cimetière des *sœurs de la Miséricorde*, était une invention bien trouvée; en ce temps-là il était jaloux de M. Delatouche, et pour obéir à cette inspiration mauvaise, ce naïf Frédéric Soulié ne craignit pas d'insulter une infortunée, écrasée sous la clameur unanime et sous la rage ardente de tout un peuple.

Lady Hamilton, — puisqu'il la faut appeler par ce nom terrible, cette femme qu'on avait vue, aux plus cruels chapitres de *Fragoletta*, traînée en mille gémonies, et que Frédéric Soulié changeait en lady Melton (sous un pseudonyme transparent) elle, était vivante, elle habitait Paris, dans le temps même où le livre et le théâtre exposèrent sur leur pilori, toute la cour de la fameuse reine Caroline. Il me semble que je la vois encore, cette lady Hamilton, dont le sourire était un ordre absolu pour le plus grand capitaine de l'Angleterre, et qui fit commettre, à l'amiral Nelson, tant de fautes, voisines des plus grands crimes. Elle était belle encore, et pâle, et la tête hautaine; elle ne riait plus, elle était sérieuse et froide; elle excitait, en passant, je ne sais quelle fièvre, mêlée de passion et de peur. C'est un des plus étranges fantômes que j'aie vu passer devant moi. Castaing lui-même, Castaing l'empoisonneur, que traîne en Grève une immonde charrette, ne vient, dans mon souvenir, qu'après lady Hamilton.

Dans le roman de M. Delatouche il y avait encore la reine Caroline de Naples, que le romancier a traitée tout à la fois comme on traiterait Néron et Messaline; il y avait le roi Ferdinand, qui vendait lui-même son poisson, à ce peuple de mendiants et de fanatiques, Ferdinand, que les libéraux appelaient non pas *Il Mammone*, mais *Il scadaletto di Cristo*, c'est-à-dire la chaufferette du Christ, réchauffé dans son étable entre un âne et un bœuf. Voilà au moins un surnom bien trouvé et bien exprimé. Il y avait aussi, dans ce même roman, le général sir Hudson-Lowe, qui déjà montrait son museau de fouine et de renard, et que depuis on nous a montré si souvent, sous la haine et le mépris du monde, jusqu'au jour où furent publiés, chose étrange! ses mémoires justificatifs!

Frédéric Soulié n'a pas osé entasser, dans son drame, toutes ces horreurs; il s'est contenté de lady Hamilton (lady Melton) et de lord Nelson qu'il appelle lord Morton; il a laissé tout le reste à qui l'a voulu prendre, et, disait-il en souriant, j'aurais bien fait de tout laisser; après tout c'est un mauvais système de mélodramme, le mélodramme *par entassement*.

« Le mélodramme par entassement »; le mot est de lui, et même, à ce propos, il racontait une histoire de chauffeurs, car avec lui toujours toute chose se terminait par une histoire, et voilà pourquoi c'était un homme charmant. Sur la fin de la république, une trentaine de chauffeurs surpris au beau milieu du grand chemin, la bande entière fut condamnée à mort, le même jour. Une seule difficulté se présenta : le bourreau, qui ne comptait plus sur ces grandes fournées, avait réformé le grand panier rouge des années 1792, 1793 et mois suivants. — Comment faire? disait ce digne homme en plein tribunal. A quoi le chef des chauffeurs répondit : — Là, là, mon brave, on n'est pas dans ce monde pour avoir toutes ses aises : apportez toujours le panier que vous aurez, et, en nous pressant un peu, nous y entrerons tous.

Que vous semble de l'apologue? Eh bien! nous disait l'auteur de *Gaëtan*, ces cadavres sans tête jetés, pêle-mêle, dans ce panier rouge qui peut à peine les contenir, représentent à s'y méprendre le mélodrame *par entassement*.

Après *Gaëtano*, Frédéric Soulié fit représenter *les Amants de Murcie*. Or, en fait d'*entassements*, il n'y a rien qui soit comparable à ce drame-là. C'est du pur et complet Frédéric Soulié abandonné à lui-même, et marchant au roman *par entassement*.

Il fait nuit. La maison, ou plutôt la forteresse du seigneur don Pacheco, se dessine dans l'ombre. A peine si le passant jette un regard épouvanté sur ces sombres murailles. Pourtant la maison est menacée; deux hommes en veulent à l'honneur de l'illustre famille. L'un de ces rôdeurs de nuit s'appelle don Sylvio, l'autre c'est le comte de Villaflor en personne, le don Juan de toutes les Castilles. L'amour pousse Sylvio, et l'ambition excite Villaflor. Sylvio est l'amant attendu de dona Stella de Pacheco, Stella la perle brillante et quelque peu profanée de cette noble famille. Tout se tait, l'heure est propice. Sylvio pénètre, d'un pas sûr, dans cette maison dont il connaît les détours, — don Villaflor marche au hasard, mais il sait qu'on le regarde d'en bas. Telle est l'exposition du drame. On voit que l'auteur veut marcher droit à son but, et marcher bravement. En effet, toutes les difficultés de cette double entreprise, nous les touchons du doigt, et nous nous demandons comment vont faire ces deux hommes, pour se tirer de cet abîme, dans lequel ils se précipitent, chacun de son côté, avec tant d'audace et de résolution?

Mais, direz-vous, le soufflet que reçoit don Diègue (dans

le Cid) c'était là un autre péril et plus terrible! Vous avez raison; je n'en sais pas de plus grand, et il n'a fallu rien moins que le génie de Corneille pour se jeter, dès la première scène de son chef-d'œuvre, dans un pareil hasard. Aussi bien faut-il estimer ces œuvres dramatiques qui commencent, tout de suite, par quelque chose d'impossible. Aristote lui-même est de cet avis quand il dit, dans sa *Poétique*, ces propres paroles que Corneille appelle à son aide : « Il y a des absurdités qu'il faut « laisser dans un poëme, quand on est sûr qu'elles seront bien « reçues! » La grande difficulté, c'est *d'être sûr*.

Voilà donc le palais des Pacheco, envahi par cette double trahison. Dors, vieillard, dors, malheureux Henrique, et te préserve le ciel d'assister jamais à la double honte de ta famille! Don Sylvio cependant, et dona Stella, les deux amoureux, sont tout entiers à leur amour. C'est Juliette et Roméo, moins innocents et non moins coupables. Les Capulets dorment et aussi les Montaigu! — Sylvio! — Stella! — Duo éternel. Puis, enfin, l'heure arrive où il faut prendre congé. — C'est le jour! c'est le jour! Il est temps, Sylvio, de partir au galop sur la route de Vérone! Ainsi il fait, il part. Arrive alors l'autre amoureux, le terrible Villaflor. C'est toute une fantaisie ce Villaflor. Il est l'amant de la courtisane Faustina; l'Espagne entière ne parle que des folies et de la bravoure de Villaflor. Les Maures ont senti, plus d'une fois, la pesanteur de son bras; mais aussi que de familles déshonorées par ce jeune homme! Le jeu et l'orgie ont pris sa vie, et son nom est l'épouvante des pères de famille; quand il passe, la jeune fille se presse avec terreur près de sa mère. Et maintenant, si Villaflor est entré, comme un voleur, dans l'austère demeure des Pacheco, c'est qu'il a juré, à ses compagnons de débauche, qu'il aurait Stella! Certes nous voilà bien loin de la loyauté de la vieille Espagne, bien loin de don Fernand, de don Diègue et de don Sanche, comme aussi bien loin de Chimène; mais, d'après cette loi des extrêmes qui se touchent, d'une façon si logique, n'oublions pas que celui-là qui vient tout de suite après le Cid, dans nos souvenirs et dans notre admiration, c'est ce débauché de don Juan.

Dans la chambre de Stella, qui a reconduit Sylvio jusqu'à la porte de cette maison mal gardée, Villaflor est seul, et tout de suite il appelle à son aide ; il faut que tout le palais se réveille dans l'épouvante ! Des épées nues, des torches brûlantes, le vieux père, le frère aîné, l'aïeul, accourez tous pour être témoins de l'audace de Villaflor ! En effet, à ce bruit étrange, toute cette famille se réveille dans une horrible terreur. Le vieux don Henrique accourt le premier, il est père ; l'instant d'après arrive son fils Faustus. L'un demande sa fille, et l'autre demande sa sœur, tous les deux redemandent l'honneur de leur maison. Penché à la fenêtre du palais, Villaflor se montre à la foule comme l'amant heureux de dona Stella de Pacheco. Le bruit, le tumulte, les cris, la rage, l'indignation de tous ces gentilshommes accourus à l'appel de leur chef..... Seul Villaflor est calme ; il a joué la partie, il la joue encore, et il est étonné de n'avoir pas été tué du premier coup.

Bientôt cesse le tumulte, la famille déshonorée va décider du secours qu'elle doit porter à son honneur compromis. Villaflor est entraîné dans la chambre voisine, où il attendra son arrêt. Il s'agit de savoir maintenant quel châtiment doit payer Stella Pacheco ?

Ici l'auteur a trouvé une grande et belle inspiration. Il nous a montré le vieillard, don Henrique, touché de pitié pour sa fille malheureuse. Elle a taché l'antique écusson, elle a mérité la mort ; il faut qu'elle disparaisse à jamais de ce monde. La tombe l'attend ou bien le cachot. Alors vous eussiez vu le vieillard solliciter sa famille en faveur de cet enfant trop aimé ! Don Henrique l'emporte ! Stella épousera tout à l'heure le comte de Villaflor ; elle vivra, l'honneur de la famille sera réparé, non par le sang, mais par le mariage. Union lamentable, qui jette dans toutes les âmes une profonde, une sincère, une juste pitié.

Reste maintenant à dire son arrêt à la fille coupable. Don Henrique a voulu, jusqu'à la fin, être un père tendre et charitable. Il veut que sa fille paraisse, il veut lui dire : *Je te pardonne !* Elle arrive, elle écoute, — ô douleur ! — Qui lui parle de Villaflor ? quel est donc ce Villaflor ? d'où vient-il ? comment s'est-il trouvé dans la chambre de Stella de Pacheco ? — Alors la voilà qui tremble et qui s'agenouille, l'infortunée ! — Mon père ! mon père ! ce n'est pas ce Villaflor que j'aime, celui qui est mon amant, qui est mon mari, vous ne l'avez pas vu, vous ne l'avez pas surpris chez moi ! Mon amant a nom Sylvio de Tellès. — Tellès? l'ennemi des Pacheco ! le Capulet de ces Montaigu ! Ainsi, deux fois déshonorée ! deux amants ! deux hontes pour une seule nuit ! Malheureuse Stella ! — Mais son père n'a pas deux pardons, et il reste accablé sous ce double fardeau.

Alors Stella appelle à son aide tout son courage. — Non, elle ne rougira pas, deux fois, sous les yeux de sa famille ! On lui donne le comte de Villaflor, elle l'accepte. Il l'a trompée, elle lui rendra trahison pour trahison ; il lui donne une main souillée, elle lui donnera une femme déshonorée ; voilà la scène ; or il ne fallait pas manquer de courage et de talent pour venir à bout de ce drame-là.

Il faut cependant que je vous parle du fils aîné de la famille Pacheco, cet obéissant et indompté Faustus. C'est un caractère qui est loin d'être tout d'une pièce, et qui, par conséquent, présentait des difficultés presque insurmontables. Faustus, offensé dans la gloire de sa maison, se ferait avec joie le meurtrier de Stella, sa propre sœur ; il donnerait sa part du paradis que l'on prêche à Murcie, pour égorger, en champ clos, Sylvio et Villaflor ; son œil est brûlant, son épée a deux pointes, sa parole est implacable ; à chaque instant vous vous attendez à voir ce Faustus sortir des bornes.... Un mot, un geste de son père, don Henrique, font rentrer Faustus dans le devoir. On dirait un lion, mal dompté, qui renonce à sa proie en grondant. Ainsi, dès le premier acte, Faustus accepte une humiliation étrange ; son père, lui-même, le charge de mener le comte et la comtesse de Villaflor à l'autel. Mais, en revanche, revenus de l'autel, Villaflor et Stella sont chassés de cette maison par don Henrique ; la porte se referme, à deux battants, sur cette fille malheureuse ; puis, se tournant vers son fils Faustus, don Henrique lui dit tout bas : — Il me faut, ne l'oublie pas, la vie de *l'autre*, don Sylvio Tellès !

Acte troisième. —Nous voici maintenant dans le palais du comte de Villaflor. La maison est brillante et pleine de tristesse. Depuis huit jours déjà, et autant de nuits, qu'il a enlevé Stella, sa femme, le comte de Villaflor a compris qu'un obstacle infranchissable le sépare de cette femme. Il a compté, mais il a compté sans son hôtesse, que, la première colère passée, et le voyant tendre et soumis, Stella deviendrait plus humaine. Il s'est fié, le comte, à sa vaillance, à sa bonne mine, à son esprit. Que diable! les Sabines ont bien pardonné leur attentat aux enfants de la Louve! Stella est inflexible. Encore si elle criait, si elle pleurait, si elle arrachait ses beaux cheveux, il y aurait un peu d'espoir. Mais pas de cris, pas de larmes, un front sérieux. Voilà l'affliction du seigneur Villaflor. Ajoutez que, pour tout de bon, ce terrible bandit s'est mis à aimer cette femme. Il l'aime, il est tendre, il est timide, il a peur de la perdre, enfin, pour tout dire (ô Providence!), Villaflor est *jaloux*, de la comtesse de Villaflor.

Donc ce misérable est en quête de son rival, lorsque, pour ajouter à ses soupirs, un page, un petit page à la Malbrough, remet au comte une lettre. J'ai cru d'abord que c'était une lettre anonyme, mais la lettre anonyme n'a commencé que du jour où fut inventée la première boîte aux lettres. — La lettre est signée du nom de la dernière courtisane dont se soit occupé M. de Villaflor. La dame, très-irritée d'avoir été plantée là au beau milieu de ses triomphes, annonce au comte, une bonne nouvelle de courtisane : « ô pauvre comte pris dans son piége; tu as voulu tromper, tu es trompé, c'est toi qui es la dupe, et la preuve c'est qu'on vient de faire une chanson avec ton aventure. La chanson sera chantée dans tous les carrefours, et te voilà devenu la fable publique! »

Villaflor, déjà fort inquiet, n'est pas calmé par ce terrible message; au contraire, il se promet bien de savoir à quoi s'en tenir. Justement, dans la maison de Villaflor (ainsi le veut *le roi*, et ce roi-là ressemble tout à fait, pour l'autorité et pour la façon dont il est obéi, au roi du *Cid*) se réunissent, tout à l'heure, les Capulets et les Montaigu du royaume de Murcie. On les réconcilie; ils viendront, ils passeront la nuit dans le même bal, et le lendemain chacun se baisera sur la joue droite! — Vous vous étonnez et vous avez peut-être raison; il est étrange, en effet, que ce comte de Villaflor, ce débauché du premier et du second acte, soit choisi, justement pour être l'arbitre des différends de la famille Tellès et de la famille Pacheco. Mais le roi le veut!

Obéissant au rendez-vous, don Henrique paraît le premier, et le bon vieillard! — quand il voit sa fille à ce point pâlie, à ce point malheureuse, il est saisi d'une nouvelle pitié, il tend une main favorable à l'enfant prosternée! Chose étrange! Voilà deux scènes de pardon à bien peu de distance, et ces deux scènes sont très-belles et très-touchantes.

La trompette sonne; elle annonce la famille des Tellès conduite par don Sylvio. Les deux familles sont en présence. On se regarde plus qu'on ne se salue, on se compte plus qu'on ne s'embrasse. La trahison et la haine sont dans tous les cœurs. Pour commencer dignement cette fête, don Sylvio récite une ballade nouvelle, la ballade faite, il y a trois jours, dans l'oratoire de la courtisane; pamphlet qui se chante, calomnie rimée qui vole de bouche en bouche. A cette œuvre obscène la famille Pacheco prête une oreille frémissante, le vieillard soutenant sa fille pâmée, pendant que les amis de Sylvio portent la main à leur épée.

Eh bien! quel que soit l'effet de cette ballade récitée par Sylvio, il nous semble que ce Sylvio fait une méchante action. Non certes, on ne déshonore pas, avec tant de sang-froid et d'une si élégante façon, l'honnête femme que l'on a aimée; on la plaint si on l'aime encore, et si on ne l'aime plus, on l'oublie. Vous voulez d'ailleurs nous donner une grande idée de la famille Pacheco, et vous nous la montrez insultée, de fond en comble, par la chanson d'un jeune fou! C'était un des grands défauts de Frédéric Soulié : il disait que dans son art, mieux fallait dépasser le but que ne pas l'atteindre; une fois lancé, rien ne pouvait arrêter cet homme en ses bondissements, il était semblable à ces forces aveugles qui, plus elles vont, plus elles grandissent, jusqu'à ce qu'enfin elles se brisent contre le premier obstacle.

A-t-on jamais mieux commencé un drame intéressant, pathétique et tout rempli de passion que ce drame des *Amants de Murcie*, et pouvait-on le finir d'une façon plus vulgaire? A la première scène on croirait entendre un écho du vieux Corneille, on est en plein dans l'Espagne amoureuse; au deuxième acte on va, côte à côte, avec le vieux Guilbert de Pixerécourt, se plaignant, en son patois, qu'un imprudent marche sur ses brisées. Mais quoi! Frédéric Soulié était pauvre, il avait hâte de réussir; à tout prix il voulait réussir, et il s'enivrait à la *vapeur grossière* qui s'exhale, en bouffées du parterre attentif, et qui enivre les loges haletantes.

Vapeur grossière et vapeur utile, elle est semblable aux exhalaisons du trépied, dans l'antre d'Apollon Delphien. C'est pour obéir à ce parterre, corrompu par les complaisances même des poëtes qui le devraient dompter, que Frédéric Soulié imagine d'enfermer, dans le même cachot, don Henrique et don Sylvio, le père et l'amant de dona Villaflor. A la fin revient Faustus Pacheco, qui veut tuer son ennemi sans défense; en ce moment aussi il n'y a plus d'inventeur, il n'y a plus de Frédéric Soulié. — Tant la nécessité de faire vite, et de tout abandonner à l'action, sans souci de la forme et du détail, est une nécessité misérable, puisqu'elle vient de rendre inutile et vulgaire, même un esprit de ce mérite, un inventeur de ce talent !

§ X

Jusqu'à présent cependant nous avons vu Frédéric Soulié, quand il compose un drame, composer, tout exprès pour ce drame, une histoire, et trouver tout exprès, pour cette histoire, des héros qu'il fait agir et parler. Plus tard, quand notre poëte aura vu, que de ses romans et de ses nouvelles, les faiseurs de vaudevilles et de drames s'emparent, et font des pièces de théâtre, à leur compte, il fera, comme faisait le chien de la fable qui porte au cou le dîner de son maître, et qui, ne pouvant l'empêcher, veut au moins avoir sa part de cette curée :

>   Celui-ci donc étant de la sorte atourné
>   Un mâtin passe, et veut lui prendre le dîné.
>   Il n'en eut pas toute la joie
>   Qu'il espérait d'abord : le chien mit bas la proie,
>   Pour la défendre mieux, n'en étant plus chargé.
>   Grand combat. D'autres chiens arrivent;
>   Ils étaient de ceux-là qui vivent
>   Sur le public, et craignent peu les coups.
>   Notre chien se voyant trop faible contre eux tous,
>   Et que la chair courait un danger manifeste,
>   Voulut avoir sa part; et, lui sage, il leur dit :
>   Point de courroux, messieurs; mon lopin me suffit...

Certes, il avait bien ses petites raisons pour dire à tout venant : Je prends mon bien où je le trouve! Il avait écrit, dans une heure de poésie et d'observation, le plus joli petit conte..... on dirait le pendant au *Mouchoir bleu*, d'Étienne Becquet.

Cela s'appelait le *Lion amoureux*, une œuvre charmante où le sourire et les larmes les plus amères se mêlaient, dans une heureuse proportion. Un homme à la mode, en ce temps-là, s'appelait un *lion*. Le lion avait une femelle qu'on appelait naturellement la *lionne*; ils avaient remplacé les *beaux* et les *merveilleux*; ils étaient la *jeunesse dorée*; ils ont été remplacés par les *fashionables* et la *jeune France*, qui lui-même a fait place aux *moutards*, lesquels *moutards* seront dévorés par quelque autre animal, s'ils ne sont pas déjà dévorés.

Le *lion*, ou quel que soit son nom de guerre aujourd'hui, est de sa nature un petit être pâle, frileux, nerveux, assez mal bâti, plutôt petit que grand; sa crinière est noire, épaisse, hérissée, le jarret peu nerveux; ses griffes sont longues et bien lavées; l'œil est terne, la dent plutôt jaune que blanche; l'animal aime beaucoup l'odeur de la fumée du tabac; il est myope, il est blasé, il est usé, il nie le cœur, il se meurt de la poitrine, il se bat les flancs pour être terrible, il fait peur à certaines femmes, aux femmes sensées, par exemple; il est le rêve des femmes de marchands d'habits et de commissaires-priseurs; il a peu d'argent, beaucoup de dettes, un crédit embrouillé; il écrit, tant qu'on veut, des lettres de change, *renouvelées* tous les trois mois, il est inutile à lui-même, il est funeste aux autres; il n'a jamais moins de vingt-cinq ans, mais il peut aller à la cinquantaine; alors, en dépit de l'artifice et de l'effort, sa crinière blanchit, sa griffe noircit, sa dent aussi, c'est le lion devenu vieux; il s'en va comme il est venu. Nul ne peut dire ce que deviennent les vieilles lunes, et ce qu'on fait des vieux lions.

Quand donc un pareil animal serait resté sans femelle, où serait le malheur? Dieu merci, l'espèce est peu viable, elle se reproduit difficilement. Lion aujourd'hui, singe demain, mouton plus tard, insecte enfin, qu'importe? Pourtant, à l'instant même où les plus vieux lions ne songeaient plus qu'à la caisse d'épargne, la femelle du lion a vu le jour, et de même que nous avions eu le *lion*, nous avons eu la *lionne*. Elle est venue un peu tard, la pauvre bête, son lion n'en pouvait plus. Vous reconnaîtrez la lionne à ces signes: — Longs cheveux peu bouclés, mal peignés; jupe flottante, moitié habit, moitié robe, peignoir le matin, robe de chambre le soir; la main maigre, effilée et nerveuse; le teint maladif, échauffé, plombé; le front froncé, le regard hardi, la jambe sèche, le pied de corne, la poitrine osseuse, les grâces viriles d'un méchant collégien battu par ses frères, quelque chose de fébrile dans la voix, un je ne sais quoi, composé de tous les mauvais éléments de la nature virile; les grâces de la femme sont absentes aussi bien que les beautés de l'homme. Il y a un mot dans Térence qui rend bien cette définition : *Quæ est homo?*

La lionne fume et porte du musc, horrible mélange de deux odeurs qui se combattent; elle fait des armes, uniquement pour vous montrer une aisselle osseuse, un cou tordu, une hanche épaisse; elle s'occupe beaucoup de tous les détails d'écurie, et le crottin ne lui fait pas peur, non plus qu'un bon coup de rhum. Elle parle d'une voix enrouée, et elle vous raconte son dernier pari, sa dernière course au clocher, son nouveau maître d'armes. Elle a sa livrée qui n'est qu'à elle, elle a son chiffre, elle a son groom, elle a aussi un mari; mais pour mémoire. Si par hasard elle met bas un petit, elle s'étonne, elle demande ce que c'est que ça? Elle dit « qu'on avertisse Monsieur. » La lionne joue à la bourse, au billard, à l'écarté; elle tue des pigeons au tir de Tivoli; elle tient le pistolet d'une main ferme, et quand la balle est partie, elle aspire à deux narines, l'odeur de la poudre à canon. Le cerf Coco n'était qu'un cerf de village, comparé à la lionne de Paris. Quand par hasard la lionne met sur sa tête un bonnet brodé, et sur son épaule un châle, il arrive alors que quelques niais se jettent aux pieds de la dame, et lui parlent d'amour, les bonnes dupes! On les écoute le cigare à la bouche, on leur abandonne une griffe, on les regarde tendrement; puis tout à coup le rire éclate, et on leur demande : *Quel est ce patois?* La lionne fait également bien la prose et le vers; elle écrit la satire, la comédie, le roman par lettres; elle est mal embouchée, mal lavée, mal vêtue; elle est bien gantée, et elle ne porte que des souliers neufs.

Telle était la lionne avant-hier; tel était le lion, lorsqu'il prit envie à Frédéric Soulié de lâcher son frêle Don Juan dans la maison d'un honnête bourgeois qui ne savait pas que cette dangereuse bête fût au monde. Il y vint cependant, maître lion, comme un oisif qu'il était, et par malheur, son regard fluet, myope et distrait, tomba sur une aimable fille bourgeoise, du cœur le plus noble et le plus sincère. Elle était vive et tendre à la fois ; elle était chaste, enjouée et loyale à l'avenant ; elle eût fait l'honneur et le bonheur d'un galant homme ; elle devient la proie et la victime du lion.

Hélas! la pauvre enfant, dans ce monde bourgeois dont elle était l'enfant, la reine, la sainte, l'orgueil, l'espérance, et la joie, elle n'a jamais rien rêvé de si éblouissant que notre lion. Elle s'avance et sans crainte, au-devant du terrible animal ; peu à peu elle s'enhardit jusqu'à passer sa blanche main dans l'épaisse crinière ; en un mot, elle l'aime, elle l'aime de tout son cœur. Ah ! si le roi des animaux n'en était pas, en même temps, le plus stupide, sans contredit il se laisserait aimer ; heureux et fier, il emporterait dans sa tanière conjugale, cette honnête et charmante personne qui a osé le regarder en face. Oui, mais cependant que dirait le monde des lions et le monde des lionnes? Que penserait le Jockey-Club, le *Café de Paris*, le *Café Anglais* et la loge *infernale* de l'Opéra ? Juste ciel ! est-ce possible, est-ce croyable, un lion, un vrai lion qui donnerait la patte à une honnête jeune et charmante fille de dix-huit ans, et qui, pour si peu, renoncerait aux flamboyantes amours des coulisses, aux sourires édentés des chanteuses, aux faux pas des danseuses, aux princesses de quarante ans, fardées et musquées de la rue du Helder !

Certes, jamais lion, plus que celui-là, n'aurait été perdu d'honneur et de réputation. C'est pourquoi notre animal ganté se garde bien d'une fin pareille. Il brise là, tout d'un coup, cette pauvre enfant, et il va s'atteler au char, que dis-je? au tombereau de quelque honteuse coquette sur le retour. Un soir, pendant que notre héros est en train de bâiller derrière un affreux squelette féminin qui se cache, tant qu'il peut, sous les diamants et sous les fleurs artificielles, arrive, dans la loge en face, notre pauvre jeune amoureuse de dix-huit ans ; elle regarde et elle découvre cette horrible femelle bancale qui sourit au lion. La pauvre enfant, son cœur se brise à cette idée épouvantable que cet homme soit devenu amoureux de sa grand'mère ; elle ne comprend pas que le vice tout cru et tout pelé puisse ainsi remplacer les plus saintes choses, la vertu, l'innocence, la beauté, la jeunesse!... Elle pâlit, elle tremble, elle meurt.

Elle morte, à peine si *le lion* lui donne une larme en cachette... Et le lion du Jardin-des-Plantes meurt de douleur, sur le corps de l'épagneul qu'il a perdu !

De l'aimable récit de Frédéric Soulié, un des hommes les plus justement heureux de ce bas monde, un de ceux qui prennent leur bien où ils le trouvent, et qui ont le droit de le reprendre même où il n'est pas, avait fait un petit drame en deux actes : *Cicily ou le lion amoureux*, dans lequel madame Volnys était charmante, et qui réussit complétement. Frédéric Soulié éprouva, de cet emprunt, une grande peine ; mais avec le respect qu'il portait à ce bel esprit, son maître et celui de tant d'autres, il attendit une bonne occasion de s'expliquer sur ces sortes d'emprunts ; l'occasion se présenta bientôt, et voici comment s'en expliquait l'auteur primitif du *Lion amoureux* :

« Il se passe, dit-il, en ce moment, un grand mystère littéraire. Madame Charles Reybaud rencontre une idée dramatique et pleine de situations vives et compliquées ; elle en fait une nouvelle ; ceci est bien. A peine la nouvelle a-t-elle paru que deux hommes s'en emparent et en font un drame ; voilà qui va le mieux du monde. En même temps M. Paul de Musset écrit dans la *Revue de Paris* un conte assez galamment troussé ; ceci est encore très-bien. Le conte est à peine achevé qu'il est mis sur le métier pour en faire un vaudeville ; voilà qui va à merveille. En troisième lieu l'illustre M. Paul de Kock publie un roman en sept cents pages ; ceci est toujours la même chose. Le roman est découpé en trois actes ; il n'y a rien de plus commode.

« Je ne veux pas aborder la question du vol littéraire, elle vient d'être portée devant les tribunaux sous son aspect le plus naïf ; car il s'agit simplement de savoir, s'il est permis à un homme, de s'emparer de l'œuvre d'un autre, en tout ou en partie, pour en tirer profit ? Une fois que les tribunaux auront décidé que le livre d'un auteur est aussi respectable que son mouchoir, il sera temps de voir si le vol des idées est susceptible d'une pareille poursuite. Je ne veux pas, non plus, faire honte à la littérature dramatique de ses emprunts perpétuels à la littérature romancière ; car il n'y a guère que les gens qui ne sont pas volés qui se plaignent ; je veux constater que la plupart des auteurs dont l'imagination est féconde en sujets de pièces, ne font aucune de ces pièces.

« Cependant l'exploitation du théâtre est plus productive cent fois que celle de la librairie. La renommée s'y acquiert aussi plus facilement ; car à chaque production, si misérable qu'elle soit, trente feuilletons proclament le nom de l'auteur, six cents affiches l'inscrivent, tous les jours, sur tous les coins de Paris ; l'Académie s'ouvre pour lui, les décorations lui pleuvent, rien ne lui manque enfin ; et cependant les hommes de style et d'imagination, les romanciers dédaignent cette carrière où l'argent, la renommée, les honneurs sont si faciles à acquérir ; ils préfèrent jeter leurs idées dans un livre, les éparpiller dans des *nouvelles*, et cela pour en obtenir un faible salaire, pour demander vainement à un journal quelques lignes où se trouvent leurs noms, et pour être classés, dans la bonne opinion des protecteurs des arts, immédiatement au-dessous des auteurs de la *Marchande de Goujons* ou de *Mademoiselle Marguerite*. »

Ainsi il parlait ; en même temps il accusait l'omnipotence de messieurs les directeurs de théâtre. « Chaque directeur, disait-il, est le juge suprême de l'ouvrage qu'il représente, et il est bien difficile de comprendre que des hommes qui se sentent quelque valeur se soumettent aux caprices de ces messieurs. » Ajoutez au despotisme des directeurs, le despotisme et la vanité des comédiens. « Je me rappelle, c'est toujours Soulié qui parle, avoir vu à la première représentation de la *Princesse des Ursins*, Cartigny et Monrose jouer les rôles de deux valets qui ne faisaient autre chose qu'annoncer, et cela parce que ces messieurs étaient au théâtre, pour y jouer les rôles de valets. Demandez aujourd'hui à messieurs de la grande livrée d'en faire autant, et vous verrez si vous réduisez *Bertrand de Rantzau* ou *Lord Novard* à endosser la livrée, pour ouvrir une porte et proclamer un nom. »

Il accuse, en même temps, la rareté des théâtres littéraires : « Autrefois l'on avait les Français, et Favart, et Louvois, puis l'Odéon. On avait même l'Opéra et Feydeau. A tort ou à raison, quand on écrivait pour les théâtres de musique, on croyait faire une œuvre littéraire. Des opéras comme *Armide*, comme *Œdipe à Colone*, comme la *Vestale* même, comptaient comme un titre littéraire à leurs auteurs. C'est ainsi que M. Guillard à l'Opéra, Sedaine, Marmontel et Marsolier à l'Opéra-Comique avaient certes le droit de tirer quelque honnête vanité de leurs beaux vers où de leurs charmantes comédies. Autrefois même, à la Porte-Saint-Martin, à l'Ambigu-Comique, au théâtre des Variétés, la comédie et le drame ont montré ce qu'ils pouvaient faire, mais bientôt le vulgaire mélodrame et le flon-flon l'emportèrent sur toute la ligne des boulevards. Ils étaient dix ou douze, contre deux cents faiseurs à qui les scènes de la rue de Chartres et du boulevard appartenaient depuis trente ans. On leur suscita des dégoûts, et leur premier chagrin fut de se voir refuser la gloire, à cause du théâtre sur lequel leur pièce était représentée.

« Alors les plus fiers et les plus forts se retirèrent, les plus faibles et les plus nécessiteux se mirent au niveau des théâtres qui leur étaient ouverts. Ils abandonnèrent l'art littéraire pour l'exploitation. Ils apprirent ce commerce qui se fait dans les coulisses, dans les foyers, au café même, et ils rattrapèrent en argent, ce qu'ils perdaient en dignité littéraire. »

Ceci était parfaitement clair et très-bien expliqué ; ceci expliquait, en même temps, comment et pourquoi tant d'habiles esprits, créés évidemment pour la comédie et pour le drame, avaient renoncé au théâtre et s'étaient réfugiés dans la composition, plus clémente, du livre et du roman : « Pourquoi, leur disait-on, ne faites-vous pas des pièces au lieu de livres, puisque de vos livres on fait des pièces ? » A quoi ils répondaient qu'ils préféraient la bienvenue du lecteur, au refus impertinent d'un directeur ; qu'il vaut mieux, cent fois, avoir à faire à l'encre et au papier, qui impriment tout ce qu'on veut, sans y rien changer, qu'à messieurs les comédiens, qui ne débitent leur rôle que s'il leur plaît, et qui n'en débitent que ce qu'il leur plaît. Ils vous diront enfin que la fortune d'un livre se fait, par son mérite, et non par de misérables intrigues, et qu'en cette carrière, du moins, l'homme vaut par l'œuvre, et non pas l'œuvre, par l'homme. Voilà quelques-unes des raisons qui expliquent l'abandon des théâtres par les écrivains que leur talent semble y appeler. Il en est d'autres d'un ordre plus élevé et qui dépendent de la disposition du public, du goût qu'on lui a fait, de l'exiguité des idées dramatiques auxquelles on l'a habitué ; de la pruderie qui exclut de la scène tout sujet qui palpite dans la société... »

Ici il relevait de cruelles injures que lui avaient dites, au nom du ciel, et par charité chrétienne, des critiques de sacristie, et il s'en montrait cruellement offensé. Il était un écrivain, un poëte, un rêveur, c'est-à-dire une créature *sans peau* exposée à tous les vents du ciel ; un souffle les blesse, un rien les tue : « Avouez, que c'est une condition assez triste que cette mode nouvelle impose à un malheureux écrivain de romans, lorsqu'elle le réduit à se voler lui-même, s'il ne veut pas être volé par les autres? Ceci faisait, tout à l'heure, un grand sujet de plainte pour un honnête libraire : — « Monsieur, me disait-il, j'ai publié, cette année, cinq romans qui ont eu du succès, on me les a pris tout chauds et à peine publiés, pour les mettre sur la scène.

« J'ai publié le *Struensée* de MM. Fournier et Arnould, dont on a fait le plus stupide mélodrame de ce globe ; j'ai publié un roman de M. Mortonval, le *Capucin du Marais*, on a fait du *Capucin du Marais* un mélodrame presque aussi niais que le *Struensée* ; j'ai publié le *Chevalier de Saint-Pons*, de M. Théodore Muret, qui est devenu un vaudeville plus que médiocre ; j'ai publié *Thadéus le Ressuscité*, de MM. Masson et Luchet, qui est devenu un mélodrame ; enfin, j'ai publié une *Maîtresse de Louis XIII*, de M. Xaintine, un livre amusant et qui ne demandait qu'à se vendre ; je comptais sur ce livre, pour mon hiver, j'y avais mis tous mes soins et toute ma peine : même, avant de m'en faire l'éditeur, je m'étais assuré que le grand nombre de personnages et d'événements dont se compose le roman de M. Xaintine, et la nature même de ces scènes de cabaret, de bal et d'alcove royale, le mettrait à l'abri de la contrefaçon dramatique. Ah bien oui! le théâtre a tout pris, et mon dernier volume paraissait à peine, que la Porte-Saint-Martin le jouait tout entier. Comment faire, je vous prie, et comment tolérer ce brigandage ? d'autant plus que ces drames, faits sur des livres, dégoûtent souvent du livre : on croit que c'est là le roman, et on n'a pas grand empressement à le lire ; et moi, pauvre éditeur, me voilà placé entre deux Belgiques qui contrefont tous mes livres, impunément. »

Ainsi se lamentait ce digne et intelligent éditeur, et moi je le plaignais du fond de mon âme; je plaignais en même temps le libraire dont on prend le roman pour en faire un drame, le romancier qui de son roman, fait un drame, le théâtre qui joue un roman croyant jouer un drame, et surtout le public, qui s'en va bien loin de sa maison, voir jouer, à grands frais, un drame en dix tableaux, quand il pourrait lire à son aise, au coin de son feu, pour une somme beaucoup moindre, à sa volonté, à ses heures, ce roman dont on a fait un drame, lequel drame n'est plus alors ni un drame ni un roman.

Le *Fils de la Folle* est le premier de ses romans que Frédéric Soulié ait *mis en pièce*, et d'une main sûre, et d'une main sans pitié. Rien de moins paternel que cet homme-là, quand il faisait subir ces terribles métamorphoses aux meilleures et aux plus délicates inventions de son esprit. Chemin faisant, pour peu que son drame en fût embarrassé dans sa marche, il brisait toutes les grâces qui avaient charmé le lecteur, toutes les fleurs qui l'avaient séduit. — Il ne s'agit plus, cette fois, disait-il, de raconter et d'écrire, il faut agir, il faut aller droit au but. Le roman est un poëme ; le drame est un problème de mathématiques : un et un font deux. Plus de chapitre où l'écrivain se déploie à l'aise, et se pare à plaisir, de sa gaieté, de ses larmes, de ses intimes émotions. Il nous faut des scènes vivantes, nettes et bien tranchées, dans lesquelles les personnages de mon livre agissent et parlent comme on agit et comme on parle au théâtre.

« En effet, si vous comparez les héros du livre aux acteurs du drame, la différence est grande... Ils sont moins hommes, ils sont plus comédiens ; on ne vous berce pas dans une escarpolette d'or et de soie, on vous mène, par les plus rudes sentiers, au même but de curiosité, de pitié, de terreur. Fabius, Fanny, Célestine, Achille, le comte de Matta, la marquise d'Escrigny, la pauvre folle qui, même au prix de son déshonneur, n'a pas sauvé son mari de l'échafaud, vous les retrouvez, plus réels sur le théâtre, et moins vrais que dans le roman ; ils sont plus actifs, plus agissants et moins sincères, moins ingénus ; ils intéressent davantage, ils touchent moins. » Toujours faut-il convenir que ce double effort, doublement heureux, démontre, dans le même auteur une grande puissance, et qu'il n'était pas facile de résister, avec tant d'audace et de volonté, aux exigences de sa création. Certes il fallait un grand esprit en cet homme, pour ne pas confondre le roman qu'il a fait, avec le drame qu'il veut faire, pour réunir les divers fils de sa première intrigue, de façon à en faire un nœud tout nouveau.

Je sais bien l'observation qui se faisait alors, et qui peut se faire encore aux romans-drames de Frédéric Soulié. — Frédéric Soulié, disaient les puristes, raconte à ses lecteurs des drames impossibles, il se tient incessamment dans la vie à côté; il fait, de chaque maison, une caverne, et de chaque famille un abîme; on dirait enfin qu'il écrit toujours sous la dictée et sous la fourche du diable... A quoi Frédéric Soulié répondait souvent par des anecdotes contemporaines, par un crime de la veille ou par un supplice d'hier, et c'était même un des charmes de sa conversation que, de tout ce qu'il avait entendu dire et de tout ce qu'il avait lu, soudain, il faisait un drame, un roman, une parabole à l'usage des honnêtes gens qui causaient avec lui.

Pendant la publication du *Fils de la Folle*, ce livre qui tenait le monde attentif à la parole du conteur, il y eut à Rome une exécution solennelle, sur un immense échafaud, et sous les yeux d'une foule attentive, curieuse et parée comme aux jours les plus fériés du carnaval romain. — Bon cela, disait Frédéric Soulié, voilà trois assassins romains qui me donnent gain de cause; ils ont fait, à eux trois, plus de crimes qu'on n'en fera jamais dans les *Mémoires du Diable*, et alors il se mettait à raconter la vie et la mort des trois suppliciés du château Saint-Ange : Michelina Riteozzi qui avait trente ans, son frère Giovanni Riteozzi qui en avait cinquante, et le fils de Giovanni, Vincenzio Riteozzi, un jeune homme qui avait à peine vingt-cinq ans.

— Ah! ah! disait Frédéric Soulié, on m'accuse, on me jette la pierre, on m'appelle un scélérat, on dit que j'*invente*, et que la société n'est pas ainsi faite; voilà pourtant des gaillards qui n'y vont pas de main morte, des gaillards en chair et en os, puisqu'on les a décapités. Jugez plutôt :

« Près de la place Colonne demeurait un horloger florentin qui passait pour être riche; il était marié, il avait un enfant de sept ans, et sa femme était enceinte. A leur service vivait Marietta, jeune Napolitaine, fille de Michelina Reteozzi. La jeune Marietta (elle venait d'avoir, bel et bien ses quatorze ans, à Pâques fleuries) devait épouser son cousin germain Vicenzio, fils de Giovanni. La veille de la fête de la Girandolle, la jeune servante vint auprès de sa maîtresse en la priant d'accorder à sa mère, Michelina un asile pour la nuit. Elle était si câline que la femme de l'horloger ne put rien lui refuser. Le lendemain, même prière et même accord.

Ce jour du lendemain, l'horloger sortit pour aller à Saint-Pierre assister à la cérémonie, laissant sa femme à la maison. La dame était souffrante, et elle refusa d'accompagner son mari.

« Ce quartier de la ville éternelle, qui n'est guère habité, était plus désert que de coutume ; tout le monde était de l'autre côté du Tibre. Michelina, qui était au rez-de-chaussée avec sa fille, cria, tout à coup, à la femme de l'horloger, qui se trouvait au premier étage : « Madame ! Madame ! descendez donc que je vous montre une souris blanche. » La pauvre femme descendit. Elle ne fut pas plus tôt arrivée en bas que deux hommes, cachés dans une embrasure, se jetèrent sur elle et l'étranglèrent. Aux cris de sa mère, l'enfant descendit, reçut plusieurs coups de couteau, et fut laissé pour mort sur la place.

« Le vol fut bientôt consommé, et le soir, à son retour, l'horloger heurta, en rentrant chez lui, les cadavres de sa femme et de son enfant. Ce dernier seul respirait encore. Quels étaient les assassins ? Le petit enfant, revenu à lui, prononça le nom de la servante, et mit ainsi la justice sur la trace des coupables. Pendant plusieurs semaines les recherches furent vaines ; on donna communication de ces faits au gouvernement de Naples et aux autres gouvernements, voisins des États du pape.

« Enfin, on trouva la jeune Marietta mutilée, ensanglantée, éperdue et maudissant la lumière du jour ; elle raconta ce qui s'était passé depuis l'événement ; elle avait été obligée de suivre son oncle qui avait fini par la déshonorer et l'avait abandonnée ; elle découvrit la retraite des assassins et fit connaître que les complices de Riteozzi avaient été eux-mêmes assassinés, dans la crainte qu'ils ne divulgassent le secret du crime.

« La police, une fois sur la trace, ne tarda pas à s'emparer des coupables ; on instruisit le procès de Michelina Reteozzi, de Giovanni Riteozzi et de Vincenzio. Ils furent tous trois condamnés à la peine de mort. Quant à la jeune Marietta, elle fut reconnue innocente et acquittée. La reine de Naples l'a prise sous sa protection, et l'a fait placer dans un monastère de son royaume. »

« — En Italie on est bien heureux, ajoutait Soulié, un héros vous gêne, aussitôt vous le mettez au couvent et tout est dit. Chez nous, le héros qui nous gêne, il faut le tuer ou le marier à celle qu'il aime, il n'y a pas de milieu. Voilà donc notre bandit Giovanni pris, condamné et mené à l'échafaud. Le drôle était légèrement voltairien, il riait au nez de saint Pierre, il se moquait du château Saint-Ange, il insultait la *canaille romaine*, et comme il montrait le poing à la foule, aussitôt... et voyez, disait Soulié, si j'avais inventé cette horrible scène, on m'eût dénoncé au procureur du roi.., aussitôt, si violente était la menace, et si vif était le geste, et si brutal fut le regard de ce Giovanni, que voilà la foule éperdue et tremblante qui crie, et s'agite, et se sauve, et se démène, que cela devient un *sauve-qui-peut!* universel.

« Alors, voyez la ruse, de cette émeute surgissent cinquante bandits qui semblaient n'attendre que le signal du supplicié. Nous voilà! nous voilà! Vive Giovanni! A mort! à mort! Et pendant que la cloche tinte en mille sons lugubres, que le clergé psalmodie et que le bourreau tremble de tous ses membres, ces brigands se jettent sur leur proie. Ils tuent! ils volent! ils violent! ils brisent! On dirait des bêtes féroces, dans un troupeau de moutons. Que de cris! que de larmes! quelle terreur! En même temps l'échafaud s'abaisse, et les trois brigands disparaissent sous ses débris sanglants. Voilà pourtant une histoire authentique et sans qu'on puisse en nier le plus léger détail, ajoutait Frédéric Soulié. Jugez, par cet exemple, à quelle distance nous sommes encore de la vérité de chaque jour, nous autres, les faiseurs de fictions! »

Ces histoires qu'il racontait si bien, je les gâte. Il était un si merveilleux conteur. C'est une si rare et si curieuse épopée, les *Mémoires du Diable!* Il avait fait, du diable même, un héros à son image, un personnage insinuant, cauteleux, très-logique, avec un sang-froid inaltérable! Était-il (son diable) assez retors, assez malin, assez grand légiste, assez ferré sur le code pénal, assez craintif, au seul nom de M. le procureur général!

En même temps le diable, et Soulié à sa suite, entraient, d'un pas leste, dans les mystères les plus abrités, dans les infamies les plus cachées, dans les crimes que la justice impuissante ne peut pas atteindre... ces infamies il les montre à qui veut les voir; ces crimes il les découvre et les explique; il n'y a rien qui l'arrête en ses accusations qu'il jette à la face d'une société élégante et corrompue : ni l'aube du prêtre à l'autel, ni la toge du magistrat sur les hauts siéges, ni l'épée du capitaine, ni le sourire de la jeune fille, et rien de ce qu'on respecte ici-bas, ne sauraient arrêter l'accusation de cet homme infernal ; il ne voit que la plaie et la honte, le crime et le sang, le pillage et le vol, l'infamie et l'adultère, et tout ce que peut contenir de misères et d'impudences une seule maison : *Sufficit una domus*. Si vous lui dites, encore une fois, qu'il se trompe et qu'il n'est pas dans la vérité, le voilà qui vous répond par une autre histoire, et cette fois il ne va pas la chercher en Italie, il la prend en France, dans une ville du Midi, à Nîmes, au milieu d'une ancienne famille.

« Avez-vous entendu parler, nous disait-il, le mois passé, de M. de Marignan, qui habitait, à Nîmes, un vieil hôtel dans la rue Parée ? En voilà encore un qui ferait tache dans les *Mémoires du Diable*. Il vivait seul avec sa femme, son fils, sa fille aînée, une fille cadette. La maison était sombre et triste, et pas un bruit, seulement de sourdes rumeurs qui semblaient désigner ces murailles aux soupçons des honnêtes gens. Même on disait qu'entre le père et la fille aînée... en un mot des choses monstrueuses. Tout à coup, le 20 mai à midi, on entend dans la maison du *diable* plusieurs détonations à de très-courts intervalles, puis des cris lamentables. On force l'entrée, on se précipite dans la maison, et là on trouve mademoiselle Marignan atteinte d'une balle qui lui avait traversé l'épaule ; le fils avait la cuisse également traversée par une balle ; le père, blessé au ventre et à la main, conservait néanmoins toute sa force, à ce point que voyant deux personnes emporter son fils qui gisait sur le carreau, il lui tira un coup de fusil chargé à plomb, dont la charge tout entière l'atteignit dans le dos, sauf quelques grains qui vinrent se loger dans l'habit d'une des personnes qui emportaient le jeune Marignan...

« Que dites-vous de ce premier chapitre et de ce premier acte, s'écriait Frédéric Soulié, en avons-nous jamais inventé de pareils ?

« Une fois que le jour eut pénétré dans cette caverne, on apprit de la bouche même du fils, des choses folles, impies, horribles : M. de Marignan n'avait pas attendu pour attenter à l'honneur de sa fille que la pauvre enfant fût nubile ; cependant à peine elle eut compris le crime de son père, elle avait repoussé ce misérable avec des cris, avec des larmes, et enfin, ce même jour du mois de mars, comme ce père abominable avait voulu faire violence à sa fille, le fils était accouru au secours de sa sœur, il avait fait feu sur son père; au feu du fils le père avait répondu par un coup de fusil; entre ces deux furieux la fille s'était précipitée, et elle était frappée mortellement. C'est un vrai procès, disait Frédéric Soulié, c'est une histoire au vu et au su de tout le monde... et comment vont se tirer de là messieurs les critiques qui disent que je calomnie, et que je maudis le genre humain? »

C'était la grande préoccupation de son esprit, chercher le sentier entre l'art et la réalité, afin de ne pas aller trop loin de ce côté-ci, et de ne pas se perdre de ce côté-là. C'est pourquoi il ramassait toutes les histoires qui allaient à son texte, et quand il n'en trouvait pas, il en inventait. Celle-ci, par exemple, qu'il raconta, un beau soir, à propos de l'histoire de Ginevra empruntée à Boccace, et dont M. Scribe avait fait un opéra pour M. Halévy.

Cette histoire de Ginevra, disait Frédéric Soulié, est mal arrangée, il fallait la disposer de la façon que voici:

« Une aimable et jeune enfant, mariée à un homme qu'elle n'aimait pas, tombe morte, après avoir prononcé le *oui* fatal. Les cierges de l'autel se changent en torches funèbres, et la couronne blanche de la jeune fille n'est plus que la vaine décoration d'un tombeau.

« Heureusement Hortense laissait, sur cette terre, un jeune homme qui l'aimait et qu'elle aimait. Morte pour tout le monde, Hortense n'était pas morte pour Albert. Albert la pleurait, il l'appelait! « Hortense, où es-tu? »

« C'était justement par une froide nuit d'hiver. La neige tombait à flocons, le vent sifflait au-dessus des toits, le froid était au seuil de cette maison, le chagrin était dans la maison. Tout à coup le jeune Albert entend frapper, légèrement, à sa porte, une voix l'appelait doucement: — « Albert! Albert! » C'était elle! Hortense. Elle avait encore son blanc linceul, blanchi par la neige, sa blanche couronne était encore posée sur ses longs cheveux. La jeune fille n'était pas morte. Une longue léthargie l'avait prise à l'autel du mariage. On l'avait descendue immobile et glacée, mais vivante, dans les caveaux de sa famille. Elle avait dormi longtemps. Après quoi elle s'était réveillée. Triste réveil! Mais c'était une jeune fille du vrai sang Montaigu. Comme Juliette, elle osa donc quitter cette couche funèbre, traverser cette longue file de morts, et sortir de ce caveau funèbre; ainsi elle avait erré dans cette triste ville de Toulouse, par cette nuit épouvantable. D'abord elle avait frappé à la porte de son père, mais la porte de cette maison s'était refermée sur le fantôme, et son vieux père lui-même l'avait exorcisée en s'écriant : — *Vade retro!* Chassée de la maison paternelle, Hortense avait frappé à la porte de son mari. Mais son mari avait eu peur comme son père, et cette porte aussi s'était fermée avec fracas, devant ce revenant tout pâle et tout blême qui avait à peine la force de dire : *Ouvrez-moi!* Enfin ne trouvant plus d'asile ni chez son père, ni chez son mari, elle avait été frapper à la porte d'Albert.

« Au premier souffle d'Hortense la porte d'Albert s'était ouverte ; le seuil intelligent de ce jeune homme tant aimé avait frémi de joie et d'espoir, sous les pas légers du gracieux fantôme. Elle était donc entrée toute blanche dans la vieille maison, et la maison l'avait reçue à bras ouverts, comme une maîtresse adorée; et je vous laisse à penser les transports et les ravissements du jeune amant! La retrouver à soi, elle qui était morte, le bien d'un autre! Réchauffer à son foyer et sur son cœur, ce marbre de Carare qui avait quitté la couche funèbre où on le croyait fixé pour jamais! Rappeler cette âme errante sur ces lèvres déjà moins pâles; voir le feu revenir à ces yeux éteints; et la voix et le son, et l'amour et le cœur, et la main qui prend votre main, et toute cette beauté qu'il croyait anéantie, renaître pour lui seul, pendant qu'au dehors de la maison, l'orage gronde, comme si la nuit redemandait sa morte échappée! » C'était dramatique cela !

Soulié le raconta si bien, que tout de suite, au sortir de cette soirée, un des auditeurs se mit à l'œuvre et composa, de cette histoire, un mélodrame pour l'Ambigu-Comique. Or, il s'y prit si habilement, le brave homme, il fut si complétement intelligent dans ce drame, que son drame fut représenté au bruit des sifflets... Et voilà, disait Frédéric Soulié en souriant, ce que cela rapporte de me croire un peu plus bête que je ne suis : j'avais donné le poison, je n'avais pas indiqué la formule et l'assaisonnement.

Une autre fois, comme nous venions d'un drame nouveau où la folie avait son rôle, et comme on parlait de ce passage de Bossuet dans sa lettre au père Caffaro, où il est dit : « Prenez garde, ô comédiennes, d'entrer trop avant dans vos rôles ! » — Vraiment, dit Soulié, vous ne voyez rien, vous autres de ce que vous avez sous les yeux. Qui jouait ce soir le rôle de la folle ? Une inconnue.

« Eh bien, ce rôle de folie a été créé par une enfant qui est devenue en effet, folle à lier, pour être entrée un peu trop avant dans l'esprit de son rôle. C'était une pauvre créature nerveuse et frêle, disposée à pousser à l'excès toutes les sensations. La voilà donc à qui l'on dit : — *Fais la Folle !* Fais le sacrifice de ta voix, de ton geste, de ton visage, de ta douleur, nous te demandons l'anéantissement complet de ton intelligence et des passions qui sont en toi. Elle alors, elle obéit; elle dénature tant qu'elle peut, son sourire, son geste, son visage, elle joue avec cet épouvantable malaise du cerveau; elle étudie, à l'hôpital même, les affreux détails de cette pamoison du sens commun ; d'abord elle balbutie la folie, elle en a le tremblement nerveux, la voix rauque et voilée, le sourire fatigué, le regard épuisé; puis, de progrès en progrès, elle arrive à une vérité effrayante !

« Hors de la scène, et pour ne pas perdre ce qu'elle avait appris, elle conservait son masque, elle prolongeait ce blasphème de la créature raisonnable contre la raison ; elle prolongeait ce défi, jeté au bon Dieu, qui nous a donné le libre arbitre, et tout cela pour mériter quelques applaudissements de bas étage ! Enfin, enfin, un beau soir, comme on se fatiguait déjà des contorsions de cette pauvre fille, elle voulut faire une tentative nouvelle ; elle se persuada qu'elle était folle, et qu'elle aussi, elle se promenait, de long en large dans les froides basses-cours de la Salpétrière ; folle entre les folles, insensée entre les insensées ; alors le désespoir de son cœur monta à son cerveau ; elle vit, tout d'un coup, cet amoncellement hideux de haillons et de grincements de dents.

« Elle entendit à son oreille épouvantée, le râle perpétuel des passions de cette tombe anticipée; elle se vit accroupie à côté de ces figures hideuses; elle se vit enfoncée dans le cabanon, comme ces grincements de dents échevelés; elle se regarda au miroir, et elle vit brûler, dans ses yeux cernés par les larmes, une flamme étrange; elle voulut chanter, elle sentit dans son gosier quelque chose qui se gonflait; elle voulut pleurer, elle sentit tomber sur sa joue haletante quelque chose qui brûlait; elle voulut se prendre les deux mains....

« Elle sentit, à ses deux mains, surgir deux griffes sanglantes ; elle voulut prier, elle hurla un blasphème ; elle voulut s'habiller, elle oublia même de cacher sa gorge appauvrie, et de montrer son pied qui était petit et mignon ! A ce moment, sans doute, elle était sublime, elle était dans son rôle, elle avait accompli cet affreux idéal, tant cherché. A ce moment donc elle parut sur son théâtre, au bruit de l'orchestre, à la fumée des lampes, devant le public indifférent. Et, chose étrange ! le public la voyant ainsi hideuse, souillée, l'écume à la bouche, la paille aux cheveux, le tartre aux dents, le public la siffla, le public s'écria que cette femme était ivre, qu'elle lui manquait de respect, qu'elle ne savait pas un seul mot de son rôle de folie. Hélas ! la malheureuse ! fiez-vous donc aux jugements du parterre, la malheureuse, elle était folle, tout à fait folle, folle sans remède ; à cette heure, elle est à la Salpêtrière, avec la camisole de force ; et là vous pourrez l'étudier tout à loisir, vous tous et vous toutes qui, par état, vous amusez à mettre au défi ce pauvre petit crâne à peu près vide, dont vous auriez si grand tort de ne pas vous méfier. »

Une anecdote étrange et qui le fit rire aux éclats (il riait assez volontiers), ce fut l'histoire d'un jeune Rémois, le fils d'un célèbre marchand de vins de Champagne, par qui fut inventé le vol *au duel*, et comme la victime avait, écrit de sa main, toute sa mésaventure, Frédéric Soulié en faisait des gorges chaudes. Lisez, nous disait-il, l'admirable lettre que voici :

« A monsieur Frédéric Soulié.

« Monsieur, vous avez inventé bien des accidents incroyables dans vos merveilleux *Mémoires du Diable*, vous n'avez rien inventé de comparable à l'aventure, à l'accident dont je suis le héros, et que je vais vous raconter.

« J'étais venu, à Paris, la bourse assez bien garnie, en belle et bonne santé, content de mon père et plus content de moi, enfin tout disposé à m'amuser un peu. J'ai vingt ans, je suis riche, et bien dispos, vous avez compris cela, vous le comprenez encore, il n'y a rien de si jeune que vos jeunes gens, c'est pourquoi je les aime à la folie, y compris monsieur leur papa.

« J'étais donc, à Paris, depuis vingt-quatre heures, cherchant quelque heureuse aventure, et je commençais à trouver que le temps était long, lorsqu'à force de contempler l'arc de triomphe de l'Étoile, je ne sais quel génie, un mauvais génie à coup sûr, me poussa jusqu'au bois de Boulogne. A peine avais-je parcouru dans le bois, la distance d'un quart de lieue environ, que je vois s'avancer, de mon côté, trois hommes bien mis et d'un honnête aspect. Cependant, leur approche me causa quelque surprise, j'étais seul et l'endroit était isolé.

« — Monsieur, me dit l'un d'eux en m'abordant, et d'un ton respectueusement poli, je m'estime heureux de vous rencontrer; il est question de vider ici une querelle d'honneur. L'offense la plus grande que puisse recevoir un homme bien né m'a été faite; elle exige que j'obtienne une réparation : je n'ai pas de témoin; celui qui devait m'en servir manque au rendez-vous, je l'attends depuis une heure et il ne se présente pas. Veuillez, de grâce, le remplacer; j'ose réclamer de vous cet office. Voici mes armes, » et il m'exhibe une paire de pistolets.

« — Mais, Messieurs, avant de vous brûler la cervelle, daignerez-vous m'apprendre le motif qui vous pousse à cette extrémité? N'y aurait-il pas moyen d'arranger cette affaire, sans effusion de sang? Voyons, de quoi s'agit-il?

« — Marchons, s'il vous plaît, Monsieur, je vais vous en instruire. »

« Nous entrons dans un étroit sentier, pratiqué à travers un épais taillis. — En cheminant, il m'entame une histoire qui n'était nullement dépourvue de vraisemblance, et à laquelle on pouvait raisonnablement ajouter foi. Moi alors qui ai *fait mes preuves*, comme on dit à Reims, je me permets quelques observations sur l'outrage que mon homme a reçu; mais elles ne sont point écoutées.

« — Eh bien, Messieurs, repris-je alors, que le sort en décide, il ne nous reste plus qu'à régler les conditions du combat. »

« A ces mots, celui de mes trois champions qui me parut le plus âgé, déployant, dans une pose étudiée, la richesse de sa haute taille, et prenant soudain la parole :

« — Monsieur, me dit-il avec une accentuation méridionale, quoique le lieu où nous sommes soit très-secret, comme nous voulons que ce que nous faisons le soit encore davantage, je prends la liberté de vous prier de nous donner, sans bruit et sans éclat, l'or et l'argent que vous avez sur vous. »

« Atterré par cet étrange langage, je cherchai néanmoins à leur faire sentir toute l'atrocité de leur conduite et le danger auquel ils s'exposaient, mais ce fut en vain. Le canon béant d'un pistolet dirigé, à bout portant, sur ma poitrine, était un argument *ad hominem*, qui m'ôtait tout pouvoir de résistance et d'évasion. Il me fallut donc céder au nombre : mon âme tressaillit d'indignation et de rage ; je leur abandonnai ma bourse qui contenait six semaines de vacances parisiennes : ils firent aussi main-basse sur ma montre, en rompant la chaîne avec laquelle je la croyais en sûreté. Ils ne dédaignèrent pas même un simple anneau que j'avais au doigt. Vainement je les suppliai de me le laisser, ajoutant que c'était une alliance que je portais depuis six semaines, et que je verrais, avec grand'peine, qu'elle me fût ôtée ; ils ne tinrent compte de mes vives instances, et le bijou conjugal me fut impitoyablement arraché.

« Après m'avoir dévalisé, ils m'engagèrent avec beaucoup de politesse à continuer ma promenade, m'enjoignant toutefois de sortir par où j'étais entré ; puis ils s'esquivèrent, et leur fuite précipitée les déroba promptement à ma vue. »

Telles étaient les grandes fêtes de notre poëte. Il avait trouvé de cette façon-là, plus d'un drame, qu'il avait écrit après l'avoir improvisé dans la rue en marchant, ou le soir au coin de son feu lorsqu'il ne pouvait plus marcher. C'est ainsi que je lui ai entendu raconter un jour de pluie, à la campagne, dans le petit pavillon que nous habitions sous les arbres du Raincy, sa merveilleuse histoire de *Diane de Chivry*. Il avait rencontré cette adorable et poétique figure, chez un sous-préfet qui donnait à danser.

« Elle était ainsi faite. » Il se mettait à la décrire, en hésitant ; on voyait que l'habit et les parfums de sa beauté lui étaient restés en moins grand souvenir, que sa grâce, sa jeunesse et son esprit. Bientôt après la première hésitation, notre homme avait retrouvé sa voie, et tout d'un coup il se mit à nous dire, une à une, les infortunes de cette jeune femme. Aveugle, séduite, déshonorée, par qui déshonorée ? Deux frères morts pour elle en duel, un troisième sur le point de mourir, un vieux père qui pleure, enfin !

Ajoutez, dans ces meurtres, dans ces nuages, un misérable qui se cache, et que l'œil de Dieu seul peut reconnaître et découvrir. Rien ne manque aux angoisses si peu méritées de la noble fille ;

elle est en proie à toutes les douleurs ; le chagrin tombe sur cette âme comme la grêle sur les fleurs du mois de mai, douce récolte à jamais perdue. Heureuse encore, la pauvre Diane, qu'enfin après l'avoir traînée sur les bancs des assises et déshonorée au grand jour, l'auteur impitoyable la prenne en pitié, et mette, dans le cœur de Léonard Asthon, cette bonne et salutaire pensée d'épouser cette femme déshonorée en son nom, et de lui donner ce nom qui l'a perdue.

Il arrangeait ainsi et disposait toute chose dans sa tête éloquente. Eh, disait il, n'est-ce pas que ça vous paraît plus vraisemblable et plus vrai, que l'histoire de mademoiselle de Marignan? C'est qu'en effet c'est mieux arrangé !

Une autre fois, comme il s'était occupé de magnétisme et des miracles du sixième sens, pendant toute une semaine, il était triste, inquiet, sombre et plongé dans ces humeurs noires qui tombaient parfois sur son cerveau malade, et lui laissaient à peine la conscience de la vie. Il était comme tous les hommes que menace une mort précoce ; ils ont beau se *faire une raison*, et éloigner le danger, par l'oubli même du danger, il y a toujours une heure où la mort se montre et menace dans le lointain.

Linquenda tellus, et domūs, et placens — uxor...

Soudain le frisson prend les plus forts, le cerveau se trouble et le cœur cesse de battre ; en ces moments funestes c'étaient nous qui faisions des contes, à notre tour. — Écoute celui-ci, lui disions-nous, puisque aussi bien tu t'occupes de magnétisme, et dis-nous, homme intelligent, ce qu'il en faut penser.

Il n'y a pas de cela six semaines, un jeune Anglais nommé Belford se mourait, tout simplement, de la poitrine et de quelques folles années, follement dépensées. Ce jeune homme, tout mourant qu'il était, ne tenait guère à la vie ; il avait eu sa bonne part dans les amours, dans les duels, dans les protêts, dans les bals masqués, dans les pique-nique et même dans les beaux sermons à la mode, en un mot, sa part dans toutes les joies parisiennes. Un sien ami, homme de science et du reste un assez bon homme, voyant que ce Charles Belford allait en venir bientôt à son dernier souffle, s'en vint lui dire, de sa plus douce voix : — Si cela ne vous déplaisait pas trop, mon cher malade, je prendrais mon temps pour vous magnétiser, et je choisirais juste le moment où vous rendrez l'âme ; il me semble que l'expérience serait belle, et qu'elle n'a rien qui vous puisse déplaire ; qu'en dites-vous ?

— Non-seulement, reprit l'autre, votre expérience ne me déplaît pas, mais encore elle me paraît très-plaisante, et je vous remercie d'avoir jeté les yeux sur mon âme et sur mon corps pour cette épreuve qui sera décisive. Comptez donc sur moi, mon cher docteur, vous serez content de ma patience, et j'aurai soin de vous prévenir, aussitôt que l'instant sera venu. A ces mots, nos deux amis se donnent un poignée de main, et se séparent pour se revoir bientôt. Ils étaient pleins d'espoir, l'un et l'autre, et il eût été difficile de décider lequel des deux était le plus content, du moribond ou du magnétiseur.

Deux jours se passent, — deux siècles, — le magnétiseur attendait impatiemment la fin de cette agonie incomplète ; l'agonisant, de son côté, perdait patience, et il disait à son ami : — Que diable ! mon cher, ce n'est pas ma faute si la mort y met tant de mauvaise volonté ; mais ce qui me console, c'est que vous ne perdrez rien pour attendre, et que je ferai un magnifique sujet.

La nuit qui suivit cette conversation, le malade s'embarrassa pour tout de bon ; il tomba dans l'extase comatique ; il se mit à filer d'un doigt fantastique les fils de la Vierge, et cependant, au milieu des plus abominables grimaces, il eut encore la présence d'esprit de dire à son camarade : — Il faudrait me hausser la tête, cache la lumière qui me fatigue les yeux, et commençons !

L'autre obéit ; il pose son moribond sur son séant, il écarte toute lumière importune, et il se met à opérer ; c'est-à-dire que jamais, au grand jamais, on n'avait fait de plus belles passes et contre-passes, en un mot tout l'attirail accoutumé. Le magnétiseur était en nage ; enfin, quand il eut enveloppé, de son fluide tout-puissant, le sympathique moribond, qui se prêtait à tout avec une complaisance exemplaire, quand il vit que son sujet était arrivé à la perfection magnétique, notre magnétiseur se mit à l'interroger. — Que faites-vous, Belford ? Où en êtes-vous ? — Mon cher ami, dit l'autre, je viens de mourir ; vous m'avez pris juste, au moment où mon souffle sortait de mon corps, et maintenant il ne tiendra qu'à vous de me laisser achever mes fonctions, ou de me planter là, entre l'être et le non-être, ce qui ne me paraît pas un état très-désagréable, jusqu'à présent.

— Attendons, dit le magnétiseur, rien ne presse, ami Belfort. Et là-dessus le magnétiseur s'en va dîner, sans prendre soin de démagnétiser son ami.

Le lendemain, le faiseur de magnétisme entre dans la chambre mortuaire; chaque chose était à sa place, et surtout le cadavre. — Belford, dit le savant, après quelques passes préalables, qu'avez-vous fait, depuis que vous êtes mort? — Ma foi, mon cher, reprit le mort, oubliez-vous que je ne suis plus *moi*, que je suis *vous*, et comme je vous suis attaché par des liens que vous seul pouvez rompre, j'ai bien été obligé de vous suivre, hier, partout où vous êtes allé! Et là-dessus le mort raconte au vivant, tout ce que le vivant a fait la veille : — Il a dîné dans une gargotte, et de là il est allé se poser sur les marches du *Café de Paris;* — on lui a donné un billet pour le Vaudeville, et il a vu, gratis, de laides filles qui chantaient faux; enfin il est rentré chez lui, et il a lu un morceau de roman qu'il avait ramassé dans son chemin. — Or, si vous me permettez une observation, disait le mort, tant que je vivrai de votre humble vie, ayez soin de faire un meilleur dîner, je vous prie, en songeant que j'en prends ma part; vous savez que j'aime la musique, ne m'exposez à entendre ces petites voix chevrotantes qui gâteraient les plus beaux visages ; tout seul ici, je m'ennuie, et je ne serais pas fâché que vous lussiez, de temps à autre, un bon roman, mais au moins, par pitié, ne le lisez pas en fragments; enfin couchez-vous, s'il vous plaît, un peu moins tard. Je m'ennuie à ne pas dormir, moi qui devrais dormir, depuis vingt-quatre heures, du sommeil éternel. A ces mots, notre homme retomba dans son repos, et le magnétiseur quitta la chambre, quelque peu dégoûté de l'étrange espion qui le suivait, bien plus loin que l'ombre ne suit le corps.

Le lendemain revient l'homme vivant, et il trouva son mort quelque peu engourdi; il le réchauffe par un nouveau fluide magnétique; il lui rend sinon la vie, au moins la parole et la couleur. — Ah! fit le mort en se relevant, vous êtes sans charité pour moi! Comment! vous allez voir des malades si hideux, et il faut que je les entende tousser, cracher, hurler, et le reste?

— Vous suivez, pour votre plaisir, dans la rue, une horrible femme qui sent le musc, une femme en vieux souliers et en jupon sale, et il faut que je sois à votre suite, comptant les trous et les taches de cette créature immonde! De là, vous allez dans une réunion de jeunes gens, et vous leur racontez en mentant votre bonne fortune! D'une coureuse vous faites une duchesse, et d'un tablier de coton un jupon de soie! Tenez, quand on est mort, ça fait mal, le mensonge! Ce qui fait encore plus mal quand on est mort, c'est la bêtise; tel bon mot qui m'eût fait rire quand j'étais de ce monde, me paraît d'une niaiserie achevée, aujourd'hui que j'entends votre esprit aux oreilles de mon esprit. Tâchez donc de parler mieux, mon cher, et si cela vous était égal, de ne pas faire vos orgies avec du vin frelaté, vous me ferez plaisir; j'ai la gorge toute déchirée de l'alcool que vous avez avalé.

Qui fit une grimace? Eh! ce fut le vivant; il commençait à trouver que son mort était diablement dégoûté : car enfin l'orgie de la veille n'était pas digne de ce mépris; et quant à la dame aux souliers éculés, le vivant n'avait pas vu le soulier, il n'avait vu que le pied et un petit bout de la jambe; cependant il tenait à son mort, et il résolut de bien s'observer lui-même, afin de ne pas donner à ce pauvre Belford, un nouveau sujet de mécontentement.

Quand il y retourna, le surlendemain, il trouva le défunt dans un état d'excitation incroyable : le mort suait à grosses gouttes, l'indignation se faisait lire sur ce visage bouleversé. D'abord le magnétiseur se mit à calmer cette colère : il souffla son souffle le plus doux sur ces nerfs irrités, il apaisa, de son mieux, ce cœur immobile et glacé qui battait par souvenir. — Qu'y a-t-il, maître Belford? à qui en avez-vous? et, par Dieu! que vous a-t-on fait?

— Ce qu'on m'a fait! répondit le cadavre après un long silence; on m'a fait... imbécile que vous êtes! Maudits soient les fils d'airain qui m'attachent à un niais de votre sorte! Ce qu'on m'a fait! Mais, mon cher, depuis deux jours vous marchez de sottise en sottise! Avant-hier, c'est vrai, vous vous êtes fait beau et paré, mais vous avez trop serré votre ceinture, et j'ai manqué en étouffer. Vos bottes, ou plutôt nos bottes, étaient bien vernies, mais elles étaient trop courtes, et si je pouvais encore marcher, je suis sûr que je boiterais du pied droit! Je n'ai rien à dire au riche salon où vous m'avez mené, c'était beau et c'était calme : la lumière en était douce, les toilettes n'avaient rien de criard, les bonnes dames se tenaient à leur place, laissant la belle rangée aux jeunes filles ; on n'a pas exécuté la plus petite sonate, on n'a pas lu le plus petit sonnet ; on parlait d'une bonne voix, ni trop haut, ni trop bas, et l'on disait de jolis petits riens, mais légers, bienveillants et sonores. N'eût été votre horrible ceinture et votre affreuse chaussure, je vous aurais béni de m'avoir conduit en si bon lieu.

Mais, juste ciel ! avez-vous été assez gauche, assez maladroit, assez absurde ? Dans un coin du petit salon, à gauche, était assise la plus belle dame que j'aie jamais vue de mes yeux mortels ; à force d'attention et de volonté, par votre entremise terrestre, j'avais attiré l'intérêt bienveillant de cette aimable dame ; déjà elle me regardait avec une certaine tendresse, elle allait me sourire, nos trois âmes ne faisaient plus qu'une âme, et nous allions nous aimer, quand vous avez détourné la tête comme un sot, pour saluer je ne sais quel bel esprit empesé ; alors l'image de ma belle dame s'est enfuie, et vous vivriez cent ans, que vous ne retrouveriez ni un si beau visage, ni un si noble cœur.

Butor que vous êtes ! ceci fait, que faites-vous ? Vous savez que j'ai laissé de belles dettes criardes, et que je n'ai même pas un tombeau ! Vous-même, vous n'avez pas le sou, vous vivez de bric et de broc, votre loyer n'est pas payé et ne le sera jamais. Bref, vous êtes pauvre comme un poëte et un médecin réunis, c'est-à-dire abominablement pauvre ! Eh bien ! on vous met à une table de lansquenet, vous hasardez, en tremblant, une malheureuse pistole, et la pistole étant doublée, aussitôt vous l'empochez, en vous sauvant comme un voleur ! Or, savez-vous ce que vous avez fait là, monsieur le sot ? Vous avez renoncé à toucher, ni plus ni moins, une somme ronde de quatre beaux mille louis d'or, car ton jeu passait treize fois, mon enfant ! Avec tes quatre mille louis tu avais un carrosse, et moi un enterrement de première classe ; tu avais un habit neuf et moi un linceul brodé ; tu envoyais chercher à ton souper les chœurs de l'Opéra, et moi j'envoyais chercher M. Gannal. Fi' donc ! pauvre intelligence, tu ne ne peux pas te servir de ton petit bon sens, et tu t'amuses à traîner l'intelligence d'un autre homme avec toi ! Va, tu me fais pitié, malheureux vivant que tu es !

Quand notre magnétiseur comprit enfin que chacune de ses actions lui attirait, à coup sûr, un blâme ou une ironie, il se tint coi ; maintenant qu'il se sentait suivi et observé de près, par je ne quelle intelligence invisible qu'il avait retenue sur les limites des deux mondes, notre savant n'osait faire un pas dans la rue, à peine s'il osait répondre : *oui* ou *non !* à la plus simple des questions qui lui étaient adressées ; il était comme un muet, il était comme un sourd ; de temps à autre il se demandait à lui-même s'il ce n'était pas, lui, l'homme magnétisé, et si le magnétiseur ce n'était pas ce grand cadavre sans mouvement, mais non sans voix, dont la vue seule avait fini par le faire tressaillir ?

Tant c'est chose puissante l'idée, tant c'est une force la pensée, même indépendante de la vie ! L'idée vous suit et vous obsède, plus tenace que l'ombre, aussi éloquente que le remords ou l'espérance, pleine de sursauts, d'excitations, de périls ! Cependant notre homme revint à son ami Belford, au bout de trois jours. Cette fois encore un grand changement se faisait sentir sur cette figure inanimée ; le mépris pur et simple avait remplacé l'indignation et la colère ; l'œil à demi fermé avait l'air de dire : — Fi donc ! Ces lèvres contractées exprimaient un dédain, impossible à décrire ; chaque muscle, détendu de haut en bas, tenait un mépris suspendu à chacun de ces nerfs intelligents qui touchent à l'âme : — Qu'y a-t-il encore, mon ami ? s'écria l'homme vivant ; vous voilà comme hébété ? Vous ne direz pas, cette fois, que j'aie fait une sottise ou que j'en aie dit une, car je suis resté chez moi, seul, tout entier à mes pensées.

— Il appelle cela ses pensées ! reprit le mort. Mais, malheureux, c'est justement cette contemplation de tes pensées qui me donne la nausée. Immobile que tu étais, j'étais forcé de te regarder au fond de ce chaos que tu appelles ton âme. Quel animal es-tu donc pour t'occuper de tant de choses ignobles, frivoles, honteuses ? Quand je vivais et que je t'appelais : « Mon ami ! » chacun disait que tu étais un galant homme ; tu passais pour un bel esprit, même éloquent ; on t'accordait de la philosophie, de la probité et du savoir-vivre. Depuis trois jours, et malgré moi, je te regarde bien attentivement ; mais, mon cher, tu es un pur galimatias ! Ce que tu sais, tu le sais mal ; ce que tu ne sais pas, tu le remplaces par des mots, vides comme ton cerveau.

Ta bonté est une faiblesse d'organes qui finira par te rougir les yeux, et voilà tout; ton esprit est représenté par quelques rouages mécaniques qui tournent sur eux-mêmes, comme l'eau du moulin ramenant sans cesse le même tic-tac; ton courage! je l'ai vu à fond, ton courage!... un masque de carton.

Quant à ta probité, parlons-en de ta probité! Elle est écrite sur les marges du Code de commerce et du Code pénal! Honte à tes vices, qui sont des vices d'enfant mal élevé! Je ne donnerais pas quatre sous de tes vices, ils me font pitié tes méchants vices honteux : ils ressemblent à des hâbleries! Quant à tes vertus, on me les donnerait pour rien que je n'en voudrais pas, des vertus de laquais; c'est quelque chose de pâteux et de vaniteux, ta vertu, et ça ne ressemble pas mal à une bouillie mal cuite. Ah! je ne te conseille pas de montrer à nu ce bel intérieur de ton cœur et de ton cerveau : ça n'est pas beau à voir, mais en revanche c'est bien triste! Et quelles idées tu as des autres hommes! et quelles ambitions d'antichambre! et comme l'envie te travaille, mon pauvre sire! Mais quoi! n'as-tu pas honte, ne fût-ce que de tes châteaux en Espagne, quand tu t'amuses à baguenauder des heures entières, à travers les rêveries des Petites-Maisons? Allons, Monsieur, ajoutait le mort, brisons là; mais je suis diablement fâché de t'avoir appelé mon ami!

Peu s'en fallut que, cette fois, le magnétiseur, frappé de ces verges, ne détruisît son propre ouvrage, et ne se délivrât de cette pensée importune qui l'obsédait. Il quitta cette chambre mortuaire, de très-mauvaise humeur, en se disant qu'après tout, il était bien bon d'avoir arrêté, à mi-chemin, l'âme chagrine de ce Belford. — Et puis, se disait le malheureux magnétiseur, à quoi cela m'avance-t-il d'avoir retenu ce mort sur le bord de son fossé?

A m'entendre raconter, d'une façon cruelle ou grotesque, l'histoire de mes gestes de chaque jour; à n'être plus seul avec ma conscience, avec mes pensées, avec mes ambitions, avec moi-même.—Si, tout au moins, ce clairvoyant qui voit tout, m'indiquait une science inconnue, un remède contre la goutte, ou quelque trésor bien caché, et facile à prendre, je serais payé de mes peines; mais non! Pour avoir accompli la tâche la plus pénible, le miracle le plus excellent que jamais le magnétisme ait accompli, me voilà traînant, à ma suite un, inquisiteur bilieux qui n'est content de rien, et qui finira par me jeter, moi-même, dans mon propre mépris. Ainsi raisonnait cet habile homme, il était fort chagrin de ce mort qu'il traînait à sa suite, et fort décidé à en finir, coûte que coûte, avec un pareil mécréant.

Comme il ne pouvait pas dormir, le magnétiseur se rendit, le soir même, chez Belford, à minuit. Belford jeta, sur le pauvre hère, un coup d'œil empreint d'ironie et de pitié, et sans attendre qu'il l'interrogeât (car le fluide magnétique devient, à ce qu'il paraît, une habitude, et il remplace la vie, comme une bougie bien allumée remplace le soleil d'hiver) : — Je vais te dire ce que tu viens faire, aimable docteur, s'écria la tête de mort ; tu viens, tout bonnement, pour m'assassiner ! Oui, tu es jaloux de cette vie factice, tu es furieux de mes révélations, et tu es décidé à me tirer brusquement du sommeil magnétique, afin que je rentre dans la poussière et dans le silence ! C'est beau à vous, Monsieur, c'est glorieux ce que vous faites là, venir assassiner... un mort ! venir troubler dans son cercueil... un cadavre ! s'attaquer à la pensée d'un homme, parce que cet homme, devenu lui-même une partie de la vérité éternelle, ne peut plus mentir, et ne veut plus vous flatter !... Eh bien donc, commencez, et faites de moi une poussière ; mais cette poussière, quand vous l'aurez jetée aux vents, appellera à son aide une autre pensée plus hardie à vous suivre à la trace, un autre regard plus clairvoyant à lire au fond de votre âme, un autre vengeur plus implacable... elle appellera le remords !

Huit jours se passèrent encore sans que le magnétisé et le magnétiseur se fussent rencontrés ; ils se boudaient, mais évidemment ce n'était pas au mort à faire les premières avances. Notre savant comprit cela enfin, et il revint au chevet de son sujet. — J'ai réfléchi à tout ce qui se passe, lui dit Belford, et j'aime autant que vous exécutiez votre projet de l'autre jour ; vous avez raison, éveillez-moi, pour que j'achève tout doucement de mourir. C'était si bien commencé, quand vous êtes venu tout déranger, que je serais déjà dévoré par les vers, et rentré, par les mille pores de la décomposition universelle, dans l'océan de la lumière et de la vie. Réveillez-moi donc, et je mourrai tout à fait et avec joie, car cette fois je me suis amusé à regarder, non pas votre âme, qui n'est pas belle, mais votre corps, qui est fort laid.

— Hier encore (je vous ai surpris dans cette agréable occupation); vous vous racontiez à vous-même, ô fi! toutes vos bonnes fortunes d'autrefois; mais, je vous prie, où donc ces dames avaient-elles les yeux d'aimer un magot comme vous? Vous êtes mal bâti, vous avez une épaule plus haute ou plus basse, celle-ci que celle-là, celle-là que celle-ci; vos cheveux sont tombés depuis longtemps, ou ne tiennent plus qu'à une racine pourrie comme le chaume de l'an passé, après l'hiver; vos yeux y voient encore, mais j'aperçois s'infiltrer, dans votre rayon visuel, je ne sais quelles pellicules qui ne me disent rien de bon. Ah! si vous pouviez voir, incrustées à la jointure de vos doigts, ces mines de craie jaunâtre qui déjà corrompent vos os jusqu'aux moelles, et qui vont les briser, parcelle à parcelle, comme ferait le brodequin de la torture, mais bien plus lentement, plus sourdement et avec une verve plus acharnée...

— Ajoutez que votre cœur est trop gros, mon cher, et que la pointe se déchire sur je ne sais quel viscère qui, de son côté, en est blessé; ajoutez que votre poumon gauche ne vaut guère mieux que ne valait mon poumon droit; je vois peu à peu s'infiltrer, entre votre peau et vos tendons ramollis, des couches d'une graisse épaisse qui vous fera ressembler, avant peu, à quelque veau marin; déjà vos dents jaunissent, elles s'ébranlent dans leur alvéole saignante! Dans votre cerveau je remarque, prêtes à se rompre, des veines gonflées d'un sang apoplectique; tenez, vous êtes perdu... et — donnez-moi la main, vous êtes mort!

— Il était mort! s'écria Frédéric Soulié, comme s'il eût été réveillé en sursaut; il est mort, et l'histoire ne va pas plus loin.

— Mais, lui dit quelqu'un, où voulez-vous qu'elle aille? Il me semble même qu'elle a duré assez longtemps.

— Quand on tient une histoire, reprit Soulié, il la faut conduire jusqu'au bout. Je suppose donc que Bedford, par un soubresaut très-fréquent au magnétisme, mette en son lieu et place le magnétiseur maladroit... Alors... et il se mit à bâtir une histoire sur notre histoire, et c'est ainsi que pour avoir entendu cette incroyable fantaisie, il a écrit, lui-même, une épouvantable histoire de magnétisme et de magnétiseur.

Ainsi tout lui servait, ainsi il était extrêmement habile à tirer un grand parti des événements et des récits qui semblaient le plus étrangers à son rêve, à son travail de chaque jour. Il prolongeait à sa volonté, par des tours et des détours infinis, ces longues et terribles histoires dont le public ne s'est jamais lassé.

Le *Fils de la Folle,* avant de se produire au théâtre, avait charmé un nombre infini de lecteurs. Chaque matin les plus belles jeunes femmes parisiennes, du plus grand et du meilleur monde, avaient lu, pendant trois mois, un nouveau chapitre de ce poëme bourgeois ; c'était, pour quantité d'honnêtes gens, la première émotion de la journée, et tout le reste du jour on s'entretenait de la résignation et des grandes qualités de Fabius, le maître d'école. Dans cette rude histoire, débarrassée de tous les détails oiseux, vous ne rencontriez pas, il est vrai, les cent mille petites affectations du roman moderne, ces petits jeunes gens tout occupés de leur toilette, ces petites femmes, osseuses comme des poulets mal venus et tout occupées de leurs vapeurs, vous rencontriez un drame tout fait, vif, énergique et viril. Cette fois vous aviez affaire à des hommes véritables, à des femmes véritables. On ne vous berçait pas mollement dans une escarpolette d'or et de soie ; au contraire, on vous faisait marcher par de rudes sentiers.

Ici la misère, la ruse, la folie et l'innocence, pêle-mêle ; là-bas le crime qui se repent, le dandy qui s'ennuie et la jeune fille qui commence à aimer. Les six personnages dont les noms, bien choisis, étaient dans toutes les bouches, les uns et les autres, vous les avez suivis avec transport dans tous ces accidents si divers : Fabius, Fanny, Célestine, Achille, le comte de Matta et la marquise d'Esgrigny, la pauvre folle, qui, même au prix de son déshonneur, n'a pas pu sauver son mari de l'échafaud. — Les plus heureuses et les plus belles lectrices ont gardé, sans doute, le souvenir de cette histoire. Oisives, et plongées dans les prospérités d'un règne juste et pacifique, en pleine abondance, elles avaient tout le loisir de se passionner pour les malheurs imaginaires, pour les passions idéales. Heureuses entre toutes les femmes, ces jeunes énamourées lisaient les bons livres, à l'ombre de la tour, et de temps à autre, en levant leur petite tête blonde ou brune, elles disaient d'une voix câline : — *Ma sœur Anne, ne vois-tu rien venir ?* Or, la sœur Anne, placée au sommet de la tour, c'est le romancier, c'est le poëte, c'est l'auteur dramatique.

Ils regardent... et ce qu'ils ont vu avec l'*œil de leur esprit*, ils le racontent à la foule attentive, émerveillée; et comme il fallait, chaque matin, couper, au bon endroit, le fil du récit, afin de le renouer le lendemain, il arriva que Frédéric Soulié, et plus d'un après lui, trouvèrent, dans leurs récits mêmes, la vie et le mouvement du drame. Dans ces livres, où l'intérêt doit rester suspendu pendant six mois peut-être, les événements que Soulié raconte se coupent, d'eux-mêmes, en actes, en scènes, en prologues, en épilogues. En même temps, ses personnages se dressent sur leurs pieds, ils vivent, ils pensent, ils parlent tout haut, ils entrent et ils sortent dans ses livres, comme ils entreraient, comme ils sortiraient sur le théâtre.

Ils se dessinent vigoureusement; en même temps, autour d'eux et comme par enchantement, vous voyez se dresser le château ou la chaumière qu'ils habitent; les meubles arrivent à la place qu'ils doivent occuper, poussés par une main invisible. Le lustre s'allume et les loges se garnissent d'une foule attentive, curieuse, oppressée à l'avance; à peine le livre est ouvert, que déjà le machiniste est à son poste, le souffleur est dans son trou; la main des fées a déjà taillé, en plein drap, tous les costumes de ces comédiens, sortis tout armés du cerveau de ce maître enchanteur. Ce livre, enfin, c'est un drame et c'est une comédie. Une comédie apprise par cœur, montée et jouée à peine elle est faite.

Il n'y a qu'un homme en toute la littérature française (il s'appelait Lesage) qui, en sens inverse de Frédéric Soulié, arrivât d'un pas aussi net, aussi ferme, aussi vrai, à ce changement non pas du roman en pièce de théâtre, mais de la pièce de théâtre en roman. Cette comédie *en cent actes divers, Gilblas*, est, dit-on, une refonte générale de toutes les comédies que les comédiens français avaient refusées à l'auteur de *Turcaret*. M. Saint-Marc-Girardin parlant quelque part du génie de l'homme, se manifestant sous deux formes différentes : « C'est une voix qui a deux échos, » disait-il; Lamartine, Victor Hugo, Voltaire et Lesage, autant de voix *à double écho*.

Reconnaissons cependant que cette façon d'emprunter un drame à son propre roman, et de disposer son roman, de façon à en tirer tout de suite après un bon drame, est un *progrès* de la littérature marchande. Il faut vivre ; on n'a pas tous les jours une idée, et de cette idée on tire, avec mille efforts, tout ce qu'on en peut tirer. Ce n'était pas l'usage des maîtres, nous en convenons ; les vieux maîtres, à qui la langue française a dû ses chefs-d'œuvre, n'ont jamais songé, que je sache, à tirer d'un sac deux moutures ; ils n'ont jamais songé à donner à la même idée, aujourd'hui la forme du roman, le lendemain l'allure et l'accent de la comédie. Est-ce que Diderot n'a pas laissé à qui les a voulu prendre, *Jacques le Fataliste* et la *Religieuse*? Est-ce que Beaumarchais n'a pas laissé à Gœthe, son *Clavijo*? Est-ce qu'en effet le drame n'a pas beaucoup perdu, de nos jours, lorsqu'il s'est condamné à n'être qu'un roman, tout d'abord ? Soulié le savait, mais il se croyait sauvé par cette espèce de milieu qu'il avait trouvé, entre le drame et le roman, et dont il n'avait pas trop à se plaindre ; on se rappelle le triple succès dans le journal, dans le livre, au théâtre, de ces deux romans-drames, le *Fils de la Folle* et *Diane de Chivry*.

Diane de Chivry est encore un roman, coupé pour le drame, et c'est pourquoi, tout de suite après ses premiers essais de romans-drames, Frédéric Soulié se trouve, si complètement, le maître, et le maître absolu, de ses fictions. Il faut, se disait-il, il faut absoment que mon drame et mon roman viennent au monde le même jour ; et tant qu'il le pouvait, il mettait son récit en dialogue, afin d'avoir moins à faire, à l'heure du théâtre. Ainsi s'expliquent la facilité merveilleuse, et l'entrain de ces drames, si bien préparés.

Et puis, chose heureuse et rare, et qu'il partage à peine avec l'auteur d'*Indiana* et de *Valentine*, en comédie, en roman, Frédéric Soulié est un écrivain, un écrivain hardi, vif, souvent incorrect, mais de ces incorrections dont le dialogue s'arrange à merveille ; il va droit au fait, et rien ne le gêne en son chemin, tant les événements sont habilement préparés. Il invente, il crée ; il fait mieux, il copie, il se souvient ; il fait agir des hommes et non pas des images, de vrais hommes qu'il a vus, de ses yeux, qu'il a touchés de ses mains ; il raconte les passions même qui ont fomenté dans son âme, et qui ont gonflé son cœur à le briser ; il sait le monde, et quoiqu'il l'ait vu d'un peu loin, ce qu'il en a vu, suffit à lui faire deviner tout le reste; ainsi l'on dit que M. Cuvier, avec un débris d'ossement perdu dans le déluge, a refait des monstres que l'on croyait perdus à tout jamais.

Drame ou roman, cet homme à qui rien de ce qui touche à l'humanité n'est étranger, joie, honte, et gloire, et douleur, il n'obéit, à personne; il évite la mode, il hait l'allusion, il méprise le paradoxe comme un de ces violents moyens qui étonnent une fois, et qui s'usent en vingt-quatre heures; il ne voit le drame que dans la société moderne, parmi les gens qui vivaient hier et qui vivent encore aujourd'hui. — Quand par ruse ou par force, il a pénétré dans un de ces intérieurs bourgeois qui ne s'attendent guère à pareille visite, alors malheur aux vicieux, aux ridicules, aux méchants, aux intrigants, aux menteurs, aux passions que renferme ce toit domestique! Cet impitoyable redresseur de torts n'épargne personne, une fois qu'il est en train de faire gronder sa justice, et tout ce qui tombe sous sa main vengeresse est flétri sans rémission : les hommes et les femmes, la vieillesse et même l'enfance (il a rencontré des enfants, plus scélérats que les hommes faits), le manant et le grand seigneur, le soldat et le bourgeois, il n'écoute, il ne reçoit aucune excuse, et tant pis pour vous.

Donc justement parce qu'on le sait impitoyable, il est tout d'abord le maître de l'attention publique; il commande l'intérêt, partout et toujours; son doigt de fer désigne ses victimes, et les voilà soudain précipitées dans un abîme sans fond! Mais aussi, quand par hasard il s'attendrit, quel adorable changement! Que de larmes touchantes! Que ces femmes sont innocentes et belles quand il les voit belles et innocentes; comme il nous apitoie avec douceur, sur leur beauté, sur leurs malheurs!

Frédéric Soulié est un des mystères les plus mal expliqués de la littérature moderne, si remplie de mystères. Après avoir cherché et trouvé les moyens de mettre en dehors tout le drame qui l'étouffait, il a rencontré, tout d'un coup, le sentier d'épines dans lequel il devait marcher. Il a soulevé, d'une main hardie, le voile sanglant et vicieux sous lequel se cachait, à ses yeux, la société du XIXe siècle, comme fait l'Héloïse morte dans le songe de Saint-Preux. En vain de toutes parts on lui disait : — Grâce! pitié! pardon! — Point de pitié! point de grâce! point de répit! répondait-il, et, le chapeau sur l'oreille, — il allait en avant, à la suite de ce Diable de tant de doute et d'esprit qui lui dictait ses *Mémoires*... même, plus d'une fois, il a devancé le Diable lui-même, fatigué bientôt de suivre un si rude marcheur.

Si j'avais le temps de faire des comparaisons, je voudrais établir, entre Frédéric Soulié et M. de Balzac, par exemple, un parallèle qui vous expliquerait comment ces deux hommes, qui sont les rois du roman moderne, et qui se paraissent toucher en quelques points, ne sont nullement de la même école. M. de Balzac est un romancier raffiné qui s'attaque aux spasmes, aux malaises, aux névralgies, à toutes les petites mignarderies de ce monde à part qui vit dans la soie et d'une vie horizontale; M. Frédéric Soulié s'attaque, et de front, aux vices sérieux, aux crimes même d'une société plus active; il est l'historien de la vie perpendiculaire. M. de Balzac s'occupe à peine des hommes, il est le romancier de la femme; tout au rebours, M. Frédéric Soulié est, avant tout, le romancier des hommes. Dans ses livres la femme arrive par hasard, quand elle peut et comme elle peut.

Chez M. de Balzac, la femme règne et gouverne; chez M. Frédéric Soulié, elle ne règne ni ne gouverne; l'homme commande, il est obéi. Si bien que l'un et l'autre procèdent nécessairement par des moyens opposés. L'un parle tout bas, il agit en cachette, on n'entend, dans ses livres aucun bruit, violent; il construit, tout exprès, la scène de son drame. Tout est préparé à l'avance : la maison, la porte, la chambre, les tentures, les meubles, les tableaux; il agit en silence et doucement. Même les meurtres, quand il en commet, se passent comme choses toutes naturelles et toutes simples. L'autre au contraire est bruyant, animé, chaleureux, *brutal sur l'article;* il aime le scandale et le bruit; quand il a deviné un secret, bien caché dans les cent mille replis de l'âme humaine, il monte aussitôt sur les toits, et il proclame, à haute voix, le secret qu'il a découvert. Les femmes peuvent s'évanouir, que lui importe? Il ne perdra pas son temps à leur frapper doucement dans la main... il leur jettera un grand seau d'eau de puits au visage! Ses petits jeunes gens peuvent se battre en duel, il n'ira pas de main morte, et il leur flanquera un grand coup d'épée à travers le ventre; *à présent, guéris-toi comme tu pourras, mon ami!*

Le féroce qu'il est, il n'a aucun des petits ménagements de

M. de Balzac pour ses héros. Pauvres! il vous les jette sur la paille et les dépouille impitoyablement de leur dernier manteau! Sont-ils coupables? il les traîne aux assises, il les livre au bourreau, rien ne lui coûte. Il est le grand justicier de cette société gangrenée, il est le médecin Tant-Pis, il est le Docteur Noir. M. de Balzac, c'est le médecin Tant-Mieux, c'est le docteur à l'eau de fleur d'oranger, qui guérit tous les maux avec un verre d'eau sucrée. M. de Balzac lui-même est souvent la dupe de ses héroïnes. A les voir si mignardes, si câlines, si vaporeuses, l'œil si velouté, la main si blanche, la gorge si habilement cachée qu'on la voit sans qu'elle se montre, M. de Balzac se laisse attendrir. Il voudrait bien être en colère, mais le moyen de se fâcher?

Il hésite, il balbutie, il frappe çà! là!... les yeux fermés; il ne saurait se résigner à troubler l'écho de ces boudoirs, à faner le tapis de ces salons, à déranger la symétrie de ces beaux cheveux, échafaudés pour le bal. M. Soulié, au contraire, il entre chez la coupable; et si elle se cache les yeux, il arrache le mouchoir brodé sous lequel elle se cache; et si elle montre sa blanche poitrine, il jette un vieux châle sur cette poitrine qu'il ne saurait voir; et si la femme parle, il répond : — *Grimace!* Et si elle se plaint, il dit comme Sganarelle : — *Chansons!* Si elle veut lui prendre la main, il la repousse; et quand il l'a bien écrasée, bien humiliée, bien perdue, il la laisse, et passe à une autre.

Je ne veux d'autre preuve de cet imperturbable sang-froid que l'histoire de la malheureuse Diane de Chivry. Parmi tous ces drames, que le secrétaire intime du diable vous raconte, chaque jour, et sans avoir peur de s'épuiser jamais, vous avez remarqué sans doute cette histoire. Au milieu d'un bal de province, l'auteur nous fait rencontrer cette belle et poétique figure de Diane, et tout d'un coup, sans rien préparer, il nous dit, une à une, les infortunes de cette jeune femme aveugle, séduite, déshonorée.

Vous savez déjà que deux frères de Diane sont morts pour elle en duel, — un troisième est sur le point de mourir, son vieux père se lamente. Dans ces meurtres, dans ces nuages, un misérable se cache, et l'œil de Dieu seul peut le reconnaître et le découvrir. Rien ne manque aux angoisses si peu méritées de la noble fille, elle est en proie à toutes les douleurs; enfin le chagrin tombe sur cette âme, comme la grêle sur les fleurs du mois de mai, douce récolte, à jamais perdue ! Avec quelle habileté le poëte finissait par réparer tant de misères ! et comme on était heureux, lorsqu'enfin après l'avoir traînée sur les bancs des assises, et déshonorée au grand jour, l'auteur impitoyable prenant pitié de Diane, mettait dans le cœur de Léonard Asthon cette bonne et salutaire pensée d'épouser cette femme déshonorée, en son nom. Mais je vous assure que lorsque cette idée-là est venue à M. Frédéric Soulié, il était dans ses bons jours.

Ce drame lamentable, si vivement raconté (telle est la toute-puissance de pareils récits !) est devenu bientôt populaire. Chacun connaissait Diane de Chivry et Léonard Asthon. Alors le théâtre a revendiqué ses droits ; il a prétendu, et à juste titre, que ce récit était de son domaine. Le drame était tout fait, ses personnages dans leur position naturelle, Soulié a réalisé sur le théâtre ces héros déjà si animés et si vivants. Cette fois nous avons vu de nos yeux, touché de nos mains, Diane et Léonard. Nous avons entendu partir, de leur poitrine, ces cris d'amour et de douleur que le romancier leur avait empruntés. Ce qu'on nous avait raconté, on nous le montre, ce qu'on nous avait dit au nom des personnages, ce sont maintenant ces personnages eux-mêmes qui nous le disent. C'est le même drame en effet, mais il a gagné en réalité et en puissance ; mais la vie du théâtre lui est venue ; mais cette fois il ne s'agit pas d'un arrangeur qui arrive, et qui, sans goût, sans esprit, sans intelligence et sans miséricorde, taille et rogne à sa guise, dans le récit du romancier pour le soumettre aux plus vulgaires exigences de son théâtre.

Il s'agit du romancier lui-même, qui a jugé son œuvre assez forte, pour supporter cette épreuve nouvelle. En effet, l'inventeur est, lui-même, le juge de cette transformation ; il sait ce qu'il doit prendre, et ce qu'il doit laisser à l'invention première, et il parvient ainsi à combiner entre elles, et sans se donner un démenti à lui-même, ces deux entreprises si différentes, le drame et le roman ; entendons-nous, si différentes pour tout autre romancier.

Dans le rôle de Léonard Asthon et dans le rôle du *Fils de la Folle*, Frédéric Soulié avait fait débuter un des plus beaux jeunes gens qui aient jamais monté sur un théâtre. Il était le petit-fils du comédien Naudet, qui avait laissé de bons souvenirs à la Comédie-Française, qu'il avait conduite, habilement, au milieu de tant d'écueils ; il était le cousin-germain de cette intelligente et belle personne, madame Guyon, pour qui M. Casimir Delavigne a écrit la *Vieillesse de Cid*, et que Guyon épousa plus tard. Il prit ce nom de Guyon, qui était le nom de sa mère, par respect pour son oncle, et je ne sais pas trop si l'oncle en eut quelque souvenir. C'était un jeune homme plein de sève, hardi, violent, et d'une vocation précoce. Il n'obéissait qu'à son poëte, et encore il n'obéissait guère. Il fut, pendant six mois, le *chevalier à la mode*, et Frédéric Soulié disait en le montrant : Voilà pourtant ma jeunesse et mes vingt ans qui passent !

A côté de Guyon jouait parfois une ingénue au front pâle, au regard intelligent, si jolie, avec tant de grâce et de calme ; elle s'appelait Rose Poujaud ; elle était la filleule de mademoiselle Mars. Il me semble que je la vois encore, en robe blanche, en corsage vert, qui parcourt, d'un pas léger, le jardin de cette belle maison de la Nouvelle-Athènes, dont elle réveillait, au matin, les échos endormis. Celle-là aussi, elle pouvait chanter : « J'avais une marraine, » et par l'exemple de sa marraine, elle avait appris de bonne heure, que l'art dramatique est chose sérieuse, et qu'en faire un jeu frivole c'est mal agir. Elle avait assisté de bonne heure aussi à ces longues conversations des beaux esprits de notre temps, qui cachaient, sous des apparences frivoles, tant de goût et de bon sens. Étienne Becquet l'aimait comme on aime une fille adoptive ; M. Arnault, le sincère et le grondeur, n'avait pour cette enfant que des sourires ; elle était la joie et la fête de cette maison, où mademoiselle Mars vieillissante n'osait guère songer aux années envolées.

Mademoiselle Mars disait si bien : « Rose, où es-tu ? »

Rose avait la plus belle voix du monde, le sourire ingénu, la taille élégante, le regard le plus limpide, les pieds et les mains d'une grande dame ; et cependant, avec toutes ces précieuses qualités dont la moindre ferait la fortune de dix comédiennes, elle n'avait pu réussir à rien, la pauvre enfant. Souvent elle disait, pour rire, que le beau Guyon s'était mis au-devant de son soleil. Et véritablement on ne la voyait pas, on ne voyait que lui. Elle végétait dans son ombre, il l'écrasait de son éclat ; elle jouait le rôle humilié, timide et tremblant, pendant qu'il jouait le rôle glorieux et terrible. A peine s'il l'a vue, à peine s'il se doutait de cette beauté qui s'ôtait de son soleil.

Elle cherchait l'ombre; elle était comédienne à ses heures. Le théâtre, le lustre, l'orchestre, le public, les lorgnettes braquées, toutes ces choses qui ressusciteraient les morts, la trouvaient froide, insensible. Évidemment, née en plein théâtre, petite-fille, fille et sœur de comédiens, elle était si peu comédienne! Elle n'était pas faite à ce jeu frivole; elle n'a jamais pu l'aimer.

Elle y était triste et mal à l'aise; elle y était à peine jolie, elle si jolie! On la regardait à peine; on ne l'applaudissait que par folles bouffées. — Ils se trompent, disait-elle, quand on l'applaudissait. Le seul bouquet qui lui fut jeté, *par maladresse*, elle le ramassa, vivement, et elle l'offrit au beau Guyon, avec un beau salut que lui avait enseigné mademoiselle Mars. O dieux de la poésie et de la jeunesse!

Un jeune peintre, Petrus Perlet, le propre neveu de Perlet, la rencontra un jour si jolie : — « Avez-vous lu, lui dit-il, *Notre-Dame de Paris?* — Elle dit que oui, et qu'elle avait bien pleuré ! » — Eh bien! dit Perlet, venez avec moi, je veux faire une Esméralda, et je n'ai vu que vous qui ressembliez à mon rêve! Elle suivit le jeune homme, et elle se posa devant lui, rêveuse et souriante. Victor Hugo eût passé par là : — Bonjour, ma fille, eût-il dit en la baisant au front.

Hélas! Perlet, le peintre de la Esmérelda, est mort à trente ans, mort de la phthisie, à l'heure où le bon roi Louis-Philippe venait de lui faire une grande commande. Il en avait pour six années de travail, et il calculait que, grâce à la bonté du roi, il pourrait acheter sa vigne et sa maison sur les bords du Rhône où il était né. Dans six ans! Il mourut au bout de six moix! Son tableau de la *Esméralda* fut vendu à l'encan, et Rose, son modèle, nul ne s'inquiéta de ce que Rose était devenue. Hélas! ce doux sourire s'était arrêté, ces beaux yeux se fermèrent à jamais! Elle courba la tête, elle comprit qu'elle était vaincue, et elle mourut!

Au même instant, ce terrible et gigantesque Guyon, ce héros de tant de batailles, ce pourfendeur de tant de victoires, ce conquérant de tant de beautés, il fallut l'enfermer à l'hôpital des fous, où il s'éteignit, comme une lampe mal allumée, ce même homme qui savait par cœur tous les vers de Corneille!

Il avait oublié même le nom de la belle et touchante Émilie Guyon, sa femme, qui veillait sur lui, comme une mère sur son enfant imbécile.

Au même instant mourut aussi, frappé de la même mort, et par les mêmes causes, que cet énergique et passionné Guyon, une espèce de farceur qui, par la force et par le caprice du hasard, amusait les gens, rien qu'à se montrer. Il s'appelait Alcide Tousez. Il était laid à faire peur, et le geste et la voix à l'avenant. Que voulez-vous qu'on vous explique? Il était populaire, il plaisait, il amusait, le public le trouvait charmant fait comme ça, et bâti comme ça. Alcide Tousez était au nombre de ces comédiens sans art et sans fard qui font rire, uniquement parce que cela est ainsi, et sans que personne puisse dire comment et pourquoi. Il est le dernier des queues rouges! Il avait été adopté, dès le premier jour, et il n'avait eu qu'à réciter ses rôles : Berligoy, Bobêche, Gloussard, Magloire, Borniquet, Mérinos, Tintin, Maclou! Les chefs-d'œuvre sans doute et sans nom, qu'il a emportés dans le tombeau.

De ces trois-là, Guyon, Alcide Tousez et Rose Poujeaud, c'est la belle et triste jeune fille qu'il fallait regretter. Elle n'était pas faite pour cette tâche ingrate; elle mourut, tout simplement, de fatigue et d'ennui. Changez sa vie, et lui donnez une famille bourgeoise; placez-la dans le monde austère et calme des jeunes filles que l'on marie, et qui n'ont plus qu'à mener une existence unie et bienveillante, au fond de quelque vieille maison dont le travail est la loi, vous aurez une femme accomplie. Oui, cette enfant, faites-la naître au fond d'une province, et dans la plus humble bourgeoisie, elle sera l'orgueil de sa mère, elle sera la joie et l'orgueil de son mari; elle sera la plus modeste et la plus tranquille de toutes les femmes; sa douce beauté ne fera jamais parler d'elle; elle vivra honorée, elle vieillira heureuse.

Mais quoi? Vous la jetez, sans la consulter, dans un monde en deçà et au delà de tous les mondes connus, que voulez-vous qu'elle fasse? il faudra bien qu'elle y meure après les premiers et inutiles efforts. C'est ainsi qu'elle est morte, morte sans se plaindre, sans même appeler à son aide, sans dire : *Je meurs!* sans un regret toute cette beauté anéantie avant d'avoir vécu.

— Elle est morte, comme elle a accompli toutes les actions de sa vie, avec cette indifférence qui est presque le stoïcisme, et sans savoir ce qu'elle faisait, hélas !

A la même heure, au même instant, avec un bruit pareil à un coup de tonnerre, on annonçait, du fond de l'Italie en deuil, à la France au désespoir, qu'un des plus grands peintres du XIX° siècle avait porté, sur lui-même, des mains violentes, et que Léopold Robert, de sa main impie, avait écrit son nom glorieux sur la liste des suicides. C'était vrai ! Léopold Robert avait voulu mourir... Comparez cependant, si vous l'osez, l'humble et pieuse mort de cette pauvre jeune fille qui détourne une lèvre rassasiée et repentante de la coupe remplie, et qui succombe en silence sous un mal inconnu, la satiété mêlée à la jeunesse. Elle est seule, elle est pauvre, elle est triste, elle ne comprend pas, si jeune, qu'elle ait pu vivre ainsi dans un art qui la fatigue et qui la gêne... Alors elle attend, elle s'arrête, elle meurt quand la mort arrive, sans l'appeler, sans la craindre ; elle avait à peine vingt ans; pas de plus douce agonie, et plus calme et plus contente.

Comparez cependant la mort de ce stoïcien de vingt ans, au meurtre de cet homme accablé de toutes les faveurs de la gloire, en pleine fortune, en plein triomphe, en pleine force, amoureux de son art autant que M. Ingres lui-même. Certes, si Rose est touchante dans son courage et dans sa misère, si l'on ne peut s'empêcher de la pleurer, parce qu'elle était bonne et belle et malheureuse, quel pénible chagrin Léopold Robert nous a causé, quand on est venu nous dire : « Il est mort ! il s'est tué de ses mains ! » Et pourquoi ce meurtre, et quelle excuse ? Il était jeune et beau; plein de talent, populaire, et fêté de tous ; son heureuse vie était remplie de succès de tout genre ; il était entouré de louange, d'amitié, d'estime ; il avait une aimable femme qu'il aimait, des enfants adorés, et tout d'un coup, entre ces deux chefs-d'œuvre, les *Moissonneurs* et les *Pêcheurs*, sur les bords de cette Adriatique où lui-même il s'était représenté disant adieu aux matelots qui s'en vont dans un pays lointain, il se tue et le voilà mort !

Triste mort ! horrible mort ! incroyable misère ! Pleurez-le, car il était le plus honnête et le plus excellent des hommes ; mais, tout en le pleurant, ne l'excusez pas ! Ne dites pas qu'il est le martyr de son art. Périssent tous les beaux-arts de ce monde, s'ils produisent de pareils résultats! Quel est l'art ici-bas, quelle est la parole écrite ou parlée, quelle est la toile peinte, quel est le marbre taillé, quelle est la note jetée dans l'air qui puisse valoir le sourire de l'épouse, le baiser de l'enfant, la larme tarie du vieillard, les regrets de l'ami, l'azur du ciel, la première fleur du printemps?

Entassez les chefs-d'œuvre de Raphaël sur les chefs-d'œuvre de Michel-Ange, entassez Gluck sur Molière, Racine sur Mozart, Mirabeau sur Démosthènes, tout cet amoncèlement de génie n'excusera pas le suicide. Vous êtes malheureux? mais le malheur c'est le privilége de tous les hommes! Vous êtes découragé, abattu, amoureux? — attendez donc, tout passe, et même l'amour. Quoi! vous voulez plaire à cette foule égoïste et oublieuse, qu'on appelle le public, et vous ne savez pas attendre! Quoi! vous voulez arriver à la popularité, et vous ne savez pas y renoncer! Quoi! vous voulez qu'on batte des mains à votre passage, et vous ne savez pas entendre le coup de sifflet stupide du jaloux qui se cache dans l'applaudissement comme l'aspic se cache sous l'herbe? Vous ne voulez pas partager l'inconstance populaire avec les plus grands esprits, avec les plus puissants génies, avec toutes ces royautés de tous les temps? Mais vous ne savez donc pas qu'aujourd'hui la gloire est hors de prix, qu'il la faut acheter par toutes les misères, par toutes les insultes, par toutes les injures, par toutes les calomnies que peuvent vomir les hommes assemblés?

Je le répète, entre ces deux martyrs d'un art bien ou mal compris, celle-ci que l'art a tuée sans pitié, sans miséricorde, lentement, obscurément, et qui meurt de sa belle mort, à peine suivie jusqu'au cimetière, par deux ou trois amis de son abandon et de ses malheurs; celui-là que le génie a comblé de ses faveurs les plus chères et les plus rares, et qui se tue, au moment où il avait encore tant de chefs-d'œuvre à produire; entre ces deux cercueils de deux artistes, placés à de si énormes distances, s'il fallait choisir, s'il fallait suivre à pied, tête nue, par l'orage, dans cette boue humaine du Père-Lachaise, cette enfant perdue du théâtre, victime patiente, obéissante, résignée; — ou bien aller au-devant de celui-là, qui s'est tué, et faire cortége au suicide, au milieu de la foule la plus empressée et la plus brillante, malgré toute mon amitié pour sa personne et toute mon admiration pour son talent, — non, certes, je n'hésiterais pas.... C'est vous que je suivrais, pauvre enfant, morte sans bruit, sans larmes, sans regrets, sans couronnes, sans vanité.

§ XI

Qui n'a pas vu Frédéric Soulié, un jour de mardi-gras, sous l'habit d'un vrai fort de la halle, en vaste chapeau, en veste de droguet, la figure masquée au charbon et dansant avec une verve, un geste, une folie, un entrain à jeter la frénésie au milieu de la place Maubert, n'a pas vu Frédéric Soulié tout entier. Ce même homme, accoutumé à toutes les élégances, et qui les racontait d'une façon si naturelle, une fois dans les récits populaires, il était incomparable. S'il était cher aux petites maîtresses du roman et aux lecteurs les plus difficiles, il était cher au peuple, et le peuple le fit bien voir, lorsqu'il se découvrit sur le passage de son cercueil. Véritablement, personne en ce siècle n'a mieux réussi que Frédéric Soulié, dans la peinture des mœurs basses, dans le récit des aventures qui plaisent à la foule. Il était *peuple* à volonté ; il savait porter avec la même aisance, la blouse de l'ouvrier et la casquette de l'étudiant. Son drame intitulé *l'Ouvrier* a fait trembler toute la population du faubourg Saint-Antoine ; on eût interrogé tout le faubourg Saint-Antoine, il vous eût raconté l'histoire que voici :

En 1793 (affreuse époque, elle a déjà toutes les obscurités d'une fable, tant le sang versé se fige vite), le menuisier Raimbaut, du village de Lannois, sur la frontière, venait de faire le coup de fusil avec les Prussiens, lorsqu'en rentrant dans sa pauvre cabane, voici ce qu'il rencontra :

1° Dans son propre lit, deux femmes égorgées ;

2° Dans un berceau, près du lit, deux enfants nouveau-nés, du sexe masculin, et vivants. L'une de ces femmes est la jeune femme légitime de Raimbaut, accouchée en l'absence de son mari, l'autre femme lui est inconnue. Ce sera quelque malheureuse *ci-devant*, entrée là en mal d'enfant, et égorgée un moment après l'accouchement. Comme la femme de Raimbaut était enceinte de neuf mois, il est aussi fort probable qu'un de ces deux enfants est son fils. Mais comment reconnaître le fils de l'étrangère, à quels signes? L'un est marqué au bras droit, l'autre est marqué au bras gauche. — Dans le doute, abstiens-toi, dit le proverbe. Raimbaut, dans le doute, adopte les deux enfants; ils sont ses fils, tous les deux.

Vingt ans se passent, les enfants grandissent, la société française (il fallait qu'elle eût l'âme chevillée dans le corps) n'est pas tout à fait morte. Quelques grandes maisons se sont relevées, et entre autres la maison de madame de Gesvres et de sa fille Eugénie. Eugénie est belle comme on l'est à vingt ans. Un jour que les chevaux de sa tante allaient la précipiter dans le fleuve débordé, Eugénie est sauvée et d'une mort certaine, par un beau jeune homme, nommé Victor. Voilà donc le sauveur de mademoiselle de Gesvres qui devient le commensal de la mère et de la fille. Il est jeune, il est timide, il cache son esprit et son amour, quoi d'étonnant qu'on se prenne à l'aimer? La mère aime en Victor le sauveur de sa fille; elle l'aime aussi, par la raison que les femmes sont toujours du côté de l'amour, et parce qu'elles protégent les causes pour lesquelles il faut combattre. Malheureusement mademoiselle de Gesvres est un grand parti, elle est fort belle; elle a pour tuteur, un certain M. de Monnerais, parvenu de la révolution, héritier d'une famille éteinte, qui tremble toujours à la seule idée que le jeune marquis de Gesvres, perdu dans les orages révolutionnaires, peut revenir, et réclamer les droits de son nom et de sa fortune. Aussi bien M. de Monnerais a-t-il hâte de marier son fils Jules de Monnerais, à mademoiselle Eugénie de Gesvres; mais la pauvre enfant ne peut pas aimer ce grand dandy mal bâti. Elle n'en veut pas, elle n'en voudrait pas, même si elle n'aimait pas ailleurs. Donc, entre M. Victor et M. Jules, la haine se déclare. Victor est insolent avec son rival: il faut se battre; il faut que celui-ci vienne à bout de celui-là.

Mais quel est ce bruit? Quel est le joyeux garnement qui entre dans le château en chantant, la casquette sur la tête? C'est Auguste, le meilleur apprenti de son père, le menuisier Raimbaut. — Bonjour, mon frère, te voilà donc enfin? dit Auguste à Victor. —

À ce tutoiement funeste Victor courbe la tête, il est perdu, chacun sait, à présent, dans le château qu'il n'est que le fils d'un ouvrier. Pour lui Eugénie est perdue ! Il n'a même plus l'espoir de se couper la gorge avec M. Jules ! C'est en vain que le brave Auguste veut relever les affaires de son frère en disant qu'il est avocat, qu'il est bien élevé, qu'il a tous les sentiments d'un grand seigneur ! Le pauvre Victor est mis à la porte de cette maison où il désirait tant de choses, où il demandait si peu.

Jusque-là tout va bien, notre auteur est dans le drame, il est dans la vérité, il reste un homme bien élevé et respectant les limites naturelles de son art. Mais, voyez la peine et la misère de cette profession du drame, lorsqu'il faut, pour vivre, absolument réussir ! Ce bel esprit, ce solide écrivain, au moment où toutes les âmes honnêtes sont attentives à son drame, il se rappelle, en gémissant, que son drame est destiné au public le plus vulgaire, à la foule ignorante, au peuple effronté des boulevards, à cet auditoire ahuri qui ne comprend pas longtemps les choses délicates, et qui veut de l'assaisonnement, même aux liqueurs fortes qu'on lui verse à longs traits... c'est pourquoi ce même homme à qui nous devons la charmante histoire du *Lion amoureux*, et tant d'élégies qui ont fait verser les plus douces larmes, soudain il se jette, à corps perdu, dans les violences les plus folles et les plus invraisemblables.

C'est qu'à tout prix, il faut plaire aux don Juan de ce parterre *en manche de veste*, il faut plaire aux Lauzun du poulailler, aux *charmantes* des hautes places, et le voilà qui, sans aucune espèce de nécessité, introduit, dans son drame, un *voleur*, et ce qui est le pire, un voleur philosophe, un bel esprit qui joue avec le vol, comme Figaro joue avec Chérubin ! Qu'il devait être honteux de lui-même, ce brave homme, en contemplant parfois les excès auxquels sa pauvreté le réduisait ! Fi donc, plaire à cette foule et l'amuser par de si tristes moyens ! Il est bien entendu que cet aimable voleur, en sa qualité de bel esprit, est un peu l'ami de maître Auguste, l'ouvrier charpentier. Il a même vendu à Auguste, certaine paire de boucles d'oreilles qui joueront leur rôle tout à l'heure. Bon ! notre parterre de l'Ambigu doit être content : on lui donne ce qu'il aime le plus, des marquises, des jeunes filles bien nées, un ouvrier honnête, un voleur homme d'esprit. Ce voleur a un nom, il s'appelle Roussillon; peu s'en est fallu qu'on ne l'appelât *Rossignol.*

Ce Roussillon a médité dans sa tête, non pas un vol *au bonjour*, un vol *à la graisse*, un vol *au rendez-moi*, un vol *à l'américaine* (hélas! Fédéric Soulié avait le choix dans les gentillesses de la *Petite-Pologne*), il a inventé le vol *aux papiers de famille*. Il sait que cette illustre famille de Gesvres a laissé un rejeton, que ce rejeton est désigné, dans certains papiers que renferme *certaine cassette* où le père Lombard enferme son argent. Que fait Rossignol, je veux dire Roussillon? Il vole la cassette du père Lombard, il lui vole en même temps ses papiers et son argent. « Dans ce sac ridicule, » disait Despréaux, je ne reconnais pas l'auteur du *Misanthrope;* dans ces détails de cour d'assises, nous ne reconnaissons pas l'auteur de *Diane de Chivry.*

C'en est fait, le bonhomme Lombard, dévalisé par Roussillon, se voit forcé de faire banqueroute à l'instant. Mais comme il n'est pas juste que le bonhomme entraîne ses deux enfants dans son déshonneur, il raconte à Auguste et à Victor, comment l'un des deux n'est pas son fils. « Ainsi, que l'un de vous renonce à un père si malheureux. Si j'en crois mes pressentiments, mon cher Auguste, à te voir manier le rabot et la lime, à te voir fendre une poutre et placer un chambranle, c'est toi qui es mon fils. Victor est trop savant, il aime trop les livres et les nièces de marquises, il a les mains trop blanches pour n'être pas l'enfant de quelque marquis. » — « C'est ce qui vous trompe, répond Victor, en mettant l'habit bas! Il n'y a pas de marquis dans notre cabane, il n'y a que deux travailleurs! » A cet incident, notre public, qui n'était pas très-content de l'explication donnée aux talents d'Auguste, se met à battre des mains. Il fait toujours bon manger un petit morceau de marquis, dans l'occasion.

Dans cette cabane désolée, arrive madame de Gesvres, une bourse à la main : naturellement la bourse est refusée. Nous avons des sentiments trop élevés! La bourse de cette dame, on n'en veut pas. Mais si elle voulait seulement nous donner sa nièce Eugénie, en mariage, avec cent mille écus de dot, peut-être nous ne dirons pas : — *Non!* A chacun ses scrupules.

Cependant notre Auguste, fin matois, finit par se douter que le voleur est un de ses amis, M. Rossignol. Ici, pour relever quelque peu l'attention, nous avons besoin de quelque événement extraordinaire; il nous faut des détails aggravants, des circonstances matérielles, quelque chose d'imprévu; suivez-nous donc au château.

Dans un appartement du château, Rossignol, qui s'est lui-même constitué le prisonnier de M. de Monnerais, est en train de boire, de manger et de philosopher, car il mène ces trois choses de front, en dépit de l'adage: *Vivre d'abord, philosopher ensuite.* Ce diable d'homme, qui nous paraît le cousin bien élevé de Robert-Macaire, a imaginé de soutirer d'abord dix, et bientôt quinze mille francs à M. de Monnerais, contre la remise des papiers en question. Avant tout, Rossignol cache ces papiers-là dans la cheminée; mais à peine le coup est-il fait, que notre ami Auguste entre par la fenêtre. Auguste est un peu coureur et *couvreur* de son état; il a grimpé à l'échelle de cordes: le voilà donc en présence de Rossignol; et pour commencer, Auguste dit au voleur: — *Part à deux!* A cette apparition inattendue, et voilà pourquoi elle est bonne, Rossignol se trouble et regarde, de côté et d'autre dans la cheminée, en homme qui a caché des papiers précieux et qui a peur qu'on ne les prenne. Auguste se cache dans la cheminée avec les papiers. Entre alors M. de Monnerais, qui est sorti, sous le bon prétexte d'aller chercher de l'or; mais le digne homme est sorti, tout simplement, pour aller chercher un pistolet de poche. Il arrive donc avec son pistolet, et il dit à Rossignol: — *Mes papiers, ou je te brûle la cervelle!* — « Tes papiers, répond Auguste, sorti de sa cachette pour se suspendre de nouveau à sa corde, tes papiers! les voilà! Tue-moi, si tu l'oses! Mais à l'instant même tes papiers tombent, et ils sont reçus, par mon frère et par mon père qui sont en bas dans les fossés du château! » Ce que voyant, M. de Monnerais qui n'a plus d'espoir, se retire honteux et confus avec Rossignol. Voilà donc trois personnages dont vous n'entendez plus parler: MM. de Monnerais père et fils, et M. Rossignol; c'est bien fait.

Mais, car c'est ici que j'attendais le parterre, voici bien une autre chose; c'est Auguste qui est le marquis, ainsi le déclarent les papiers volés par Rossignol. Auguste, menuisier, marquis de Gesvres! l'ouvrier petit-fils d'une marquise! les mains noires, marquises! la veste, habit-brodé! la casquette, chapeau à plume!

l'homme du peuple est le noble! l'avocat est l'ouvrier! A ces découvertes, le père Lombard est bien étonné, mais le parterre est bien triomphant! Vive donc monsieur le marquis Auguste! la pauvre Eugénie est bien triste, le pauvre Victor est bien malheureux. Après cela ne venez plus nous parler de *la voix du sang*; il me semble qu'elle est singulièrement enrouée, en ce moment, la voix du sang!

Brave homme, ce Frédéric Soulié. Ça ne l'amusait guère ces flatteries qu'il fallait adresser aux dames et aux messieurs de l'Ambigu-Comique. Il était assez dédaigneux de ces louanges exotiques, et quand il pouvait, tout d'un coup, se retourner contre les préjugés de son parterre en blouse, il n'y manquait guère. C'est ainsi qu'il a montré son nouveau marquis, Auguste l'ouvrier, renonçant à son père Lombard, à son frère Victor, et les priant de ne pas oublier la distance qui, désormais, sépare un homme tel que lui, de M. Victor et de M. Lombard.

A ces traits, indignes d'un véritable ouvrier et d'une belle âme, le parterre a grogné, il a murmuré, il s'est fâché tout rouge; il ne reconnaissait pas son ami Auguste à ces vanités; cette fois l'ouvrier se conduit comme un noble : à bas l'ouvrier, et surtout à bas le poëte! Le poëte a menti quand il a dit qu'un ouvrier pouvait se conduire en marquis! Heureusement pour Frédéric Soulié, ce n'était là qu'une feinte de notre ami Auguste. Lui, épouser mademoiselle de Gesvres, fi donc! Lui, être riche! Pour qui le prenez-vous? Il veut que mademoiselle de Gesvres soit pauvre et que Victor soit riche, afin que la fortune de celui-ci compense la noblesse et la beauté de celle-là. A ce dernier trait de son héros de prédilection, le parterre ne se contient plus : il crie, il hurle, il trépigne, il pleure de tendresse, il veut savoir le nom de ce nouveau venu qui lui donne de pareils transports, qui lui fait de si doux plaisirs?

Par pitié et par respect pour sa mémoire, il ne faut pas chercher Frédéric Soulié dans les excès du mélodrame, ou bien si vous voulez absolument interroger son mélodrame, il faut chercher le poëte dans certains côtés de grâce et d'esprit où il se retrouve toujours. Après ses *Ouvriers*, quelle fête ses *Étudiants!*

« Les étudiants! » *Titulus clamat!* C'est le beau moment de la vie où l'on n'est plus un écolier, où l'on n'est pas encore un homme. Les vraies passions arrivent et grandissent, sur les débris des vivacités de l'enfance; on vient et l'on arrive, à Paris, pour y passer, dans l'innocence, des jours filés d'or et de soie. Aussitôt toute leçon s'oublie et toute crainte s'envole ; le présent, l'avenir, les sages préceptes, les bons avis et les bons exemples des générations renfrognées, on n'en sait rien; on n'entend rien; le moyen de rien entendre dans cette ville des joies et des licences où tout est bruyant, excepté le tonnerre. Allons çà! faites-nous place, nous sommes l'avenir! Cédez-nous le pas, nous sommes les magistrats, les capitaines, les peintres, les poëtes, les artistes, les avocats, les médecins, les députés, les pairs de France, nous sommes le printemps de ce siècle! Et les voilà qui s'en vont, la casquette en tête, la pipe à la bouche, les mains dans les poches, traînant avec eux, dans leurs gaillardes escapades, mille vertus apprivoisées, d'un frais visage et d'un facile accès. Le lierre ne tient pas à l'ormeau avec un abandon plus échevelé.

Elles aussi, les dames des étudiants, elles sont jeunes, elles courent après leur licence. Regardez-les passer au bras qui les emporte ; elles sont vives, d'une santé brillante, exposées à toutes les fortunes ; elles ne manquent ni de verve ni d'entrain, ni d'esprit, ni de bonne volonté; où le vent les pousse, elles vont. Bonne pâte de filles, logées à la petite espérance, et toutes filles d'honneur, comme il plaît à Dieu. De seize à vingt ans, pas plus loin, leur vie est un *impromptu* de chaque jour ; elles vivent de rien, d'une chanson, d'une bonne parole, d'une contredanse bien dansée, d'un coup d'épée dont elles seront à la fois la consolation et la récompense, d'un échaudé et d'une bouteille de bière, le revenu le plus solide de leur beauté.

Elles disent que le temps leur a été donné pour la fête et pour le plaisir; que le remède le plus sûr, pour se garer des tentations, c'est d'y succomber; qu'il faut prendre la balle au bond, quand on a le coup d'œil vif et la main leste ; qu'elles ne sont pas faites, pas plus que le bachelier de l'estaminet voisin, pour tournoyer dans un petit cercle de vertus communes, et pour languir autour des questions comme les jeunes filles bien élevées. — Nous sommes, disent-elles aux jeunes gens qui les emportent, non pas vos dupes, mais vos complices; nous marchons, bras dessus bras dessous, au même abîme, obéissant aux mêmes passions. Eh! sans passions, que deviendrait l'univers?

La belle passion, c'est notre âme immortelle! La jeunesse est la fortune que nous dépensons en commun; nous sommes les agrégées de vos fêtes et de vos plaisirs, nous sommes, comme vous, de la confrérie des heureux; nos billets doux, voilà nos diplômes; nos beaux yeux bleus ou noirs, voilà notre mise de fonds; notre joli minois, voilà nos lettres de change; si nous sommes peu vêtues, eh bien! laissez-nous faire, nous trouverons des chemises sur tous les buissons d'aubépine; la renommée, dites-vous! nous sommes plus fières de nos amours que d'une bonne renommée; enfin ne parlez pas de demain, demain, c'est un songe! Ne parlez pas de mariage, nous sommes de ces femmes qui naissent veuves, et nous sommes décidées à nous marier quand le mariage sera défendu; ne parlez pas de la caisse d'épargne, on n'y reçoit ni les cheveux, ni les portraits, ni les bagues de cuivre, ni les diamants en verre, et autres broutilles d'amour.

— Ne parlez pas de vieillir, on ne vieillit pas à notre âge, et qu'importe? Quand j'aurai vingt-cinq ans, Gabriel sera procureur du roi, et malheur aux pauvres filles qui témoigneront par la légèreté de leurs habits, de la légèreté de leur conduite; quand j'aurai vingt-cinq ans, Nestor, devenu maire de sa ville, poursuivra, sans rémission, même les plus belles qui auront placé leur honneur à fonds perdus. Vingt-cinq ans d'ailleurs, eh! qui donc a vingt-cinq ans?

Ainsi elles parlent, ainsi elles agissent; elles n'ont pas d'autres répondants, en ce monde, que deux ou trois péchés mignons qui les abritent de leur aile bienveillante. Rien ne les inquiète et rien ne les gêne; quand elles ne sont pas occupées à leurs amours, elles passent leur vie à la fenêtre, à regarder s'enfuir on ne sait quel fantôme, le fantôme de leur jeunesse rapide, rapidement envolée, avec toute leur fortune qui s'en va s'éloignant toujours, après quoi en voilà pour l'éternité. Pourtant ne criez pas trop haut contre ces philosophes en jupon court — en cornette effrontée qui donnent toute leur vie pour un grain de bonheur; agir ainsi, c'est bien agir, car, en facile morale, mieux vaut un vice décidé qu'une vertu équivoque. Elles ont raison à tout prendre; la plus triste des morts, c'est la mort de la jeunesse.

Elles ont encore, que sait-on? une chance heureuse. Plus d'une qui pleurait son étudiant, disparu dans quelque profession savante, est devenue, de simple grisette qu'elle était, marquise de bonne aventure et autres lieux. Que dit, en effet, le refrain consolant de la chanson?

> Souvent la farine se donne
> Et le son se vend...

et elles vivent là-dessus, en attendant mieux.

Donc qui dit l'étudiant, dit aussi la grisette; c'est le même monde en deux sexes, ou plutôt il ne s'en est fallu *que de ça !* que ce soit le même sexe. Emporté par les premiers tourbillons de la jeunesse, l'étudiant se berce à peu près de la même morale que sa compagne; il a tout à fait la même philosophie et la même croyance. Entre le plus ou le moins de la passion, il sait très-bien, sans avoir beaucoup étudié, que l'homme sage et prudent est celui qui en a le plus. Il s'est répété, en fait de joies abondantes et plantureuses, la maxime des ambitieux (écoutez! c'est la maxime qui fait les grands libertins et les grands hommes): qu'il faut en toutes choses se proposer un point, au delà de sa portée; et comme ils ont l'idée confuse qu'il faudra enfin se mettre au joug et s'atteler à la règle, car la société humaine ne se soutient pas avec des chansons et des danses, ils commencent par s'enivrer de liberté, de folie et d'indépendance; et tant que durent ces heures de licence, il faut leur savoir gré de laisser un roi sur son trône, un grand homme sur son piédestal, et de vouloir bien reconnaître qu'il y a un Dieu. Que voulez-vous? c'est l'étoile et c'est le levain d'Adam! Enfin ils ont aussi leur petit refrain qui leur sert de *nombre d'or* :

> Qui ne veut pas quand il peut,
> Ne peut pas quand il veut.

Encore une fois, ne calomnions pas la jeunesse, c'est belle chose que jeunesse; jeunesse impatiente, vivace, alerte, brusque, mouvante, galoise, honnête et loyale, au demeurant. Qui donc peut se dire : Je vais lier le vent et fixer le mercure? Il ne faut pas être inquiets outre mesure; au contraire soyez indulgents, soyez patients, vous qui avez été jeunes ; laissez jeter, à la jeunesse impatiente, son feu et son écume, laissez-la courir l'aiguillette à son aise, et chercher ses franches lippées ; ne vous inquiétez pas plus qu'il ne convient, de ce grand penchant pour le vice, qui conduit souvent à de si grandes vertus. Où est le mal, où est le danger, quand ils seraient heureux, trois ou quatre fois et même davantage? Regardez autour, de vous, les grandes conquêtes de la paix, les grandes victoires de la guerre !

Elles ont été accomplies justement par ces jeunes gens de joie et de plaisir; eux aussi, ils ont passé par la Grande-Chaumière, avant de gagner tant de batailles, ils ont épuisé les désordres des sens et les prodigalités de l'esprit, avant de mettre la main à cette œuvre immense d'une grande société à défendre ; ces hommes sages d'aujourd'hui, dont l'ambition ne sait rien qui la puisse satisfaire, ils s'écriaient, il n'y a pas vingt ans :

> Qu'un instant de bonheur vaut mille ans dans l'histoire.

Ainsi les a vus Frédéric Soulié, ainsi il les a compris, ainsi il nous les montre, les uns et les autres, messieurs les étudiants et mesdames les étudiantes, tels qu'il les sait, tel qu'il a été, lui-même, et Dieu sait s'il regrettait ce beau temps !

Dans un hôtel du quartier latin, meublé d'une vingtaine d'étudiants et d'une vingtaine de grisettes, qui mènent dans cette maison une vie de bohémiens, Roger d'Orilly, sous le bon prétexte qu'il étudie le droit, dépense sa vie en mille folies. Roger est un beau jeune homme, fier jusqu'à l'insolence, et qui ne craint pas le danger ; plein de désirs, assez riche pour les satisfaire, homme à craindre et à estimer, ami fidèle, ennemi dangereux, il est le roi de cette Cour des Miracles, il en est l'esprit, l'abondance et la bonne humeur. Aussi bien ses amours sont de la première volée, ses mots sont d'un bon sel, il tient mieux l'épée que la plume, il n'est pas maladroit au noble jeu de billard, il ne laisse pas moisir l'argent entre ses mains, il est le héros de l'École de droit, l'âme de l'École de médecine, s'encanaillant au besoin, mais de façon à n'y laisser que sa bourse.

A côté de cet étudiant modèle, tous les autres étudiants paraissent peuple ; pas un, mieux que lui, ne s'entend à pousser sa pointe, qu'il s'agisse d'esprit ou qu'il s'agisse d'amour ; en un mot, brave, heureux, de bonne mine, éloquent, tel est Roger. Il est l'appui du faible et la terreur des superbes, c'est un vrai Romain. Il faut le voir quand il est amoureux, et qu'il prend ses airs patelins de jésuite, pour mener à bien une conquête difficile ! Il faut l'entendre, quand il brutalise madame Passager, la maîtresse de l'hôtel ! Il lui chante, en riant, ses dix-sept péchés mortels ! Il brise les verres, il casse les assiettes, il jette le gigot par les fenêtres, il met les petits plats dans les grands, c'est un *sauve-qui-peut* général ! Quelle vigueur ! quels poumons ! quelle verve et quelle santé !

Autour de ce roi de la fête, s'agitent ces jeunes messieurs et ces jeunes dames du quartier latin : mademoiselle Henriette, minois de fantaisie qui s'est passé déjà bien des caprices ; mademoiselle Louise, qui sera, avant peu, reléguée au vieux sérail, et qui jouit de son reste ; mademoiselle Lucie et sa sœur, orphelines de père en fils ; mesdemoiselles Amanda, Gabrielle, Sophie et autres dames de haut appétit, qui savent ce que c'est que de vivre friandement, et en leur compagnie les docteurs et bacheliers que voici, docteurs à boule rouge, à tête brûlante : Bacherot, Félix, Pichonneau, Ménissier, Arthur, Victor, des gaillards qui luttent entre eux, à qui le portera plus beau. Ce jour-là, un dimanche, jour de galanterie pour les petites gens, ces messieurs et ces dames sont en repos et en argent comptant ; ils rient, à qui mieux mieux, de se voir si heureux. Cependant le ciel est sans nuage, la Seine est calme, les barques sont toutes pavoisées : si nous profitions du beau temps pour planter là madame Passager et ses pommes de terre ? Aussitôt dit, aussitôt fait ; ces messieurs prennent leurs habits de matelots, ces dames se mettent en état de s'aller baigner : on part, on est parti ; on est arrivé à Bercy, *littus iniquum,* rivage dangereux s'il en fut. Au reste, la chanson le dit :

> Nul ne doit au bois aller
> Sans sa compagnette.

Ecco l'arca di Noe. Cette maison de madame Passager est aussi peuplée que l'arche ; rien n'y manque, pas même la colombe qui doit rapporter le rameau vert. Cette jeune personne s'appelle Marie, une belle brune qui a la douceur des plus charmantes blondes. Marie est pauvre, elle est d'autant plus honnête qu'elle est jolie à ravir ; si elle voulait un amant, elle n'aurait qu'à laisser faire sa figure, qui est charmante et qui ne la laisserait manquer de rien ; mais elle ne se sent pas faite pour endosser cette lettre de change, elle attend, elle espère ! C'est l'ombre au tableau. Pour Marie, l'amour est fils de la pauvreté ; pour ces dames les matelottes, l'amour est fils du plaisir.

En vain la petite Henriette, pétillante et frétillante comme une marmotte éveillée, veut expliquer à la jeune Marie, les mystères transparents de sa modestie cossue, cette petite Henriette parle en fille qui connaît les étudiants et non pas le monde. A l'entendre, pour être heureux et pour donner à sa mère une vieillesse honorable, il suffit de ne pas redouter l'odeur du tabac, le petit vin du traiteur, d'aimer la table et de savoir s'y plaire, de regarder, d'un œil content, la gaieté d'autrui, de chanter aux chansons, de sourire aux bons mots, d'être jeune enfin de toutes les grâces d'un bon caractère, et non pas mélancolique et sombre, à noircir même les charmilles de la Rapée. A ces leçons d'une morale bonne-enfant, la pauvre Marie ne veut rien comprendre ; elle ne veut même pas risquer un œil sur ce monde à part de philosophes sans souci, où les mariages sont aussi fréquents que les séparations de corps ; pour en finir, la malheureuse enfant ! va se jeter à l'eau.

Cependant nos canotiers et nos canotières sont à grenouiller au cabaret ; on chante de plus belle, on ne s'est jamais tant aimé ; ces messieurs ont le vin tendre, et ces dames ont l'œil au bois. Quoi de plus ? le costume est leste, et le discours ressemble au costume ; enfin si cela vous gêne, ma belle dame, vous êtes bien la maîtresse de vous cacher les yeux, à doigts ouverts. D'ailleurs rassurez-vous, notre poëte, qui est un bon compagnon, s'est rappelé à temps ce passage des *Lettres familières : Pellas inter pecus :* mettez au moins un voile de gaze, entre la biche et le cerf.

On crie : *A l'eau ! au secours !* et MM. les étudiants ne disent pas : — *Ce n'est rien ! c'est une femme qui se noie !* au contraire, voilà notre héros, Roger d'Orilly, qui se jette au beau milieu de la rivière, et comme les âmes tendres se devinent les unes les autres, Oliver a bientôt retrouvé Marie, il l'a bientôt ramenée au rivage; Marie est sauvée, et mons Roger revient, très-heureux et très-mouillé, tant il est vrai que rien ne rafraîchit le sang comme une bonne action.

Ces dames entourent la pauvre Marie, elles relèvent ses beaux cheveux, elles lui prêtent une belle robe blanche, elles la ramènent parée et presque triomphante. En la retrouvant belle comme le beau jour, M. Roger le batelier est tout disposé à jeter ses plombs joyeux sur la jeune Marie, et même il fait déjà des projets sur cette vertu à demi noyée. Il est vrai qu'il est le roi des enjôleurs, que chacun l'admire et lui fait place, et que la pauvre Marie s'abandonne à cette espérance inconnue. D'ailleurs ces amours, ces festins, ces grands cris de joie : — *Oh! eh! les autres, oh! eh!* qui ont remplacé l'*évoé* des anciens, ont fini par porter leur trouble en cette pauvre âme abandonnée à elle-même. Bref, cette enfant qui se jetait à l'eau, pour ne pas suivre de coupables exemples, la voilà qui suit nos étudiants étincelants au bal de la Grande-Chaumière, qui est, comme chacun sait, le vrai refuge des dames affligées. Une fois emportée aux tourbillons de ces dévideuses de la jeunesse, Dieu sait ce que deviendra la pauvre Marie; enfin comment la tirer des mains de ce Roger, l'Alcibiade de l'École de droit, intrépide qui ne doute de rien, et si hardi qu'il ose toucher même à la vertu?

Hélas! il n'y a pas de cela vingt ans, dans ces mêmes jardins, sous ces mêmes ombrages, un brave et digne garçon, taillé sur le patron de Roger d'Orilly, fier comme un Écossais, friand de la lame et du bon mot, l'Apollon des plus belles et des plus désirées, d'un vif esprit, le chapeau sur l'oreille, plus souvent battant que battu, ardent, infatigable, beau joueur, grand joueur, très-bon dans le fond, mais ajoutant à sa beauté, la force et la hardiesse des méchants, régnait, en maître souverain, sous ces ombrages profanes, remplis de ses louanges. Les femmes, même, au milieu de la valse commencée, s'arrêtaient pour le voir; les musiciens brisaient la mesure pour l'applaudir. Frédéric Soulié l'a connu, nous l'avons tous connu; il devait nous enterrer tous... il est mort, il est mort pauvre, et laissant le testament d'Eudamidas, léguant ses deux enfants, aux compagnons de ses beaux jours.

Après cette vie frivole, sa mort fut sérieuse. Pour la première et pour la dernière fois, il a pleuré. Il pleurait sur sa femme toute jeune, sur ses deux enfants dont l'avenir l'épouvantait !

Or savez-vous que c'est bien beau la *Chaumière*, que c'est charmant l'école buissonnière, que le Droit en plein vent, la Médecine de carrefour, et les belles-lettres du bal Mabille ont un entraînement irrésistible... cependant, si nous sommes sages, tâchons de ne pas prolonger, plus qu'il ne convient, ces études par trop fleuries ; il y a une certaine dose de gloire errante et malsaine pour chacun de nous, qu'il ne faut pas dépasser, même sur les rives fortunées de Bercy ; aller plus loin, c'est vouloir, comme notre ami, succomber sous ces lauriers stériles qui font pleurer les mères et pâlir les enfants [1].

Mais quoi ! pendant que nous nous promenons dans ces bosquets à demi enchantés, un peu plus bas qu'entre chien et loup, à la brune, notre drame a furieusement marché. Roger d'Orilly, qui tient à son bras la pauvre Marie que lui livre la misère, est insulté par un pauvre étudiant, Olivier ! Olivier ose reprocher à dom Roger sa lâche victoire sur la pauvreté et l'innocence d'une honnête fille. A ces mots, Roger pâlit, le vin lui monte à la tête avec la colère, il se demande ce que veut cet insensé ?

— Nous pouvons le dire à Roger d'Orilly, ce fanatique Olivier le provoque, parce qu'il veut mourir. En effet, ce funèbre Olivier porte le nom d'un homme déshonoré : son père s'appelait le baron de Mortagne ; durant l'émigration, le baron de Mortagne a livré à l'ennemi son hôte, le comte d'Orilly, et l'exécration universelle s'est étendue sur ce misérable Mortagne ! Ainsi le meurtre du comte exhale, autour de son fils Roger, des fumées qui crient vengeance. Lui-même, l'assassin, le baron de Mortagne, nous l'avons déjà rencontré, assis sur une borne, seul, courbé sous la honte et le désespoir, épiant d'un œil funeste, les actions de ce fils qu'il aime et qui le repousse. Sa fille et sa femme ont quitté ce Mortagne, et il ne sait même pas que sa fille en est à ce point de se vendre au fils de l'homme assassiné ; — il ne sait pas que sa femme expire de besoin, à vingt pieds de la

---

1. On peut le nommer aujourd'hui, il s'appelait Charles Froment. A ce dangereux métier de vieil étudiant, il avait dépensé une belle fortune, une brillante jeunesse. Il écrivait, quand il est mort, un petit journal qui le faisait vivre petitement. Il a laissé, bien pauvres, deux enfants en bas âge qui se sont bien élevées ; elles brillent aujourd'hui par les plus modestes et les plus sérieuses qualités du cœur et de l'esprit.

borne qu'il occupe, il ne sait pas qu'on a dit à cette pauvre femme : — Prends ton grabat, et cède la place. — *Tolle grabatum et ambula!* Vous voyez [...] le drame se montre vigoureusement, et que nous ne somm[es p]as seulement ici pour chanter la *Marseillaise* ou la *Mère Go[dich]on*.

Le quatrième acte se pa[sse] en plein carrefour, rue Saint-Jacques, vis-à-vis la porte [...] [...]ole du collége de Louis-le-Grand. Que de beaux esprits sont s[orti]s par cette porte solennelle! mais aussi que d'héroïques cul[otte]urs de pipes et que de beaux danseurs elle a fournis à la G[ran]de-Chaumière! M. Emon, le censeur des études à Louis-le-Gra[nd,] homme d'une urbanité charmante, d'un style correct comm[e sa] vie, calme comme sa pensée, béné[dictin caché sous l'enve[loppe] de l'homme du monde, belle âme bienveillante qui nous [ren]dait presque supportable la loi de fer du plus féroce despote [qui] ait tourmenté d'honnêtes gens, a écrit d'une plume élégante [et l]aborieuse, l'histoire du collége où il a fait tant de bien et soul[agé] tant de désespoirs.

Et quand enfin tout [dort] sur les hauteurs latines, même les coqs et les étudiants en m[éde]cine; quand il n'y a pas dans la rue un seul fiacre ou un seul [p]ète errant, nous nous retrouvons dans la mansarde d'Olivier. C[ette] fois, il faut périr; Olivier, écrasé sous l'ignominie de son pè[re, l']ignominie qui retombe sur le fils, qui remonte contre ses aïeu[x,] ne songe pas même à défendre sa vie; Marie, poussée à bout, veut en vain tendre la main à l'aumône, la misère et la honte ne sont pas amies, et Marie reçoit pour toute aumône, un pain qu'elle ne peut pas manger, le pain que mange son père! Réunis dans la même misère (car ils se sont reconnus à la fatalité qui les écrase), Olivier, Marie, madame de Mortagne ne songent plus qu'au moyen d'être enterrés, sans dire leurs noms, dans la fosse commune... Ah! nous voilà bien loin de nos bombances du premier acte; et tant mieux donc, ne croyez pas ceux qui vous disent que le pèlerinage de la vie est semé de roses, vous avez vu, tout à l'heure, par l'exemple et par la mort précoce de Charles Froment, que, même pour les étudiants endurcis, les épines ne manquent pas.

Mais voici que notre ami Roger d'Orilly, le bon vivant, vient ramener la vie et la joie dans le grenier de ces malheureux battus de l'orage. Certes nous n'étions pas préparés à ce *qui-va-là?*

mais, en tous les cas, M. Roger sera le bienvenu. Sa sœur, qui se noyait (c'est une contagion), a été sauvée par Olivier, et elle aime son sauveur; comme aussi Marie, qui se noyait, sauvée par Roger, se sent toute disposée à épouser qui l'a sauvée. Roger pardonne, et voilà deux noces pour un duel. Quant au baron de Mortagne, dit *Croche-à-Mort*, il est chassé définitivement du nombre des pères, et il s'en va mourir dans quelque mauvais recoin de la grand ville.

Maintenant que voilà nos jeunes gens mariés, Olivier sera bientôt quelque grand président de l'Académie des sciences, Roger est attendu au Palais-Bourbon, ils ont mis en commun ce qu'ils savent, ce n'est guère, mais enfin l'accord fait tout grandir, — *Concordiâ res parvæ crescunt.*

Ce qui a fait vivre un instant ce drame, animé de toutes les passions de la jeunesse, c'est que le *poëte* a été vrai jusqu'au délire. Il est rentré violemment dans toutes les violences de ses vingt ans; il n'a reculé ni devant la folie de ces joies surabondantes, ni devant les détails de cette misère qui consiste à mourir de faim et de froid. Les vices qu'il raconte, car enfin ce sont des vices, il les a vus de plain pied, comme il faut les voir! Il voyait tout, il savait tout; mieux que pas un inventeur parmi nous, il pouvait dire : Je suis un homme à qui pas un vice n'est étranger, à qui pas une vertu n'est inconnue. Ajoutez qu'il remplissait, avec une véhémence incroyable, la première condition de l'auteur dramatique : l'invention. Il a le style du drame, vif, passionné, hardi, souvent incorrect; mais le dialogue s'accommode très-bien de ces incorrections qui vont droit au fait. Un des grands mérites de Frédéric Soulié, c'est qu'il prépare, on ne peut mieux, les événements qu'il met en scène, enfin les hommes qu'il fait agir et parler, il les a vus dans un certain monde de sa création qui n'est pas tout à fait, mais qui est bien près d'être le monde réel.

Ainsi, dans ses plus grands excès et dans ses violences les plus extrêmes, cet homme était irrésistible, même aux honnêtes gens; quand une fois il vous tenait, il était votre maître, et pour longtemps. Bon gré, mal gré; il fallait le suivre; il vous entraînait du vallon à la montagne, du ciel à l'abîme, de l'infamie à la gloire, du vice à la vertu, par toutes sortes de sentiers à lui connus. Un homme, un fantôme! Il frôle l'abîme; il jette à chaque instant, sur les plus rudes écueils, quelques-unes de ces témérités heureuses qui vous donnent le vertige, et il se tire de ces mauvais pas avec une habileté que rien n'égale.

D'autres, aussi bien que lui, sinon mieux, entendaient la description et le détail: celui-ci était un inventeur plein d'expérience, un conteur actif, passionné, sans vergogne. Il en est qui se font lire, par l'esprit semé à pleines mains, d'autres qui se recommandent par le naturel du dialogue; ce troisième racontait, parfois même avec l'éloquence des grands écrivains, les transports de son cerveau et les passions de son cœur; mais pas un seul, parmi ces rares et infatigables conteurs, ne savait envelopper son récit, dans un mystère plus complet, plus varié, plus soutenu.

L'inconnu était le grand Dieu de Frédéric Soulié. Même dans les récits les plus impossibles, on voyait qu'il avait étudié les mœurs, les passions, les aventures du monde réel; ajoutez qu'il avait ce grand avantage, pour un romancier, d'être un poëte dramatique; il savait parler à la foule, du haut d'un théâtre, et tenir, d'une main ferme, les rênes d'un auditoire qui ne demande qu'un prétexte pour se livrer à toute la gaminerie naturelle à un public français.

Ce même homme, pour qui le roman n'avait plus de secrets, s'était amusé à réaliser, dans toute sa puissance, une de ces imaginations les plus étranges; il avait tenté, à l'aide des machines et des transformations de la féerie, des changements à vue, de l'impossible enfin, d'écrire une véritable comédie, une de ces comédies dont les anciens nous ont donné l'exemple dans l'*Amphitryon* et les *Ménechmes*, rares chefs-d'œuvre, copiés avec tant de génie ou tant d'esprit et sans l'aide du masque antique, par Molière, par Regnard, par Shakspeare?

Vous raconter cette fantastique comédie (et ici le mot *fantastique* est à sa place), celui-là serait bien habile qui en viendrait à bout. Le rire se mêle aux larmes; la colère se confond dans la joie, avec le blasphème, le grincement de dents, la folle gaieté, la passion sans frein, la fable, le conte et même l'histoire, qui y fait une assez laide grimace... un heurt immense. Vous écoutez, bouche béante, le récit d'un grand crime de mélodrame, crac! voilà mon mélodrame qui tourne à la farce!

Ou bien vous êtes en train de rire aux éclats, crac, vous tombez dans un immense abîme de misères! Et puis, soyez attentifs, car soudain tout ce vif esprit part en fusées soudaines, et tant pis pour qui ne sait pas découvrir cette étincelle brillante. Pour commencer, nous avons affaire à un forban, à un chef de pirates, qui a volé, assassiné, pillé et brûlé le châtelain et le château de Clinton. La fille de ce forban s'appelle Méta; elle est aimée du jeune Clinton, le dernier des Clinton; mais après l'avoir aimé, elle ne l'aime guère, et le jeune Clinton, ruiné, perdu de dettes et d'amour, n'a plus qu'un pistolet pour tout potage, dans le restaurant où il vient prendre son dernier repas.

Aventures vulgaires, dites-vous, mais prenez patience. Vous voyez ces deux hommes qui suivent le jeune Clinton. — Ce ne sont pas deux hommes, ce sont deux démons, le bon ange et le mauvais ange, Cavalier et Cabestan, l'un chef des Amschaspands, l'autre chef des Darvands. — Histoire ancienne, dites-vous, mais je vous laisse dire. Où diable en effet avez-vous vu un ange, sous la serviette d'un garçon de café? Tous les anges qu'on nous a montrés, depuis le commencement du théâtre, étaient perchés dans un mauvais nuage bleu; ils étaient vêtus d'une robe de gaze très-courte, de façon à montrer des pieds assez laids, attachés à une jambe souvent mal faite; on leur posait aux épaules une paire de longues ailes immobiles, l'ange chantait ou débitait toutes sortes de sentences, puis le nuage remontait dans les cieux du théâtre, attiré par des cordes mal graissées.

Ici, tout au rebours, l'ange est un mécréant qui est venu à Paris pour battre le pavé, et se donner un peu de bon temps, en faisant mille et une malices; c'est un luron d'un vif esprit, alerte comme Figaro, défendant son client par des moyens purement humains, à savoir, par le bon mot, le bon conseil, la résolution prompte, la soudaineté, l'ironie, la malice, et même l'épée, en un mot par toutes les forces réunies de la lutte et de la défense.

A peine le diable a pu trouver, dans son vieux bissac, assez de ruses pour contre-carrer les ruses vraiment diaboliques du bon ange. — Garçon! la carte, s'écrie le jeune Clinton; voici la carte! Il s'en faut de 13 fr. que Clinton puisse payer. — Bah! dit le garçon, je prends votre pistolet pour 13 fr. — Donc le n° 13 est réhabilité, maître Clinton est sauvé, pour cette fois, et le diable, pris au dépourvu, se demande par quel moyen a manqué un suicide, si bien préparé ?

Rentré chez lui, le jeune Clinton a résolu de vivre encore, et, pour bien faire, il appelle dans sa mansarde, un marchand d'habits. Le marchands d'habits, c'est le diable. Quel juif ! Il est vêtu infâmement, il baragouine son patois de synagogue ; il offre à Cliton 25 fr. pour toute sa défroque ; mais quand il faut donner les 25 fr., notre juif n'a plus d'argent. — Et les habits ? — Il a vendu les habits dix louis ; en revanche il offre à Clinton une malle remplie de talismans ; ces talismans sont bons pour les gens à pied, bons pour les sourds, bons pour les amoureux, bons pour ceux qui se battent en duel, bons pour jouer à la bourse, autant de présents déceptifs ; mais chaque talisman ne peut servir qu'une seule fois.

Vous pensez bien que maître Clinton tope au marché ; le diable triomphe ; aussitôt le bon ange répond au diable, coup pour coup : il a une lettre de change de ce même diable, et il le fait mettre en prison. Cependant Clinton s'envole ; le voilà au sommet des tours, et il domine Paris de toute sa hauteur. Alors il fouille dans la malle aux talismans, et il se sert, sans hésiter, de cette fortune endiablée. Pour commencer, à l'aide d'un télescope, Clinton découvre miss Méta qui fait sa toilette ; à l'aide d'un cornet, Clinton peut entendre les moindres paroles de Méta. Monté sur le tapis enchanté, zest, Clinton s'en va rejoindre Méta. Or, si Méta et Clinton se réunissent, ils sont perdus ; mais comment un ange peut-il arrêter, dans sa course, un bon vaurien d'amoureux qui a de la poudre de perlinpinpin, plein ses poches ? Rassurez-vous, ce n'est pas ça qui empêchera M. Cavalier de dormir.

Vous voyez bien ce négrillon, révolté contre son maître, qui dit : — Je suis blanc, et qui chante la *Marseillaise ?* c'est le bon ange. Comme, Dieu merci, Cavalier ne peut rien deviner, il est entré en qualité de nègre, au service de Forbac. Il est le maître de la place, et pour peu que Cabestan soit resté en prison, Cavalier se dépiquera de sa perte d'hier. Mais bah ! Cabestan est lâché ; bien plus, il se présente pour épouser mademoiselle Méta. Or Forbac veut pour Méta, un stupide, un malotru outrecuidé et sot... à ces causes le diable se déguise en Gascon, et le voilà qui se présente à son futur beau-père, au grand préjudice de Cavalier.

— Les voilà donc en présence, celui-ci et celui-là. Figurez-vous mons Frontin et Lafleur, Figaro et Gil Blas faisant assaut de ruses et de détours, et s'entourant réciproquement de mille alibiforains. Quand ils se sont bien mesurés l'un et l'autre, ils se battent de toutes les façons : à la batte comme Arlequin, à l'épée comme des Gascons. Placé entre ces deux Gilles de l'autre monde, le terrible forban vous ouvre une gueule, grande comme ça, et il ne sait plus à qui entendre. Où est le bon génie, où est le mauvais génie ? Le diable est bien laid, mais l'ange, en revanche, porte une figure de réprouvé. Toujours est-il que c'est le bon ange qui l'emporte : Méta n'est pas perdue, Clinton est sauvé ; voilà la serrure bien brouillée encore une fois.

Je sais bien qu'en tout ceci l'auteur n'a pas allumé le plus petit lumignon de raison, mais il n'a pas voulu être raisonnable. Il a voulu nous faire toucher, du doigt, le bon et le mauvais principe, et nous prouver, *de visu*, que rien ne ressemblait à un ange comme un démon. Il a voulu nous pirouetter, à sa volonté, et tout à l'aise, sans nous laisser une seule minute pour nous retrouver dans ces prodiges prodigieux. Cependant le duel se poursuit entre les deux puissances, Cavalier et Cabestan, et nos deux aventuriers continuent à se porter, chacune de son côté, de belles bottes de fourberies.

A propos de bottes, les voici chez un cordonnier, le vieux portier de la maison de Forbac. Il s'agit d'empêcher Clinton d'entrer chez Méta, il s'agit de faire entrer Clinton chez cette même et jeune Méta. Pour ce faire, le bon ange devient le portier, le mauvais ange devient la portière. Le portier commence par tyranniser la portière : Va ici ! viens là ! mon déjeuner ! mon café ! mon tabac ! et la portière d'obéir au portier. On frappe : N'ouvre pas, dit le portier, mais déjà la portière a tiré le cordon.

Alors entre Clinton.— Mademoiselle est chez elle, dit la portière ; Mademoiselle est partie pour l'Amérique, dit le portier.— Entrez ! On n'entre pas. — Clinton sort, il entre par la fenêtre ; voilà la portière bien heureuse, et voilà le portier bien mécontent.— Mais s'il est entré, Clinton ne sortira pas, se dit à lui-même ce brave homme d'ange gardien, et le voilà, sous l'habit d'un maçon, qui met des barreaux et des grilles à la fenêtre de Méta. — S'ils ne sortent pas par la porte, ils sortiront par la fenêtre, se dit la portière, et voilà le démon, changé en serrurier, qui ouvre la porte avec un passe-partout. — Halte-là ! dit un sergent de ville ; ce sergent de ville, c'est l'ange. — Laissez-moi passer, confrère, dit un autre sergent de ville ; — et cet autre sergent de ville, c'est le diable. Qui peut tout, ose tout.

Parmi ses talismans, Clinton a trouvé un lorgnon. A l'aide de ce lorgnon, Clinton voit, à travers les portefeuilles et les poitrines ; il sait ce que renferment la bourse et le cœur des gens de la coulisse. Telle valeur, inerte le matin, se relève soudain en bondissant sur la raquette politique. Comme il s'agit de perdre Clinton, le diable le pousse à faire une escroquerie. — Oui ! mais l'escroquerie était légitime, dit l'ange ; car c'est la fortune de son père, cette fortune volée, que le jeune homme a retrouvée. Cette fois encore le diable se retire avec un grand pied de nez ; et il nous semble en effet que pour un homme si cornu, ce diable-là n'est qu'un benêt.

« Seigneur ! disait le maréchal de Thémines au lit de mort, j'espère que tu me pardonneras, car je ne t'ai offensé que de galant homme à galant homme ! » Tout de même, les deux démons ne s'offensent que d'aigrefin à aigrefin. Tout se passe entre eux le plus convenablement du monde : tant promis, tant tenu ; je me défends comme tu m'attaques ; tu vends et tu conseilles de mauvaises actions, je les fais bonnes ; tu sais lier le vent, moi je sais fixer le mercure ; nous sommes à deux de jeu. Il est vrai de dire que le diable joue en habile homme ; il compte sur les mauvaises passions du jeune Clinton, dont la famille a été damnée, de père en fils.

Autre talisman : c'est une rose imprégnée des plus douces senteurs de l'amour ; fleur dangereuse que Vénus

Quintà parte sui nectaris imbuit;

ce qui peut s'appeler la quintessence de l'amour. Pour peu que mademoiselle Méta pose son nez rondelet sur cette rose, la voilà amoureuse de Clinton, et, vous le savez, Clinton est perdu. Contre cette rose souveraine, le bon ange n'a rien à dire ; aussi le voilà bien penaud, qui se met à courir après les deux amants. Chose étrange ! tous les personnages du drame se rencontrent dans une immense diligence, et cette voiture est tout un drame.

Dans ce coche obscur sont entassés, le pirate et sa fille, Clinton et son valet, une grisette et son commis-voyageur, un forçat libéré, plus une nourrice avec son maillot; le conducteur, c'est l'ange; le diable est assis sur l'impériale. Vous dire les discours, les quolibets, les petits besoins de tout ce monde!

C'est plus grotesque et plus vrai que la diligence d'Henri Monnier; on va, on va, chacun poussant à la roue de sa passion, jusqu'à ce que l'ange, pour en finir, verse la diligence dans l'ornière. Patatras! Vous croyez que Clinton est sauvé! Pas encore. Arrive le diable, chef de brigands, qui vous empoigne Clinton, et Méta, et Forbac, et tous les voyageurs, qu'il entraîne dans sa caverne. Aussitôt le bon ange, sous les habits d'un bon gendarme (qui l'eût jamais cru, un ange en gendarme?), suit à la piste la bande du sacripant.

La chose s'en va se compliquant de plus en plus, et maintenant nous voilà dans l'enfer. Nous planions tantôt dans le ciel, nous sommes tombés dans le triste séjour de l'ombre; là passent sous nos yeux les fabuleux damnés, Enguerrand de Marigny, Laubardemont, Marguerite de Bourgogne, et autres gens inconnus au parterre de l'endroit; ces vieux damnés s'étonnent des résistances du jeune Clinton à rejoindre les membres de sa famille. Devant cet aréopage de l'enfer comparait maître Cabestan, comme un homme sûr de son fait. Dame! il a rencontré plus de résistance qu'on eût pu croire; il pensait n'avoir à se battre que contre un ange, il a fallu se disputer avec un diable du ciel; mais enfin le mauvais principe doit l'emporter nécessairement sur le bon principe. Cabestan demande à l'enfer, encore quelques jours de patience, et l'enfer reconnaissant lui promet une queue d'honneur.

Hélas! ces douces folies, ces aimables gaietés, l'habile et tout-puissant *impromptu* de cet homme ingénieux, toutes ces choses que nous avons tant aimées, elles ne sont plus qu'une ombre, un souvenir, un peu de cendre. Il est parti de ce monde des furies et des coups de baguette, l'inépuisable inventeur qui tenait la foule, suspendue au fil élégant de sa fiction. Qui se souvient, sinon moi qui les raconte encore, de ces brillantes soirées où la joie et la fête abondante entouraient ce grand magicien, à qui rien ne résistait, ni personne? Il commandait à l'impossible; il réalisait les plus difficiles mensonges; il élevait à la dignité de la comédie et du livre, des imaginations, plus semblables au tour de force, qu'à l'œuvre d'un artiste sérieux.

Quel zèle et quel travail! Que de peine et que d'invention! En même temps quel profond respect pour l'art qu'il exerçait avec tant de conscience! A ce point que durant toute sa vie il n'a pas accepté, plus de trois fois, les faciles collaborations qui lui étaient offertes. Drame ou roman, il ne s'en fiait qu'à lui-même ; il disait que la *collaboration* était une fiction, à laquelle les vrais poëtes n'avaient jamais recours, et comme exemple, il invoquait non-seulement les maîtres passés, mais les maîtres modernes, M. Casimir Delavigne, M. Victor Hugo, les maître des maîtres, et quand on lui faisait cette objection que M. Scribe avait accepté des collaborateurs, il répondait que cet homme, heureux entre tous les hommes qui tiennent une plume aujourd'hui, avait des droits qui n'appartenaient qu'à lui seul.

— « La belle chose après tout, disait-il, une œuvre en commun, dans laquelle on s'escrime à qui en fera le moins, la belle avance! On vous applaudit en bloc, on vous siffle en masse, et c'est à vous, à vous faire la part qui vous revient. Or, l'on peut être sûr que nos poëtes associés se traitent entre eux avec toute justice, chacun d'eux sachant très-bien, de son côté, ce qu'il a fait, ce qu'il a dit, et quel embellissement il a apporté à la fortune, à la grâce de l'édifice élevé en commun. Toujours est-il que, pour les gens de bon sens, dans l'œuvre faite en commun, s'il faut désigner le véritable architecte, le véritable architecte est justement celui qui peut employer, tels quels, tous les matériaux, tous les manœuvres qui se présentent ; celui qui peut se passer de tout le monde, et dont pas un manœuvre ne saurait se passer, pour faire quelque chose de bon... et voilà l'excuse de M. Scribe. Il peut se passer de tout le monde, et bien peu se peuvent passer de lui. »

Ainsi parlait Frédéric Soulié, et j'étais parfaitement de son avis. La collaboration est tout au moins une moitié de mensonge ; elle a ôté, au travail littéraire, beaucoup de son importance, et plusieurs des respects qui lui sont dus; elle en a détruit l'unité. Elle a fait du poëte un manœuvre, et du drame une maison en construction, où chaque maçon apporte sa pierre et son gâchis. Que de belles choses n'ont pas vécu plus d'un jour, faute d'unité! Que de bonnes idées tiraillées de ci, de çà, par deux esprits qui ne sauraient aller du même pas! Où donc se rencontrent la justice et le bon droit, dans la gloire que ces deux hommes peuvent atteindre? A qui donner la palme? Et si vous les couronnez tous les deux, vous donnez donc, pour une seule œuvre, deux couronnes? Pour que je croie en effet, à une collaboration sincère, équitable et vraie, il faudrait que l'on me démontrât que deux esprits, parfaitement identiques, se soient jamais rencontrés dans l'exploitation égale de la même idée.

En effet, de quel droit m'appelles-tu ton collaborateur, si je suis plus alerte, plus habile, plus éloquent que toi, si je fournis la passion, l'idée et le style, si je fournis la poésie et la prose, le fond et la forme, tout, absolument tout? Oui, je le reconnais, tu m'as apporté, l'autre soir, par fainéantise, par impuissance ou par modestie, un dix-millionième de drame, de roman, de comédie, une apparence d'idée; tu as soupçonné qu'il y avait, enfouie en ces ténèbres, une œuvre quelconque; tu m'as dit: Cherche là, cherche dans ces ronces, dans ces broussailles, dans ces ruines... J'ai cherché, et j'ai trouvé! Je suis le limier qui a fait lever le gibier, je suis le chasseur qui l'a tué; et quand il a été tué, je l'ai assaisonné avec des ingrédients qui m'appartiennent en propre. Peux-tu m'appeler, maintenant, ton égal, ton complice, ton camarade, ton collaborateur? Non, certes; tu es trop heureux, quand la fête est préparée par mes soins, que je t'envoie une invitation à t'asseoir au bout de ma table. — C'est vraiment là tout ce que tu vaux.

A moins cependant que les collaborateurs en question ne s'appellent Molière, Corneille et Richelieu. Dans ce cas-là, comme cette réunion de tant de génies excellents ne produit guère que *Mirame*, il se trouve que pas un de ces grands hommes ne veut être l'auteur de cette rapsodie... adieu donc la collaboration et les *collaborateurs!*

Plus n'ont voulu l'avoir fait, l'un ni l'autre!

Ainsi, dans le travail du bel esprit et des beaux-arts, la collaboration est funeste quand elle n'est pas ridicule. Pour tout le reste, il est impossible de se passer de collaborateurs. Le roi lui-même a des collaborateurs qu'il appelle des ministres; le général d'armée, à la tête de quatre cent mille collaborateurs, ne doit compte de sa gloire qu'à lui seul. Meyerbeer grâce aux trois cents collaborateurs de son génie : l'orchestre, les chœurs, les chanteurs, reste Meyerbeer, et n'est pas diminué d'une note.— Que disons-nous?

Voyez cette jeune femme charmante ! Elle a pour collaborateurs de sa beauté, non pas seulement sa vingtième année et ses deux grands yeux pleins de feu, mais encore le tisserand qui a tissé ces belles étoffes, le ver qui les a filées. Pas un brin de sa dentelle, pas une pierrerie de sa parure, pas un fil de son lacet qui n'indiquent la collaboration d'une foule d'ouvriers que la statistique seule pourrait compter ! — Et pourtant qui donc osera s'amuser à reprocher à Louis XIV, Colbert son collaborateur ; à Jules César tant de milliers de collaborateurs de sa gloire ; à cette femme à la mode, les fleurs de ses cheveux, le satin de sa robe, ou le rubis qui brille à son doigt?

Au contraire, tenez pour certain que jamais un homme ne s'est rencontré, d'une abnégation assez complète, pour porter à un autre homme, quel qu'il fût, un chef-d'œuvre sorti de son cerveau. Quel prix le cardinal de Richelieu n'eût-il pas donné du *Cid* de Corneille?... On eût offert à Corneille la couronne de France, pour son *Cid*, que le *grand Pierre* eût refusé, Sire, votre couronne. En effet il eût fait là un très-mauvais, et qui pis est, un très-vilain marché.

La collaboration a du moins cela d'utile, qu'elle sauve du néant plus d'une idée, inutile à celui qui la trouve, faute d'habileté et de talent pour la mettre en œuvre, pendant que cette même idée, transmise à l'imagination fécondante d'un homme de talent, prend tout à coup une forme inespérée. Elle n'était rien, le talent en a fait quelque chose ; elle s'agitait, à peine, dans le coin obscur d'un obscur cerveau, le talent lui a dit: Lève-toi et marche ! Elle s'est levée, elle a marché, elle a vécu, elle vit, elle respire, elle brille de tous les feux du jour... C'est pourtant un grand bonheur de voir marcher son enfant, même en se disant qu'un autre l'a sauvé, et lui a tout donné, jusqu'à son nom !

D'ailleurs, le collaborateur caché, l'*inconnu*, comme on dit en algèbre, n'est pas forcé de passer, obstinément, sa vie à préparer les matériaux, à creuser les fondations, à élever les gros murs, à ramper dans les profondeurs obscures de l'édifice. Il aura son tour, s'il est habile; il aura son jour, s'il est heureux. Pour peu que le ciel lui ait donné la force, la persévérance et le courage, il arrivera bientôt que le tailleur de pierres voudra, à son tour, lever son plan, bâtir sa maison, y mettre son marbre, et dire aux passants : *Entrez! vous êtes chez moi!* Dès ce moment, le maçon devient artiste, la collaboration s'arrête, on est un homme, *sui generis*, on est soi-même, on prend congé du grand collaborateur, et le lendemain on se cherche... *des collaborateurs.*

M. Scribe (il faut toujours en revenir à cet homme *adroit* et *droit*), avec cet esprit d'à-propos qui ne le quitte jamais, a dédié ses œuvres *à ses collaborateurs*, et la dédicace a paru encore une faveur, tant on savait, dans le monde littéraire, que cet habile et ingénieux inventeur se faisait toujours la part la plus large, la plus difficile et la plus incontestable dans le travail en commun; sans compter son propre talent, son imagination, son esprit, son immense popularité, ces très-heureux hasards qui arrivent, à coup sûr, aux hommes d'un vrai talent. En fin de compte, quand M. Scribe ne trouvait pas de collaborateurs, comme il s'en passait heureusement, facilement, triomphalement! — Ses chefs-d'œuvre et tous ses grands ouvrages il les a faits, à lui tout seul, et cependant l'on ne peut pas dire que ce sont-là des enfants sans père et sans mère, *prolem sine matre creatam*; — tant s'en faut, tant s'en faut.

De leur côté, les plus heureux collaborateurs de M. Scribe, une fois qu'ils avaient appris, sous ce grand maître, *l'art du métier*, soudain ils rompaient leurs lisières, ils prenaient congé du maître, et en toute liberté d'esprit, de conscience, d'invention, ils faisaient leurs preuves d'indépendance, auxquelles preuves M. Scribe était le premier à applaudir.

§ XII

Parmi les œuvres, pour lesquelles Frédéric Soulié accepta un collaborateur, *Clotilde* fut l'œuvre la plus heureuse, et Dieu sait si la victoire est restée à Frédéric Soulié!

Il fit aussi en collaboration, avec M. Badon (pour le Théâtre-

Français) un drame en trois actes intitulé : *Une aventure sous Charles IX*. M. Badon était alors un jeune homme qui cherchait sa voie ; il avait plus de zèle que de mérite, et plus d'ambition que de talent. Il avait cependant attaché son nom à un drame que le public avait beaucoup applaudi : *Un Duel sous Richelieu*, mais — *Un Duel sous Richelieu*, était fait aussi, avec un collaborateur habile, ingénieux et très-heureux. C'est pourquoi M. Badon, qui est mort en pleine jeunesse, entouré de mille regrets, n'a pas laissé, même la petite renommée à laquelle il avait droit peut-être, et qui ne lui eût pas manqué s'il eût travaillé tout seul. La collaboration a étouffé cette gloire naissante, elle n'a rien laissé de ce jeune homme ; ainsi, pour avoir voulu trop tôt réussir, il supporte le châtiment que méritait son impatience.

Au reste, cette *Aventure sous Charles IX* se ressentait, beaucoup plus que *Clotilde*, des misères et des ennuis de la collaboration. La gaieté en était triste, l'aventure était commune, le style était trivial, l'époque était funeste. A travers ces bals et ces carrousels, les deux auteurs nous laissaient entrevoir la Saint-Barthélemy, de funeste et d'horrible mémoire. On voyait, là dedans, toutes sortes d'héroïnes et de héros qui commençaient déjà à passer de mode, et dont on a tant abusé plus tard : madame de Sauves, madame de Nangis, M. de Rohan, M. de Nevers et madame de Rohan. Chaque scène, et chaque mot de ce drame trahissent l'inexpérience de M. Badon, et le profond ennui de Frédéric Soulié. Ce fut, à dater de cette *Aventure sous Charles IX*, qu'il se promit de prendre garde à ses collaborateurs, ou plutôt de renoncer à toute espèce de collaboration. En effet, pour un homme de ce mérite, à quoi bon s'affubler d'un petit jeune homme ignorant de toutes choses, qu'il faut traîner après soi à travers les sentiers que l'on a frayés soi-même, et quelle misère de prendre à son compte, le bégaiement et les essais de ce frêle écolier ! Frédéric Soulié s'en abstint, plus tard.

Cependant, en cherchant bien, on trouverait Frédéric Soulié dans un coin d'un grand mélodrame intitulé le *Fils du Diable*, un brouillard du nord, brouillé avec un brouillard du midi, l'eau du Rhin coupée par l'eau de la Seine, dans une coupe de fer, aux deux anses d'or. Un romancier de ce temps-là, qui fut à la mode et qui fut lu, pendant une quinzaine de jours, M. Paul Féval avait poussé la fiction écrite au bas des journaux, jusqu'aux dernières limites du possible ; et comme il ne se sentait pas très-viable, il s'en donnait à cœur joie, en attendant que le public lui tournât le dos en disant : « J'en ai assez ! »

Ce *Fils du Diable* vous représentait un vieux château, une jeune comtesse en mal d'enfant, et quatre bandits de la plus farouche espèce : un intendant qui vole ses maîtres, un médecin qui empoisonne ses malades, un Maggyar qui assassine une femme en couches, un juif qui écrase l'enfant. Tels étaient les plaisirs de la nation française ! Elle s'enivrait de cet opium, versé à longs traits. Des romans en quarante tomes, elle les dévorait comme on avale un œuf à la coque. Heureusement que dans ce *Fils du Diable* il y avait, pour sauver l'innocence et pour la rétablir dans ses biens, trois hommes rouges, et certes ce n'était pas trop de trois hommes à opposer à ces quatre ou cinq bandits... Bref, de ces trois hommes rouges et de ce *Fils du Diable*, on ne parlerait pas, si Frédéric Soulié n'avait pas mis la main à cette œuvre de ténèbres. Pendant que vous écoutiez d'une oreille indifférente ces histoires de meurtres et d'amour, soudain de belles scènes surgissaient de l'œuvre inerte, et lui donnaient un tour tout nouveau : c'était la collaboration de Frédéric Soulié qui éclatait en ce moment.

Au Temple, ou pour parler vrai, dans cette immense halle des immondices parisiennes, Frédéric Soulié nous montrait un juif taillé dans la chair (et il en avait pris plus d'une once) du juif de Shakspeare. Il s'agissait de dépouiller ce juif de son pauvre argent, et de faire passer cet argent dans la poche d'un autre juif, et c'étaient des rires, des contorsions, des gaietés farouches si plaisantes, si terribles, que la scène était signée à chaque geste, à chaque pause. Il savait rire, il savait railler pour son compte et pour le compte d'autrui. Puis la scène accomplie, il laissait reparaître et parler son collaborateur, M. Paul Féval, et M. Paul Féval, libre un instant de cette tutelle, allait au gré de ses vains caprices dans toutes sortes d'immondices dont le public était friand.

Il allait, par exemple, au *café des Aveugles*, et il se plaisait à nous démontrer que le Sauvage au *tam-tam* agitant les plumes de sa tête, et les baguettes de ses doigts, n'était rien moins qu'un marquis de l'ancien régime. Une fois dans cet antre obscène où le vin, la bière, le porc frais et le petit salé, l'eau-de-vie et le tabac immonde se mêlaient à la vapeur des plus ignobles courtisanes, entre la boue et le musc, la fange et le velours, l'auteur dramatique ne nous faisait pas grâce d'une honte et d'une saillie.

Voyez-le, il est sans pitié pour cette nation, élevée à l'école décente; il met en nos mains, ces verres mal rincés, à demi remplis d'un vin frelaté; il nous assied à ces tables de l'orgie à vil prix; il nous fait entendre ces rauques mélodies, faites pour les charniers ambulants de l'ancien Palais-Royal. Rien ne le gêne et rien ne l'arrête; il fait d'un cercueil un coffre à bijoux, d'un couteau de table un poignard, d'une nappe un linceul; il fait danser et pirouetter des pantins fanatiques, au milieu de ces histoires de duel et de meurtre; il n'est pas content qu'il n'ait mêlé, dans une convulsion violente et désordonnée, tant de personnages si divers : a marchande de haillons et la comtesse, le forçat et le seigneur, la gargotier et la fille de quinze ans. Que vous dirais-je ? il *jouissait de son reste;* il était semblable à ces enfants, bien vêtus, qui se plaisent à marcher dans le ruisseau ; fier de réussir, heureux d'avoir réussi si tôt, et secrètememt averti qu'il ne réussirait pas toujours, il prenait la violence pour la force, l'exagération pour la vérité, le bruit pour le mouvement...

Cet homme-là, M. Paul Féval, était la charge et la glorification de Frédéric Soulié; il en faisait tant avec son *Fils du Diable* qu'il ne laissait plus rien à dire aux *Mémoires du Diable!* Si bien que maintenant, Frédéric Soulié, pour se faire pardonner les violences et les invraisemblances de sa fiction, n'avait qu'à citer les romans d'alentour. Il avait, pour se couvrir, les cent cinquante tomes de Paul Féval; il avait les cent cinquante tomes d'Eugène Sue; il avait toute l'école violente, insolente et damnée; il avait tout ce public qui déjà le trouvait un peu froid, un peu lent et pas assez vif. Ah! la merveilleuse rencontre, et qui n'appartient qu'au temps du bon roi Louis-Philippe, où toutes les libertés étaient dans l'air, où le repos était dans l'esprit, où la grâce et l'oisiveté de l'heure présente, étaient justifiées par tous les bonheurs de l'abondance et de la paix.

A force de prospérités et de facile sommeil, nous étions devenus des espèces d'Orientaux, couchés au soleil, et prêtant l'oreille aux poëmes sans fin, accompagnement obligé du silence, du repos et de la douce fumée du nargilhé !

La chose était ainsi faite : en plein Paris, en pleine lune d'août, au début, au milieu, à la fin d'une journée où l'argent, la politique, l'esprit, le drame, le crime, le paradoxe, la vérité et le mensonge, la fortune et la ruine, jouaient incessamment leur rôle bouffon, sérieux, insolent, terrible, idiot de chaque jour ! Quel miracle aussi de rencontrer, à volonté, des esprits assez naïfs, des âmes assez calmes pour se faire suivre à travers tant de précipices, attentifs pour si peu, patients à tant de fantaisies, écoutant si volontiers ! Du vieil art poétique pas un mot ; romanciers et lecteurs, - ils se souciaient d'Aristote, d'Horace et de Despréaux comme une princesse, d'un haillon.

Au premier rang des artistes qu'il aimait le plus, Frédéric Soulié avait surtout adopté M. Fauchery, le graveur de la *Joconde* de Léonard de Vincy, M. Fauchery à qui Frédéric Soulié ferma les yeux, et ce fut même en l'honneur de la *Joconde* et de Fauchery qu'il écrivit, pour la première, fois dans le *Journal des Débats*. Il aimait sincèrement le faiseur des plus belles romances que notre jeunesse ait roucoulées (avec les romances de Loïsa Puget), et pour son musicien, qui s'appelait Hippolyte Monpou, il fit un opéra comique : *les Deux Reines*. Une des deux reines était Christine de Suède, son ancien amour, et il n'eut pas honte de faire chanter Christine. « On se venge comme on peut, disait-il ; elle n'a pas voulu mourir sous ma dague de Tolède, elle chantera sous le bâton de Monpou. Elle n'a pas été mademoiselle Georges, elle sera Jenny Colon. »

Cet opéra comique était le début, au théâtre, de ce musicien de beaucoup d'imagination et d'esprit, qui s'était fait connaître par des romances populaires, M. Hippolyte Monpou. Il a commencé, chose étrange à dire, la gloire ou du moins la popularité de M. Alfred de Musset :

> Connaissez-vous dans Barcelone
> La marquise d'Amaeghui ?...

Les succès de piano, de salon et d'orgue de Barbarie avaient fait, de M. Monpou, le troubadour du xixe siècle. Il était dans toutes les âmes, il régnait sur tous les cœurs. Sa chanson était la chanson universelle. Sur un piano vous reconnaissiez ses romances à leurs lithographies et à leur épigraphe. Ce n'étaient que femmes échevelées, damnés qui brûlent au fin fond de l'enfer, de noires Espagnoles qui brûlent aussi, mais d'un autre feu ; M. Monpou s'était même élevé pour son propre compte à la beauté de la tête de mort. Au repos, il était laid à faire envie aux plus horribles visages... lorsqu'il chantait, il était laid à faire peur.

Pourtant, que de jeunes cœurs il a fait battre, à combien d'amours il a donné le signal ! Que sa ritournelle était éloquente, avec plus d'une idée heureuse ! Il allait, porté sur l'aile même de la mélodie, et de succès en succès, de romances en romances, de damnés en damnés, d'Espagnoles en Espagnoles, il en vint à obtenir de l'auteur de *Clotilde*, un poëme ! Tout Paris a chanté l'air d'Inchindi (il est mort) : *Adieu mon beau navire !* Toutes les femmes qui avaient vingt ans, en ce temps-là (elles en ont cinquante aujourd'hui), ont fredonné l'air de mademoiselle Prevost (elle est morte) : *Fortune obscure !* Et puis, au moment où sa renommée était acceptée, où sa fortune allait grand train, où il venait de se construire un petit village dans la *Vallée aux Loups*, à l'ombre de la maison de M. de Chateaubriand, qui n'avait pas été riche assez pour conserver cette humble maison, M. Monpou lui-même, était mort comme un grand homme, il n'avait pas quarante ans !

Ainsi, à chaque pas que nous faisons dans cette histoire de l'art dramatique, nous foulons à nos pieds une ruine, et nous marchons sur des morts !

§ XIII

Et comme il avait raison d'hésiter avant d'entrer, tout à fait et pour toujours, dans la carrière des lettres, ce brave et digne écrivain que la littérature allait dévorer si vite ! Il portait en lui-même une maladie incurable ; il le savait ; il savait qu'il était frappé au cœur, et il se demandait, épouvanté, comment avec ce cœur malade, il pourrait suffire à tant de travaux, à tant d'inventions ? Songez donc que dans ce cœur, déjà gonflé par les passions et par les veilles, le sang passe et repasse, apportant, tour à tour, la vie et l'angoisse, l'espérance et le désespoir, toutes les passions, toutes les douleurs! Songez donc que, vingt-cinq fois par heure et six cents fois par jour, cette émeute du sang et de la pensée arrive au cœur, et le traverse? Et quel irritable organe, et quelles palpitations insensées! Voici tour à tour, à chaque instant, pour un bruit qui te plaît, pour un son mal sonnant à ton oreille délicate, eh! que dis-je? une pensée, un sentiment, un pressentiment, un souvenir, voici ton cœur semblable au talisman de Balzac [1] qui se dilate ou se rétrécit. Une harpe éolienne est moins frissonnante au rude contact des vents du nord.

Le cœur est un instrument indocile ; — on lui commande, il n'obéit pas ; d'une main délicate on le touche, il se révolte, il bondit ; il n'est jamais dans le rhythme calme et régulier. Il obéit surtout à ces mille agents invisibles, exquis, irritables, sensibles outre mesure, aux nerfs ; il tient aux nerfs, et il tient au cerveau, ce délicat *pandæmonium* de l'idée et de la pensée, en lutte avec la forme et le style. Avez-vous jamais vu, dans son ensemble, un cerveau humain? Quel abîme! Ici la vie, ici la mort, ici le génie, ici l'hébêtement! Tout en vient, tout en sort : la joie et la douleur, l'intelligence et le néant, l'inspiration et la stupeur. « Je mourrai par le haut, » disait Swift ; il mourut d'apoplexie! Ainsi sont morts, *par le haut*, Richardson, Jean-Jacques Rousseau, madame Malibran, lord Byron, Walter Scott.

L'orateur Romain Cicéron, dans ses *Tusculanes*, parle avec éloquence de ces cœurs gonflés par la passion : *Sic igitur inflatus et tremens animus in vitio est*. Ou bien, au milieu de l'œuvre à moitié faite, le cœur se brise en éclats ; ainsi sont morts Frédéric Soulié et M. de Balzac, les deux plus grands conteurs de ce siècle des contes et des drames. « L'homme ne vaut que quand il est ému! » disait Montaigne ; « une grande pensée est le son que rend une grande âme, » ajoute un sage ; « la sensibilité fait tout notre génie, » a dit un philosophe. Oui, mais cette *émotion* d'une *grande âme* et cette irritante *sensibilité*, voisine de l'extase, elles sont souvent mortelles, et pour les affronter toute sa vie, il faut se bien porter. « Veille sur ton corps, » disait Descartes, il faut se défier de la trahison de ses plaisirs. »

---

[1]. *La Peau de chagrin.*

Écoutez un grand physiologiste ; « il ne s'agit pas seulement de vivre, mais de se bien porter, et souviens-toi que la douleur est dans l'intelligence, avant d'entrer dans la sensation, » disait Bichat. Toutes ces choses, bonnes à savoir, pour quiconque aspire à la gloire des belles-lettres et des beaux-arts, Frédéric Soulié se les était dites et répétées, bien souvent, avant d'entrer dans l'arène. Il savait, et son calcul était juste : qu'il lui fallait, pour vivre, outre ses dix-huit mille huit cent soixante décimètres d'air atmosphérique, indispensable aux mille quatre cent quarante minutes de la journée, un peu de repos, un peu de bien-être, et quelques heures de sommeil, afin de calmer

> ... Ces artères, ces veines,
> Foyers toujours brûlants des passions humaines...

Il avait enfin, pour se conduire et pour prendre un parti, la plainte, l'exemple et le conseil des plus grands poètes, et des plus sages parmi les plus grands :

> Car je n'ai pas vécu, j'ai servi deux tyrans :
> Un vain bruit, et l'amour ont partagé mes sens...

disait La Fontaine, en parlant de lui-même. Le plus vaillant poëte et le poëte mieux portant de notre siècle, Victor Hugo, quand il vient à comparer la peine qu'il s'est donnée, aux frais qu'il en retire, il hésite, il se trouble, il se plaint, à la façon de Jupiter Tonnant lorsque ses foudres sont lancées :

> La belle ambition et le rare destin !
> Chanter ! toujours chanter pour un écho lointain !
> Pour un vain bruit qui passe et tombe.
> Vivre abreuvé de fiel, d'amertume et d'ennuis !
> Expier, dans le jour, les rêves de ses nuits !
> Faire un avenir à sa tombe[1] !

Mais que font tous ces obstacles, à l'homme inspiré ? « J'en mourrai, » disait Soulié, et il se mit en route, en se hâtant.

---

1. Voulez-vous savoir comment on parlait de Descartes, lui même, huit jours après sa mort ? Lisez ce passage étrange d'une lettre de Gabriel Naudé :
« M. Descartes, qui est mort à Stockholm, le 11 février 1650, était un « homme de mauvaise mine, qui n'avait rien d'agréable. Il avait bien des « visions dans la tête, qui sont mortes aussi bien que lui. »

Il se hâtait, l'infortuné, parce que dans les temps où nous avons vécu, la génération des poëtes de l'empire avait disparu, comme a disparu, naguère dans une trappe, à la Porte-Saint-Martin, l'Apollon du poëte Eschyle, et parce qu'il fallait se hâter de les remplacer, si l'on voulait éviter l'interrègne. Ajoutez qu'il savait parfaitement, lui, Frédéric Soulié, que les années lui comptaient double. Il n'est plus le temps où Jean de La Fontaine publiait, à quarante-sept ans, le premier recueil de ses fables, et dix ans plus tard, le second recueil. Il n'est plus le temps où Jean-Jacques Rousseau commençait sa carrière à quarante ans, où Molière écrivait, à quarante-deux ans, l'*École des Femmes*, un chef-d'œuvre. Aujourd'hui, à vingt-cinq ans, on est déjà un poëte dramatique, à cinquante ans on n'est plus rien. Il n'y a plus de loisir pour personne aujourd'hui, et moins encore pour le poëte. A Virgile, il a fallu douze années pour écrire l'*Énéide*; en trois années, *Notre-Dame de Paris* a vu le jour! L'écrivain moderne est un esclave, obéissant au joug du libraire ou du journal : *Caput dominâ venale sub hastâ*. Il faut écrire aujourd'hui, demain il faut écrire, et toujours écrire, tant que l'on est frappé par le thyrse ardent de la louange ou de la nécessité [1].

Hélas! de cette éloquente et cruelle nécessité de produire, et des tristes résultats de cette façon abominable d'atteindre à la renommée, en avons-nous de tristes exemples! Nous les chercherons, plus tard, dans notre pays; cherchons-les, aujourd'hui, dans un pays voisin, qui fait autant que nous, une incroyable consommation de cette espèce de bel esprit qui se dépense au jour le jour, à la façon de cette monnaie usuelle, uniquement faite pour circuler, que les plus avares, eux-mêmes, dédaigneraient de renfermer dans leur trésor domestique.

On dirait, en effet, que l'Angleterre a pris pour elle, cette race de beaux esprits français disparue aujourd'hui, qui prenaient l'ivresse pour une Muse, et le cabaret pour le Parnasse. On raconte du révérend Maturin, l'auteur de *Melmoth*, et de ce *Bertram*, que miss Smithson et le grand Kean ont représenté, chez nous, à notre grande admiration, des choses dignes du *Neveu de Rameau*.

Je le vois d'ici, grâce aux *Biographies*, mais décentes, le doc-

---

1. Acri percussit thyrso, laudis spes mea.

teur Maturin, en habit râpé; il était abominablement pauvre, en linge sale, avec tous les dehors d'un gentilhomme. Il aimait le jeu, le vin, *la fillette et la feuillette*, la danse et les bons mots. Il savait rire et vivre; il savait tendre, avec orgueil, une main suppliante aux grands seigneurs dignes de l'assister; il a marché, sa vie entière, entre le luxe et la misère, entre le théâtre et l'église, allant, sans reproche et sans peur, de la prodigalité à l'aumône, de la gloire à l'oubli. Avant Maturin, si vous cherchez une existence accomplie en toutes sortes de malheurs littéraires (prenez patience, vous trouverez *Chatterton* à son poste, au premier rang des poëtes suicidés), vous trouverez Richard Savage, et lord Byron, aux deux points extrêmes du monde anglais.

Ce romancier-poëte et critique anglais, Richard Savage, est un de ces illustres inconnus, comme on en voit tant dans le domaine des lettres, et qui s'appellent, entre eux, des *génies incompris*, lorsqu'ils veulent en imposer à leur bête noire, le *bourgeois*. Ce bel esprit, mal cultivé, appartenait, de son vivant, à cette race hostile aux honnêtes gens, toujours prête à acheter un peu de bruit au prix du scandale, un morceau de pain au prix de la calomnie et du mensonge. Enfant perdu de la vanité, enfant trouvé de l'orgueil et de l'ambition, ce Richard Savage, avait entre autres folies, la folie du dévouement filial, c'est-à-dire qu'il s'était mis en tête de forcer une certaine madame Macclesfield, de le reconnaître pour son fils. Cette dame en effet avait eu, dit-on, de lord Rivers, un fils adultérin. Cet enfant avait disparu, Richard Savage croyait l'avoir retrouvé, et par ses prières, par ses larmes, par ses outrages, par ses menaces, il s'efforça, toute sa vie, de démontrer à cette dame, qu'il était, bien véritablement, le fruit de ses œuvres et de ses amours.

Que dites-vous de cet insensé, qui met le pistolet, que dis-je? qui met la biographie et le pamphlet, sur la gorge de cette femme opulente et toute-puissante, afin de la forcer à reconnaître qu'elle est sa mère?

Au siècle passé, il y avait, au beau milieu de Paris, et parmi les plus fiers adeptes de la philosophie, un philosophe qui s'est mieux conduit que ce Savage. Il n'était, d'abord, qu'un enfant ramassé sur les degrés de l'église de Saint-Jean-Lerond, et porté aux Enfants-Trouvés. La femme d'un pauvre vitrier le retira de l'hôpital, et par ses soins maternels elle sauva la vie à cet enfant.

Plus tard, cet enfant s'appela d'Alembert. Il était déjà le chef des encyclopédistes, ces maîtres de leur siècle et de l'avenir, quand un jour il fut appelé chez madame la chanoinesse de Tencin, ce bas-bleu déteint qu'on trouverait insupportable, aujourd'hui même. Cette femme, la sœur (on dit pis que cela) d'un prince de l'église, était alors comme le centre licencieux et railleur de ces beaux esprits qui bouleversaient toutes choses. Elle était flattée, entourée, et presque respectée. Elle donnait, à son gré, la renommée; elle l'ôtait, à son gré. Quand l'enfant trouvé fut devenu d'Alembert, madame de Tencin se souvint qu'elle était sa mère, et elle imagina de lui dire en grande pompe : — *Embrassez-moi, mon fils! — Vous, ma mère!* s'écria d'Alembert ;... *je suis le fils de la vitrière!* Certes voilà une belle et touchante action, et d'Alembert en fut bien récompensé. Vous figurez-vous, en effet, cette grande douleur de se voir, tout d'un coup, le fils reconnu de cet esprit, et de cette joue également fardés, qu'on appelait madame de Tencin !

Cependant lorsque Richard Savage eut vingt ans, et comme son génie était encore une lettre morte, on plaça notre poëte *apprenti* chez un maître cordonnier de Londres, et vous pensez si messire Richard est grandement humilié de cette profession qui le met, nécessairement, aux pieds de toutes les pratiques de son maître. Cependant le poëte éclate déjà, en dépit de cette profession prosaïque. Richard fait des vers; bien plus, il compose une tragédie. Il rêve tout haut ; il rumine, il déclame, il grogne. Pauvre diable qui ne veut pas voir le côté heureux des choses! En effet, pourquoi donc être si triste? Il a un bon maître; ce maître possède une jolie petite nièce, honnêtement sensible à la bonne mine de M. Richard ; pourquoi donc ne pas être heureux? pourquoi donc ne pas faire des vers, et des souliers à la même heure?

Or, je dis comme je pense, et Frédéric Soulié eût été de mon avis, lui qui avait été charpentier, ce petit monsieur-là est injuste envers la Providence, lorsqu'il n'est pas content de son sort. Mais, direz-vous, il est cordonnier! A quoi je réponds : Il est poëte aussi. Il y a tant d'apprentis cordonniers qui ne sont pas poëtes ! La poésie est le privilége de peu de gens, et celui-là, s'il était juste, devrait s'estimer bien heureux d'avoir à ses côtés, pour le consoler, cette décevante chimère, la poésie, l'éternel et frais sourire, la consolation inépuisable, la fée bienveillante du pauvre ; la poésie qui est, avec la jeunesse et l'amour, le don le plus précieux que le ciel puisse faire à un simple mortel.

Quoi ! vous êtes jeune, vous êtes amoureux, vous êtes poëte, trois bienfaits du ciel qui se tiennent par la main, comme les trois Grâces dans l'ode d'Horace, et vous êtes malheureux, et vous êtes triste, et vous osez vous plaindre de la terre et du ciel ! Mais c'est une horrible ingratitude ! un blasphème ! Au contraire vous devriez bénir le Dieu qui vous a donné plus qu'un trône, qui vous a donné le monde. Être riche, puissant, considéré, tout cela vaut-il donc un vrai sourire de la Muse, un vrai sourire de sa maîtresse? Aussi bien ne sommes-nous guère émus, quand nous voyons ces langoureux jeunes gens se débattre, incessamment, contre de prétendues misères que les plus puissants et les plus riches achèteraient, au prix de toute leur puissance, de toute leur fortune.

C'est que, voyez-vous, nos auteurs dramatiques et nos romanciers ne sont guère occupés, dans leurs lamentations sur le génie, que des grands génies, des grands poëtes, du Tasse, de Camoëns et de ce malheureux Gilbert, qui était, à coup sûr, un poëte. — Misères véritables, il est vrai, et trop réelles, et cependant misères que nous ne saurions plaindre, car nous leur portons envie... au bout de ces misères se rencontre une gloire immortelle, il y a la postérité qui répète vos vers, qui partage vos amours, qui se met de moitié dans vos douleurs. Ne plaignons pas la gloire, ne pleurons pas sur elle, et gardons nos larmes pour nous-mêmes.

Cependant si quelque habile romancier, si quelque poëte dramatique tentaient de mettre en scène, non pas un génie réel, reconnu tôt ou tard, mais un génie impuissant, un de ces malheureux avortés qui prennent leur orgueil pour de la puissance, leur vanité pour de l'imagination, leur rage et leur bave, pour du style et du talent, à la bonne heure, vous allez avoir, tout d'un coup, un malheur digne de pitié ! C'est cela, laissons de côté les mendiants illustres que protége la gloire, montrez-nous la médiocrité se débattant contre le dégoût public, et succombant sous les vengeances de l'ennui. Alors vraiment nous comprendrons les douleurs de cet ambitieux qui n'est même pas un parvenu.

Oui, nous aurons pitié de ses pleurs cachés, de sa rage mal contenue, et nous trouverons dans la force de ces récits, une leçon importante. Démontrer que la vanité de l'esprit est la plus dangereuse de toutes, et qu'il vaut mieux être un bon cordonnier en vieux, qu'un mauvais et envieux poëte, certes, le thème est beau. Mais nous prouver qu'il y a des hommes de génie qui meurent de faim ! à quoi bon ? Pouvez-vous les empêcher de mourir de faim, et voulez-vous donc les empêcher d'être des hommes de génie ?

Ainsi le poëte manqué, Richard Savage, dans la boutique de son maître, supporte, impatiemment, les petites misères de la vie de chaque jour. Il méprise le métier qu'il veut apprendre, ce qui est un grand malheur. Au lieu d'écrire les factures du bourgeois qui le nourrit, il écrit des vers. Alors, de quel droit ose-t-il manger le pain de ce brave homme ? Un jour, enfin, l'artisan jette à qui veut les ramasser, les nobles outils qu'il était indigne de toucher de ses mains rebelles, et il s'en va, tête baissée, au milieu des précipices et des abîmes.

Sa vie alors est un excès de tous les jours. Prince et chiffonnier, en dentelles, en haillons, il finit par s'enivrer avec les portefaix dans les tavernes, entre le biographe de l'égout, et la Vénus des carrefours. A la fin passe un veilleur de nuit qui le ramasse au coin d'une borne, et qui va le jeter dans une prison pour dettes, sur un tas de pamphlets, digne grabat de ce malheureux, taché de lie et couvert de mépris. Voilà la chose ; et si vous vous étonnez qu'un vrai poëte, un noble esprit, une âme enfin, une âme faite à l'image des écrivains habiles, ait été perdue à ce point de misère et de honte, eh bien ! venez avec moi, je vous mène à la cour d'assises, au jour où l'on juge, *à huis clos*, loin de l'œil et de l'oreille de la foule, non pas un de ces misérables voués au bâton, qui ont pris pour devise : « A bas l'honneur et vive le petit écu ! » non pas ces immondices qui vivent des reliefs de la borne et de la police correctionnelle, mais un honnête jeune homme, un enfant bien né, un fils de bonne mère, à vingt ans, un un vrai bel esprit, une âme honnête, un cœur naïf.

Écoutez-moi, écoutez-moi, et puis, par le récit que je vais vous faire, et par cet exemple récent dont j'ai été le témoin, songez aux perfidies, aux enivrements, aux trahisons du livre, et voyez s'il ne faut pas être, au moins, charitable et clément à ces malheureux que l'encre enivre, et qui se perdent, faute d'un ami, faute d'un conseil.

Le jeune homme dont je parle (il a évidemment expié sa faute) avait écrit, le plus innocemment du monde, un livre intitulé : *Les Lamentations sociales.* Ce livre était un drame, une philosophie, un roman, un rêve funeste, en un mot le crime le plus innocent et le moins pardonnable qui ait été fait et imprimé, depuis qu'on fait des livres et qu'on les imprime. Il s'était choisi lui-même, pour son propre héros, et tout de suite il se montrait à nous, *s'amusant à voir couler la Seine pour combler sa désespérance.* Il est si jeune, et naturellement il invoque *la fantaisie!* Il veut une belle *aux yeux bleus et d'une haute intelligence.* « Viens à moi! viens à moi! » disait-il, et il serait à dire encore : « Oh! viens à moi! » Mais un de ses parents vient à mourir à Paris, et le petit Joseph (c'est le nom du jeune homme aux *Lamentations*) est chargé, par sa famille, de rapporter le défunt, *à Limoges, en passant par Orléans.*

Donc le voilà parti avec le mort, et chemin faisant, M. Joseph se lamente à tout bout de champ. Il se lamente sur le cadavre de cet homme *anéanti*, parce qu'il obéissait, de son vivant, *à des passions subversives de toute moralité.* Il se lamente, parce que la maison de sa tante, où il était accueilli comme un fils, « est remplie de cet *esprit sordidement agglomérateur* qui est un apanage de notre siècle. » Il se lamente parce que son oncle ne lit pas le *National*, et parce que sa cousine (*une bouche capricieuse à croquer*) raccommode, ô profanation! (et qu'eût pensé Richard Savage?) une dizaine de torchons! « Elle raccommode un torchon! » Il y a de quoi se pendre ! A présent, se dit à lui-même, ironiquement, le lamentable Joseph, à présent il me reste Dieu! Il ne lui *reste que ça*, et ce n'est vraiment pas assez.

Bientôt voilà cet aimable Monsieur qui plante là, tante, oncle et nièce et *torchons*, et qui s'en revient dans la cité aux neuf cent mille âmes, où il porte un regard *froidement scrutateur.*

Qui-dà! mais son regard, en *scrutant*, a *scruté* le baptême du fils de M. Guillaume et de la mère Jeanne, à qui sa marraine et son parrain donnent le prénom de Jean-Jacques ou de Victor Hugo. Voyez le beau malheur! Victor-Jean-Jacques-Guillaume!

Et songer que peut-être la femme de Jean-Jacques-Victor, bonne et compatissante aux malheurs de l'exil, va *torcher* dans son lit, le vieillard, qui se meurt, en appelant la patrie absente, ou tenir dans ses bras maternels, le petit enfant qui pleure au milieu du nuage, aux sourds grondements de l'Océan !

Notre homme, un autre jour, va entendre vêpres dans l'église de Sceaux : « Pourquoi ? Je n'en sais rien ! » Seulement il s'étonne *des statues, des voûtes, des prestiges et superstitions populaires de l'église de Sceaux.* Humble église, honnête église de Sceaux, asyle où fut cachée, longtemps, la dépouille de Florian, le premier capitaine de dragons qui soit mort de peur dans son lit, elle ne se doute pas, l'église de Sceaux, des prestiges qu'elle renferme. Au sortir de vêpres, il se promène dans la campagne, et les jeunes filles qui le rencontrent se disent, en se le montrant du doigt : — *Voilà un jeune homme de mauvaise humeur !* Les jeunes filles (si voisines de ce *Bal de Sceaux*, qui fut un des premiers bons contes de M. de Balzac) ont bien raison de montrer, du doigt, un pareil homme, et, par dieu ! elles seraient bien étonnées si elles pouvaient savoir que cette figure, est une figure de convention ; que M. Joseph se fait triste à plaisir ; qu'il a pris ce vilain visage, tout comme elles ont mis leurs plus belles robes ; mais les jeunes filles ne savent pas ce que c'est que l'école *socialiste* et les *lamentations nouvelles* ; enfin elles ont le malheur de savoir pourquoi elles vont à vêpres le dimanche : — pour prier Dieu, et pour avoir le droit de danser, le soir.

Arrive ensuite le chapitre : *A quoi bon ?* A quoi bon ? Voilà une question que devrait s'adresser tout jeune homme qui veut écrire un livre. A peine échappé de ces premières études qui demandent toute une vie pour être complètes, le premier besoin de ces malheureux enfants du hasard c'est d'écrire un livre, en prose ou en vers. Ils n'ont pas d'autres passions que celle-là. La rage d'écrire remplace, en ces jeunes âmes, les jeunes amours, les ambitions permises, les douces joies de l'amitié. Pour mieux écrire, ils deviennent des rêveurs, ils se font tristes, ils s'entourent d'images funèbres, et quand ils devraient s'occuper à se gouverner eux-mêmes, dans les frais labyrinthes de la jeunesse, ils s'amusent, les malheureux ! à régenter le monde.

Ainsi ils sacrifient les dons les plus heureux, à ce besoin de faire un livre. Hélas! s'ils pouvaient prévoir que ce livre infortuné, pas un ne daignera l'ouvrir ; s'ils pouvaient se dire, les insensés, qu'ils n'ont, à tout prendre, qu'un seul lecteur qui ne peut pas leur manquer, un terrible et inexorable lecteur, un juge, et non pas un juge obéissant aux règles d'Aristote ou de Despréaux, mais un juge obéissant au *code pénal*, M. le procureur général, pour tout dire, alors avant de porter à l'imprimeur, les difficiles économies d'argent que peut faire un jeune homme, qui aspire à réaliser, dans un livre inerte, les rêves misérables qui se pressent en foule dans ces âmes oisives, dans ces esprits que la contemplation a rendus malades, ils se demanderaient : *A quoi bon ? à quoi bon ?*

A quoi bon, insensés que vous êtes ? Je vais vous le dire. A peine aurez-vous fait paraître ces pages noircies au hasard, que soudain vous perdrez la grâce innocente de votre jeunesse. Hier encore, vous étiez un jeune homme heureux, honoré, aimé de tous, le lendemain, et par la seule raison que vous aurez fait ce méchant livre, aussitôt vous devenez un objet d'inquiétude, et bientôt un sujet de haine. On ne vous écoute plus, on ne vous aime plus, on ne vous entend plus. Vous n'êtes plus l'homme innocent que vous étiez hier, vous n'êtes plus jeune, et vous n'êtes rien qu'un faiseur de prose ou de vers. C'en est fait, les jeunes gens s'éloignent de votre bel esprit, la jeune fille hésite à vous sourire, et le vieillard gronde à votre approche. Imprudent ! ce livre, au moins inutile, vous sépare aussitôt du commerce des hommes, presque autant que si vous aviez commis une mauvaise action. Voilà pour le présent.

Cependant il vaut mieux, à tout prendre, avoir écrit un livre inutile que d'avoir volé sur le grand chemin. Vous êtes jeune encore, vous le croyez du moins, et, en votre qualité de jeune homme, une fois remis de votre premier échec, vous vous dites, à vous-même, que votre livre sera bien vite oublié; qu'avant peu personne ici-bas ne saura que votre nom est inscrit dans les catalogues de la Bibliothèque Royale. Alors, si vous êtes quelque peu un homme sage, par toutes sortes de soins et de travaux, à force de zèle, de probité, de modestie et d'études sérieuses, vous essayez de revenir sur ces premiers pas si peu littéraires, si funestes, et pleins de remords.

Vous voulez devenir un homme grave, et d'abord tout vous réussit. Comme personne n'a lu votre livre, personne aussi ne vous en parle; vous-même vous oubliez l'horrible volume; seulement, si, de temps à autre, vous le rencontrez sur le parapet du Pont-au-Change, vous détournez la tête en rougissant. A la fin cependant vous voilà sûr de votre pardon, vous avez conquis l'estime publique; vous avez gagné votre position à la pointe de l'épée, comme se gagnent toutes les positions honorables...

O douleur! la veille même du jour où vous allez enfin recueillir le fruit difficile de tant d'abnégation et de travaux, une main invisible et cruelle vous jette, à la tête, un projectile abominable qui laisse sur la place, sinon vous, du moins vos espérances les plus légitimes. Or ce projectile qu'on vous lance ainsi à la face, est justement ce malheureux volume, que vous avez publié il y a vingt ans! Personne au monde n'a lu ce livre, excepté l'envieux qui est à votre suite, excepté l'obscur concurrent qui en veut à la place qu'on vous a promise, à l'estime qu'on vous accorde. Oh! trois et quatre fois imprudent, celui qui prête ainsi le flanc à toutes les lâchetés dont la vie des hommes de quelque valeur est entourée! Que j'en aurais d'exemples à vous dire, si je voulais. Rappelez-vous seulement ce ministre de la Restauration, homme honoré, homme honorable, qui, à peine ministre depuis huit jours, fut livré à la risée universelle, pour une chanson qu'il avait insérée dans l'*Almanach des Muses*, de l'an poétique 1817, quand il servait sous le *ducque d'Aumont*.

Après le chapitre : *A quoi bon?* arrive nécessairement le chapitre : *Déception*. Dans ce chapitre *Déception*, le malheureux Joseph appelle son frère et sa mère. Quand il arrive chez sa mère, sa mère se meurt. « *Ce qui la tue, c'est l'avenir terrible qui s'offre à elle et à ses enfants!* » Et pourquoi cet avenir terrible? Qu'a donc de si terrible l'avenir, pour une femme de quarante-cinq ans, dont les deux enfants seraient de bons et loyaux enfants, patients, dévoués et peu abandonnés à la poésie?

Calmez votre mère, ami Joseph, montrez-lui que vous êtes un homme utile et modeste, racontez-lui vos petits succès d'hier, vos honnêtes espérances du lendemain; versez dans ses nobles mains, les économies que vous avez faites sur votre humble travail; que monsieur votre frère en fasse autant, dans sa petite sphère, et vous ne direz pas de votre mère : *Comme elle est maigre et jaune! La voilà qui fronce affreusement ses sourcils devenus longs et épais!* Au contraire, votre mère, voyant ces enfants innocents, heureux, paisibles, redeviendra jeune et belle, et riante, car rien ne rajeunit et n'embellit une mère comme la probité de ses enfants.

Mais les pauvres femmes! les pauvres mères de province, par la poésie qui nous déborde, par l'idéal qui envahit toutes choses, que voulez-vous, mon Dieu, qu'elles deviennent? Elles sont nées sous d'humbles toits, au milieu de toutes les émotions bourgeoises; elles ont passé leur vie à élever leurs enfants, à les nourrir, à les vêtir, à les aimer; elles ont cru, pauvres âmes, que ces enfants s'élèveraient comme se sont élevés leur père, humblement, sagement; elles ont espéré que leur fils, une fois qu'il aura payé son tribut à la jeunesse, et couru, tout comme un autre, sa petite carrière de folie, à son tour acceptera la règle et le joug... O misère! et voilà que cette mère au désespoir se trouve avoir enfanté non pas un homme... un poëte, un géant, un être impossible, une gloire, une vanité!

C'est l'histoire de la poule qui avait couvé l'œuf d'un aigle; seulement, le petit Joseph en question n'est pas un aigle, c'est un poulet mal élevé. Jugez cependant des larmes et des angoisses de cette mère! J'en sais une qui était la sœur de mon père; humble femme entre toutes les femmes, elle vivait dans un petit village, et sur les bords de ce diantre de Rhône que madame de Sévigné voulait marier à la Durance; elle était mère de six enfants : son fils aîné, tout d'un coup, voulut écrire, et comme sa fantaisie était une impuissante fantaisie, à vingt ans il s'est tué d'un coup de pistolet. « Désespère et meurs! » c'est le mot que disent ses victimes à Richard III. Désespère et meurs! c'est le mot de la poésie à ses faibles adeptes, qui ne savent pas supporter cet enivrement d'une heure. On se tue aujourd'hui, un jour plus tard on se serait moqué de ces vaines et stériles aspirations.

C'est bien fait, au reste, et tant pis pour la vanité qui se tue. Il est vrai que la pauvre mère, au désespoir de l'abandon et de l'impiété de son fils ingrat, en est morte de chagrin, six mois après, sans rien comprendre à ces tristes fureurs, dans un village si calme, si heureux, si paisible et si loin de Paris!

Quelle étrange différence entre les misérables fous qui se tuent parce qu'ils ne trouvent pas la rime qui les fuit [1], et ce sage Montaigne « qui n'allait que là où il se trouvait. » Infortunés, qui sont si bien *où ils sont*, et qui vont se perdre aux régions littéraires, du côté malsain de l'esprit et du cœur, dans les champs stériles où poussent, parmi les chardons et les coquelicots, parmi l'ivraie et les ronces, les drames, les romans, les contes, les dissertations philosophiques! Pourquoi ne pas aller, tout simplement, du côté de la jeunesse et de l'amour? du côté de la piété filiale et de l'amitié?

On trouve aussi dans ces *Lamentations sociales* le chapitre *Désenchantements*. C'est un chapitre inventé, depuis vingt-cinq ans déjà, et que tout jeune homme doit écrire, au moins une ou deux fois dans sa vie. Désenchantement! Quand ils ont dit cela, ils ont tout dit. On est désenchanté, c'est un état comme un autre. Cela vous ôte la peine d'étudier, d'agir, de songer à l'âge mûr, de se pousser dans le monde, et si quelque sage vieillard vous demande, par hasard : — Quelle est votre occupation, jeune homme! vous lui répondrez avec un petit regard de pitié : Ce que je fais? Je me désenchante. Eh quoi! vous n'avez pas de passe-temps plus doux? « Je philosophais, dit-il encore, et je reluquais les belles, dans chaque magasin. » Et cependant il était dans une humeur atroce, à ce point que c'était à n'y point tenir.

De tout ceci la conclusion était : « Nous aboutîmes à une dégoûtante composition! »

Son livre imprimé, ce malheureux jeune homme en fit passer des exemplaires aux écrivains de la presse, et comme c'est mon devoir de lire, aussitôt qu'on me l'envoie, un livre nouveau, je lus ces *Lamentations sociales*, et j'écrivis, en toute hâte, à l'auteur que je n'avais jamais vu : « Accourez vite, hâtez-vous! Au feu, ces deux volumes, et qu'il n'en reste pas une seule trace! » Il vint, je lui parlai vivement; il souriait à ma colère, il ne comprenait pas que cette offense implacable, à tout ce que les honnêtes gens ont l'habitude d'honorer et de respecter, pût attrister et remuer, à ce point, un étranger; même on eût dit, à le voir sourire, que ma douleur l'encourageait. Que vous dirai-je? Il laissa

---

[1]. Je trouve au coin d'un bois la rime qui me fuit...

son livre en dépôt chez quelque libraire inconnu, puis il partit pour un voyage d'*agrément*, aussi calme, aussi content de lui-même, que s'il eût écrit les *Méditations poétiques* ou les *Orientales*. Pendant six mois tout alla bien, grâce à l'obscurité du livre; un jour enfin, comme le juge était en train de condamner, à deux ans de prison, je ne sais plus quel pamphlétaire, une main inconnue déposa, sur le tribunal même, ces deux volumes des *Lamentations sociales*. Alors il fallut rendre à la justice, au jury même, un compte sérieux de ces pages folles; alors l'auteur, pâle, éperdu, à demi mort d'épouvante, avec la conscience de son crime et la prévoyance de son châtiment, fut se jeter aux pieds de M. Liouville, un grand et libéral esprit de cet illustre barreau de Paris, qui fut, de tout temps, l'asile des libres penseurs. M. Liouville eut pitié de ce jeune homme à la première vue; il trouva que son livre était l'œuvre d'un enfant, à la première lecture; il promit de le défendre; et il le défendit en citant cette admirable *lamentation* de M. de Lamartine :

>   Lorsque du créateur la parole féconde,
>   Dans une heure fatale eut enfanté le monde
>   Des germes du chaos,
>   De son œuvre imparfaite il détourna sa face
>   Et d'un pied dédaigneux, le lançant dans l'espace
>   Rentra dans son repos.

« Vous parlez d'imprécations, disait M. Liouville aux jurés, en voilà une, » et il allait, récitant toujours, jusqu'au terrible passage où il est dit : *Tu ne l'as pas voulu!* Vains efforts! les jurés et les juges comprenaient bien que l'*imprécation* de Lamartine était en fin de compte, un hymne de charité et d'espérance, et quand l'avocat eut parlé, le défenseur de la société outragée, au nom même de l'honnêteté publique, réclama le *huis clos*. O la chose horrible! *à huis clos*, un poëte, un enfant, un livre, écrit par un innocent de vingt-trois ans!

Or, c'était justement pour lire, tout haut, je ne sais quel *dégoûtant passage* de ce livre enfantin, que les magistrats et les jurés avaient ordonné que les portes fussent fermées. Si vous aviez vu l'étonnement et l'épouvante; mais aussi, si vous aviez vu le chagrin sur tous les visages! — Le pauvre enfant! se disaient-ils tout bas, le pauvre enfant! Eh bien! l'auteur, lui aussi, intitule son chapitre XX le *Pauvre enfant*. Au sortir de cette orgie, il nous montre son héros « *pâle, et le visage profondément altéré, mé-* « *ditant le néant de la vie !* » Il y a quelque chose de prophétique dans cette phrase. Le néant, jeune homme, c'est l'affreux banc de la cour d'assises où vous êtes assis, ce sont les regards attristés de vos juges, c'est la douleur intime de votre éloquent défenseur, c'est la vanité de votre livre réduit à sa triste expression. Comprenez-vous, à présent, comment rien ne reste, de ces pages écrites dans un moment de fièvre? Comprenez-vous maintenant, rien qu'à entendre lire tout haut, ces lignes funestes, toute la portée de votre crime? C'est le cas ou jamais *d'être pâle*, et d'avoir le *visage profondément altéré*. C'est le cas de se repentir et de rappeler ces *lambeaux sortis de vos lèvres!*

Mais, il le faut, suivons encore ce malheureux jeune homme. Dans son vagabondage, rien ne l'arrête. Il monte sur les tours de Notre-Dame, et de ces sommets, foulés par Victor Hugo lui-même, l'humanité lui apparaît *comme un tas de vers sur une charogne!* — Une fois descendu de ces hauteurs, il *s'introduit furtivement dans le cimetière du Père-Lachaise*, et il joue avec les têtes de mort. *Avancez en frémissant*, ajoute-t-il. Hélas non! il n'y a pas de quoi avoir peur, il y a de quoi gémir.

Où en sommes-nous arrivés, qu'à vingt ans, on écrive toutes ces choses, et qu'on les écrive presque en se jouant, et, juste ciel! qu'on les écrive avec un cœur pur, une âme honnête? Non, ce n'est pas la probité qui manque aux écrivains, c'est le sens moral, ou, si vous aimez mieux, c'est l'art et le goût, c'est le bon sens. On veut se vanter d'avoir écrit des *lignes infernales*; on regarde sa plume avec joie, quand elle *s'est bien salie dans l'infamie*; on se félicite : parce qu'on sent ses *propres cheveux se dresser sur sa propre tête*. Eh! jeune homme, des cheveux de vingt ans ne sont pas faits pour se dresser d'horreur, ils sont faits pour que le vent printanier se joue dans leurs boucles soyeuses. *Mes cheveux se dressent sur ma tête!* La belle affaire! Voilà bien de quoi se vanter? C'est comme si l'on était fier d'avoir des cors aux pieds.

Mais, disent-ils, pourvu que nous tirions quelque moralité de ces fables atroces, quelque utile enseignement de tout ce néant, que vous importe? Il m'importe, répond la société, que la vérité ne commence pas par le mensonge, la logique par l'absurde, le bon sens par la folie, la vertu par le crime, la croyance par la négation. Il m'importe, si vous voulez être en effet un honnête homme, que vous agissiez en honnête homme ; il m'importe, si vous avez en vous, le feu sacré, que vous n'abusiez pas du feu sacré pour avilir toutes les choses saintes et respectables, sauf à les remplacer par des inventions de votre façon. Il m'importe, à moi la société, que vous soyez un homme utile et non pas un rêveur, un écrivain correct et simple, et non pas un écrivain boursouflé, un faiseur de bons livres, et non pas un inventeur de romans insipides. Il m'importe enfin d'atteindre ces écervelés, *sous la cuirasse du cynisme*, semblables à cet associé de la Brinvilliers qui fabriquait ses poisons sous un masque de verre. Un jour le masque tombe, ou bien la *cuirasse du cynisme* se baisse, et voilà des criminels empoisonnés par leurs propres poisons.

Quand il eut compris que son livre était un crime, le jeune homme courba la tête, et se repentit. Il fut condamné, mais le juge fut clément, la peine fut indulgente, et dans ses juges mêmes ce jeune homme trouva des protecteurs. Sa peine expirée, il revint aux études sévères, au travail sérieux, et comme il y avait en lui un certain talent qui ne demandait qu'à être bien employé, il finit par gagner une place honorable, au milieu des gens qui tiennent une plume, et qui savent s'en servir honnêtement.

§ XIV

Si maintenant de ce jeune innocent qui paraît aux assises sur le banc même des assasssins et des faussaires, et de ce Richard Savage, abandonné à toutes les turbulances de la tête et des sens, qui tombe au beau milieu de la boue, ivre de gin, nous voulons passer au grand seigneur littéraire, au poëte assis parmi les juges de son peuple, au maître absolu de l'enthousiasme et de l'admiration, d'un bout à l'autre du monde connu, à lord Byron pour tout dire en un mot, nous trouverons, qui le croirait? autant de faiblesses, autant de misères, et moins justifiées que dans ces pauvres esprits abandonnés de Dieu et des hommes. Regardez, s'il vous plaît, non pas lord Byron posthume, et tout brillant de l'enthousiasme et des beautés de la Grèce en deuil de sa mort, mais le lord Byron terre à terre, et tel qu'il s'est montré à une femme habile, adroite, hardie, intelligente, qui savait bien voir, même les choses les plus difficiles à regarder par une femme, et qui l'a très-bien vu, ce héros de tant de poëmes, d'histoires, de tant d'aventures et de déclamations.

Dans le présent livre où retentissent en effet tant d'échos, il était impossible qu'il ne fût pas parlé de lord Byron. « Qui que tu sois, Byron ! » Encore une imprécation de M. de Lamartine. La dame qui a vu et jugé Byron n'est autre qu'une des reines de la mode, il y a trente ans, dans cette ville de Londres, exposée et soumise à tant de caprises. La première fois que l'auteur de *Lara* et de *Don Juan* apparut à cette éclatante lady Blessington, morte à Paris en 1840, peu de jours avant le comte Dorset, qui l'avait tant aimée et qui lui a sacrifié tant de choses qu'un galant homme ne doit sacrifier à personne, ce fut à Gênes, en 1822. La vie du grand poëte, à cette époque, était déjà entièrement accomplie ; il n'avait plus rien à entreprendre en ce monde, excepté son voyage en Grèce. Cette pause d'un jour, dans la vie et dans l'œuvre de lord Byron, quand il a achevé tous ses poëmes, accompli tous ses scandales, et complété ses tristes amours, quand tous ses ennemis sont écrasés, quand son testament est fait, quand ses Mémoires sont écrits, quand il a jugé, à leur juste valeur, tous ses amis, excepté son ami Thomas Moore, celui-là même qui devait trahir, indignement, la confiance et les haines, les ressentiments et les justes vengeances du poëte : ce moment, je ne dirai *pas de repos*, dans l'existence de lord Byron (il ne s'est jamais reposé), mais sa halte au milieu de l'Italie, est certainement une époque mémorable, et digne d'étude pour des gens qui, comme nous, cherchent le drame au théâtre et dans les livres, dans la vie et dans la mort, dans les bruits, dans les licences, dans les crimes, dans les vertus.

A aucune époque plus intéressante de sa vie et de son œuvre accomplie, on ne pouvait surprendre un pareil homme. Il était en ce moment l'objet de la sympathie et de la terreur universelle ; il excitait, dans toutes les âmes, un profond sentiment d'épouvante et de pitié ; il était le héros, il était le damné. Je ne sais quel voile lugubre commençait à s'étendre sur cette gloire, exposée à tant de mécomptes. En femme habile, lady Blessington avait bien choisi l'heure et le jour de lord Byron.

Le premier effet que produisit lord Byron sur l'esprit de sa belle compatriote, eût été désagréable au poëte, s'il avait pu s'en douter. Vu, à travers son auréole poétique, et vu de loin, sous le manteau de don Juan, lord Byron était apparu à lady Blessington plus grand, plus imposant, plus fier, plus mélancolique, et plus héros. Cependant, ce qui restait du grand homme, faisait très-bien reconnaître le poëte. — Sa tête était belle et bien faite; on pouvait lire encore, sur ce front élevé, vaste et charmant, le caractère impérissable des chefs-d'œuvre et des grandes passions; ses yeux gris, pleins de génie et pleins de feu, étaient d'inégale grandeur; son nez, trop gros, était mieux de profil que de face; une bouche admirable annonçait, sérieuse ou souriante, une moquerie, une grâce, un esprit sans affectation; les dents étaient blanches et bien rangées; tout ce visage était pâle, mais de cette pâleur brune, qui va si bien aux cheveux noirs.

Du reste, c'était là tout le poëte. Son habit, que nos jeunes gens se figurent d'une extrême élégance, son cheval que vous croyez très-beau, son ameublement que vous jugez d'après les descriptions de ses poëmes, n'étaient que les vaines rêveries de son imagination et de la vôtre. On eût dit que lord Byron portait des habits achetés *tout faits*, chez un tailleur du dernier ordre. Son habit était *trop large!* Quant à sa manière de monter à cheval, j'en suis fâché, pour nos dandys à longues barbes et en gants jaunes, qui se croient des lords Byrons, lord Byron se tenait mal à cheval; il se servait d'une *selle à la hussarde*, son cheval était tapissé de *harnachements divers*, plus dignes d'un marchand d'orviétan que d'un duc et pair.

Figurez-vous, Messieurs, figurez-vous (ceci soit dit, ô poésie, à ta honte éternelle!) un lord Byron : « En veste de nankin et en pantalon de nankin, *rétrécis par le blanchissage!* » Ajoutez ceci (le croirez-vous, races futures?), que la veste était brodée en jaune, *très-étroite* sur le devant, et garnie de *trois* rangées de boutons; *le dos très-étroit* et les manches « *établies* comme il y avait quinze ans,* » tranchons le mot, il portait un véritable *spencer!*

Ajoutez à ce bel accoutrement, un col noir très-bas, un bonnet de velours bleu foncé, garni d'un gland d'or, des guêtres de cet éternel nankin, et une paire de lunettes bleues sur le nez, des lunettes bleues, quelle découverte pour un bas bleu!.. voilà lord Byron à pied. A cheval, lord Byron est timide; à chaque faux pas que fait son cheval, *et il bronchait fréquemment*, ce flambard de nos ballades françaises ralentit le pas de sa monture; *il va au pas, chaque fois que le chemin est un peu difficile.....* Hélas! ce portrait équestre a contrarié plus d'un écuyer, qui se croyait un grand poëte, pour savoir monter à cheval.

Quant à l'appartement du noble lord, il est impossible d'avoir un goût plus mesquin, pour tout ce qui regarde la toilette, les équipages et le train de vie. « J'eus occasion de voir son lit à
« Gênes, dit la comtesse dans son pudique langage anglais, c'était
« bien le meuble le plus grossièrement vulgaire qu'on puisse
« imaginer; les rideaux étaient du plus mauvais goût, et (chose
« aussi d'un goût douteux) sur l'appui du chevet, on voyait écrit
« sa devise de famille : *Crede Byron*. Ses équipages étaient du
« même style, on y remarquait une surcharge d'enjolivements
« mesquins; bref, le détail était misérable, et l'ensemble était
« bel et bien... du clinquant.

« Oui, Messieurs, oui, Mesdames, c'est comme on a l'honneur
« de vous le dire : un vrai *clinquant*. »

Toutefois, vous ne sauriez croire à quel point ce véritable lord Byron, raconté par un témoin oculaire, eut un grand succès parmi les sages esprits qui n'aiment pas à jeter leur enthousiasme *aux moineaux*. Depuis si longtemps nous étions fatigués de voir ce qu'on appelle le beau monde, faire de Byron un véritable faquin, un homme à la mode, un dandy, élégant cavalier, élégant de sa personne, élégant chez lui. Quelque chose manquait à Byron quand on le voyait ainsi attifé, ainsi occupé d'écurie, de voitures, de chevaux, de tailleurs, de toutes ces insignifiantes et ridicules supériorités. C'est pourquoi cette élégante dame eut chez nous un grand succès, elle qui, sans le vouloir, a justifié lord Byron de ce côté. Ceci est donc acquis à sa gloire, lord Byron ne savait ni commander ni porter un habit; lord Byron ne savait pas harnacher un cheval; lord Byron ne savait pas meubler un appartement!

Il a dit qu'il le savait, il a menti. En vain il attache sa couronne à ses rideaux de serge, sa couronne de comte n'a fait que rendre son lit plus ridicule, j'en suis heureux pour lui. Vive Dieu ! lord Byron, en tout et pour tout a été bien moins lord que poëte. Ainsi mettez Byron parmi les poëtes, laissez son nom parmi les lords, et le rayez, complétement, de la liste des dandys. Quoi donc lord Byron un dandy, un homme de cheval, un homme de tailleurs, de harnacheurs et de tapissiers, grands dieux !

Heureusement, pour sa gloire, heureusement pour la grandeur de son esprit, l'intérêt que le poëte ne pouvait pas inspirer aux hommes d'écurie, aux reines de la mode, on le retrouve, en ses moindres paroles, aussitôt qu'il ne se souvient plus de son métier de fat, d'homme à bonnes fortunes, et de maquignon. Comme un jour lady Blessington lui parlait de sa femme. — « Ah ! dit-il, je lui ai lancé bien des épigrammes, mais le sarcasme *n'était que de l'amour tourné dans mon cœur*, et je me repens d'avoir ouvert ce pauvre cœur au public. »

Disant ces mots, il soupirait. Certes, c'est joli, cet amour qui tourne en épigrammes, à peu près comme le lait tourne au feu quand le feu est trop vif, mais ces épigrammes bien tournées, lord Byron les expie, encore aujourd'hui, dans sa patrie, et c'est une loi inflexible chez lady Byron, l'implacable, de ne pas faire une seule allusion au poëte dont elle porte le nom. Dans toute cette maison (la maison touche à ce parc anglais où S. M. notre reine, a vécu longtemps, à cet humble château dans lequel notre roi a rendu sa grande âme et son dernier soupir) vous chercheriez en vain un poëme, une image, un souvenir de l'auteur de *Lara* et de *Don Juan*. Pour lui tout est fermé dans cette maison de haine, tout est muet dans ce cœur plein de rancune. On eût prédit cette vengeance à lord Byron, il eût répondu par un démenti.

La chose est ainsi ! Oublié par sa femme, il devait compter du moins que sa maîtresse avouée, et chantée en toutes lettres dans ses poëmes et dans ses mémoires, garderait le souvenir de ces journées de poésie et de passion... La maîtresse autant que la femme, a brisé ces souvenirs. Tant qu'elle fut jeune, elle s'en est parée, à la façon de ces beautés sur le retour qui redemandent leurs vingt ans à l'éclat des diamants, à la blancheur des perles; mais quand l'âge (et c'est le châtiment des beautés vagabondes) eut pesé tout à fait sur cette tête rayonnante, eut épaissi cette taille svelte, et changé la couleur de cette chevelure digne de l'antique Niobé, elle se hâta, la belle amoureuse, de changer de nom et de patrie!

« Ayez foi en Byron, *Crede Byron!* » disaient les amis de ce poëte infortuné; aujourd'hui, de toutes les femmes qui l'ont aimé, en est-il une seule qui croie à Byron? « Je suis convaincu, disait-il, que dans le tempérament poétique, il y a quelque chose qui nuit au bonheur! » Non, ce n'est pas le tempérament poétique, c'est l'orgueil des poëtes qui brise, et qui tue à plaisir, les pauvres cœurs qui les aiment. Prenez un poëte, plus simple et plus vrai, soudain l'amour de ce galant homme devient, pour la femme qu'il aimait, un charme, une auréole, un présage, une immortalité.

> Vous vieillirez, ô ma belle maîtresse!
> Vous vieillirez, et je ne serai plus.
> Pour moi le temps semble, dans sa vitesse,
> Compter, deux fois, les jours que j'ai perdus.
> Survivez-moi; mais que l'âge pénible
> Vous trouve encor fidèle à mes leçons,
> Et bonne vieille, au coin d'un feu paisible,
> De votre ami répétez les chansons.

> Lorsque les yeux chercheront sous vos rides
> Les traits charmants qui m'auront inspiré,
> Des doux récits les jeunes gens avides
> Diront : Quel fut cet ami tant pleuré?
> De mon amour peignez, s'il est possible,
> L'ardeur, l'ivresse, et même les soupçons;
> Et bonne vieille, au coin d'un feu paisible,
> De votre ami répétez les chansons.

> On vous dira : Savait-il être aimable?
> Et sans rougir vous direz : Je l'aimais.
> D'un trait méchant se montra-t-il capable?
> Avec orgueil vous répondrez : Jamais!
> Ah! dites bien qu'amoureux et sensible,
> D'un luth joyeux il attendrit les sons;
> Et bonne vieille, au coin d'un feu paisible,
> De votre ami répétez les chansons.

Voilà comme on parle, et voilà comme on aime! « Certes, ajoutait lord Byron, je plains la comtesse, elle aime, en moi, une créature indocile. Est-ce que je suis fait pour rendre une femme heureuse, et surtout une Italienne? » Il était fait pour n'aimer personne, il a dignement accompli *cette loi de son être*. Et, chose étrange! en fait de génie, il en était venu à préoccuper l'âme et l'esprit, non-seulement des beautés vagabondes, « enfants du fard, de l'Italie et des poëmes court-vêtus, » mais les femmes les plus calmes, les plus innocentes et les plus sensées de sa propre nation. Un jour, il fit lire à lady Blessington une lettre que lui avait écrite un Anglais, veuf d'une honnête et charmante femme, éprise de ce génie, et qui écrivait, à l'adresse de lord Byron, cette prière, empreinte de la plus tendre sympathie, et de la plus profonde pitié :

« Oh! mon Dieu! disait la pauvre femme avant de mourir,
« la foi que j'ai en tes paroles me donne le courage de te supplier
« en faveur d'une personne qui, dernièrement, m'a vivement
« intéressée. Puisse la personne que je te nomme ici, mais dans
« mon cœur seulement (et qui aujourd'hui, je le crois bien, est
« aussi célèbre par l'oubli de toi, que par les talents supérieurs que
« tu lui as départis), être éveillée enfin par le sentiment du dan-
« ger qu'elle court, et se laisser aller à te demander cette paix de
« l'âme, comme l'entend la religion, et qu'elle n'a pu trouver dans
« les plaisirs et dans les bonheurs du monde! Faites, mon Dieu,
« que la fin de sa vie fasse plus de bien que ses écrits et sa
« jeunesse n'ont fait de mal! Que le soleil de ta sagesse divine
« se lève un jour, comme je l'espère, sur sa tête, et répande
« autour de lui assez de lumière et de chaleur bienfaisante, pour
« dissiper tous les nuages que sa conduite a amoncelés autour de
« lui. »

Ainsi est morte, en priant pour un homme qu'elle n'avait jamais vu, la douce et timide Lucy Sheppard.— « Eh, disait Byron, les yeux pleins de larmes, c'est une douce chose ces prières si pleines de sincérité et de grâce, adressées pour moi, par un être éminemment bon, au lit de mort, et pour le salut d'un frère dont les trois quarts de ses compatriotes se sont plu à désespérer. »

Et lui, à son tour, sans avoir vu Lucy Sheppart se met à l'adorer comme on adore un ange. Il se la représente d'une figure mobile et variable, calme, rêveuse, réfléchie, toujours prête à sourire; *un clair de lune sur la neige*, eut dit Moore. Lord Byron, rentré chez lui, a dû verser plus d'une larme, ce soir-là.

Quelques jours après, vingt-quatre heures après, que sait-on? lord Byron aura lu, le matin, en se réveillant, quelques-uns de ces pamphlets obscurs, sans style et sans nom propre, véritable honte de la pensée, lâche assassinat périodique, froidement exécuté par des misérables sans aveu, contre ce que le monde a de plus grand; dans ce pamphlet, lord Byron aura été tourné, non pas en haine, mais en ridicule, et voilà, aussitôt, ce grand génie qui se débat, en écumant, sous la piqûre de l'insecte.

La veille il était tendre, il était passionné, il était rêveur, il réunissait, dans sa pensée, presque dans son amour, lady Byron, Thérèse Guiccioli et Lucy Sheppard; aujourd'hui il refoule toutes ses affections dans son âme; il est sceptique, il est farouche, il est moqueur, il crache à la face de la nation anglaise; c'est une verve intarissable, un sarcasme sans fin, qui déchire par lambeaux tous les amours-propres contemporains. Pour ma part, j'avoue que si cela fait mal, pour lui, de voir Byron ainsi déchaîné contre le beau monde, cela est très-amusant quand on oublie ce qu'il a dû souffrir. Alors les portraits abondent dans son discours, admirablement encadrés dans la satire. Alors il se déchaîne contre l'Angleterre en masse, hommes et femmes, tout y passe, et sauve qui peut! « Quand les dames anglaises jouent les dames à la mode, elles ne font que *saveter* leur rôle; leur *hauteur* tourne à *l'impertinence; leur nonchaloir* à la brusquerie; prenez un femme anglaise, vous en ferez une bonne femme, une bonne fille, une héroïne, vous en ferez tout ce que vous voudrez, vous n'en ferez jamais une *femme à la mode.* »

« En Angleterre, le vrai est généralement bon, *c'est le fard du fashionable qui gâte tout.* « En Angleterre, beaucoup d'hommes d'une supériorité marquée, sont effacés par le frottement des médiocrités ou des nullités qui les entourent. — Les Anglais sont très-envieux; ils ont en général la conscience de leur épouvantable pesanteur d'esprit; ils sont bavards sans être spirituels, orgueilleux sans dignité, et brusques sans franchise. » Figurez-vous que j'ai vu à Londres, dans un des cercles les plus recherchés, un homme de lettres à la mode attaqué en chœur par la société, chacun lui jetant des éloges bien ternes, pour mieux faire ressortir de sanglantes critiques; on ne lâchait le malheureux auteur que pour s'acharner contre un danseur ou un chanteur populaire ; tant il est vrai que toute supériorité de talent était impardonnable dans ce cercle ! »

Que dites-vous de la peinture ? Ne croirait-on pas être en France ? Dans tous les cas, en France comme en Angleterre, malheur à l'homme de lettres qui se respecte assez peu pour se produire dans les cercles *les plus recherchés* ; il n'a que ce qu'il mérite, quand il se laisse traiter ainsi.

Eh bien ! ce misanthrope emporté, cet aristocrate frondeur de toute l'aristocratie de son temps, ce même homme qui tout à l'heure, ne voyait que des poupées des deux sexes, dans cette Angleterre si puissante et si forte, l'Angleterre des lords Grey, Grenville, Wellesley et Holland ; l'Angleterre de Sheridan, de Canning, de Burdett et de Brougham aux Communes ; l'Angleterre de Walter Scott et de Byron ; ce furieux détracteur de toute la société de son temps, lord Byron... qu'un souvenir de la patrie absente vienne frapper son cœur à l'improviste, aussitôt le voilà qui va pleurer ! Un soir qu'il avait été plus emporté, plus railleur, plus sanglant que de coutume, il était assis avec lady Blessington à un balcon d'où l'on voyait la mer, toute couverte de bâtiments génois et étrangers. Il faisait un beau clair de lune ; les pavillons des vaisseaux flottaient aux vents ; dans le lointain revenait lentement le pêcheur dont la barque porte au front, en guise d'étoile, une lampe renfermée dans un treillis, et lord Byron, à l'aspect du beau paysage, s'écriait :

— « Que nous sommes loin de la douce et terne atmosphère de Londres ! Que nous sommes loin de l'importance empesée et impertinente, c'est-à-dire du suprême bon ton de mes compatriotes ! Regardez cette forêt de mâts, Milady ; d'où viennent-ils ? où vont-ils ? Que de regards, que de pensées, que d'affections se rattachent à ces vaisseaux ! Combien de mères, de femmes, d'enfants et de maîtresses s'agenouillent, en priant, pour ces navires ! »

Ainsi il parlait. Tout à coup dans le lointain, là-bas, quelques voix frappent ses oreilles. C'étaient quelques marchands anglais qui chantaient le long du môle, l'air national *God save the King*.

Lord Byron se leva tout ému et tout pénétré. Il garda le plus profond silence, et quand le chant eut cessé : — « Eh bien ! dit-il, nous voilà sous le crêpe sentimental. Je sens encore fermenter dans mon cœur, ce vieux levain de patriotisme capable de me rendre fou. N'allez pas raconter cela à Londres au moins, à des Anglais civilisés, je serais obligé de renoncer à mon stoïcisme. — Bah! bah! qu'importe? Il est bien permis de se parjurer quelque peu, pour un clair de lune, pour une belle vue, et pour le chant national. »

Tout ceci vous donne une idée de ces *fausses hontes* qui l'obsédaient. Il avait honte des plus nobles mouvements de son cœur; il refoulait les larmes les plus précieuses; il renfermait, avec soin, en son par-dedans, les sentiments les plus naturels, qui le rongeaient à l'intérieur, faute d'air pour s'exhaler.

Cette lente et dernière revue des derniers moments de lord Byron ne vous fatigue pas, j'espère; vous savez que tout à l'heure il va mourir en Grèce. Écoutez-le donc parler, écoutez ses derniers jugements sur les hommes, ses contemporains; vous verrez s'il est possible d'avoir plus d'amitié naïve et plus d'admiration bien sentie, que n'en avait cet homme pour les poëtes, ses frères.

Il disait de Hope : — Il faut que j'aime bien cet homme, pour lui pardonner un ouvrage (*Anastasius*) si incontestablement au-dessus de toutes les productions de l'époque; je donnerais mes deux meilleurs poëmes, pour avoir fait *Anastasius*.

Un matin, il montre à son amie lady Blessington, le navire sur lequel s'était embarqué Shelley. — Shelley, l'homme le plus aimable, le plus aimant et le plus aimé qu'il eût connu de sa vie, qui manquait tout à fait de *sagesse humaine*. Et il pleurait en rappelant l'instant où mistress Shelley était tombée à ses pieds froide comme le marbre, en redemandant son mari qui ne devait plus revenir.

Il rendait également justice à Leigh Hunt, et à M. Hobbouse *qui lui a toujours dit ses défauts et ses fautes, sans en faire part aux autres.*

Dans un autre moment, il parlait d'Alfieri, et il faisait un parallèle entre lui, lord Byron, et Alfieri le poëte.

« Voyez un peu, disait-il, ce qu'il y a de commun entre nos
« goûts et nos travaux? Nous vivons tous deux avec des femmes
« de distinction, tous deux nous avons la passion des animaux,
« surtout des chevaux; tous deux nous aimons à vivre au milieu
« d'oiseaux et d'insectes de toutes sortes; nous aimons avec pas-

« sion la liberté, et nous sommes naturellement mélancoliques. »

De temps à autre il parlait aussi de sa belle et adorée maîtresse, « d'une taille moyenne, bien faite, d'une beauté ravissante; ses « traits sont parfaitement réguliers, l'expression de sa physiono- « mie d'une suavité, d'une mobilité charmante, et ses cheveux « brun-foncé, longs, épais et soyeux. »

Il fallait l'entendre parler de Sheridan, cet honnête homme d'esprit, que la société de Londres a usé à son profit, qu'elle a enivré comme un ilote, et qui est mort, laissant à ses créanciers son cadavre, qu'ils ont fait saisir, comme un gage, par les huissiers de Londres. Rien n'est beau comme lord Byron s'écriant :

— « Pauvre Sherry! quelle grande âme refroidie en toi, par la « pauvreté! Et voir nager dans l'or ceux avec qui il a passé sa « vie, et dont il avait éclairé les sombres âmes du reflet de son « génie! Sybarites, dont le sommeil eût été troublé par le frôle- « ment d'une feuille de rose, et qui le laissèrent mourir, sur le « grabat de la misère, tiraillé *par les myrmidons* de la justice!... « Oh! il y a de quoi dégoûter de la nature humaine, et surtout « de quoi dégoûter de ces libéraux sans générosité et sans cœur! »

Avouez que Byron est bien beau, parlant ainsi, et que jamais il n'a été plus éloquent, lui qui l'a été si souvent, contre le dandysme. En effet, c'est là une tache ineffaçable au front de l'aristocratie anglaise, d'avoir laissé mourir, sur un grabat, ce pauvre et honorable Sheridan! Ils avaient réduit cette grande âme à vivre d'humiliations de tout genre; à débiter, le matin, de folles plaisanteries, pour apaiser ses créanciers, et le soir à pleurer et à sourire tour à tour, pour le divertissement d'une table de convives stupides et blasés. Les impies! Ils enivraient de leur vin frelaté, cette haute intelligence, afin de trouver on ne sait quelle horrible saveur à ces pièges que la seule Lacédémone tendait à ses ilotes, sans dégeler le sang figé dans leurs veines.

Mais l'homme qui préoccupe le plus lord Byron, c'est son émule en renommée, sir Walter Scott. Il en parle sans cesse, avec la plus vive admiration pour le génie de l'auteur, et la plus affectueuse estime pour les qualités de l'homme privé. Walter Scott, c'était là en effet la seule gloire qui pût inquiéter Byron, parce c'était une gloire heureuse, honorée, tranquille, aimée, et cependant une gloire incontestable. Or, il était dans la nature de lord Byron, de s'adoucir sous l'influence du bonheur, comme il était de sa nature, d'être raide et dur à l'adversité.

Le stoïcisme lui servait de bouclier contre l'injustice ; mais il avait bientôt dépouillé ce lourd manteau, sous les rayons pénétrants de la sympathie. Il regrettait le bonheur de Walter Scott, sans l'envier ; il le regrettait surtout, parce qu'il reconnaissait en lui-même que s'il eût trouvé plus d'indulgence chez les autres, il aurait été le meilleur des hommes. Aussi l'adversité lui était-elle sacrée. Un jour, comme on lui parlait d'un jeune homme malheureux par sa faute : — Eh bien ! dit-il, s'il est malheureux par sa faute, il est doublement à plaindre ; car sa conscience envenime la plaie avec des remords. — Puis il ajoutait : « Pitié pour les fautes ; respect au malheur ! »

Hélas ! lord Byron est mort pour l'accomplissement d'une grande idée ; il est mort dans le pays des poëtes, en plein rêve, en plein soleil. Ici même, à Paris, nous avons vu passer sir Walter Scott, le grand enchanteur, escorté de la famille entière de ses passions charmantes, et de tant d'innocentes amours qu'il a mises au monde, et qui lui survivent, comme la douce parure de son tombeau. Ce galant homme à qui suffisaient quatre heures de travail, pour chaque journée, aussitôt que la ruine eut frappé à sa porte honorée et bénie, il se mit à travailler la nuit et le jour, et ce travail forcé, à l'heure du repos et de l'âge qui décline, eut bientôt arrêté le cours d'une si belle vie. Il est mort à la peine, il est mort de fatigue et d'inquiétude, et ceux-là l'ont pleuré qui s'étaient enchantés à ses enchantements, qui avaient porté à leur lèvre haletante, cette coupe bénie où se mêlaient tous les enivrements des inspirations chastes, et des âmes honnêtes.

Nous voudrions trouver, aujourd'hui, un seul mot pour exprimer la prudence, la sagesse et la réserve, accomplie en mille grâces décentes, de ce bel esprit qui sut élever la fiction même, à la dignité de l'histoire, il nous faudrait emprunter un mot grec : αβλαβεια, c'est-à-dire la plus rare et la plus clémente faculté du bel esprit, lorsque plaisant et utile à tous, il ne nuit à personne.

En voilà un, Walter Scott, qui pourrait, certes, s'appliquer ce distique d'un vieux poëte :

Amis, je ne veux pas de vos tristes hommages,
Je deviens immortel par mes doctes ouvrages[1].

Pour en finir avec cette trilogie à quatre personnages, il faut vous dire que lady Blessington, après des fortunes bien diverses, sa jeunesse envolée, et sa beauté s'envolant plus tard, prit la plume et devint, à Londres même, après avoir été une grande dame, un écrivain à la mode, un bas-bleu. Comme elle allait en Italie, elle avait rencontré en son chemin le comte Dorset; il était jeune et superbe, elle était jeune et charmante, ils formaient à eux deux un si beau couple, une union *si belle à voir*, qu'elle en oublia son mariage avec un vieillard, et les voilà partis publiquement, lady Blessington et le comte Dorset, pour le pays des chimères défendues. Eux seuls ils auraient pu nous dire si véritablement ils furent heureux, malgré tant d'apparences heureuses. Lady Blessington faisait des livres, le comte Dorset faisait des statuettes; à eux deux ils donnaient la mode et le ton à cette ville immense, et la meilleure compagnie, en hommes, se réunissait dans cette jolie et commode maison, posée au milieu d'un jardin qui devint après eux, la maison d'un cuisinier!

O misère! on mangeait dans ces mêmes petits salons où la causerie anglaise allait, rapide et curieuse à travers les mille commentaires, médisances, nouvelles et bons mots de chaque jour. Cela dura vingt ans; pendant vingt ans lady Blessington vécut de ses livres, le comte Dorset vécut de ses dettes, modèles inimitables, elle et lui, de cet art anglais, de ce comme il faut anglais si difficile à expliquer, à enseigner, à comprendre aussi, qui reste encore le mystère de peu de gens et qu'on appelle le *cant*. Enfin, comme tout s'use et tout passe, un jour arriva où lady Blessington et le comte Dorset, passés de mode, eurent à peine le temps d'échapper à leurs créanciers; en toute hâte ils franchirent cet Océan qui ne s'étonne plus de rien, et ils vinrent chercher, à Paris, dans le Paris de 1848, le dernier asile que Paris n'a jamais refusé aux grandeurs déchues.

Ici, nous avons vu lady Blessington qui courait après son ancienne renommée, et qui n'en pouvait rien saisir. L'eau dans la

---

1. Nemo me lacrymis decoret, nec funera fletu
Faxit. Volito vivu' per ora virum.

main d'un prodigue, est moins lente à s'enfuir, que ces renommées de suprême élégance; elles s'en vont, quand s'en va la jeunesse ; elles ressemblent à ces rubans, à ces gazes, à ces riens frivoles qu'un souffle emporte.

Quand elle eut vu qu'absolument son règne était passé, lady Blessington mourut courageusement, ce qui valait mieux que d'attendre une vieillesse isolée, oubliée et dédaignée. Elle avait gracieusement accompli sa tâche de femme inutile, le plus pénible des labeurs, et maintenant elle se reposait, contente de quitter élégamment la vie élégante. Hélas! quelle peine, en effet, quand ces infortunées déclassées n'ont plus qu'une ambition, une espérance : oublier, et remplacer, par le bruit, la bonne renommée ; par l'esprit, l'honneur à jamais perdu ! Vous n'êtes plus une femme alors, vous êtes un spectacle, un jeu frivole, et vous voilà forcée, à tout jamais, d'amuser le monde ennuyé, si vous voulez qu'il vienne encore à votre aide.

Ainsi vivait lady Blessington, et celle-là, elle pouvait dire aussi ce que disait mademoiselle de Lenclos, à quatre-vingts ans : « Qui m'eût proposé une pareille vie, à coup sûr je me serais pendue! »

Oui, certes, passer sa vie en causeries, écoutées comme autant d'oracles, et à force d'esprit, dépensé chaque soir, dominer les goûts, les modes; les héros du grand monde ! Jeter autour de soi le vif éclat d'un diamant, enchâssé dans une couronne de lords et de ladies! Battre, chaque jour, les idées courantes, et les mêler, d'une main si habile, aux idées anciennes, qu'il soit impossible de séparer celles-ci de celles-là ; réunir, dans sa personne aimée parfois, redoutée toujours, les grâces de la femme à l'orgueil viril, les fleurs de l'imagination, et les fruits, parfois amers, de la philosophie ; voguer à pleines voiles, sans lest et sans boussole, sur l'océan du *comme il faut*, et frôler ces abîmes, sans y tomber !

Enfin, se tenir au courant, pour son propre compte, et pour le compte d'autrui, des scandales, des épisodes, des histoires et des mensonges des beaux salons de l'Europe, et faire en sorte que chacun de ces lambeaux de renommées ou d'aventures tourne au profit de votre humble butin pour que vous soyez toujours prête à payer la faveur des grandes soirées *de la société exclusive*...

Labeur horrible! Voilà pourtant le rêve, et le grand rêve de certaines femmes ; voilà sur quoi se fondent l'empire et la durée de la vie élégante, comme on l'entend chez nos voisins, soyons vrais, comme on l'entend aussi, chez nous!

De ces reines de la *fashion*, reines changeantes, et souvent détrônées, majestés d'une saison, aussi brillantes que les fleurs de leur corsage, aussi peu durables, lady Blessington est, à coup sûr, celle qui a régné le plus longtemps, celle qui a tenu le sceptre le plus incontesté, et personne au monde, ni femme ni homme (depuis Brummel) ne l'a tenu avec plus de persévérance et de bonheur.

Cette dame et maîtresse de la belle vie anglaise était née en Irlande, à Curaghen, dans le comté de Waterford, et l'on pourrait peut-être remarquer, en passant, que tous les grands comédiens de l'Angleterre, ces héros qui soulèvent des émeutes comme feraient autant de révolutions en voyage, sont presque tous d'origine irlandaise. A quinze ans, la belle fille d'Irlande épousa le capitaine Leger-Farmer; mais, Dieu merci! elle fut bientôt veuve; et, déjà folle du grand monde, cet esprit, éveillé par toutes les ambitions de l'éclat et du règne volage, épousait Charles-John Gardiner, comte de Blessington. Dès ce moment enfin elle fut une grande dame, au niveau de ces êtres à part qui représentent autant de fractions de la royauté anglaise! En ce moment, le monde n'était pas assez grand pour cette jeune femme!

Elle avait à peine vingt ans! L'Europe venait d'entrer dans une paix profonde qui a duré trente années; trente années, est-ce possible? d'une prospérité, d'une fortune et d'une liberté sans exemple. Tous les poëtes de l'Angleterre, excités par ces destinées nouvelles, s'éveillaient, l'un après l'autre, pour chanter des passions et des prospérités inconnues. Nous vous disions, tout à l'heure, comment cette belle dame errante, et traînant après soi toutes les passions de la jeunesse, à jamais déchaînées, avait rencontré lord Byron: « ce *truand* de Byron, » disait-elle, et vous savez toute l'histoire de leur rencontre; eh bien! même après avoir contemplé le grand homme tout à son aise, lady Blessington voulut encore voir et revoir l'Italie, à savoir : Rome, Gênes, Florence...

Gênes et Florence en 1820! juste Ciel quelle fête! Et Florence! et Venise, ces rares merveilles! Des journées d'or! des nuits d'argent! Des poëmes et des amours, tant que le cœur en pouvait contenir! On n'entendait pas alors ces cris de la campagne romaine, ces mêmes cris qui retentissent, aujourd'hui, dans tous les paysages de l'Italie : *Roma! Roma! Roma! non e piu! come era prima!* L'Europe se reposait de ses victoires et de ses défaites, dans l'oubli charmant qu'apportent, avec eux, la poésie et les beaux-arts! Le poëme nouveau de Byron, de Walter Scott et de Lamartine s'en allait, çà et là, chantant et chanté, doux rêves! qui tenaient les nations attentives!

Certes, ces quelques pages de lady Blessington, nous racontant lord Byron à cheval, à ses côtés, sur les hauteurs de Nervi, ou bien leur causerie *au poivre de Cayenne!* et ces longs silences, à l'aspect de cette Méditerranée éclatante, entre ces collines chargées de palais et de jardins, pendant que l'étoile du berger jette au fond de l'onde endormie, ces molles clartés que la vague brise et réunit tour à tour, ce sont là des pages heureuses, et des souvenirs! Voilà pourtant tout ce qui reste de ces heures éloquentes... une femme exilée, emportée l'autre soir, dans une bière, fermée à la hâte! Un nom, jeté en passant, dans les tumultes et les silences de la mort des pestiférés! Heureuse encore cette infortunée, d'avoir attaché son nom et son souvenir à ce grand nom impérissable : « Je me souviens de toi, mylord Byron, *do remem-« ber thee, mylord Byron!* »

Déjà, dans ce temps-là, en plein bonheur de vivre et d'être aimée, lady Blessington aspirait aux honneurs douteux de la prose et du vers. Ce n'était pas tout à fait une *bleue*; elle y tournait cependant, et sa première tentative fut, naturellement, adressée à lord Byron qui lui répondit par ces vers :

« Vous m'avez dit hier : *Faites-moi des vers!* Certes, il serait étrange, à moi poëte, de vous répondre par un refus! Que faire pourtant? La source poétique était dans mon cœur; elle est tarie, et je suis sans voix, même pour vous!

« Ah! si j'étais encore le poëte des illusions et des poésies d'autrefois, j'aurais célébré, dans mes vers, votre beauté immortalisée par Lawrence, notre peintre idéal[1]! Mais je suis sans voix! et votre nom est un thème, trop doux pour cette lyre brisée.

---

1. Le magnifique portrait de lady Blessington par Lawrence a été vendu aux enchères, et payé un prix fou. Toutes ces grandeurs qui finissent par la vente à l'encan!

« Le poëte est mort, croyez-moi ! Où était la flamme, à peine reste la cendre ; mon cœur a perdu sa jeunesse, comme, de mon front dépouillé, sont tombés mes cheveux noirs.

« Je laisse à la jeunesse brillante, l'hymne que demande votre jeunesse ! Je laisse aux regards pleins de vie, la contemplation de ces grâces que j'ai à peine le droit de contempler ! »

A coup sûr ce ne sont pas là de très-bons vers, ce sont bel et bien des vers d'*album* tout au plus. La dame y répondit par quelques stances, improvisées sous les charmilles du jardin Doria :

« Quand je vous dis : *Faites-moi des vers !* pensez-vous donc que la vanité de la femme se soit adressée à la gloire du poëte ? Non ; et déjà mon miroir me dit, de près, si tu veux de la poésie, il faut te hâter !

« Mon visage, je le sais bien, a été touché d'un coup d'aile ; le temps a emporté les premières roses de ma joue, et j'ai renoncé aux hommages qui ne sont dus qu'au printemps.

« Seulement j'ai voulu emporter, de mon pèlerinage d'Italie, un parfum, un souvenir, un des accords de cette lyre, frissonnante de tous les transports de la vie et de la gloire ! O poëte malheureux ! qui compte tes cheveux blancs, sous tes lauriers ! »

De Gênes et de Venise, on revint à Londres, après avoir traversé la France, comme on peut le voir dans le livre de lady Blessington, le *Flâneur en France*, qui suivit de près le *Flâneur en Italie*. Ces deux livres, souvent imprimés, réussirent dans la belle société anglaise alors, et tournée au *bleu* indigo, lady Blessington se plaça au premier rang de ces femmes malheureuses qui feraient, au besoin, de l'Océan Pacifique un vaste encrier. Que de livres elle a écrits, d'une plume nonchalante et pourtant infatigable, dédaigneuse et cependant avide de louanges ! Les *Deux Amis*, les *Victimes de la Société*, la *Gouvernante !*

Elle écrivit même un petit poëme, en vers, intitulé : *La Femme à la mode d'une saison*. Cette femme à la mode, c'est elle-même ; elle s'y peint en buste, comme font toutes les femmes qui savent vivre ; notre femme à la mode écrivit bientôt les *Confessions d'un vieux gentilhomme*, quoi d'étonnant ? Bien peu de femmes, sachant tenir une plume, se sont refusées au plaisir de raconter l'histoire de *quelque vieux gentilhomme*. Regardez ! C'est la jeunesse de cette femme qui se montre de nouveau, et le *vieux gentilhomme* n'est qu'un prétexte pour parler, tout à l'aise, des journées où l'on était jeune !

Lady Blessington a écrit encore plusieurs livres : *Strathern, ou la Vie bourgeoise, à l'ombre du toit domestique.* La vie bourgeoise, à savoir : la vie heureuse, hélas ! la dame avait raison, cette fois, elle touchait juste, en célébrant dans sa prose maniérée, l'ordre et la paix du logis, les heures calmes, pieuses, solitaires et peu mondaines, les heures sans bruit, sans remords, à l'abri des passions et de leur violence ! Elle avait raison de tourner ses regards vers l'asile sacré qui tient l'âme à l'abri de ces fêtes insensées et de ces joies folles. Luxe d'un instant, plaisir d'une heure, vanité du beau langage et des belles manières ! Victoires et triomphes d'un ruban ou d'une frêle broderie, sur un lambeau de gaze ! Labyrinthe éternel et vieillissant chaque jour, des succès de la vanité et des divertissements frivoles !

Pas de femmes à la mode dans *le home*, mais bien, de bonnes femmes, simples, dévouées, fidèles au devoir, en un mot, tout ce qu'il y a de plus vraiment noble, aimable et de plus distingué dans l'univers.

Mais quoi ! c'est la *loterie de la vie*[1].

Soyez justes, il faut être bien forte et bien maîtresse de ses propres destinées, pour ne pas obéir au train du monde, au vent qui souffle, à ce besoin d'éclat, de mouvement, de feu, d'ironie et d'ambition, qui est la vie de tant de femmes, chez nous et là-bas ! Victimes intrépides du plus abominable de tous les arts, l'art de tuer les années, de se mentir à soi-même, de s'éblouir de ce phosphore d'emprunt que l'on prend pour le grand jour, il faut moins les blâmer, qu'il ne faut les plaindre ! A coup sûr, la mère de famille, assise dans le fauteuil commode et sans prétention des vieillards, au coin du feu en hiver, à l'ombre en été, qui de sa main ridée et vénérable, tricote les bas du dernier-né de sa fille absente, cette vieillesse sans nuage, entourée de respect et d'obéissance, cette noble tête, où chaque pli d'un visage serein, annonce une pensée loyale, un devoir accompli...

---

1. Encore un roman de lady Blessington; elle a fait aussi *Confessions of an Elderly lady.* — *Galeria, Flowers of Loveliness, Philadelphia;* bien près de cinquante volumes in-octavo, sortis de cette frivole petite main!

Ces vêtements sombres, ces plis austères qui rappellent le deuil du mari, mort depuis longtemps et pleuré toujours, ce calme paysage, mêlé de ciel et de silence, de verdure et de repos, le frais cimetière que l'on traverse, d'un pas ferme, pour arriver à l'église, non pas sans contempler la place où l'on sera demain, avec la vive espérance de ne pas y rester longtemps... voilà la vie et la seule vie, et qui ne ressemble en rien à ces transports, à ces fièvres, à ce délire, au malheureux état d'une âme hésitante entre la mort et la vieillesse, comme le tombeau de Mahomet entre la terre et le ciel !

O cendres de l'orgueil ! O poussières de la vanité ! O fard des visages décrépits ! Haillons de gaze et de velours ! Et puis, mourir tout d'un coup, la mort vous survenant au milieu d'une causerie à étiquette, la mort vous trouvant les épaules nues, et parée comme pour le bal ! Et quand vous êtes engloutie, à la façon des fantômes que le mélodrame engloutit dans ses trapes, le beau monde, ce monde auquel vous avez tout sacrifié, s'informant à peine s'il est bien vrai que vous soyez tout à fait morte ? Après quoi le monde, qui veut savoir où passer ses soirées inutiles, se met en peine de retrouver quelque femme oisive, frivole et railleuse, qui soit disposée à verser, chaque soir, au premier venu, les trésors de sa conversation, de sa grâce et de son thé !

Pour la première fois, peut-être, depuis le jour où elle était devenue un arbitre écouté des élégances anglaises, et c'est tout dire, lady Blessington manqua d'à-propos, lorsqu'elle abandonna l'Angleterre, pour la France en 1848. Certes le moment était mal choisi pour une si belle dame, et l'heure était mauvaise, pour ce bel esprit, toujours endimanché, qu'on n'avait pas le temps d'entendre, pour ce tact exquis dont on n'avait que faire, au milieu d'une révolution. A quoi bon, en effet, dans ce tumulte et dans cette confusion, cette active et vivante mémoire des choses et des hommes passés ? A quoi bon, cet art de plaire, et du savoir-vivre, à l'heure où cet abominable Proudhon, par son paradoxe impie et sa formule abominable, anéantissait toutes les grâces de la parole et toutes ses libertés ?

Non, elle l'avait espéré en vain, elle ne pouvait pas installer son arsenal de causerie ingénieuse et piquante, au milieu de nos orages et de nos pestes, dans ce pêle-mêle de mourants et de morts, cette femme heureuse qui, pendant vingt ans, a publié, chaque année, qui le croirait? le plus beau et le plus charmant de tous les livres, le *Livre de Beauté*, frêle collection des plus douces et des plus merveilleuses images qui représentent, dans leur grâce infinie, les plus grands noms de l'Angleterre. Le *Livre de Beauté*, ce Panthéon de la jeunesse, l'arène du printemps, le frais parterre où fleurissent, également, l'humble violette et la rose superbe, pas une année ne se passait sans que lady Blessington, d'une main loyale et désintéressée, ouvrît aux plus belles têtes des trois royaumes, ce Louvre d'un jour! Quel choix merveilleux! quelle veine heureuse, quelle nation, qui suffit à un pareil livre... et quel plus digne éditeur, d'un pareil livre, que lady Blessington?

« Ici, disait Byron, je retrouve l'azur de ces beaux yeux noyé dans un feu liquide, ces boucles dorées qui flottent autour d'un front de neige, ces visages dont la beauté même a dessiné les traits? » Ne dirait-on pas que Byron parle du *Livre de Beauté?* Et plus loin, lisez cette strophe pleine de vie et de tristesse; ne dirait-on pas qu'il écrit, à l'avance, l'inscription fugitive de ces frêles tombeaux?

« Adieu, race légère! un long adieu! L'heure fatale approche! Déjà mes yeux sondent l'abîme où vous allez tomber sans retour! Voilà bien le lac sombre de l'oubli, agité par des orages que vous ne pouvez maîtriser. Adieu! dans ces eaux froides votre aimable souveraine vous précède....... elle ne vous attendra pas longtemps! »

Resté seul au milieu des ruines de tant de vertus qu'il avait méconnues, de tant de devoirs qu'il avait oubliés, le comte Dorset versa des larmes amères sur l'infortunée en qui reposaient son passé, son présent, son avenir. Comme ils s'étaient tout sacrifié l'un à l'autre, il devait arriver que celle-ci entraînerait celui-là dans sa ruine; elle emportait tout ce qui restait de force et d'espérance à cet amant pour qui elle s'était perdue, et lui, s'il fût parti avant elle, il eût emporté sa dernière élégance. Ils n'étaient pas seulement la maîtresse et l'amant, ils étaient deux complices...

Le comte Dorset tenta vainement de se défendre et de se protéger lui-même. A cinquante ans qu'il pouvait avoir, il avait conservé sa belle taille et sa beauté virile, et tout frappé qu'il était d'un mal mortel, il se tenait debout, la tête haute, causant à merveille de toutes les vanités d'ici-bas, des histoires galantes, des révolutions d'antichambre, des petits beaux-arts du salon, et des chefs-d'œuvre mignards que fabriquent, barbouillés d'encre et de musc, en leurs boudoirs, ces jolis comtes, ces précieux marquis, ces capricieuses baronnes, qui se font peintres, poëtes ou sculpteurs pour se donner une contenance, et dans le vain espoir d'usurper une seconde jeunesse, et plus élégante, quand la vraie et la seule jeunesse est perdue à jamais !

En fait de mariage libre, hors du monde et des lois légales, notre siècle n'en saurait trouver un plus triste, et plus éclatant que le mariage adultérin de lady Blessington, et du comte Dorset.

§ XV

Ne vous étonnez pas, qu'à chaque instant, nous entrions ainsi en contemplation devant le poëte ou l'écrivain qui se présente au milieu de notre histoire littéraire. Ils se tenaient tous, par un lien invisible, ces hommes qui charmaient, épouvantaient ou consolaient le monde, aux temps heureux de notre jeunesse ; ainsi Chateaubriand, Lamartine, lord Byron, sir Walter Scott, Victor Hugo, ces maîtres du monde des intelligences, vous les retrouverez, en toutes les œuvres et dans tous les rêves de cette nation. Ils règnent, ils gouvernent, ils dominent, ils sont l'exemple et l'inspiration, le mouvement et le conseil. De ceux-là tout nous vient, et tout retourne à ceux-là. Pas un de ces maîtres, qui n'ait été consulté, par tout jeune homme, à son début, lorsqu'il se demande, inquiet de lui-même et de l'avenir, ce qu'il doit faire ?

— « Bêcher, labourer, porter des fardeaux, » disait le vieux Chrèmès dans cette comédie de Térence, citée par Cicéron en ses *Tusculanes* :

Fodere, aut arare, aut aliquid ferre, denique!

De cette inquiétude au départ vous avez vu, de son propre aveu, que Frédéric Soulié était profondément pénétré. Être inconnu ou glorieux ? couvert d'honneurs ou de mépris ?

Mener une vie honorée, honorable, ou se voir perpétuellement en proie aux misérables petits travaux d'une plume indigente, inhabile, honteuse, exposée aux vénalités, aux licences, aux petits déshonneurs qui sont le fléau des lettres, à toutes les époques, et dans toutes les nations? Terrible était l'angoisse! Il est vrai qu'à cette alternative de la honte ou de la gloire, de la fortune ou de la misère, les poëtes ont trouvé un moyen terme, ils ont trouvé la *fantaisie*, ils ont inventé la *bohême*, ils ont créé ce héros nouveau, insupportable et ridicule à force de génie et de vertus, ils ont trouvé l'*artiste*, ennemi du bourgeois; à l'*artiste* on permet, sans que personne ait rien à y voir, la dette et l'habit troué, le mariage libre et les heures paresseuses, le mont-de-piété et les misérables emprunts qui finissent toujours par changer un galant homme en mendiant. Plus tard nous retrouverons la *bohême*, aujourd'hui contentons-nous de la *fantaisie*, et disons tout de suite que Goëthe est l'inventeur de la *fantaisie*, et qu'elle commence à son roman-poëme, intitulé *Wilhelm Meister*.

A dire vrai, ce *Wilhelm Meister* trop vanté, est une de ces œuvres malsaines, et toutes semblables à ces beaux fruits que produisent les bords du lac maudit. Ces fruits ont l'apparence et le velouté de la pêche; approchez-les de vos lèvres, vos lèvres sont brûlées d'une cendre immonde. Ce *chef-d'œuvre*, au dire des Allemands, est, pour nous, un confus assemblage d'aventures triviales, de personnages ignobles, de mysticisme sans intelligence et sans frein, voilà pour la forme : quant au fond du livre, c'est le même sujet que le *Roman comique* de Scarron, avec cette aimable différence que le *Roman comique* est une production étincelante d'esprit, de verve et d'ironie, et pleine de malice et pleine de bon sens.

Wilhelm Meister, qui a produit, chez nous et chez nos voisins, tant d'artistes, tant de *Bohêmes* et de déguenillés, est le fils d'un riche marchand, grand amateur de tableaux et de chefs-d'œuvre italiens; par la contemplation de ces chefs-d'œuvre, Wilhelm a reçu ses premières impressions, à peu près comme Montaigne était réveillé par des sons harmonieux. Enfant, Wilhelm s'est amusé à faire jouer des marionnettes (ici pointe en glapissant, la *marionnette*, également chère à Charles Nodier, et à madame George Sand, qui a fini par leur donner..... une âme, tout simplement), et avec l'aide et la collaboration des marionnettes, le jeune Wilhelm a composé des tragédies classiques, une entre autres intitulée : la *Jérusalem délivrée*.

A dix-huit ans, Wilhelm a laissé les marionnettes pour les comédiens ; il a monté dans les vraies coulisses de la vraie comédie, il s'est glissé dans ce monde de carton, sous le soleil à l'huile des coulisses, au milieu des ingénuités fardées du théâtre. Enfin il est devenu fou de cette nature de convention ; il a adoré ces roses éphémères ; il aime une jeune première, Marianne, fille jolie et égrillarde, sous la garde de la vieille Barbara. Marianne est une *fantaisiste*, et Wilhelm est un conquérant ; ils boivent ensemble *du vin de Champagne*, ils mangent ensemble *d'excellents morceaux*, tout va pour le mieux dans ces coulisses de hasard que le jeune homme a prises pour le monde réel, jusqu'au jour fatal où Marianne accepte, hautement, l'amour et les présents de l'homme riche et sans nom qui se montre, à coup sûr, dans tous les romans où la comédienne a son rôle. Il est riche, elle est jolie ; il est vieux, elle est jeune ; il l'aime, elle s'abandonne, et, donnant, donnant.

— Voici mon argent, Marianne, dit le Crésus à la comédienne.
— Et voilà ma beauté, répond Marianne. — Et moi, s'écrie alors l'honnête amour dans la personne de Wilhelm, et moi ? — « Tu reviendras, ce soir, en cachette, à l'heure où le *riche* sera parti, reprend Marianne. Il y a temps pour tout et pour tous. »

A cette déclaration, Wilhelm s'emporte, et maudit la perfide ! Oh ! que n'a-t-il, dans les mains, les marionnettes qui amusaient son enfance ! Malheur à vous, Armide, Argant, Tancrède, Herminie ! Et comme il faut qu'un amant au désespoir se venge absolument, Wilhelm se venge sur ses vers, et sur ces riens de folâtre jeune homme qu'on renferme avec tant de soins. Il brûle les vieux rubans de la perfide, ses billets parfumés, les tresses de ses beaux cheveux ; il brûle tout, sans se rappeler le temps « *où il la regardait avec l'avidité d'un mendiant*, et encore les jours heureux où il la voyait, *si peu parée au milieu des pots de rouge, du savon, des peignes, des souliers, des corsets*. Jours heureux ! où Marianne *satisfaisait ses besoins naturels* (je cite textuellement) *aussi à son aise que s'il n'eût pas été là.* »

Ainsi affligé, Wilhelm se met en campagne, et déjà se montre à nous un petit coin de cette Bohême errante qui devait inspirer plus tard, tant de curieux poëmes, et de fades commérages. — Quel malheur, se disait-il, si j'étais, moi, Wilhelm Meister, le plus petit comédien errant de la plus petite ville allemande, trahi par Marianne et trahi par l'amour? Et pourtant, ô bonheur! porter une écharpe, une épée, un armure, un habit de chevalier; sentir frissonner à son pied léger, un orchestre d'éperons d'or; courir les aventures, et sauver quelque belle affligée au sommet de la tourelle, ou dans les cachots d'une tour féodale!

Ainsi il parle, et d'un bout à l'autre de cette *fantaisie* on n'entend que ces rodomontades. Figurez-vous la Rancune privé de mademoiselle la Caverne, ou don Quichotte sevré de Sancho Pança, se consolant par toutes sortes de sentences sans proverbes. Cependant le comédien Wilhelm poursuit son chemin, et ses lamentations, toujours, à chaque pas, partout; puis notre héros fait de nouvelles découvertes : ici c'est une fille qu'un comédien enlève à sa mère; là, un Hercule qui fait des tours de force au beau milieu du carrefour émerveillé; plus loin, des danseurs de corde ameutent la ville au son du tambour. « Le directeur s'avance à cheval, suivi d'une danseuse couverte de rubans et de paillettes. Picklcherring court, çà et là au milieu de la foule, distribuant des baisers aux jeunes filles, des coups de pied aux garçons, des lazzis à tout le monde : — prenez vos billets, Messieurs et Mesdames.» Ainsi, de tableaux en tableaux, et en parcourant toute l'échelle de la gent dramatique, on arrive au tiers du roman.

A dire vrai, ce n'est pas ainsi qu'ont procédé nos bons auteurs. Plusieurs de nos romanciers (la *fantaisie* était encore en ses langes) se sont laissé surprendre, eux aussi, à représenter la vie aventureuse du comédien nomade, ses solennelles entrées dans les villes et les faubourgs, ses aventures d'auberge et de cabaret, la prétentieuse protection des autorités de l'endroit, l'excommunication obligée des jésuites de la ville; enfin après mille peines, *Sémiramis* ou *Mérope*, jouées dans une grange, et le palais du Roi des Rois représenté par le paravent de madame de l'*Élue* ou de M. le baillif. C'est ainsi que le *Roman comique* a donné matière à mille récits sans apprêt, et que notre joyeux Picard n'y a pas manqué dans un de ses derniers romans.

Et Le Sage donc? Chacun se souvient du comédien qui, par

malheur, a épousé *une femme de vertu*, et qui pour sa peine, déjeune avec du pain sec et des oignons, et repasse, après ce repas frugal, son modeste habit râpé, doublé d'affiches de spectacle. Comprenez-vous quelque chose de plus vrai, de plus gai et plus charmant? Il n'y a rien dans le livre de Gœthe, qui vaille ces trois pages de *Gil-Blas*.

L'auteur de *Wilhelm Meister*, en qualité de seigneur et de philosophe, est moins gai, moins vrai, moins vif que l'auteur de *Gilblas*; seulement, de temps à autre, on rencontre en ces pages un grand critique, et c'est toujours autant de gagné. L'admirable analyse, en ce *Wilhelm Meister*, l'analyse de l'*Hamlet* de Shakspeare! Il n'y a rien, dans toute la critique allemande, qui se puisse comparer à cette analyse d'*Hamlet* par Gœthe, sinon l'analyse de *Don Juan* par Hoffmann, le conteur fantastique. Il est moins heureux quand il veut être Français, M. Gœthe, et donner la patte à la française, témoin, dans son roman-comédie et poëme, la coquette Philina, une fantaisiste, une bohème, une fille errante, une enfant de Paris et du hasard : « Grand merci de vos fleurs, » dit-elle à Wilhelm, à sa première entrevue; et, pour ses fleurs, elle lui donne un *peigne en écaille*, et elle l'entraîne droit à la guinguette; ils vont par eau, à ce rendez-vous de joyeux convives, et, dans le bateau, ils rencontrent un prêtre, un vrai prêtre, qu'ils forcent à jouer la comédie!

A la fin, les voilà débarqués, en riant aux éclats de ce jeu ecclésiastique, et nous nous croyons délivrés de tous ces comédiens, lorsque, sur la rive, Philina et Wilhelm rencontrent des mineurs qui jouent la comédie ! — A la bonne heure! on n'a jamais vu pareille rage de comédie, sinon dans le *Château des Désertes* de madame George Sand. Le soir venu, nous allons encore à la comédie, et toujours revient la comédie. Ainsi Marianne est une comédienne, Wilhelm est un comédien, le prêtre était un comédien, les mineurs sont des comédiens; quand les mineurs ont joué la comédie, on court aux Bohémiens, qui jouent la comédie au carrefour d'une forêt; puis viennent des scènes de bouteilles, des scènes de vieux châteaux; des enlèvements à prévenir, des princesses à flatter, de vieux barons allemands à subjuguer, et Philina se charge de tout, Philina suffit à tout.

Philina, c'est le seul caractère du roman; malheureusement

il paraît sans suite, il disparaît sans raison ; puis il reparaît, sans qu'on sache pourquoi; à la fin, on ne le voit plus, et on le regrette vivement; d'ailleurs, après mûre réflexion, j'imagine que Philina n'est autre que la Zerlina des *Confessions* de Jean-Jacques Rousseau. Zerlina, la *Dame aux Camélias* que Jean-Jacques a rencontrée, et qu'il pleurait, lorsque infirme et déjà vieux, il songeait aux gaietés de la Zerline, aux cruautés de la comtesse d'Houdetot.

Mais ce que le poëte allemand n'a trouvé nulle part, ce sont plusieurs fragments de poëmes, de cantiques, d'élégies. Précieux fragments que les plus grands poëtes ont copiés, à la façon du génie. Ainsi il est facile de reconnaître toute l'introduction de la *Fiancée d'Abydos* dans ces adorables vers : « Connais-tu la terre où fleurit le citronnier, où la pomme d'or de l'oranger brille et frémit à travers le feuillage ? » Il est devenu populaire, autant que le *Lac* de Lamartine, ce passage du poëte allemand.

Surtout vous trouverez, dans le *Wilhelm Meister*, cette mystérieuse et frêle créature que Gœthe appelle Mignon, et qui se nomme Fénella, dans un roman de Walter Scott. Fénella, Mignon, ce sont deux créations identiques, toutes deux appartiennent à Gœthe, Walter Scott la lui a prise entièrement. Mais la femme-enfant de Gœthe est infiniment supérieure à l'imitation de Walter Scott. Rien n'est touchant comme la mort de Mignon. « Qu'avez-vous, Mignon ? s'écrie Wilhelm. Elle leva sa charmante petite tête, regarda son protecteur, et, la main sur son cœur, elle sembla lui exprimer l'excès de ses souffrances. Bientôt elle se jeta à son cou, avec la vivacité d'un ressort qui se détend ; un torrent de larmes s'échappa de ses yeux fermés, et coula sur son sein.—Mon enfant! mon enfant! disait Wilhelm, et elle pleurait toujours; puis elle lui dit : — « Mon père! veux-tu être mon père? je serai ton enfant! »

Le grand artiste, et le plus grand sculpteur de son âge, avec Pradier l'Athénien, David (David d'Angers, il est mort au mois de janvier 1856, plein de tristesse et de douleurs dans le présent, de regrets dans le passé, de doute et de malaise pour l'avenir), comme il avait sculpté, dans un marbre impérissable, la tête éloquente de M. de Chateaubriand, et comme il s'apprêtait à montrer Victor Hugo aux futures générations, s'en fut à Weimar, en

1830, tout exprès pour saluer Gœthe, et pour en rapporter son image. A son retour, et comme nous nous pressions autour de David, afin de l'entendre parler de l'illustre vieillard, il nous raconta son pèlerinage politique, et voici ce qu'il nous disait :

A peine arrivé, l'auteur de *Faust*, de *Werther*, du *Comte d'Egmont* et de *Wilhelm Meister*, avait dignement accueilli l'artiste français, qui entrait chez Gœthe, comme un croyant, dans le temple de son dieu. Cette fois enfin nous allions voir apparaître, à nos yeux étonnés, un poëte heureux. Cet homme illustre, honoré, tout-puissant, était arrivé à cette heure solennelle où l'envie elle-même s'arrête, afin de contempler tant de belles œuvres et de si heureuses destinées, contre lesquelles sa bave même s'est trouvée impuissante. A ce moment dont je parle, il n'y a plus dans toute l'Europe, qu'une louange, une gloire unanime pour ce front glorieux, déjà couronné du laurier immortel. L'Allemagne entière a fait silence au nom de Gœthe le poëte, et le Rhin allemand le salue, en grondant de joie et d'orgueil. En cette Athènes allemande, Weimar, où tant de bons princes, et de princesses intelligentes ont régné par la grâce, la beauté et la bienveillance, on n'entend parler que de Gœthe. Il est maître, il est roi, il est tout. Il habite une maison d'apparence élégante ; entrez, vous trouverez une adorable maison, remplie à plaisir de vieux livres, de vieux marbres, et de chefs-d'œuvre des écoles italienne, florentine, française.

Que vous dirai-je? Il n'y a pas de prince et pas d'artiste qui ait réuni, dans son palais et dans son atelier, une plus grande quantité de choses rares et curieuses. Gœthe possède un vaste médaillier, un cabinet d'histoire naturelle, qu'envierait plus d'une cité savante, une immense collection de gravures, depuis Raphaël jusqu'à Vanloo ; dans Vanloo même, et dans Boucher, si amèrement critiqués, depuis que les vers de Dorat nous ont expliqué leurs dessins, Gœthe sait trouver de belles choses ; chacun de ces tableaux, chacune de ces gravures, le moindre papillon de sa collection, la plus chétive plante de son herbier, est un texte pour cet homme à de beaux mouvements, à de grandes pensées qui commencent, très-simplement, et qui bientôt se perdent dans les cieux.

Dans cette retraite de l'auteur de *Faust*, tout respire la paix, la grâce et le travail : ses deux petits enfants, pleins de mouvement et d'enfantine gaieté, sa femme, sa digne et spirituelle compagne, toujours préparée à l'hospitalité, composent son heureuse famille. Dans ces petits salons consacrés à la causerie, aux souvenirs, aux espérances d'un si bon peuple, se réunissent, conduits et poussés par le même enthousiasme, les amis de Gœthe, et les *pèlerins de son génie*. — On y voit, chaque soir, tous les hommes politiques de l'Allemagne intelligente et libérale, ces bons et vieux Allemands qui ont tant vécu de notre vie, qui se souviennent si vivement de nos poëtes et de nos capitaines, qui nous aiment avec une passion si poétique. Gœthe est le roi de cette cour ; il s'y montre, chaque soir, une demi-heure ; on dirait le fantôme de Gœthe ; il semble plutôt glisser que marcher sous ces voûtes sonores, où chacune de ses paroles rencontre un écho qui la répète à l'Europe. Depuis la mort du grand-duc de Weimar, Gœthe est resté seul dans toute l'Allemagne, pour faire les honneurs de sa patrie ; il est l'unique arbitre des renommées, il est l'homme le plus respecté et le plus aimé de son temps.

De cette belle réunion littéraire qui faisait, de Weimar, une académie de grands hommes, pas un homme n'est resté vivant. L'Allemagne a perdu le savant antiquaire Meyer, émule de Winckelmann, aussi habile que son maître, et plus savant, peut-être. Elle a perdu le célèbre compositeur et improvisateur Hummel, un des amis de Gœthe, si naïvement inspiré ; il est mort c Hummel, en laissant le testament d'Eudamidas... « Je laisse, mon ami, mes deux filles ! » Là on voit enfin Adam Mickiewietz le premier poëte de la Pologne, exilé sept ans en Sibérie, pou avoir chanté avec la passion et les larmes d'un Italien, la libert perdue de sa patrie ; il y avait encore, sous ce toit inhospitalier M. Quetelet, astronome belge, professeur à Bruxelles, qui faisai de la poésie avec Gœthe ; car chez Gœthe tout était sujet poésie, tableaux, statues, histoire, plantes, musique ; auprès d Gœthe, la poésie est une seconde nature qu'il faut, à toute force revêtir.

Enfin Gœthe est mort, à son tour, un soir, comme il était à con templer le soleil couchant. La noble tête de ce Jupiter Olympie vint frapper la blanche épaule d'une jeune femme de vingt ans belle comme un ange, une jeune comtesse française qui avait été un instant, la parure et le gracieux ornement de la cour du roi Charles X, madame la comtesse de Vaudreuil.

Il repose, à cette heure, sous les voûtes saintes où fut enseveli ce grand-duc de Saxe-Weimar, l'amour de son peuple et l'amour des poëtes. Quelle auguste et poétique réunion de tombeaux ! Ce prince, ami des belles-lettres et des beaux-arts ; Schiller est couché à sa droite ; à sa gauche est Wolfgang Gœthe ; à ses pieds repose Herder, l'historien du genre humain, avant que le premier homme eût vu le jour. Herder fut introduit, chez nous, par Edgar Quinet, un poëte exilé, exilé comme Adam Mickiewitz.

Si pourtant vous trouvez que notre louange est étroite, et que nous parlons de Gœthe avec trop peu d'enthousiasme et d'admiration, il faudra nécessairement reconnaître que le poëte allemand a péché par égoïsme et par vanité. Quel fut le dernier mot de son œuvre ? On n'en sait rien. Il va où le pousse, en soufflant, de çà et de là, tantôt l'inspiration de la Grèce antique, et tantôt l'inspiration du moyen âge. Il croit à Jupiter, il croit à saint Augustin, il croit au diable et aux revenants, ou pour mieux dire il ne croit à rien, et c'est pourquoi l'esprit allemand, lui vivant, eut tant de peine à le suivre, et l'abandonna si vite après sa mort. M. Saint-Marc Girardin l'a très-bien dit, dans une de ses célèbres leçons à la Sorbonne attentive aux paroles de l'orateur :

« La littérature allemande, personnifiée dans Gœthe, est une
« littérature fédéraliste, une littérature de confédération et
« d'États-Unis. Toutes les facultés de l'esprit humain, toutes
« les sciences y sont représentées. Gœthe est le dernier et le
« plus admirable mot de cette littérature panthéiste, pour ainsi
« dire, qui, dans son vaste sein, absorbe et contient tout, qui
« est tout, mais qui n'est rien par elle-même. Quand Gœthe
« mourra, c'en sera fait de l'ancienne littérature allemande.
« Ici je vous demande pardon si quelques souvenirs personnels
« viennent se mêler à mes réflexions ; j'ai vu Gœthe à Weimar,
« j'ai vu cette ville si petite, mais qui a été, pendant quelque
« temps, l'Athènes de l'Allemagne, et que peuple, encore aujour-
« d'hui, la présence de Gœthe ; mais cette vie, qu'elle tient
« de son grand homme, commence à s'affaiblir comme le grand
« homme lui-même. Weimar et Gœthe sont les deux symboles
« de l'ancienne littérature et de l'ancienne histoire allemande.

« Gœthe, c'est la diversité de l'esprit allemand : Weimar, c'est
« la diversité des États allemands. — Quand Gœthe disparaîtra,
« Weimar disparaîtra aussi, et avec eux l'ancien esprit et l'ancien
« monde allemand. Il y a une sympathie secrète entre la ville et
« l'homme ; déjà parce que l'homme a vieilli, parce que ses yeux
« semblent s'éteindre, parce que le visage n'a plus ce reflet
« de génie qu'il avait autrefois, déjà la ville commence à s'af-
« faisser, l'herbe croît dans les rues, la solitude commence ; le
« jour où Gœthe sera porté au tombeau, ce seront les funérailles
« de la ville de Weimar, et ce sera le signe aussi de la mort de
« l'ancienne civilisation de l'Allemagne ! Ce sera un bien. Il faut
« que périsse le monde de l'ancienne Allemagne ! Il faut qu'il pé-
« risse pour rajeunir, pour que s'ouvre l'ère de l'unité intellec-
« tuelle et politique de l'Allemagne. D'où lui viendra, Messieurs,
« cette unité ? elle lui viendra de la philosophie ou de la religion,
« qui sont la même chose en Allemagne. »

Et ce jeune public d'applaudir à ces sympathiques paroles, car il aime la justice et la vérité ; il honore la probité en littérature et en politique, autant qu'il hait les traîtres et la trahison.

§ XVI

Cependant soyons justes, et ne calomnions pas la *profession !* (la profession ! c'était le mot d'Armand Bertin) si l'exercice honnête, assidu, clément des belles-lettres ne mène pas souvent à la fortune, il suffit à nourrir un galant homme. On demandait un jour, à M. Scribe, à quoi donc son esprit, son talent et ses nombreux succès avaient servi à Frédéric Soulié ? — A le faire vivre honnêtement, à le laisser mourir tranquillement, répondit M. Scribe. Il disait vrai. « L'homme, en effet, ne vit pas seulement de pain, » il vit d'estime et de bonne renommée.

Eh oui ! je suis pauvre ; après tout, que vous importe ? On est si content lorsqu'un petit brin de la gloire humaine se glisse à travers ces œuvres difficiles, et si mal récompensées. Fi de ces richesses de la force et du hasard ! Fi de ces fortunes, volées dans les antichambres les plus honteuses ! Surtout, fi du pain que l'on n'a pas gagné, et que jette à vos hontes, petits vers de réclame et d'apothéose, la main-morte du mépris.

Au contraire, il y a peu de situations, plus désirables, que l'attitude et l'intime contentement d'un honnête et loyal écrivain qui a su conquérir, à force d'indépendance et de probité, la sympathie attentive du public des honnêtes gens. Il est le maître absolu de ses paroles et de sa pensée ; il ne doit rien à personne, et chacun lui doit estime, confiance et respect. Son art lui sert, à la fois, de gloire et de gagne-pain. Enfin quelle est son œuvre ?

— Voici son travail de chaque jour : se mêler, et de très-près, à toutes les émotions, à toutes les passions contemporaines ; protéger le faible et débattre le fort ; se tenir sur la brèche de toutes les révolutions passées, présentes, à venir, pour dire à la révolution ses lâchetés, ses cruautés, ses injustices ; écouter, d'en haut, tous les vagues murmures de la foule, et savoir ce qu'elle veut, même avant qu'elle le sache elle-même ; se mettre à sa tête et la guider, sans qu'elle s'aperçoive qu'on la guide ; en même temps être attentif aux moindres nuances de l'esprit humain ; savoir toutes les craintes et toutes les espérances, se mêler à toutes choses par le blâme, par la louange, par les conseils, aux beaux-arts, à la poésie, à l'éloquence, à la science, au théâtre, à la France, à l'Angleterre, à l'Allemagne, à l'Europe, au monde entier ; jeter la gloire et la renommée à qui les mérite, et n'en garder presque rien pour soi-même ; dépenser, dans ces feuilles légères, plus d'esprit, de style, de courage et de talent qu'il n'en faudrait pour écrire de gros livres ; être une espèce de roi inconnu, de dictateur sans nom, de franc-juge inviolable, et devenir plus indulgent, à mesure qu'on est plus fort, plus modeste, à mesure qu'on est plus puissant, plus dévoué au maintien de toutes les règles qui protégent la société ou les beaux-arts, à mesure qu'elles sont plus insultées, et que l'on est, soi-même, écouté avec plus de faveur.

Certes, quoi qu'en disent les ennemis de la *fantaisie* et les persécuteurs de la *Bohême*, c'est là une position admirable, unique et toute nouvelle ; on a vu des notaires qui portaient envie aux écrivains, on a vu des capitaines quitter l'épée pour la plume, et rêver, sous la tente militaire, le laurier d'Apollon.

Soyez, en effet, un honnête homme et sachez tenir, comme il

convient, une plume loyale et fidèle, aussitôt vous êtes le dispensateur de la bonne et de la mauvaise renommée; aussitôt les hommes les plus célèbres vous acceptent pour les juges naturels de leur génie, de leur mérite et de leur gloire. Vous êtes l'égal de l'avocat qui parle... vous parlez plus haut, et de plus haut, et de plus grands intérêts; vous êtes l'égal du général d'armée, il commande à des baïonnettes, vous commandez à des intelligences; vous gagnez, chaque jour, des batailles plus importantes que la bataille de Rocroy. Comme aussi, soyez un éloquent et honnête écrivain, vous n'aurez rien à envier aux plus illustres blasons, aux grands noms de la vieille France. Est-ce que ce nom-là : M. de Lamartine ! ou ce nom-là : M. Victor Hugo ! ne valent pas tous les Montmorency, tous les Guise et tous les Rohan de l'univers ?

Ainsi, ces journalistes, ces poëtes, ces philosophes, ces historiens, ces orateurs dans leur chaire, j'imagine que ce serait là bien de la pitié perdue, si l'on se mettait à les plaindre. Quelle plus belle position savez-vous que celle-là ? Être un poëte écouté, comprendre que le monde vous prête une oreille attentive, et qu'il va recueillir les paroles, tombées de vos lèvres, avec un pieux respect ? S'appeler Lamartine, et se dire à toute heure du jour et de la nuit : — A cette heure une âme en peine prie, ou pleure, ou se passionne, espère ou gémit avec mes vers ! S'appeler Chateaubriand, et à la fin d'une journée de révolution, être porté en triomphe comme royaliste, par ce même peuple qui vient de briser un trône ! Ou bien, dans un roman tout rempli de son amour, de ses déceptions, de sa douleur, faire couler toutes sortes de larmes, douces ou amères, soulever toutes sortes de passions bonnes ou mauvaises, révéler le monde ancien à ce monde nouveau qui vous lit, créer des êtres à qui l'on donne la vie, le mouvement, la pensée, et qui portent, jusqu'à la fin des siècles, le nom que vous leur avez prêté; régner en despote sur les jeunes cœurs, sur les âmes malades, sur les esprits oisifs ou révoltés, cela ne vaut-il pas mieux que d'être ambassadeur, quelque part ?

Ou bien deviner l'histoire et la découvrir, cachée sous le sang, sous les décombres, sous la rouille ; lui rendre tout l'éclat de la jeunesse, et par la toute-puissance du talent conquérir même le paradoxe, et en faire son domaine, quoi de plus grand ?

Et ceci : — venir dans une chaire de la Sorbonne, s'appeler Villemain, et trouver au pied de sa chaire, un jeune peuple né d'hier, qui vous écoute en battant des mains et du cœur ; jeter dans ces jeunes esprits, les limpides notions du beau et du bon, et verser dans ces âmes ouvertes, l'enthousiasme qui déborde de votre âme, certes cela vaut mieux que d'être maître de forges ou ingénieur civil. Donc n'allons pas faire de la pitié bête, et nous écrier à tout propos : — *Ces pauvres gens de lettres!* — *Ces malheureux gens de lettres!* — *Ces pauvres diables isolés, ruinés, dévorés!* Méfiez-vous de ces plaintes, et donnez toute rebuffade à ces pitiés hypocrites : l'habit ne fait pas le moine, il ne fait pas l'écrivain.

« Même sous les haillons se cache la sagesse. *Sæpe est etiam sub paliollo sordido, sapientia,* disait Cicéron en parlant des poëtes de son temps. D'ailleurs, pourquoi se couvrir de haillons, quand ce n'est pas votre passion qui vous y pousse ? Aujourd'hui celui-là seul en porte, qui les aime, et qui pense qu'un habit neuf manque de *pittoresque.* Aujourd'hui, une belle œuvre est une fortune, il ne s'agit que de la faire. En bonne spéculation financière, et même en laissant de côté la gloire, mieux vaudrait la propriété de *Notre-Dame de Paris,* que la possession d'une terre de cent mille écus dans la Beauce. Ajoutez à cette fortune, la gloire d'avoir découvert soi-même, ce riche domaine chargé de serfs, de redevances, de droits du seigneur de toutes sortes, net d'impôt, et qui n'a rien à payer aux compagnies d'assurances. Honorable et sainte propriété du génie ! Elle est à l'abri de l'inondation, de l'incendie et de la grêle. Elle ne redoute ni les automnes stériles, ni les étés brûlants ; elle n'a besoin ni de manœuvres, ni de laboureurs, ni de réparations, ni de haies, ni de fossés ; elle n'est sujette à aucune des charges de la propriété foncière ; elle n'a pas de mendiants autour d'elle, tout au plus quelques plagiaires qui volent quelques branches dans cette forêt luxuriante, sans jamais lui rien ôter ; et quelle joie, au beau milieu de ce beau parc, de se dire, à soi-même, en frappant du pied, ce vaste domaine où tous les esprits sont les bien-venus : — *Terra quam calco mea est,* « la terre que je foule est bien à moi. »

Vous donc qui vous plaignez de la misère des gens de lettres, sur le même ton que le poëte Codrus dans Juvénal, regardez autour de vous, vous verrez l'écrivain, véritablement digne de porter ce grand titre, sinon riche, au moins entouré, comme on entoure, et comme on recherche toutes les puissances.

On l'écoute, on lui sourit, on l'aime, ou tout au moins on le hait, ce qui est une excellente manière d'avouer qu'un homme est quelque chose. Pour peu qu'il travaille, il peut vivre; un succès l'enrichit, un mot le sauve, un bon vers le fait immortel. Certainement il n'a pas de faste, il n'ira pas jusqu'au luxe; en revanche, il peut atteindre à cette heureuse et consolante médiocrité que le poëte a chantée en si bons vers. Notez que ce glorieux argent, gagné par un beau drame, un beau livre, une honnête comédie, une tragédie où l'on pleure, un journal, fidèle aux libertés de la parole, arrive tout seul, de lui-même et sans effort. On vous l'apporte, on vient vous prier de le prendre ; vous le gagnez, sans sortir de ce cabinet plein de livres, qui renferme et contient tout ce que vous aimez, dans cette humble et chaste enceinte où vous vivez, entouré de vos amis, à côté de votre femme et de vos enfants qui jouent à vos pieds, et qui vont jeter au feu vos plus beaux vers, si vous n'y prenez garde. — Et notez bien que cette position unique vous ne l'avez pas sollicitée dans les antichambres ; elle vous est venue toute seule ; vous n'avez pas peur de la perdre, le lendemain, en vous réveillant, par un caprice du *Moniteur*, elle vous suit à la campagne, en voyage, partout ; vous êtes le maître et l'unique artisan de cette fortune de votre esprit. Il est vrai que vous portez votre fortune, et que ce n'est pas elle qui vous porte. Mais, parmi les hommes de quelque valeur, quel est l'homme, pourvu qu'il soit modeste et sage, qui n'est pas assez fort pour porter sa fortune, où il veut la porter ?

Je dis plus, et Dieu veuille que je sois démenti par des faits ! Cette carrière des lettres est si franchement et si loyalement ouverte à tous les hommes qui sont assez forts pour la porter, qu'il n'est personne au monde qui ne parvienne dans cette voie, s'il doit parvenir. Par cette immense et effrayante consommation d'esprit qui se fait chez nous, chaque matin, quiconque sera un homme nouveau, et saura tenir une plume, aussitôt cet homme heureux sera le bien-venu à prendre sa part dans le travail de chaque jour.

L'œuvre est immense, les ouvriers sont rares. L'œuvre commence à peine, et déjà plus de la moitié des attachés à cette glèbe ont pris leur retraite, ou sont morts à la tâche. Entrez donc, qui que vous soyez, et venez prendre votre part dans le labeur et dans la récompense ! — Cependant songez qu'il faut ceindre ses reins, avant de commencer la journée, que la journée sera longue, et que le public ne fera pas comme le père de famille qui paie d'abord, les derniers accourus au travail de sa vigne ; il ne s'agit pas ici d'un travail d'enfant, celui qui reste en chemin eût bien mieux fait de ne pas se hasarder à revenir sur ses pas, il ne rapportera en effet, celui-là, que la misère, l'indifférence et l'oubli.

Comprenez aussi qu'en prenant la défense de la position littéraire, et en soutenant, qu'aujourd'hui, il n'y pas une bonne page de prose qui ne soit imprimée à l'instant, pas un bon vers dédaigné, je ne parle pas, Dieu m'en garde, de la poésie de rebut, de l'esprit de contrebande, du style de pacotille, du lâche et du coquin ténébreux qui vit de ses biographies et de ses insultes, du petit scorpion venimeux qui s'en va, honteusement, déposer sa lâche piqûre ou contre le chêne, ou contre la fleur !

Non, non, ces misérables n'ont pas droit de vie et de cité dans la cité des honnêtes intelligences ! Non, non, ces sortes de talents et ces sortes d'insectes ne sont d'aucun monde, ils n'appartiennent pas aux lettres, ils font partie du corps des marchands de stylets, et des fabricants de poisons. Ces misérables, ce sont les coupeurs de bourses, les galériens et les mendiants que chaque état traîne à sa suite. En vain, lorsque leur bave est épuisée, ou quand la police correctionnelle a fait justice de leurs infamies : — *Il faut bien que nous vivions*, disent-ils en tendant le dos, en tendant la main. Sur mon âme et sur ma conscience, hardiment, vous pouvez répondre à ces brigands, ce que répondait M. le régent à un pamphlétaire : — *Il faut que je vive*, disait la bête immonde. — *Je n'en vois pas la nécessité*, répondit M. le régent.

Disons mieux, et convenons, en dépit des anciennes déclamations, que pour le respect et pour la dignité de soi-même, pour le courage à supporter les caprices et les injustices de la plume, pour le sentiment du devoir, et l'invincible répulsion des actions malséantes, pour la fidélité aux serments donnés, aux libertés perdues, pour le mépris des ambitions subalternes, pour tout ce que les cœurs honnêtes ont accoutumé d'honorer, les écrivains ont donné, dans les temps difficiles, l'exemple même de l'honneur.

Depuis La Fontaine et l'éloquent Pélisson, défenseurs de Fouquet opprimé, jusqu'au poëte que chacun nomme ici, les hommes vraiment dignes de tenir une plume éloquente, ont donné l'exemple des plus fortes, des plus sincères et des plus indépendantes vertus. Rappelez-vous le poëte ami de Barmécide exilé. Le tyran le fait venir à sa fête et lui donne une coupe d'or. Le poëte alors vidant la coupe : « A ta santé, dit-il, Barmécide, ô mon maître, à qui je dois cette coupe d'or ! »

Cette profession des lettres, il la faut honorer, pour tant de justes et légitimes motifs. Il la faut honorer justement, parce qu'elle est insultée, ô misère ! par les esprits les plus incultes [1]. Il la faut honorer, justement parce qu'elle mène au respect des hommes plus qu'à la fortune, et parce qu'enfin celui qui l'exerce est un soldat dans la bataille, qui, lui aussi, a payé de sa personne.

Dans cette ingrate et charmante profession qui n'est plus une profession à part, grâce au ciel ! il n'est pas d'intrigue, il n'est pas de protection, il n'est pas de hasard qui vous fasse réussir, si vous ne devez pas réussir ; il n'est pas d'obstacle qui vous empêche d'aller en avant, pour peu que vous ayez le feu sacré ! En vingt-quatre heures, l'auteur d'*Indiana*, inconnu la veille, est un des rois de Paris, son père adoptif. Au jeune homme que le public adopte, tous les chemins sont ouverts. Sa fortune est faite du jour où il a un public. De ce jour l'homme de lettres est l'égal du public. Ils marchent ensemble, ils se comprennent, ils s'aident l'un l'autre, ils sont forts l'un par l'autre, ils s'aiment, ils s'estiment, ils se favorisent réciproquement.

L'avantage est donc immense pour l'homme de lettres. D'abord il fut le protégé, voyez le dix-septième siècle ; ensuite il fut le protecteur, témoin le dix-huitième siècle. Aujourd'hui, il n'est plus si bas, ni si haut, bien qu'il soit monté ; il est au niveau de tout le monde. Il est, voyez le miracle, aussi riche, aussi considéré, aussi honoré que monsieur un tel qui est si riche, ou monsieur un tel qui vient d'acheter une si belle étude ! Ils ont même

---

[1]. « Êtes-vous heureux, disait un Marseillais à M. Paul de Musset, vous autres poëtes qui gagnez votre vie à écrire ; nous autres, pour gagner de l'argent *il faut que nous fassions quelque chose!* » A ce mot-là, mettez l'accent du terroir, et vous aurez un vrai bon mot de comédie.

étonné l'univers de leur luxe et de leur goût, messieurs nos poëtes, quand ils ont voulu *éclabousser* les trop tôt parvenus.

Ainsi l'on disait autrefois : *la canne de M. de Balzac!* Ainsi M. Eugène Sue a donné, à plus d'un millionnaire, des exemples et des leçons de *comfort;* on citait sa table et son écurie, on lui empruntait son maître d'hôtel et son valet de chambre. A la vente de M. Victor Hugo, les plus habiles et les plus riches antiquaires ont reconnu leur maître. En toute chose, et pour peu que ce soit son envie, la poésie est reine; elle habite un palais, elle a des esclaves, elle achète des tableaux et des porcelaines; elle prête, elle emprunte, elle trouve même à faire de bons mariages, quand elle veut.

Il est résulté de là un grand bien. D'abord la littérature a perdu ce caractère d'envie et de malaise qui perce dans les plus beaux livres des temps passés. Elle est devenue moins humble, en devenant moins arrogante. Elle est devenue plus calme, moins révolutionnaire, plus heureuse, plus facile à vivre, plus *père et mère* de famille, si je puis parler ainsi. Grâce au bonheur des temps, l'homme de lettres est, de nos jours, un producteur utile, honoré et estimé, parce qu'il est utile. Il dort en paix, et il élève ses enfants en paix, parce qu'il est sûr de retrouver, le lendemain, son travail de la veille; ce n'est plus un triste manœuvre qui vit au jour le jour, enfant du hasard, riche aujourd'hui, pauvre demain, le jouet des libraires, le commensal du premier venu, le complaisant de tout le monde, l'ornement et la curiosité des salons. Non pas certes! l'homme de lettres est le maître de tout le monde, et d'abord de son libraire. Il dîne chez ceux qui viennent dîner chez lui; il sait trop ce qu'il se doit à lui-même pour s'exposer à la sotte curiosité des oisifs!

« Un grenier et quinze cents francs! » disait M. de Corbière, un ministre du roi Charles X! Lui et les siens, ils ont cruellement expié ce mot-là!

Quiconque aujourd'hui, se moquerait de la pauvreté de Colletet serait traité comme un misérable; à Molière lui-même, aujourd'hui, dans ce chef-d'œuvre intitulé les *Femmes savantes*, nul ne pardonnerait la rencontre abominable de Trissotin et de Vadius, sous les yeux de Clitandre, le petit marquis. Certes, Vadius et Trissotin ont le droit de se prendre aux cheveux, à condition que la bataille, aura pour témoins, des poëtes de leur espèce, des *femmes savantes*, si vous le voulez, mais personne de la cour.

J'en veux à Molière de ces écrivains, ses contemporains, livrés par son génie irritable, aux sarcasmes des Messieurs de l'œil-de-bœuf, et c'est là que j'attends le comédien qui débute dans le rôle de Clitandre, pour savoir s'il est un habile homme. C'est le moment difficile où sans nul doute un comédien qui a du monde et de l'esprit, doit montrer ce qu'il sait faire, et comment il comprend la comédie. Avant toute chose, avant d'aborder la scène violente entre Trissotin et Clitandre, il fallait nécessairement se bien rendre compte de cette scène étrange où l'un des beaux gentilhommes de Versailles va se heurter contre un malheureux pied-plat, sans position, sans courage, et sans rien de ce qui sauve et protége un malheureux.

Certes Molière a été sans pitié contre Trissotin dans cette scène impardonnable ; — il ne l'eût pas plus maltraité quand bien même le misérable eût été un insulteur public, un faiseur de biographies, un marchand de poison et de mensonges. Non-seulement il a immolé ce malheureux à sa haine implacable, mais dans la personne de ce malheureux (que je ne défends pas, que je méprise, et que je hais autant que Boileau lui-même) il me semble qu'il a humilié l'écrivain, le savant et le poëte, au bénéfice des gens de cour! A tort ou à raison, la chose est ainsi, et Molière y met une violence sans égale. Non-seulement Clitandre, qui a l'avantage en toute chose, l'épée et l'habit, la jeunesse, le rang, le nom, la fortune, l'amour enfin, écrase Trissotin de ses plus implacables mépris, mais encore, si le pauvre diable résiste, balbutie et se trouble, en ses répliques impuissantes, il insiste, ajoutant l'ironie à l'ironie, et l'insulte à l'insulte !

— Et non-seulement, comme je le disais tout à l'heure, Trissotin est traité honteusement, mais plusieurs avec lui :

Il semble, à trois gredins, dans leur petit cerveau...

Bref, pour Trissotin, pour ce *gredin*, la débâcle est complète ; il n'a rien à répondre, il est tué, il est mort, et cet écrasement est le grand défaut de cette terrible scène ; l'anéantissement d'un Trissotin était trop facile, et ressemble trop à un assassinat. Au contraire, si l'abbé Cotin avait beaucoup de verve et beaucoup d'esprit mêlé de courage, s'il avait l'ironie et la verve indépendante de ce grand Voltaire qui va venir, et qui, frappé par les gens du chevalier de Rohan, menace, l'épée à la main, et déshonore, en gentilhomme, ce Rohan qui l'a insulté comme un laquais, en un mot, si par quelque endroit que Molière eût dû prévoir, son Trissotin pouvait en effet se mesurer contre ce terrible marquis de Clitandre, ami du prince et bienvenu à la cour, on comprendrait que le comédien posât sa main sur sa hanche, et que, l'autre main sur le pommeau de son épée, il fît sentir un fer homicide sous la menace, et la mort sous l'injure!

— Un duel, à la bonne heure, si le duel était possible entre le menaçant et le menacé. Mais dans ce siècle des seigneurs, où l'égal seulement se battait contre son égal, le duel du marquis et de Trissotin est impossible. Trissotin lui-même oserait demander raison à ce brutal, que M. Clitandre rirait au nez de Trissotin. Voyez d'ailleurs la nouvelle, et comme elle serait la bienvenue au milieu du *Mercure galant* ou de la *Gazette de Loret*: « M. Clitandre, conseiller d'État d'épée, et l'abbé Cotin, mauvais poëte, — prédicateur du roi, se sont battus en duel sur la place Royale, au même endroit que MM. Montmorency et Boutteville; M. Clitandre est resté sur la place, percé de part en part!» Quelles gorges chaudes! Quelle fête, et quel régal pour le petit lever de S. M.!

Donc puisqu'en effet vous êtes Clitandre, et que vous parlez de si haut à un si pauvre homme, il n'est pas nécessaire, et tant s'en faut, de prendre avec Trissotin, un air de matamore et de duelliste. A quoi bon tant *serrer le bouton* à un malheureux qui n'a pas un seul bouton à son habit? A quoi bon menacer, du geste et des yeux, cet humble auteur des *Œuvres galantes*? Et ne voyez-vous pas que le courroux que vous lui témoignez lui fera beaucoup trop d'honneur? — Eh! dites-vous, c'est la scène où le comédien a été le plus applaudi! — Tant pis pour lui, vous répondrai-je, et tant pis pour nous. Tant pis pour lui, qui manque à la gaieté, à la bonne humeur, à la repartie, à la couleur de son rôle, et tant pis pour nous, qui applaudissons une scène affligeante; non pas, certes, en haine de M. Trissotin, qui mérite toutes ces haines, mais en haine du bel esprit quel qu'il soit, en haine de l'écrivain, en haine de la chose écrite et imprimée!

Injustes que nous sommes! injustes et ingrats, qui applaudissons ce marquis lorsqu'il se moque d'un malheureux :

> Pour avoir eu trente ans, des yeux et des oreilles,
> Pour avoir employé neuf ou dix mille veilles
> A se bien barbouiller de grec et de latin.

Et comme c'est là vraiment un grand reproche à faire, et un sujet de mépris : dix mille veilles, employées à lire Homère et Virgile, Horace et Pindare! Dix mille veilles à dépouiller les chefs-d'œuvre! O l'imbécile! Il a usé sa vie, il a brûlé ses yeux, il a perdu ses meilleures années à compulser les vieux livres, à donner un sens aux saines paroles, à remettre en lumière les vieux siècles. Dix mille veilles! et M. Clitandre, ainsi parlant, tourne lestement sur un pied. — « Allons, saute marquis. »

Un *utilitaire*, un faiseur de projets et de chemins de fer, un ancien saint-simonien, un homme versé dans l'économie politique et dans la statistique, ne répondrait pas autrement.

Ah! si Trissotin avait pu répondre! Ah! s'il avait eu seulement le courage du ver qu'on écrase, il aurait fait peur à M. Clitandre! Il eût avoué à ce marquis, qu'il était une dupe en effet de la science et de l'étude, une dupe au moins digne de sympathie et de pitié; lui aussi il eût mis en scène ces dix mille veilles, ces dix mille insomnies dont on le raille avec cette indignité hautaine :

Oui, monsieur le marquis, nous avons veillé, nous avons pâli sur les livres, quand vous n'étiez occupé que des joies et des plaisirs de ce bas-monde! Nous avons commenté les poëtes, nous avons expliqué les chefs-d'œuvre, afin qu'un jour, messieurs vos enfants, les petits marquis, les petits vicomtes, ne fussent pas trop arrêtés par les ronces et par les épines qui ont ensanglanté nos mains savantes. Vous riez de notre misère et de nos labeurs, monsieur le marquis; certes, nous sommes heureux de vous tant amuser; sachez cependant que le moindre d'entre nous, le plus pauvre, le plus humilié, le plus abandonné de Dieu et des hommes, au prix même de sa vie à ce point sacrifiée, insultée et perdue, n'eût-il retrouvé qu'un vers d'Homère, ou le vrai sens d'une page de Tacite, et bien! monsieur Clitandre, il vous dirait, vous prenant en pitié : « A votre tour, monsieur le marquis, dites-nous à quoi vous êtes bon, dites-nous ce que vous avez fait? »

Ainsi, d'un bout à l'autre de ce rôle, il faut absolument, si M. le marquis Clitandre veut être à la fois supportable et supporté, qu'il appelle à son aide, son geste le plus mondain, son accent le moins sombre, sa voix la moins dure, une façon d'agir élégante, un dédain poli, et, si je peux parler ainsi, un mépris courtois! Que diable, vous ressemblez à un tigre qui guette sa proie et qui tient un lion dans ses griffes, tout au plus êtes-vous un chat qui joue avec une souris!

En toute chose il y a, comme on dit, *le pas de la mule*, et c'est même dans ce pas de la mule, que consiste un art excellent et sans reproche. Un jour que le célèbre gourmand, M. le comte de Broussin, avait réuni, chez lui, Molière, La Fontaine et Despréaux : — Voilà, disait Despréaux, des champignons excellents. — Oui, reprit M. de Broussin, mais n'y sentez-vous rien d'extraordinaire et d'exquis? — Et comme il vit que ses convives cherchaient à se rendre compte de cette saveur à part : — Apprenez, leur dit-il, que le champignon, pour atteindre au dernier degré de la perfection, veut être foulé aux pieds d'une mule! — Ah! dit Boileau! malheur à nous, nous ne serons jamais des hommes de goût à ce point-là!

En revanche, il était homme de goût en fait d'art poétique, et nul, plus que lui, ne sentait *le pas de la mule;* car lui-même il était la mule, et sa trace était un signe de perfection. Certes ce n'est pas celui-là qui s'en fût laissé imposer par M. Clitandre; au contraire, il l'eût, comme on dit, relevé du péché de paresse, et sans avoir peur de son épée. Il lisait, un jour, quelques vers à un duc et pair qui lui voulut faire une observation : — « Monsieur, reprit Boileau, quand je fais tant que de vous lire un de mes ouvrages, je ne m'occupe pas de vos critiques, je ne suis occupé que de celles que je me fais à moi-même! » Au roi lui-même : — « A Dieu ne plaise, Sire, disait-il, qu'en ces sortes de choses, Votre Majesté s'y connaisse mieux que moi! » Il fit plus : un jour, devant madame de Maintenon, il soutint que Scarron était un pauvre esprit! Voilà l'homme qu'il fallait mettre en présence de M. Clitandre; alors seulement la partie eût été égale; on eût assisté à une joute vaillante et digne d'intérêt. La joute dans les *Femmes savantes,* est un guet-apens! Molière a mené Trissotin à la boucherie, et voilà tout.

Un des plus fiers poëtes de ce temps-ci, Henri Heine (hélas mort à la peine, et qui s'est vu dévorer, en dix ans de supplices quotidiens, par la paralysie horrible), attaqué par les puissances de l'Allemagne, il se défendait comme un lion. Certes, celui-là n'eût pas reculé devant cent mille Clitandre, et il leur eût fait voir bien des chemins. « Je suis, disait-il, un rossignol avec des griffes de tigre. Il y en a plus d'un que j'ai mordu et déchiré, et certes, je n'ai pas été un agneau, j'en conviens. Mais croyez-moi, les agneaux tant vantés, se montreraient moins doux, s'ils avaient les dents et les ongles du tigre. »

— Il disait aussi, dans ce *Romancero* qui prend tous les tons de la satire à la Juvénal :

« O roi, je ne te veux pas de mal, et je te donnerai un conseil; honore les poëtes du temps passé, mais ménage les poëtes de ton siècle!... Offense les dieux... mais n'offense pas les poëtes. Les dieux, je le sais, punissent rigoureusement les méfaits des humains; le feu de l'enfer est assez ardent... Pourtant il y a des saints dont les prières arrachent le pécheur aux flammes... et puis, à la fin des siècles, le Christ doit venir... Mais il y a des enfers dont il est impossible d'être délivré... Ne connais-tu pas l'*Enfer* du Dante, et ses secrets redoutables? Celui que le poëte y tient emprisonné, aucune divinité ne le sauvera. »

C'est ainsi que le poëte Eschyle : « Honorez les poëtes, disait-il, si vous voulez vivre! » Oh! les braves gens, et qu'ils étaient loin de cette infamie : A bas la gloire, et vivent les écus [1]!

Si donc la vocation, le talent, la chance heureuse, et tant de motifs irrésistibles de l'esprit humain peuvent faire, même d'un homme sage et bien conseillé, un écrivain de profession (et qu'en fin de compte chacun fasse le métier qu'il entend : *Quam quisque novit artem, in hanc se exerceat*, disait Cicéron), il faut cependant reconnaître que celui-là est un homme imprudent et mal conseillé, au plus haut degré, qui, par sa misérable obéissance aux lois stupides et malheureuses du hasard, ajoute aux difficultés naturelles de cette étrange profession, que les peuples anciens n'ont pas connue, une foule d'obstacles contre lesquels viendraient se briser, nécessairement, les professions les plus acceptées et les mieux établies.

---

1. De pane latrando, de contemnenda gloria.

Certes, je le veux dire ici, et le dire hautement, afin qu'au moins quelques pages utiles se rencontrent en ces dissertations, remplies de la passion littéraire, une des plus grandes et des plus inévitables misères de l'écrivain à son début, de l'artiste à ses commencements, une plaie, hélas! si difficile à guérir, ce n'est pas seulement la vie au jour le jour, la dépense imprudente, et cette espèce de jeu qui consiste à jouer son *va-tout!* chaque matin, contre la renommée et contre la fortune! Oh! les imprudents! les insensés! ils ne peuvent compter sur rien, et chaque matin, à leur réveil, ils agissent, comme si la fortune et la gloire allaient enfoncer leur porte à demi-fermée :

> Pan! pan! c'est la Fortune,
> Pan! pan! je n'ouvre pas.

dit la chanson; la chanson se trompe, à coup sûr la porte est ouverte, Lisette elle-même la tient, nuit et jour entre-bâillée, et c'est la Fortune qui n'entre pas. Justement, c'est que la Fortune a peur de *Lisette;* elle s'enfuit loin, des ménages mal peignés et déguenillés du treizième arrondissement; elle sait que Lisette est semblable, en ceci, aux lis de Salomon, qui ne savent pas coudre et ne savent pas filer. Lisette arrive, on ne sait comment, pour s'emparer des beaux jours de cette aimable jeunesse, et de ses premières inspirations. Tant que le jeune écrivain débute, et tant que Lisette est jeune, Lisette va et vient, au gré de son caprice; elle passe de Paul à Gustave, et de Gustave elle revient au poëte, à l'artiste, à l'écrivain qui peu à peu grandit et se fait connaître aux nations. Voilà qui va bien, mais de son côté Lisette décline et sa beauté s'en va; c'est alors que la dame s'attache, et pour tout de bon, à ce poëte accepté. Maintenant qu'elle est vieille et qu'on n'en veut plus au dehors, cet homme est son bien, c'est sa chose, elle y tient, comme à l'ormeau, le lierre qui rampe au sommet de l'arbre, en l'étouffant.

Ceci est la misère de ces esprits choisis que le rêve emporte innocemment, en deçà de la vérité, et qui ne savent ni voir, ni savoir, ni prévoir les événements du monde réel. Que j'en ai vu de ces mariages clandestins, de ces unions tout au plus tolérées, de ces Lisettes insipides, insupportables, revêches, odieuses, tortues et bossuées par les vieilles joies des lieux où ces dames se rencontrent, au milieu de la danse échevelée ! Or ces mégères qui tenaient dans leurs mains avachies les fils de soie auxquels étaient attachés plus d'un beau génie, elles faisaient, de ce fil de soie une corde ; au bout de cette corde, le pauvre homme était tenté de se pendre onze fois par jour. De tout le poids de leur ignorance, elles pesaient sur ces sciences délicates ; de tout l'imprévu de leur déguingandage, elles embarrassaient ces honnêtes gens ; de leur origine immonde et de leurs *pères et mères* d'hôpital, elles assombrissaient ce logis poétique.

Au milieu de ces pénibles travaux, où la muse errante et longtemps invoquée, arrive en hésitant, ces bavardes, ces portières, ces fainéantes, ces glapissantes arrivaient, vêtues d'un torchon, et la Muse aussitôt prenait la fuite, à l'aspect de ces malbâties de la nature et de la beauté. Que c'était triste à voir, un si charmant pauvre diable, attaché à ces cuisines puantes, cette odeur de ragoût infectant ces beaux livres, ces peignes, cette pommade et ces croûtes de pain, tachant de leur graisse et déchirant de leurs pointes aiguës, ces molles élégies, ces frais poëmes, ces songes d'été, ces larmes d'avril ! — Et pendant que la dame impose à ce malheureux, son joug abominable et fait de sa maison un enfer, il entend au dehors, l'ironie et les mauvais propos du voisinage ; il voit autour de lui toutes les révoltes, et même la révolte de sa propre servante ; au dedans, non plus qu'au dehors, nul ne lui tenant compte de sa peine et de sa gloire.

Avant de veiller à ta gloire, ami, il fallait veiller à ta bonne renommée [1] ; avant d'écrire une comédie où l'on se moque à plaisir des travers et des ridicules de l'espèce humaine, il fallait te corriger toi-même ; avant d'étonner le monde, il faut apprendre à s'en faire estimer ; certes, c'est charmant le bel esprit, mais c'est noble et beau la bonne conduite.

Hélas ! voilà un malheureux écrivain attaché, pis qu'à la glèbe... rivé au tablier de sa maîtresse. Il écrit la nuit, il écrit le jour, il entreprend, sans cesse et sans fin, plus de travaux qu'on ne lui en demande. Un conte ? il fait le conte. Un roman en vingt tomes ? il fait ces vingt tomes. Une comédie, une tragédie, un drame, une collection de bouts-rimés, à l'usage des confiseurs de la rue

---

[1]. Curam habe de bone nomine. (Eccl.)

des Lombards? Il fera la comédie et les bouts-rimés. Il faut vivre, hélas! Surtout il faut nourrir et vêtir cette sangsue, et ses petits, et ses parents, et les parents de ses parents! Avec moitié moins de peine et de travail, au contraire, en toute joie, en toute liberté, en toute espérance, en toute estime, en tout respect de soi-même un galant homme d'esprit élèverait et mènerait à bien une femme légitime et une douzaine d'enfants.

Malheur aux ménages libres! Malheur aux travaux forcés de l'amour! En fait de mariage, il n'y a plus rien, une fois que l'on est hors de la règle et de l'ordre. En mariage surtout, l'ordre c'est la liberté. Vous voyez d'ici ce vieillard précoce! Il est voûté sous le labeur sans fin; il a perdu ses dents et ses cheveux à cette bataille abominable, contre l'impossible! Il a fait des monceaux de livres, il a écrit plus de vers que Virgile, Homère, Horace et Juvénal, Racine et Despréaux; il a écrit plus de pages, que les maîtres de la prose française. A lui seul, il a plus écrit que Pascal, La Rochefoucauld, Labruyère et Descartes. A lui seul, il a fait plus de comédies que Molière qui n'en a fait que trente-trois, et plus de tragédies que Voltaire. Enfin, pour suffire à tant et tant de travaux qui suffisaient à peine à sa dépense irrégulière, il a vécu sobre, il ne s'est jamais reposé, il a renoncé à toute chose, et même à la gloire. Il était né un poëte, et le *concubinage* (oh! l'horrible parole!) en a fait un manœuvre. Ah! s'il avait eu le courage et le bon esprit, lorsqu'il entrait dans la carrière épineuse des belles lettres, de choisir, parmi tant de charmantes filles à marier, qu'élèvent chaque année, en bonne bourgeoisie parisienne, tant de mères excellentes; si cette fille aimée, honorée entre toutes, ui eût apporté vingt mille francs de dot, pour acheter des meubles, aussitôt voilà un homme sauvé [1].

Non marié, il aurait vainement exercé les plus patientes et les plus difficiles vertus, le monde l'eût traité comme un Bohémien, ou tout au moins comme un *fantaisiste*; marié, tout lui compte:

---

[1]. M. Franchomme était jeune, et bon musicien sur le violoncelle. Il se marie avec une aimable jeune fille qui lui apporte, en dot, dix mille francs. Avec la dot de sa femme, il achète un violoncelle admirable, et, son double rêve accompli, il devient un des musiciens les plus écoutés de Paris. Certes, si jamais une femme dotée eut sa dot hypothéquée honorablement, madame Franchomme est cette femme-là.

un bouquet à sa femme, un joujou à son enfant. Le bon père et le bon mari ! dira le monde. En ceci le monde a raison, il défend les lois qui le protégent. Que si vous voulez des exemples d'un bon mariage, honnêtement accompli, soit dans les temps passés, soit dans les temps modernes, prenez Racine il y a deux siècles, prenez le bonhomme Charlet, il y a huit jours.

« Sa plus grande fortune (écoutez, c'est Louis Racine parlant
« de son père) fut le caractère de la personne qu'il avait épousée.
« Elle sut, par son attachement à tous les devoirs de femme et de
« mère, et par son adorable piété, le captiver entièrement, faire
« la douceur du reste de sa vie, et lui tenir lieu de toutes les
« sociétés auxquelles il venait de renoncer. Je ferais connaître la
« confiance avec laquelle il lui confiait ses pensées les plus se-
« crètes, si j'avais retrouvé les lettres qu'il lui écrivait, et que
« sans doute il ne conservait pas.

« Et pourtant ces deux époux, aux yeux du monde, ne pa-
« raissaient pas faits l'un pour l'autre. Mon père n'avait jamais
« eu de passion plus vive que celle de la poésie ; ma mère porta
« son indifférence pour la poésie jusqu'à ignorer toute sa vie,
« ce que c'était qu'un vers, et m'ayant entendu parler, il y a
« quelques années, de rimes masculines et féminines, elle m'en
« demanda la différence, à quoi je répondis qu'elle avait vécu
« avec un meilleur maître que moi. Elle ne connut ni par la
« représentation, ni par la lecture, les tragédies auxquelles elle
« devait s'intéresser ; elle en apprit seulement les titres par la
« conversation. Son indifférence pour la fortune parut, un jour,
« inconcevable à Boileau. Je rapporte ce fait après avoir prévenu
« *que la vie d'un homme de lettres ne fournit pas des faits*
« *bien importants.* Mon père rapportait, de Versailles, une bourse
« de mille louis, que le roi lui avait donnée, et il trouva ma
« mère qui l'attendait à Auteuil, dans la maison de Boileau. Il
« court à elle en l'embrassant. Félicitez-moi, lui dit-il, voilà une
« bourse de mille louis que le roi m'a donnée. Aussitôt elle lui
« porta des plaintes contre un de ses enfants qui depuis deux
« jours, ne voulait point étudier.

« — Une autre fois, reprit mon père, nous en reparlerons,
« aujourd'hui livrons-nous à notre joie. Elle lui représenta qu'il
« devait, en arrivant, faire des réprimandes à cet enfant, et

« continuait ses plaintes, lorsque Boileau qui dans son étonne-
« ment se promenait à grands pas, perdit patience et s'écria :
« Quelle insensibilité ! peut-on ne pas songer à une bourse de
« mille louis, que vous donne le roi ? »

Savez-vous rien de plus familier, de plus charmant et de plus digne d'un vrai poëte, ami des saines doctrines, que cette anecdote à votre louange éternelle, ô chaste époux, ô digne mère de ces aimables enfants, dont nous savons les noms par cœur : Babet, Fanchon, Madelon, Nanette... Quel mari et quel père ! « En pré-
« sence même des étrangers il osait être père, il était de tous nos
« jeux, et je me souviens de ces processions enfantines dans les-
« quelles mes sœurs étaient le clergé, j'étais le curé, et l'auteur
« d'*Athalie*, chantant avec nous, portait la croix. »

Et plus loin (ces grands exemples, nous les consignons ici, pour qu'ils servent d'exemple aux littérateurs à venir) :

« Quelque agrément qu'il pût trouver à la cour, il y mena tou-
« jours une vie retirée, partageant son temps entre peu d'amis, et
« ses livres. Sa plus grande satisfaction était de venir, pour quel-
« ques jours, dans sa famille, et lorsqu'il se trouvait à sa table,
« entre sa femme et ses enfants, il disait qu'il y faisait meilleure
« chère qu'aux tables des grands. Il revenait un jour de Ver-
« sailles pour goûter ce plaisir, lorsqu'un écuyer de M. le duc
« vint lui dire qu'on l'attendait à l'hôtel de Condé. — « Je n'aurai
« point l'honneur d'y aller, lui répondit-il, il y a plus de huit
« jours que je n'ai vu ma femme et mes enfants qui se font une
« fête de manger, avec moi, une très-belle carpe. En même temps
« il montrait à l'écuyer cette carpe qui valait un écu ; jugez vous-
« même, Monsieur, disait-il, si je puis me dispenser de dîner
« avec ces pauvres enfants qui ont voulu me régaler aujourd'hui ;
« ils n'auraient pas ce plaisir s'ils mangeaient leur carpe sans moi.
« Je vous prie de faire valoir cette raison à S. A. Sérénissime. »

Ainsi fit l'écuyer ; et l'éloge qu'il fit de la carpe devint l'éloge de la bonté du père, qui se croyait obligé de la manger en famille. On ouvrirait les cent mille volumes de biographies que les poëtes fameux et les poétesses célèbres ont écrits, de nos jours, à leur propre apothéose, on ne trouverait pas une histoire, et pas même un conte qui valût l'histoire de la bourse de mille louis, l'histoire de la carpe et l'histoire de la procession.

Louis Racine, à propos de ces petites choses qui amusaient un si grand esprit, citait cette belle parole de Tacite, parlant de son beau-père Agricola : *Bonum virum facile crederes, magnum libenter.* « Que cet homme-là fut bon, c'est facile à croire, il est encore plus facile de voir que cet homme était grand [1]. »

Et songer que ce grand homme avait été le roi du théâtre, qu'il avait été, avec La Fontaine et le chevalier de Sévigné, l'amoureux de la belle Champmeslé, et qu'on l'avait vu suivre, en sanglotant, le cercueil de mademoiselle Duparc! « Entre autres adorateurs de ses charmes, il y avait le poëte Jean Racine, à demi trépassé », disait le *Mercure de France* du mois de mai 1740.

Ce qui prouve qu'il ne faut pas dire : *il n'est plus temps!* quand on veut rentrer dans l'ordre et le devoir. *Il n'est plus temps!* Mauvaise et honteuse excuse? Un galant homme peut toujours revenir à l'ordre, au travail, au devoir.

Les enfants ne sont bien soignés que par leurs mères, et les hommes que par leurs femmes, disait M. Joubert peu de temps avant de mourir. Charlet, qu'on pourrait appeler *Charlet des enfants*, et *Charlet des batailles*, comme il venait d'avoir trente ans, rencontra chez le père Latuille, où il allait boire, un jour chaque semaine, entraînant avec lui un charmant peintre appelé Poterlet, qui est mort à trente ans de ce petit vin de barrière tant célébré dans les esquisses de Charlet, dans les chansons et sur la guitare de Donvé, une belle et modeste jeune fille, triste,

---

[1] Citons encore une lettre, à ce point charmante et digne d'un homme de lettres, que peu de gens, dans tous les siècles, seraient dignes de l'avoir écrite; elle est adressée à Racine, enfant, par M. le Maistre, qui l'avait pris en amitié, et qui l'appelait son fils :

« Mon fils, je vous prie de m'envoyer au plutôt, l'*Apologie des Saints
« Pères* qui est à moi, et qui est de la première impression. Elle est reliée en
« veau marbré, in-4º. J'ai reçu les cinq volumes de mes *conciles*, que vous
« avez fort bien empaquetés : je vous en remercie. Mandez-moi si tous mes
« livres sont bien arrangés sur des tablettes, et si mes onze volumes de
« saint Jean-Chrisostôme y sont, et voyez-les, de temps à autre, pour les
« nettoyer. Il faudrait mettre où ils sont, de l'eau dans des écuelles de terre,
« afin que les souris ne les rongent pas. Faites mes recommandations à
« votre bonne tante, et suivez bien ses conseils en tout : la jeunesse doit se
« laisser conduire et ne point s'émanciper. Bonjour, mon fils, aimez tou-
« jours votre papa comme il vous aime; écrivez-moi de temps en temps.
« Envoyez-moi mon *Tacite* in-folio. »

sereine et calme; et quand il eut bien compris le cœur, le courage et la résignation de cette enfant de la pauvreté et du travail, il lui écrivit l'adorable lettre que voici :

« Quelqu'un s'occupe de vous; votre âme froissée a touché la « sienne; il a pris part à votre peine, et vous pourriez un jour « embellir sa vie. Comme vous, il n'a que sa mère, et comme vous, « il est sans fortune; le peu de talent qu'il possède lui assure « cependant une existence et un rang honorable. Les qualités « qu'il a su reconnaître en vous, sont la seule dot qui convienne à « la fierté de son cœur. Consultez le vôtre, prenez conseil du « temps; *il* ne veut rien devoir qu'à l'entière liberté de votre « choix. Si les sentiments qui l'animent peuvent être partagés « par vous, confiez-les à votre bonne mère. Il n'a pas besoin de « se nommer, il pense que vous l'aurez deviné. »

Huit jours après Charlet passe, et sur le seuil de cette humble maison il voit sa fiancée qui ne l'attendait pas si tôt. « Elle raccommodait des bas, disait-il; je fus vivement ému. » Puis, comme il riait toujours parce qu'il s'appelait Charlet, il ajouta en souriant : « C'était vraiment la Providence qui m'avait conduit, comme par la main, à la seule femme qui me convînt, moi qui avais toujours porté des bas troués. »

Cependant après avoir bien hésité et s'être fait prier, Dieu sait comme (un artiste! un peintre!), la vieille mère avait fini par accorder sa fille à Charlet, et Dieu soit loué, ce brave homme avait trouvé dans sa femme, un bon et sage conseiller qui lui rendait le courage à chaque instant, à chaque instant l'espérance. Elle-même, elle a raconté, dans un accent tout maternel, la première bataille que livra son mari, en plein Louvre, lorsqu'il exposa cette admirable *Retraite de Russie*, où l'on eût dit que Charlet avait écouté Béranger.

« Pendant que mon mari faisait son tableau, il était fort triste. Il a passé bien des nuits sans sommeil, me disant : « Ce malheureux tableau n'est pas ce que je voudrais. » Plus il avançait, plus son découragement augmentait. Il était vraiment à plaindre, et tous mes efforts pour lui donner du courage étaient inutiles. « Non, disait-il, je ne suis pas content, et plus j'avance, plus je suis inquiet; comprends-tu, ma mère (c'était son nom d'amitié), combien il me sera pénible d'entendre dire et écrire : « Pourquoi

Charlet veut-il faire de la peinture? Il devrait s'en tenir à ses lithographies! Mon cœur se brise à une idée pareille. Pardonne-moi, mais je suis tout à fait découragé. »

« Rien ne pouvait le distraire de ces tristes pensées. Arrive enfin l'ouverture du Salon. Mon pauvre mari n'eut par la force de sortir de la maison; il avait l'air d'un coupable qui attend sa condamnation... Un de nos amis vint bientôt nous dire que non-seulement le tableau avait été admis, mais que le premier effet était favorable. Les yeux de Charlet se remplirent de larmes, et m'embrassant : « Mon Dieu, dit-il, je vous remercie ! »

Et lorsque enfin l'heure arriva pour Charlet (si vite, hélas! il est mort à 55 ans) de dire à son tour : Je suis vaincu du temps... et du travail, lisez encore et jugez, par vous-même, des bontés et du dévouement d'une honnête femme pour le mari qu'elle adopte, après quoi vous nous direz si le *mariage libre* arriva jamais à de pareils résultats.

« Depuis quelques années, écrivait Charlet à un sien ami, peu de jours avant sa mort, je ne puis rattraper ma santé, ou tout au moins un état acceptable ; je suis amoindri, je suis mécontent, je ne fais rien, la santé est nécessaire à qui veut produire. Enfin, il faut en prendre son parti ; je suis du reste si heureux dans mon petit for intérieur : une femme douce, vertueuse, aux petits soins pour moi, qui se récrée en tricotant des chaussettes à ses enfants : deux bons petits garçons qui ne seront peut-être pas des imbéciles, et avec cela dix-huit cents livres de rente, fruits de mon travail et de mes intérêts mal entendus! Ma femme me dit : Avec cela je te ferai vivre, sois tranquille ! Et moi, je suis tranquille. »

Ainsi, vous l'entendez, mes amis, avec dix-huit cents francs de rente, ont vécu, grâce à l'économie, à l'instinct, au dévouement, au zèle, au travail de cette honnête femme, un des plus grands artistes de son temps, et deux jeunes enfants dont Charlet voulait faire des artistes. « Dix-huit cents francs de rente, avec cela je te ferai vivre ! » Il y a dans le *Père de Famille* un certain cri : « J'ai quinze cents livres de rentes! » qui est un cri touchant et sérieux, ce cri-là ne vaut pas les dix-huit cents livres et le : « Avec cela je te ferai vivre, » de madame Charlet.

Un bel esprit, un des plus savants littérateurs du xve siècle,

Philippe Béroalde, Béroalde l'ancien, poëte, esprit-fort, grand amateur de la bonne chère, du grand jeu et des amours faciles, comme un homme qui avait vécu à la cour du pape Alexandre VI, le père incestueux de César Borgia, au moment où Béroalde est en train de traduire et de commenter Apulée, il arrive à ce charmant passage du mariage de Psyché et de l'Amour, et voilà ce qu'il raconte, en ce *commentaire*, écrit dans le latin même d'Ange Politien, son digne ami :

« A propos des noces de Cupidon et de Psyché, j'ajouterai que « le philosophe Aristippe a traité les diverses espèces de volupté « que les Grecs appelaient *edonaï* : Spartien nomme *dépenses* « *édoniques*, les frais consacrés aux voluptés, ce qui est très-élé- « gant. Pendant que je rédige ces notes sur la volupté, il vient « de m'arriver de me marier, moi qui détestais le mariage, et qui « aimais, par-dessus tout, à coucher seul ! J'ai donc épousé, avec « le consentement des dieux et des hommes (le vertueux com- « mentateur est un peu païen), la fille du célèbre jurisconsulte « Vincent Palaïotti ; elle a nom Camille ; elle a vingt-deux ans, « une beauté modeste, de bonnes mœurs et de la décence.

« Fassent les dieux (encore les dieux !) que cet hymen soit heu- « reux, et qu'il nous donne beaucoup de plaisir ! Je sais bien ce « que Bias disait : *Épouser une femme belle, c'est vouloir la* « *partager avec d'autres : laide, c'est se marier au chagrin.* « Mais ce mot du philosophe ne m'effraie pas ; jusqu'ici tout va « bien, dans mon ménage. D'ailleurs le philosophe Favorin répond « qu'il y a, pour les femmes, une certaine situation entre la beauté « et la laideur, ce qu'Ennius appelle *stata forma* ; faite pour ne « pas trop déplaire, et pour ne pas trop plaire, beauté médiocre « et modeste, que le même Favorin qualifié de *conjugale* : mot « fort bien trouvé.

« C'est de ce genre de femmes qu'Ennius dit : Leur pudeur « est sauve, *ou à peu près*. Voilà comment ma femme est faite, « ni trop belle, ni trop laide, mais plutôt jolie qu'autrement. « Théophraste et saint Jérôme assurent que l'on peut se marier « sans folie, quand la personne est bien faite, de bonnes mœurs « et de bonne race. Pour la beauté de la mienne, j'ai dit ce qui en « était : quant aux mœurs, cela me regarde : la famille est excel- « lente. Son père est un jurisconsulte très-fameux, appui de notre

« École de droit. Sa maison est l'oracle de la ville, l'honneur de
« la science légale; sa porte s'ouvre sans cesse aux hommes les
« plus distingués : voici bientôt quarante ans qu'il professe les
« lois avec gloire, et de manière à laisser derrière lui, les pre-
« miers professeurs d'Italie.

« Homme affable, poli, aimé de tous, recherché des grands,
« et l'ami particulier de notre prince illustre, Jean Bentivoglio,
« le protecteur de Bologne et celui de tous les honnêtes gens.

« Ce bon prince, qui n'aime pas à dîner seul, veut toujours
« avoir mon beau-père à sa table ; et si par hasard il ne le voit
« pas, il s'écrie : *Mon Palaïotti me manque.* Pour ma belle-
« mère, son activité et sa probité la rendent très-recommandable.
« C'est une excellente femme de ménage, et je crois qu'en la
« nommant Dorothée, ses parents prévirent tout ce qu'elle devien-
« drait; sa fille lui ressemble. Aussi ai-je bien changé d'avis.
« Mon ancien amour du célibat a fait place à un grand amour du
« mariage : autrefois je me disais que le rat est le plus sage
« animal, parce qu'il ne confie pas sa sécurité à une seule tanière ;
« j'étais, je dois l'avouer, un très-grand coureur, dont les amours
« vagabonds et volages ne souffraient aucune espèce d'entrave.
« Je me souviens même d'avoir, dans une leçon publique, accu-
« mulé toutes les raisons bonnes et mauvaises que donnent contre
« le mariage, les anciens et les modernes, les auteurs sacrés et
« profanes.

« Je chante aujourd'hui la palinodie, à l'exemple de Stési-
« chore ; je ne pense plus, comme autrefois, qu'un homme de
« lettres doive se garder de prendre femme, à cause des dis-
« tractions et des interruptions qu'une épouse apporte dans les
« travaux de l'esprit. Au contraire, lorsque je suis fatigué d'écrire,
« j'aime bien à voir ma petite femme entrer dans mon cabinet;
« cela m'amuse et me réveille un peu. Je suis très-porté à croire
« que les anciens ne nous ont pas trompés, quand ils ont dit que,
« dans leurs lectures et leurs travaux nocturnes, Hortensius,
« Cicéron, Pline, Apulée, furent aidés par leurs femmes qui
« tenaient la chandelle et les candélabres (*candelas et candela-
« bra tenentes*) ; selon moi, les paresseux trouvent dans le mariage
« une prétexte pour leur paresse, les studieux un moyen de mieux
« travailler. Enfin j'ai une femme comme je la voulais, et je ne

« me repens pas d'être enrégimenté dans le bataillon des maris.

« Que le Dieu très-grand et très-bon verse le bonheur sur cette
« union ; qu'il nous donne de couler ensemble, sans querelle, sans
« chagrin, sans offense mutuelle, avec des cœurs aimants et des
« esprits d'accord, des années nestoriennes! Que je lui paraisse
« toujours jeune homme, et qu'elle n'ait jamais pour moi que dix-
« huit ans. Qu'il nous arrive une voluptueuse lignée; car les Grecs
« disaient : *Le grand lien de l'amour dans le mariage, ce sont
« les enfants*. Aujourd'hui ma femme... (je laisse Béroalde parler
« latin : *ventrem fert, et prægnationis sarcina quoditiano in-
« crementulo turgescit*; bon Beroalde, qui a trouvé un diminutif
« de père, *incrementulum!*); aussi j'espère un fils (un fils,
« entendez-vous?) qui va me naître bientôt, pour l'an du jubilé, et
« qui nous fera plaisir et honneur. Mais il faut que je termine
« cette petite digression. »

Ce mariage (Béroalde n'avait guère moins de quarante-six ans)
eut la plus heureuse influence sur la vie et sur les travaux de ce
galant homme. Il renonça, sur l'heure, aux anciennes folies, et le
monde intelligent se réjouit de cette illustre conquête. Un jour
cependant qu'il était en belle humeur, il écrivit : *Declamatio
ebriosi, scortacoris et aleatoris* (Bologne, 1499) à savoir : Trois
déclamations « esquelles l'*yvrogne*, le *putier* et le *joueur de dez*,
frères, débattent lequel des trois, comme le plus vicieux, sera
privé de la succession de leur père [1]. »

Et puisque nous y voilà, finissons-en avec cette abominable
invention : le mariage libre, ainsi nommé parce que le *mari
libre*, est lié et garrotté par des liens de fer. Qui que vous soyez,
prenez-y garde, amis, le mariage libre est un abîme ; une fois
dans cet abîme, il est bien difficile d'en sortir. Le mariage libre
est un célibat déguisé, mais le plus dangereux des célibats [2].

1. Il existe de cette déclaration de Béroalde, une traduction en vers :
Procès des trois frères, par Gilbert Damalis de Lyon.
2. Nous avons conservé précieusement, *ad usum litteratorum*, la note
d'un bain de pieds, que prit un jour M. Christophe Onfroy, un faiseur de
fables en vers, qui avait commandé à la veuve Daudurant, sa portière, ce
fameux bain dont les belles-lettres françaises ont gardé le souvenir.

*Pour avoir soigné mosieu On froid dent sa dent géreuse mal adit
au si ziaime.*

A voir a jeté un rai cho pour le bin de piai de mosieu On froid sert clé

Ce triste mariage, où la femme seule est libre, est presque toujours la dernière ressource d'une femme déclassée, abandonnée, ou *trop fière* pour épouser, en noces légitimes, un homme *au-dessous de sa condition*. On *se marie, librement*, d'abord. Plus tard cette *liberté* devient un joug abominable! Bientôt passent les jours, passent les années; l'habitude est prise, madame porte le nom de monsieur; monsieur dit : *ma femme!* en parlant de madame. En voilà jusqu'au maître jour, jusqu'au jour de la mort.

O la triste fiction! Et cependant le mariage est un état net et précis : on est marié, ou l'on n'est pas marié. Ceux-là seulement sont mariés, qui sont liés par la loi civile, et par la loi religieuse. A l'église c'est un sacrement, à la mairie c'est une institution, et des deux côtés toute sa force est dans son inviolable perpétuité. Car ôtez au mariage sa perpétuité, c'est un commerce illicite plus ou moins long, plus ou moins durable ; c'est un bail à plus ou moins long terme. Le mariage n'est une institution, que parce qu'il est au-dessus des caprices de la liberté humaine. La liberté peut défaire à volonté les commerces illicites qu'elle a faits; elle ne peut pas traiter ainsi le mariage. Elle ne peut pas faire, d'un commerce illicite, une union autorisée par les mœurs; en vain vous nous montrez des honnêtes gens dans le mariage libre, ils sont tout ce que sont en effet d'honnêtes gens, mais ils ne sont pas mariés.

en faire..	0 l.	10 s.
A voir a jeté un briquai pour le feux au bin de piai à mosieu On froid...	»	3
Poùr de la brèze au bin de piai à mosieu On froid..........	»	8
Pour le char bon au même bin...........................	»	8
Pour un peti coterai de boi pour à lumé le feu du maime bin.	»	2
Pour de lau clair au même bin...........................	»	3
Pour du sail belan au même bin..........................	»	4
Pour une guerande tairine en taire pour prandre le maime bin..	1	4
Pour avoir prai paré le maime bin........................	»	10
Pour à voir monté le même bin au si ziaime...............	»	6
Pour le belausichage d'une sair vielle....................	»	3
Pour à voir monté deux fouai chez mosieu On froid lui de mandé de set nouvailes.................................	»	12
Pour avoir soilgné mosieu On froid dent tout sa mal a die le bin et tout...	6	»
Totail...............	10 l,	13 s.

Vous avez une maîtresse, vous n'avez pas une *épouse*. « Chose étrange, jusqu'à présent le mariage n'a rien fait pour détruire le commerce illicite; il peut s'affliger de la concurrence, mais enfin il la supporte, tandis que le commerce illicite, plus intolérant, semble ne pas vouloir supporter la concurrence du mariage. Ce voisinage l'irrite, et il veut à toute force s'en débarrasser. De là, depuis tantôt vingt ans, tant de sophismes, tant de déclamations, tant de drames, de paradoxes, de vaudevilles, de romans, en un mot tant de déclarations de guerre au mariage. Les uns et les autres, parmi les réformateurs, le représentant comme un avant-goût de l'enfer : la femme infidèle et coquette, le mari brutal et égoïste, tandis que le commerce illicite, vrai séjour des bienheureux, est ruisselant de toutes les vertus et de tous les bonheurs de l'Éden : douceur, simplicité, constance, affection qui ne décroît pas, patience mutuelle, enfants gracieux et doués en naissant de génie et de sensibilité (le génie et la sensibilité sont le lot particulier de la bâtardise), sans préjugés, sans superstition, et qui feront comme père et mère, afin de perpétuer dans ce monde, la race des élus.

« Qu'avait donc fait, bon Dieu ! le mariage à la littérature, pour être traité ainsi? Qu'avaient fait les femmes mariées aux maîtresses, sinon d'être esclaves, hélas! tandis que les maîtresses sont libres et indépendantes? Servitude, contrainte et hypocrisie que le mariage ! Soit ! Mais s'il est des gens qui veuillent de cette servitude et de cette hypocrisie, qu'est-ce que cela fait à votre liberté? Qu'a donc le spectacle de cet esclavage qui puisse si fort importuner votre indépendance? Jouissez de votre affranchissement, et laissez-nous nos chaînes ! Soyez les libres; nous serons les esclaves! — Mais vous ne recevez pas nos femmes ! — Vous prions-nous de recevoir les nôtres? Vivez avec vos pairs, comme nous vivons avec nos pareils, chacun dans son camp, vous dans le vôtre où flotte l'étendard de l'indépendance et du plaisir, et nous dans le nôtre, sous le joug de la contrainte. — Mais l'adultère! diront-ils encore. Vous recevez la femme adultère; vous continuez à lui faire fête et honneur... nos maîtresses sont moins coupables que vos femmes adultères, pourquoi donc les traitez-vous plus mal?

« A quoi la réponse est facile. Quand le commerce adultère est aussi public et aussi reconnu que le commerce illicite, le monde alors est aussi sévère pour l'épouse coupable, que pour les femmes non mariées. C'est l'intérêt de l'ordre et de la morale, et s'il faut dire plus, c'est l'intérêt de toutes les femmes soupçonnées, d'être impitoyables pour la femme convaincue. Fiez-vous donc à la sévérité du monde ! Mais quand l'adultère n'est qu'un soupçon, le monde ne peut point condamner, sur un bruit qui trop souvent est une calomnie. »

L'homme qui parle ainsi doit être écouté ; sa vie entière lui donne le droit de ce langage sévère ; il a été, lui-même et toujours, un exemple de l'ordre et du devoir accompli, il s'appelle M. Saint-Marc-Girardin.

§ XVII

Tant il est vrai (c'est Shakspeare qui l'a dit) qu'un bon commencement est le milieu de tout. Ah ! si nous insistons sur cette importante question du mariage libre, c'est qu'il n'y a pas, dans le dénombrement des grandes misères, une misère plus grande, et dans l'entassement des petites misères, une petite misère, plus tenace que ces petites misères sans miséricorde et sans trêve. Dans une comédie intitulée : *Un ménage parisien*, M. Bayard avait très-bien indiqué les petites hontes, les douleurs cachées, les frémissements, les brisements, l'état fébrile ; en même temps il nous faisait contempler les honnêtes et jeunes amours, à la face du ciel. Il est vrai que nous avons *le mariage subséquent* : témoin ce beau jeune homme à Florence. Il avait vingt ans : un jour il s'en fut, tout joyeux et triomphant à travers la ville, et il disait aux amis de sa maison : — « C'est demain, à midi, que papa épouse maman ! »

De cette misère en partie double, un livre est resté, *Adolphe*, le livre de ce malheureux Benjamin Constant, dont la mort a fait justice, et qui maintenant a pris sa place de honte et de mépris au milieu des renégats fameux.

Le beau livre, et quel drame bien raconté ! Comme on se prend à réfléchir, une fois qu'on est arrivé à la fin de cette histoire d'une misère si terrible, si profonde, et dont les plus malheureuses victimes ne confient le secret à personne, tant ils se trouvent lâches, ingrats, et peu à plaindre en leur misère! En effet, le moyen d'aller dire, même à l'ami qu'on aime le plus :

« Regarde mon joug, touche mes chaînes, prends pitié de ce carcan, délivre-moi de mon vautour! Un peu d'espace, un peu de liberté, un peu d'air, par charité. » A cette plainte, à ce cri lamentable, l'ami qui vous écoute, sourit et fait le beau. Il est marié en justes noces, il est père de famille, il est dans l'ordre établi. Ce matin même, il est sorti de chez lui, crânement, et sans dire à quelle heure monsieur doit rentrer.

Faites-lui place, il est le maître de sa femme et du monde! *Il est le chef de la communauté!* Sa femme porte son nom, elle l'aime, ou tout au moins elle l'honore ; elle est fière de porter son nom, elle vit de son travail, elle a sa part, même dans sa bonne renommée et dans sa gloire. Homme heureux, surtout quand il se compare à son pauvre diable d'ami lié, garrotté et bâillonné dans son *mariage libre*. A peine ce mari *libre* et *sa femme* — ce qu'il appelle sa femme — ont-ils réuni, lui son courage et sa force, elle sa beauté, sa jeunesse, son dévouement et ces tendres faiblesses, si facilement pardonnées, que soudain un mur d'airain s'est élevé autour de ces deux imprudents. A chaque instant, la muraille devient plus formidable et plus épaisse ; elle enferme ces deux *conjoints* du soupçon et de la honte, dans ses quatre remparts ; elle les sépare du monde extérieur, elle les isole de la conversation, de l'amitié, du dévouement, de la charité de leurs semblables ; ces deux êtres infortunés qui, pris à part, auraient fait l'ornement des plus belles sociétés parisiennes, à peine ont-ils réuni leur double mérite, que soudain, autour d'eux, tout s'aigrit : le vin s'aigrit dans la coupe, la tendresse expire sur les lèvres, la confiance disparaît du cœur, la gaieté s'en va de l'esprit, la sérénité du visage, le calme et le battement régulier que donne la bonne conscience abandonnent ces jeunes cœurs, plus troublés que corrompus.

Mal sans remède ; péché sans rémissions ; souffrances sans pitié ; abandon ; délaissement ; isolement surtout. D'abord on résiste, on se roidit, on espère que l'orgueil sera le plus fort. Malheureux égarés qui comptent sur l'orgueil! Ils se disent, avec une rage déjà croissante : — « Aimons-nous! aimons-nous!

« Tu seras l'univers! — Tu seras le ciel! Méprisons les hommes menteurs, défions une société perfide! L'amour sera notre absolution, notre grande excuse et notre grande vertu! »

— Vain espoir! Tombés dans cette chausse-trappe de l'amour défendu, ils en sont déjà venus à s'observer l'un l'autre; ils ont compris toute leur dépendance impitoyable, celle-là de celui-ci, celui-ci de celle-là; à chaque instant s'est fait sentir, plus exigeante et plus cruelle, la nécessité, resserrant de sa main de fer, les liens funestes qui les unissent. A chaque instant se pose, insolemment, sur ces deux parias de l'amour, le regard des hommes, jaloux d'un bonheur apparent, pendant que le regard dédaigneux des femmes irritées annonce, à ces malheureux, qu'ils sont seuls, qu'ils sont bien seuls, et qu'ils n'ont plus rien à espérer de personne! Exilée! Exilé!

Pour comble de malheur, la part que la société, dans le mariage libre, a faite à l'homme, n'est pas égale à celle de la femme égarée. Pour celui-ci, la société est indulgente; elle est toute prête à le pardonner à toute heure, à le recevoir, à le reprendre aussitôt qu'il voudra revenir; elle a, pour ce malheureux, des séductions, des sourires, des avances irrésistibles; elle lui montre ses fêtes, ses festins, ses joies brillantes, sa causerie infinie, ses promesses, ses séductions, et même ses amours; au contraire, la femme perdue, elle, n'a plus rien à espérer, plus rien à attendre. Ni par le repentir, ni par le remords, ni par le pardon de l'époux légitime, ni par les larmes de l'enfant, ni par le nom du vieux père, elle ne peut apaiser la société outragée; elle a passé la porte, et la porte s'est refermée; elle a franchi le seuil, et le seuil s'est brisé; elle a quitté l'île heureuse, et l'île escarpée et sans bords n'a plus ni port ni rivage pour recevoir l'infortunée après la tempête.

De là (dans ce galérien de ménage) les fréquents retours de cette âme malheureuse, sur elle-même; ses haines contre le monde implacable pour elle; ses jalousies brutales, ses injustices pour son complice à qui le monde reste ouvert, l'inquiétude d'être trahie aujourd'hui, abandonnée demain, et de savoir que personne n'aura ni larmes ni pitié, pour cette dernière misère! A ces pensées, sa raison se trouble, la conscience du bien et du mal s'efface peu à peu. Le meilleur naturel, — les joies divines que le bon Dieu met aux âmes honnêtes! — se corrompt et s'affaisse en cette lutte de tous les jours. Entendez-vous ces cris et voyez-vous ces larmes? — Cette maison, ou plutôt ce nid de tourterelles, est un enfer. On se bat, on s'injurie, on se boude, on se maudit, on se brise le cœur. — O les coups furieux! La colère brutale! Que cet homme est sans pitié, pour une créature si faible et qui l'a trop aimé! Comme, de son côté, cette éperdue et délirante créature s'amuse à irriter cet homme et à l'avilir! Voilà la vie de ces *hors de caste*. Cependant le gros bonhomme de tout à l'heure, le marié de la mairie et de l'autel, quand il s'est promené, librement, sur le boulevard, à la poursuite de quelque nouvelle, rentre chez lui à l'heure du dîner; — ses amis sont réunis, ses enfants accourent et l'embrassent, sa femme est belle et parée, *et on n'attend plus que toi pour servir, mon ami!*

Telle est l'impression que produit, sur le lecteur attentif, ce livre d'*Adolphe*; impression douloureuse, mais juste et vraie, et par conséquent salutaire. Je ne crois pas que jamais récit, plus douloureux et plus terrible, ait été raconté, d'une façon plus simple et moins brillante. Toutes les apparences extérieures sont conservées, dans le roman aussi bien que dans la vie réelle. La surface est calme; la tempête est au fond. Tout d'abord, dans ce beau livre, vous ne voyez qu'un homme bien élevé, à qui une femme belle et jeune, et bien aimée, a fait le plus grand des sacrifices; au premier coup d'œil, on dirait qu'en effet cet homme se souvient des bontés de cette femme; que cette femme est fière encore et heureuse de l'amour qu'elle porte à cet homme.

Ce n'est que plus tard, et quand nous avons fait plus ample connaissance avec ces deux misérables, dignes d'une pitié qui n'est pas sans respect pour les honnêtes cœurs, pour les âmes indulgentes, que nous découvrons la vanité et le néant du paradoxe social que ces deux victimes de l'amour illégal se soutiennent à eux-mêmes. Vie incertaine, solitude bruyante, tendresse amère, négation de tous les sentiments honnêtes, malgré soi, et par le néant même de la position qu'on s'est faite. Rien qu'à entendre *son mari* parler des femmes honnêtes et de la vertu, la femme captive s'irrite et s'emporte, comme si l'indignation et la colère faisaient taire les justes regrets du cœur; à son tour, lorsqu'il entend *sa femme* insulter ce qu'il a honoré si longtemps, l'homme se trouve vil et lâche, d'accepter de pareilles insultes, pour des objets respectés qu'il pleure tout bas, et qu'il regarde, d'un œil furtif, comme nos deux premiers pères regardaient les sentiers évanouis du jardin céleste ! Ainsi cette maison quasi-conjugale, qu'ils avaient préparée pour tous les bonheurs intimes, est pleine de trouble, de malaise et de désespoir. Tout ce qui fait la joie des autres maisons tourne en confusion et en malheur à celle-ci. La fortune est une honte de plus ; le nom est un fardeau, la beauté un reproche, l'esprit une chose inutile.

Hélas ! à quoi bon tant d'esprit, pour ce tête-à-tête sans fin ? A quoi bon cette inutile beauté, qu'il faut cloîtrer dans l'angle obscur d'un logis où les honnêtes femmes ne peuvent pas venir ? Même la bonté, même la bienfaisance vous sont comptées pour rien ; écoutez les gens même à qui vous faites beaucoup de bien : vous êtes bons parce que vous êtes faibles, parce que vous êtes seuls ; vous êtes bienfaisants, parce que votre isolement vous fait peur, parce que vous voulez qu'on vous pardonne le démenti flagrant que vous donnez aux lois du monde ! Aussi, quoi que vous fassiez, c'est à peine si votre domestique obéit, si le pauvre, soulagé par vous, vous rend grâce, tant vous êtes faible, petit, exilé, compté pour rien !

Même la rue, et la place publique, et le jardin ouvert à tous, vous retrouvent dans cet isolement funeste. Vous marchez dans la solitude qui s'étend sous vos pas, la solitude, votre compagne acharnée ; de vos sourires, personne ne veut ; de votre bienveillance, nul n'a que faire. A quoi bon vos saluts ? nul ne veut vous les rendre. Bientôt, malheureux que vous êtes, et ceci est le comble de la honte et de l'humiliation, si cruelle est la solitude, et si fort insupportable est l'isolement, que ce sera, pour vous, une nécessité cruelle de recevoir les avances des hommes tarés et des femmes perdues de réputation ; encore pensent-ils vous faire bien de l'honneur ! — Et plus on marche en ce sentier d'épines, dont les fleurs ont disparu si vite, plus le mal grandit, plus vous vous sentez accablé sous cet index dédaigneux qui pèse jusque sur la maison que vous habitez, le soir, lorsqu'il fait nuit, et que la tête penchée, les yeux pleins de larmes, et la poitrine de soupirs, vous pensez, vous rêvez à cette misère de tous les jours.

Mais, dites-vous, le monde entier nous appartient; en fin de compte, Paris n'est pas la seule ville de France, et la France n'est pas le seul royaume en Europe, et — partons donc !

Vous partez ; vous jouez, de toutes vos forces, au mariage ; elle prend ton nom, tu prends le sien ; vous êtes le mari, elle est l'épouse ! Enfin donc vous allez être heureux et bienvenus partout ; qu'elle sera fêtée ! Elle est si belle, elle a tant de grâce dans le sourire, tant de candeur sur le visage ! Qu'il sera bien reçu, il a tant d'esprit, un si beau langage ! On voit si bien percer le gentilhomme sous la modestie, et sous la simplicité l'élégance ! Ainsi l'on part, on va au loin, tout au loin, plus loin encore, et plus loin toujours. Mais quoi ! à chaque instant quelque chose se dérange dans le bonheur rêvé. — Fuyons d'ici, veux-tu ? On n'est pas bien où nous sommes, quelqu'un m'a rencontrée et m'a reconnue ! Hier encore, en passant devant moi, un homme a souri d'une étrange façon ; cet homme-là sait notre histoire ! A l'église une vieille femme a reculé sa chaise, elle a compris que je n'avais pas le droit de venir à l'église. Allons-nous-en, j'étouffe ici ; allons plus loin... Ainsi, de ville en ville, on s'en va, traqué par le soupçon, par l'envie, et par l'irréparable malheur.

Hélas ! chemin faisant, tout vous gêne et vous insulte : ici, là, partout ! On n'est libre, on n'est heureux nulle part. Un geste, un mot dit tout bas, un regard, un sourire, aussitôt tout est perdu, il faut repartir. Ce n'est pas autrement que l'échappé du bagne garde à sa jambe écloppée, l'anneau qui tirait son boulet...

Heureusement qu'enfin la mort arrive, et délivre brutalement cette infortunée. Après avoir bien lutté, cherché longtemps et versé toutes les larmes que ses yeux pouvaient contenir, la pauvre femme, et quand elle a frappé de son crâne ensanglanté les murs de son étroite prison, quand il lui est bien démontré qu'elle a choisi la vie impossible, et que cet homme énervé, brisé, anéanti, qui devait la défendre et la protéger contre le monde entier, n'ose même plus l'aimer dans ces auberges où ils mènent la vie errante, elle comprend qu'elle n'a plus d'asile et plus d'espoir que dans la tombe ; elle meurt d'ennui, de fatigue et de lassitude. En la voyant mourir, son amant, son *mari*, soyons vrais, son complice, en la voyant mourir, pousse un grand cri de captif délivré : « Enfin ! »

Eh bien! ce conte est une histoire; *Adolphe* a vécu, et vous pouvez l'en croire, imprudents qui jouez avec ces misères, vous qui n'avez dans la tête que les imprécations de nos anciens poëtes comiques contre le mariage, et qui riez du lien conjugal, tout chargés que vous êtes des lourdes chaînes de l'adultère public, tous les hommes de l'âge et du temps d'*Adolphe* ont pu voir, parmi les meilleurs et les plus sages esprits, les plus terribles exemples de l'abandon et des profondes douleurs dans lesquelles peuvent tomber deux malheureux qui, par faiblesse autant que par amour, ont oublié les plus simples devoirs de la société civile. En vain cette infortunée était belle et bonne, attentive et charmante, et tout entière à ce ménage extra-légal; en vain le malheureux, chargé d'une femme qui n'est pas la sienne, et d'enfants qui n'ont pas le droit de porter son nom, travaillera la nuit et le jour, pour suffire à ces besognes qui l'écrasent... on évite la femme, et ce qu'on peut faire à ce malheureux de moins triste et de moins cruel, c'est de le plaindre, en haussant l'épaule.

Elle et lui, ils ne sont plus dans la vie et dans les habitudes des honnêtes gens; on dirait d'une maladie immonde et contagieuse, et le *Lépreux* de Xavier de Maistre, est un homme heureux, comparé à ces bâtards, à ces maudits, à ces forçats du mariage adultérin. A peine s'ils trouvent une servante qui leur veuille obéir, un ami qui consente à manger à leur table ! Arrivent, en même temps, autour de ces exilés du monde, les autres exilés, les autres pervers, et par une alliance inévitable, car enfin il faut être horriblement courageux pour supporter cet isolement jusqu'à la fin, voilà une femme bien née, et voilà un galant homme, entouré des meilleures alliances, qui se voient fatalement obligés de faire compagnie et société avec le rebut des hommes et des femmes. « Qui se ressemble s'assemble! » est un des proverbes vengeurs de la société insultée. Elle a des lois qu'on ne saurait rompre; elle a des châtiments qu'on ne saurait éviter. Elle ne veut pas de ces lamentables fictions.

Sous madame de Pompadour, Jean-Jacques Rousseau écrivait ces fières paroles : *Il vaut mieux être la femme d'un charbonnier que la maîtresse d'un roi...!* Et la maîtresse régnante, et le roi son amant, ont courbé la tête sous ce juste anathème!

En effet, que dire, et que faire, et quelle réplique à ces éloquentes malédictions?

Certes, Frédéric Soulié, si quelque homme ici-bas pouvait être excusé de cet attentat à l'honnêteté publique, était un homme excusable. Il n'y avait rien à reprendre aux grâces décentes, aux rares qualités, au dévouement sans bornes, au courage, à la beauté de cette compagne de tant de travaux et d'insomnies, de tant d'efforts et de malaise. Il était, lui, de son côté, attentif, dévoué, laborieux, reconnaissant, plein de déférence, de zèle, d'amitié, de tendresse et de respect pour cette femme excellente. A chaque geste, à chaque parole, on voyait que ce brave homme, à tout prix, voulait faire oublier à cette sensitive, en quel abîme ils étaient tombés l'un et l'autre. Eh bien! cette femme, qui eût été si heureuse et si fière, mariée à cet homme-là, peu à peu on la vit languir et s'éteindre. A sa mort approchante, elle souriait doucement; elle attendait l'heure de sa délivrance, et quand elle mourut, enfin, dans la force de l'âge et dans tout l'éclat de sa beauté : « Dieu soit loué, dit-elle, et qu'il me pardonne. J'ai bien souffert, je suis à bout de ma force et de mon courage ! »

Alors, comme elle comprenait que sa mort était une expiation, suffisante aux imprudences de sa vie, elle s'inquiétait hautement de ce malheureux qui s'était perdu pour elle, oubliant qu'elle s'était perdue aussi pour lui. « O mon pauvre ami, mon compagnon de galère! O mon seul consolateur qui était tout pour moi! Mon mari, mon amant, mon père, et mon frère, et tout l'univers! Que feras-tu, quand je serai morte, et que tu seras seul dans notre isolement, dans notre abandon, entre ces quatre murailles d'airain que le monde élève autour des mariages maudits, comme s'il voulait en dérober le spectacle aux honnêtes gens? »

Ainsi elle s'inquiétait, elle s'agitait, elle pleurait, se reprochant ces appétits de la mort qui étaient en elle. Avec personne au monde elle n'eût partagé la paix du tombeau, sinon avec cet homme tant aimé.

Elle mourut en souriant. Frédéric Soulié, fou de douleur, et bravant, jusqu'à la fin, l'opinion publique sous laquelle cette infortunée succombait, fit imprimer, et distribuer l'épître funèbre que voici : « M. Frédéric Soulié a l'honneur de vous faire part de la perte douloureuse qu'il vient de faire en perdant madame XXX (le nom était en toutes lettres), et vous prie, etc. »

Ce fut le dernier cri de ce triste et douloureux mariage... ce fut le dernier défi de ce martyre de la *servitude volontaire* à cette société qui lui pardonnait toutes ses fautes, en reconnaissance de tant de larmes qu'il lui avait arrachées.

§ XVIII

Étonnez-vous donc, en présence de ces lamentations, de ces hontes, de ces douleurs, que les hommes plus heureux qui ont évité ce naufrage, célèbrent leur délivrance! Étonnez-vous que dans leur joie et dans leur orgueil d'appartenir, désormais, aux lois saintes des vrais mariages, ils se félicitent, tout haut, de la jeune épouse qu'ils ont conquise! Il y en eut un cependant qui, pour avoir échappé à ces misères, et pour avoir raconté sa victoire, fut exposé, pendant huit jours, aux plus cruelles injures. Quelles violences contre cet homme heureux! quelle émeute! Il eût commis, à Dieu ne plaise, une mauvaise action, il se fût parjuré, il eût trahi les vaincus, il eût donné un démenti aux opinions de toute sa vie, il se fût traîné à la suite des misérables poètes qui chantent, le soir, les victorieux du matin... on n'eût pas traité cet homme-là, d'une façon plus indigne. O l'indigne! Il osait se vanter de son bonheur! Même, un de ses plus anciens camarades, un enfant de la presse libérale voyant cette émeute, ne trouva rien de mieux que d'apporter son humble pierre à ces barricades, contre un ami de vingt ans. Quelle vengeance attendait l'homme insulté? Son insulteur devait tomber, de chute en chute, au rang des écrivains profondément oubliés.

Le voici cependant, ce formidable chapitre qui a soulevé tant de colères, le voici en entier; si l'homme qui l'écrivit pouvait s'enorgueillir d'une seule de ses pages, il serait fier de cette page-là.

LE MARIAGE DU CRITIQUE.

Voici ce qui se dit de toutes parts : — A coup sûr, il va tout au moins nous laisser en repos, lundi prochain. Certes, nous l'avons toujours trouvé sur la brèche, tout prêt à faire feu sur l'ennemi. Mais aujourd'hui enfin, aujourd'hui qu'il se marie, allons, *c'est autant de gagné!* Ainsi disent-ils. Et cependant le comédien de province se hâte de débuter, le drame se repose sur la mairie, et la tragédie sur l'église. Vous avez vu la gravure d'après Wilkie : lorsque le pédagogue est absent, toute la classe est en révolte. Les espiègles! L'un prend la férule du docteur, l'autre étale au bout de son petit nez ses immenses lunettes, celui-là charbonne, sur le mur, le maître absent. Il aura charbonné son critique absent, le vaudeville, et certes c'est de bonne guerre et c'est bien fait.

Cependant j'entends d'ici les discours : — Quoi donc! il est marié! Lui-même! à son âge? Mais c'est impossible! C'est un homme mort. Que va-t-il devenir? Et son pauvre esprit qui baisse, qu'en va-t-il faire? Le voilà dans le positif de la vie, et bien loin de l'idéal! Lui, marié! juste ciel! quel dommage! Autant vaudrait briser le balancier qui lui servait à se tenir en équilibre sur le fil d'or et de soie où il accomplissait ses tours de force les plus difficiles. Ainsi disaient les plus bienveillants. Ils accusaient le sort de cruauté et d'injustice. Bonnes gens! Ils se figurent, tout simplement, que l'écrivain doit renoncer nécessairement à la vie intime, au foyer domestique, aux douces et chastes joies de la famille. Aussi bien, quand passe dans la rue un poëte, un romancier, un historien, les mères le montrant du doigt à leur jeune fils, à leur fille à marier, à leurs en enfants en bas âge :

— Le voilà! disent-elles, c'est lui!... un être maudit! Détournez-vous de son chemin, ô mes enfants, chacun de ses pas creuse un abîme, et l'air qu'il a traversé devient mortel. Jeunes gens, jeunes gens, tremblez de toucher à une plume, c'est le plus dangereux des outils. Prenez, au contraire, une bonne demi-aune, ou, si vous aimez mieux, un bon mètre, et ne vous inquiétez pas du reste. Certes, la demi-aune ou même l'aune entière, voilà un bâton de voyage dont on peut être fier! Certes, voilà de quoi faire son chemin, et crânement. — Acheter et vendre, il n'y a rien de mieux dans la vie! Mais vivre, tout simplement, de sa pensée, de son talent, de son esprit, de son style, prenez garde à cela, mes enfants! prenez garde, ce n'est pas ainsi qu'ont fait vos pères. Et vous, jeunes filles, prenez votre part de mes conseils; méfiez-vous de quiconque n'a pas acheté une étude, une charge, un fonds de magasin, une boutique, un brevet d'invention! Hélas! pour quelques beaux jours de folle ivresse, que de misères, que de chagrins!

Voilà comment les pères qui ont de la prudence et un peu de science élèvent messieurs leurs fils et mesdemoiselles leurs filles. Étonnez-vous donc que l'on ait dit, un mois à l'avance : *Il se marie! il se marie!*

Et notez bien que cette première exclamation est une exclamation bienveillante, comparée à celles qui l'ont suivie! Ainsi ont parlé les hommes les mieux disposés, ceux qui ne mettent, au-dessus de la profession des lettres, que les vingt-cinq ou trente profession flottantes de l'armée, à l'église, entre la médecine et le barreau. Mais les autres! ceux qui ne comprennent pas, et pour tant de bonnes raisons, que l'on vive de son esprit, ceux qui ont en horreur la belle parole écrite ou parlée, ils ne sauraient jamais trouver, à propos d'un paria de peintre ou d'écrivain, de violences assez méchantes pour s'opposer à ces grands bonheurs de la vie, que le bon Dieu a créés et mis au monde pour chacun et pour tous. Qui que vous soyez, qui tenez une plume, un crayon, un ébauchoir, essayez seulement de franchir ce cercle de Popilius, faites le plus petit effort pour vous tirer du vagabondage poétique, soudain vont s'élever un million de clameurs : Comment donc! il va devenir un bon bourgeois de la bonne ville! Il ose aspirer aux calmes bonheurs du toit conjugal! Mais c'est le renversement de toutes les lois divines et humaines! Mais le père de famille qui donnera sa fille à un pareil homme sera un grand coupable! Parlez-nous d'un préfet, ou d'un agent de change, ou d'un directeur de quelque chose; mais un écrivain, un homme qui n'a que sa plume, un rêveur, un quinteux, un bel esprit capricieux et fantasque, bavard aujourd'hui, muet demain, lui donner une fille bien née..... Autant vaudrait l'égorger, la malheureuse! Mariez-la à M. Josse ou à M. Guillaume, ou même au beau Léandre, à la bonne heure!

Après quoi l'homme ajoutait, d'un air pénétré : — Je vous dis que c'est impossible! Moi, qui vous parle, je ne donnerais pas ma quatrième fille à ce garçon-là!

Ainsi, voyez la contradiction! Voilà un homme aimé de la foule intelligente ; on le recherche, on l'appelle, il est pour le moins l'égal des tout-puissants, et des mieux vus, dans les plus nobles maisons de la ville ; mais le malheureux ! si par hasard il regarde de trop près une fille à marier. — *Touchez là*, dit le père en se gonflant, *vous n'aurez pas ma fille !* Elle-même, l'innocente, quand sa mère en rougissant d'indignation lui annonce que l'*artiste* a demandé sa main, elle trouve *ce monsieur bien hardi*.

Cependant il n'est pas bon que l'homme soit seul, dit le saint livre, mais pour n'être pas seul, comment donc faire ? Amis, croyez-moi, fiez-vous à la Providence, elle ne laisse jamais, sans les exaucer, les honnêtes passions, et d'ailleurs tous les honnêtes mariages sont écrits dans le ciel. L'homme dont je parle a fait ainsi, il a suivi sa voie avec patience, avec courage ; aux commérages qui se faisaient autour de lui : que c'était, désormais, un homme perdu, s'il entrait enfin dans le devoir et dans l'ordre, il se disait tout bas :

— Pourquoi perdu ? Est-ce à dire, en fin de compte, que les mauvais poëtes vont cesser d'écrire de mauvais vers ? Est-ce à dire que nous allons être privés de drames sanglants, de comédies graveleuses, d'odieux pamphlets, écrits avec de la boue et du sang, de plagiats, de calomnies, de Biographies, de misères de tout genre ? Ou bien encore est-ce à dire qu'il n'y aura plus en talent inconnu à mettre en lumière, ni de chef-d'œuvre à protéger, ni d'honnête homme à défendre, ni d'exil à consoler ? Quoi donc, parce que ma vie est doublée, il me faudrait renoncer à la moitié de mes domaines ? Parce que j'aurai là, toujours, à mes côtés, une autre pensée active et jeune, inspirée et dévouée, un calme bon sens, un goût honnête et pur, un limpide regard, bleu comme le ciel au printemps, est-ce à dire que toute pensée va tarir dans ma tête, et toute inspiration s'arrêter dans mon cœur ?

Non, non. C'est surtout quand il s'agit de porter la parole dans ces débats éternels du sens commun et de l'imagination, qu'il n'est pas bon que l'homme soit seul. L'émotion que donnent les beaux-arts est surtout une émotion qui veut être partagée. Elle n'est sincère, elle n'est complète, et tout à fait heureuse que lorsque vous avez en effet, près de vous, à votre ombre ou dans votre lumière, un esprit net et juste pour vous entendre, une bonne grâce pour vous sourire, une intelligence dévouée qui marche avec la vôtre et qui la guide. Être seul à admirer, on n'ose pas, on a peur d'aller trop loin, même dans la joie ou de ses yeux, ou de son esprit. Être seul à relever les vices et les fautes de l'artiste, on est souvent impitoyable. On ne voit pas que l'ennui de l'âme rejaillit sur l'œuvre jugée ; on fait payer au poëte ou à l'écrivain, les tristesses de son cœur ; on est injuste, ou du moins on est cruel, parce que l'on n'est pas heureux. Mais soyez deux à la même œuvre, et soudain votre jugement va grandir, votre cœur sera plus équitable, votre justice plus calme, votre enthousiasme mieux senti.

Que de fois, quand mon vieux cœur se remuait à certains passages des poëtes, je me disais : — Que n'est-elle là pour l'entendre ! Que de fois, quand je sentais des larmes dans mes yeux et dans mon cœur, — des larmes que j'arrêtais, parce que tout le monde pouvait les voir, me suis-je dit : — Si elle était là, émue, attentive et rêveuse, que cette scène me paraîtrait belle ! Oui ; mais j'étais seul, et bientôt à mon insu, la froide analyse l'emportait sur l'intime émotion ; le juge arrivait, à l'instant même où le poëte allait triompher ; ce que j'aurais trouvé beau à côté d'elle, livré à moi-même, je le trouvais forcé et médiocre. J'avais honte de ce mouvement de sympathie, et je le brisais à plaisir. Ce n'était plus que cendre, poussière, vanité !

Êtes-vous allé, par bonheur, dans un petit recoin de notre patrie italienne ? Avez-vous parcouru ces nobles cités dans lesquelles l'histoire, de sa main royale, a semé tant de chefs-d'œuvre ? Avez-vous suivi, à leur trace éternelle, les nobles sentiers dans lesquels tant de générations ont laissé des pas d'hommes, que dis-je ? des pas de géants. Voilà surtout les moments heureux où *il n'est pas bon que l'homme soit seul!* Certes, au sommet de la tour penchée, où se tenait debout Galilée en présence du soleil immobile ; dans le Campo-Santo, de Pise, habité par tant d'âmes errantes ; au milieu des palais génois, où vous pouvez entendre encore les plaintes joyeuses de la *Romanesca* ; dans la Florence des Médicis, de Machiavel et de Boccace, l'amoureux conteur, quand vous étiez seul, l'idée vous est venue, à coup sûr, que quelque chose manquait à votre joie, un bruit pour animer ce silence funèbre, une lumière pour éclairer ces chefs-d'œuvre noircis par le temps, — un bras sur votre bras, un cœur près de votre cœur.....

Eh bien, vous aviez raison, mon frère! Qui que vous soyez, même dans ces royaumes privilégiés de la poésie et de l'histoire, n'allez pas seul! Cherchez dans la foule des jeunes et des belles, quelque honnête compagnon de voyage. L'Italie ne veut pas être vue par des cœurs froids, par des âmes désolées, par des esprits sans espérance et sans avenir. Il faut la voir du haut d'une passion et d'un amour, pour la bien voir.

D'où il suit que c'est à tort que l'on s'écriait : — Malheureux critique... il se marie! Au contraire, heureux critique, à présent qu'il a touché le port. Cette fois enfin, il aura, pour se défendre, une force, une consolation, une espérance, un souvenir, un amour. Lui aussi, il aura ses jours de rafraîchissement et de repos; il aura sa part dans les corrects bonheurs, puisque maintenant il y rentre... Il voulait vivre, il voulait mourir à l'ombre honorable et sainte du foyer domestique, il aura son foyer domestique. Écoutez, cependant, parmi ces clameurs, que de paroles encourageantes! Dans ces hurlements que de bénédictions! M. de Chateaubriand écrit à cet homme heureux : *Je ne vous bénis pas, parce que tout ce que j'ai béni est tombé.* M. Victor Hugo : *Soyez heureux autant que je le suis*, lui dit-il. M. de Lamartine est son répondant; M. Hébert, garde des sceaux de France, est son témoin. Lui-même, l'archevêque de Paris, il a envoyé à la jeune mariée sa bénédiction paternelle. Elle, cependant, tremblante, étonnée et bien heureuse de tant de suffrages, partis de si haut, elle regardait, timidement, autour d'elle; seulement, de temps en temps, son limpide et chaste regard, devenait plus hardi et semblait dire : — Vous voyez bien que j'avais raison!

Ah! ce soir-là fut une bien belle heure dans la vie de cet honnête et loyal écrivain. Il ne savait pas, il ne pouvait comprendre d'où lui venaient, et de si haut, tant de vives et admirables sympathies. Il se disait qu'il ne les avait pas méritées. Il se disait que c'était un songe, que tant d'hommes célèbres, l'honneur de la ville et l'orgueil de la France, fissent, de son bonheur, un triomphe. Aussi sa reconnaissance était égale à son étonnement. Par quels écrits, par quel courage, par quels efforts avait-il mérité cet accord unanime? Il le cherchait en vain dans le présent, mais il en trouvait un motif dans l'avenir.

Oui, certes, c'était loyauté, c'était justice, de venir en aide à cet homme qui n'est qu'un écrivain, et justement parce qu'il n'est qu'un écrivain, et qu'il n'a jamais été autre chose. C'était faire preuve de bon goût de reconnaître, même par cet insigne honneur, la petite part d'autorité que prend un homme, quel qu'il soit, lorsqu'il parle, avec probité et conviction, du haut d'une tribune respectée. Ceci n'était pas la cause d'un écrivain isolé, c'était la cause de la presse tout entière. Que la presse se déchire le sein de ses propres mains, que le journal soit un champ-clos couvert de sang et de mutilations, une bataille, et la plus triste des batailles, car on y peut laisser plus que ses membres ou sa vie, on y peut laisser sa gloire, sa bonne renommée et son honneur ; que ces parias courageux de la pensée se battent entre eux jusqu'aux morsures, pour expier, autant qu'il est en eux, cette cinquième part du pouvoir qu'ils se sont faite, comme se fait sa part, le lion, dans la proie commune... mais qu'au moins toutes les haines restent suspendues à certains événements, heureux ou malheureux de la vie. — Oui ! cessons de nous égorger, d'une main violente, quand notre père vient à mourir, — quand nous venons de fermer les yeux à notre mère, — quand notre vieux patron est parti pour ne plus revenir, — quand notre enfant vient au monde, — Et surtout lorsque enfin nous associons aux tempêtes et aux orages littéraires et politiques quelque honnête jeune fille calme, sérieuse, bien née, enfant pleine de courage et de foi, et qui ne peut pas prévoir les dangers et les peines dont la menace l'alliance qu'elle accepte. A ces moments solennels de notre vie, accordons-nous une trêve de quelques jours, faisons silence autour de nos joies si rares, autour de nos douleurs si fréquentes. Laissons passer librement le mort qui s'en va dans son noir cercueil, la jeune fiancée qui nous vient, pâle et tremblante sous la frêle et blanche couronne de ses vingt ans.

Cependant l'église était prête, l'autel était paré, la foule était grande, on n'attendait plus que la jeune fiancée ; mais Dieu sait si elle était attendue ! — Elle a paru enfin ! on l'a vue telle qu'elle est en effet, jeune, belle, sérieuse, sincère ! On n'est pas plus touchante, on n'est pas plus modeste et plus calme. Soudain, à l'aspect de cette courageuse fille venant, d'un pas si ferme, pour reconnaître, à ses risques et périls, dans la personne de son plus humble représentant, ce cinquième pouvoir de l'État qu'on appelle la presse; à l'aspect de ce noble dévouement d'une enfant à l'art que nous exerçons tous, au milieu de tant de furibondes clameurs, toute mauvaise pensée s'est calmée, l'assentiment a été général dans ce monde d'écrivains, de peintres, de sculpteurs, d'artistes et de poëtes de tout genre. A la voir si calme et si convaincue, chacun lui savait gré de son courage. On se disait que jamais triomphe, plus grand et plus beau, n'avait été remporté par les lettres et par les beaux-arts! Quoi donc, cette enfant, l'honneur et la gloire d'un tel père et d'une telle mère, une fille si bien née, si heureuse, entourée au degré suprême, de déférence et de respect, toute cette grâce accomplie, toute la sérénité de ce beau visage, — cette jeunesse, à qui deux grands magistrats ont bien voulu servir de cortége... tout cela pour un simple écrivain, un rêveur, un homme dont le nom n'est pas même dans l'*Almanach royal!* A ce moment la joie était unanime, et il semblait que toute la presse battait des mains en chantant son terrible *Hosanna in excelsis*.

Allons, mon critique, que déjà ta joie se calme et qu'elle devienne aussi sérieuse qu'elle était vraie. Il ne faut pas succomber dans ton triomphe, au contraire en faut-il sortir glorieux et fier. Allons, recommençons notre œuvre de chaque jour. Reprenons notre course à travers les inventions contemporaines. Mais, juste ciel! quelle révolution s'est opérée? D'où viennent ces belles voix touchantes? La Pasta a donc retrouvé l'énergie de ses beaux jours? La Sontag a donc brisé sa lourde couronne de comtesse? — N'est-ce pas vous que je vois dans ce nuage d'harmonie, ô vous, la Malibran adorée, vous, la morte si glorieuse et si jeune? Silence! à l'Opéra j'entends l'*Armide* et l'*Orphée*. Nourrit n'était pas mort, il est revenu de son voyage en Italie, jeune, beau, inspiré, charmant! Silence! cette fauvette qui chante, là-bas, sous le ciel doré de Favart, c'est madame Damoreau, que la Russie nous a rendue. — Ce petit bruit dans les airs, c'est mademoiselle Taglioni qui va s'ébattre dans la forêt de la *Sylphide*.

— Au Théâtre-Français, je l'entends, c'est lui, c'est Talma, mon grand Talma, mon bel acteur héroïque et charmant, la vraie passion, la seule passion du théâtre; mademoiselle Duchesnois répond à ces grandes colères par ses larmes. — L'instant d'après, Fleury et Molé, le gentilhomme à quinze ans, et le gentilhomme à soixante, nous rappellent la société la plus polie de l'univers.— Où sommes-nous? D'où vient cet art inespéré? D'où viennent ces chefs-d'œuvre, éclos de toutes parts ? Qui nous a rendu les grands artistes, pleurés si longtemps ? La joie est partout, la fête est partout. Le Palais-Royal a retrouvé la belle Montansier, et déjà le jeune Brunet prélude, au milieu de la joie universelle, à cet éclat de rire qui doit durer soixante ans.

Voilà pourtant les miracles que tu sèmes en ton chemin, ô bonheur des honnêtes amours! Tu prêtes, à toute chose, ton prisme éclatant et tes douces couleurs! Aux yeux du critique enchanté, soudain, reparaissent, dans leur charme et dans leur gloire, tous les beaux-arts et tous les grands artistes d'autrefois. La fête est partout, l'esprit partout. Madame Gavaudan, Elleviou, madame Scio, Martin, les voilà tous. — Bien plus, Hérold s'est vaincu lui-même, le *Pré aux Clercs* n'est plus son meilleur ouvrage ; bien plus, Boïeldieu, le mélancolique inventeur de tant de mélodies charmantes, a fait oublier la *Dame blanche*, et le vieux Berton a retrouvé quelque *Aline* nouvelle. — Que dis-je! Rossini ne se contente plus d'un *requiem*, il revient à la charge contre les *Huguenots* et contre *Robert*. C'est une féerie divine, ce sont toutes sortes de beaux-arts ressuscités.—N'avez-vous pas entendu dire que le libraire Charles Gosselin a publié dernièrement un livre intitulé : *L'esprit des Lois?*

Donc, à quoi bon la critique? à quoi bon la censure ? à quoi bon la louange? Dans cette joie universelle, quand chacun partage sa joie et son triomphe, quand il trouve toutes choses admirables, divines; quand son bonheur rejaillit sur le dernier couplet de vaudeville, sur la dernière comédienne qui chante, du bout des lèvres, sa petite tirade inarticulée, il est juste que le critique admire et loue, à son tour, toutes ces merveilles inattendues, tous ces chefs-d'œuvre et tous ces miracles, éclos dans un jour de bonheur!

§ XIX

Tel était ce cantique d'actions de grâces à la clémence divine ; il est écrit depuis tantôt quatorze ans, et celui qui l'écrivit ne peut adresser qu'un reproche à ces pages qui soulevèrent de si violentes et si cruelles tempêtes, c'est qu'elles étaient au-dessous des promesses qu'il devait accomplir, au-dessous du bonheur qui l'attendait !

Et cependant, ces mêmes gens, furieux d'un si juste sujet de joie et d'orgueil, ils savaient par cœur les vers du poëte à ses légitimes amours :

> Ah ! qui que vous soyez, bénissez-la. C'est elle !
> La sœur, visible aux yeux, de mon âme immortelle !
> Mon orgueil, mon espoir, mon abri, mon recours !
> Toit de mes jeunes ans qu'espèrent mes vieux jours !
> C'est elle ! la vertu sur ma tête penchée ;
> La figure d'albâtre en ma maison cachée ;
> L'arbre qui, sur la route où je marche à pas lourds,
> Verse des fruits souvent, et de l'ombre toujours ;
> La femme dont ma joie est le bonheur suprême ;
> Qui, si nous chancelons, ses enfants ou moi-même,
> Sans parole sévère et sans regard moqueur,
> Les soutient de la main et me soutient du cœur ;
> Celle qui, lorsqu'au mal, pensif je m'abandonne,
> Seule peut me punir, et seule me pardonne ;
> Qui, de mes propres torts, me console et m'absout ;
> A qui j'ai dit : Toujours ! et qui m'a dit : Partout !
> Elle ! tout dans un mot ! c'est dans ma froide brume
> Une fleur de beauté que la bonté parfume !
> D'une double nature hymen mystérieux !
> La fleur est de la terre, et le parfum des cieux !

Mais plus cette joie et cette force ont manqué à Frédéric Soulié, plus nous devons admirer qu'il ait accompli de si grandes choses.

Celui-là qui voudrait avoir une idée à peu près complète de ce merveilleux conteur, se rappellera la pythonisse antique, lorsqu'elle était violemment assise, et forcément retenue sur son trépied. En vain elle résiste au dieu qui l'obsède, il faut obéir à l'enivrante vapeur. « Le dieu, voilà le dieu ! »

Tel était Frédéric Soulié sous la main de la nécessité. Il aimait le loisir, les belles matinées, les *beaux soirs*, et le rêve..... Soudain la nécessité le prenait au collet : Te voilà, marche! et te voilà, raconte! Par grand hasard tu es gai ce matin, la nuit t'a bercé dans un songe heureux et tranquille, tant pis pour toi! reprenons les douleurs et les tristesses d'hier; ton peuple attend, il ne faut pas qu'il attende! Ton peuple exige, ordonne et commande la *suite* de ton drame et de ton conte, obéis à ton peuple! Il veut être frappé violemment; frappe, il t'écoute. Allons, le soleil est levé pour toi, et pour le *casseur de pierres*, penché sur les cailloux qu'il brise en gémissant; à l'œuvre! à l'œuvre, si tu veux ton salaire de la journée!

A ces mots, qu'il entendit retentir, toute sa vie, à ses oreilles enfiévrées, Frédéric Soulié se levait, et tout de suite il évoquait, d'un geste héroïque, les fantômes, les hontes, les misères, les accidents, les amours, les meurtres, les funérailles de la ville. Allons, encore un jour de cette œuvre infinie! Évoqués par cette voix puissante, aussitôt revenaient les visions fugitives dans ce cerveau brûlant et fatigué de produire. Elles arrivaient dans toutes sortes d'appareils; chacune de ces visions apportant son crime, sa terreur, sa réalité, son dialogue; quelquefois, mais c'était bien rare, sa grâce et sa vertu.

Au même instant, voilà les drames, les romans et les contes qui défilent sous les yeux de cet homme, et lui il les regarde passer, choisissant, tour à tour, parmi ces fantômes, un fantôme dont il fait un homme en chair et en os, que vous-même, à votre tour, vous voyez de vos yeux, vous touchez de vos mains. C'est ainsi que la pythonisse devait composer ses livres, au bruit de ce dialogue sans nom, à l'agitation de ces rêves sans forme. Mais ce que voyait la pythonisse en son extase, à peine si elle en révélait quelque détail aux hommes attentifs, et si parfois elle consentait à écrire ses visions, elle les écrivait, sur des feuilles volantes, qu'emportait le vent du nord.

Notre homme, au contraire, — attentif à ne rien perdre des visions de son cerveau, recueille avec soin sa feuille volante, et ce qu'il écrit, de cette main pleine de sursauts, ce n'est pas le vent qui l'emporte, c'est le journal qui livre à la foule attentive, ces paroles à demi-prononcées, ces périodes inachevées, cette improvisation, fille du hasard. Tu ne reliras pas, avant de les publier, ces pages vagabondes, tu n'as pas le temps de corriger ces fautes inévitables, même sous la plume des grands artistes[1]!-Non, non, pas de relâche et nul répit; l'homme au trépied, quand il dit une parole, aussitôt la fantaisie et l'imagination le poussent, l'obsèdent, l'emportent, de l'abîme au ciel et du ciel à l'abîme! Il sait, il voit, il devine, il comprend; il repousse, il attire, il change, il agrandit, il bouleverse toute chose. Il fait, à son gré, de la vertu le vice, et du vice, à son tour, il fera la vertu. Rien ne l'arrête et ne le gêne, il est monté sur l'hipogriffe, et maintenant on lui dirait de quitter sa monture... il resterait à cheval; car le loisir de l'écrivain serait un travail pour le lecteur!

Telle est la misère des improvisateurs de profession. Pourquoi donc M. Victor Hugo, outre son génie, est-il au premier rang des poëtes contemporains? C'est qu'il est celui de tous nos poëtes, qui s'est donné le plus de loisir. Walter Scott, en commençant, à l'heure des chefs-d'œuvre, travaillait quatre heures par jour, Lope de Véga vieillissant faisait encore, au moins mille vers par jour. David Hume, à qui l'on demandait pourquoi donc il n'écrivait plus? — Je suis trop vieux, trop gras, trop paresseux, trop riche, répondit-il.

Frédéric Soulié n'a pas connu le repos; il n'a pas trouvé *le Dieu qui lui devait donner des loisirs.* Jusqu'à la fin, il est resté attelé à ce travail de tous les jours. Trop heureux encore, si l'enthousiasme et l'intérêt du récit commencé, s'emparaient de cette âme, ouverte à toutes les impressions. Certes, c'est bien de cet homme-là qu'on pouvait dire : « Métier d'auteur, métier d'oseur. » Une fois lancé, il pénètre, et sans peur, dans tous les pandémoniums d'ici-bas. Pas de distance qu'il ne franchisse et d'un seul bond; pas de murailles qu'il ne renverse; et si, par hasard, il est tombé dans un embarras inextricable il appelle aussitôt Satan lui-même à son aide, et le diable obéissant : — *Me voilà! que me veux-tu?* disait-il. L'instant d'après, notre roman-

---

1. Vaces opportet, Eutyche, a negotiis.
Ut liber animus sentiat vim carminis.
PHÈDRE.

cier va congédier même le diable. Il le trouve usé, fatigué, à bout de toute invention. *Vade retro, Satanas!*

Resté seul, il marche... et de plus belle. Il va partout où il peut rencontrer un homme qui rêve, une fille aimante, une femme qui souffre, un avare cuvant son or, ou tout au moins une cabane, un palais, un paysage, un océan. Le monde entier est le domaine ouvert à ses fictions; le monde réel, aussi bien que l'autre monde! Mais, juste ciel! qu'une pareille course après le conte, à travers le nuage, au milieu des déserts habités, devait être pénible et fatigante! A la fin donc, quelle est votre erreur si vous vous imaginez que le conte obéit toujours à cet homme, et, si vous ne voyez pas que bien souvent cet homme obéit à son conte? Il en est la dupe, il en est la victime; il est semblable à l'auteur de la *Religieuse*, à Diderot, pleurant « d'un conte qu'il se fait à lui-même. » Tenez le voilà qui, sans le vouloir, sans le savoir, devient un des auteurs de son drame, et qui se mêle à la foule des êtres qu'il a créés!

Il est tour à tour le vil mendiant, couvert de haillons et de lèpre, et le beau jeune homme qui dévore la vie et l'espace. Tout à l'heure il était aux pieds de cette belle grande dame, l'honneur de la ville; il court, l'instant d'après, à perdre haleine, après la grisette effrontée qui ne daigne même pas tourner la tête pour le voir. Cet homme que la faim dévore, qui tend la main dans la rue, et par le vent et par la bise, il est le même homme qui, pas plus tard que cette nuit, s'abandonnait à toutes les ivresses de l'orgie. Il n'y a qu'un instant notre homme se défendait à outrance, l'épée à la main; il se battait comme don Juan, et sa tête était si haute qu'à peine s'agitait le plumet de son chapeau... O contraste! Il va baiser, humblement, la main qui le frappe! « Un homme..... Un chien! »

Telle est la constitution du romancier qui produit des romans, plus que l'arbre ne porte de feuilles. Que de sanglots, de rires, de prières, de blasphèmes, de joie, et combien de larmes qui se répandent, çà et là, comme l'eau jaillissante! En même temps, quels grincements de dents! quels supplices! — Et toutes ces misères sur la tête du même homme, et tout ce labeur pour arriver, à quoi, je vous prie? A ce conte, à ce drame, à quelque chose qu'on lit, et qu'on écoute... une heure!

Non, je ne sais pas, dans les arts, un art plus pénible : inventer, rêver, créer!... Créer aujourd'hui, demain, toujours! Tirer de son crâne effondré, tout ce qu'il peut contenir, et se dire que le lendemain il faudra le vider encore! Jeter à des indifférents qui passent, ses émotions les plus intimes, ses passions, son idéal, son âme, son esprit; faire dévorer son cœur aujourd'hui, et demain savoir que le même vautour va revenir[1]!

Que de peine, et pour quelle récompense! En même temps, quelles ténèbres, quelles embûches, quel peloton à débrouiller, quel génie en feu pour attirer, chaque jour, dans un nouveau piége, tant de lecteurs qui se tiennent sur leurs gardes, pris et trompés si souvent, et qui ont bien juré de n'être pas, désormais, si faciles à l'entraînement du conteur. Certes, jamais le plus fin renard dans son terrier, la plus habile coquette à son miroir, lorsque l'œuvre de sa beauté est achevée, et que la mouche assassine est placée au pli du rire; le plus fécond improvisateur de *Mille et Une Nuits*, escorté de ces mille récits qui se croisent, n'ont déployé l'habileté féconde des deux ou trois hommes dont je parle. Singuliers êtres qui ont bouleversé toutes les règles de la fiction; ils ont interrompu, dans l'espace de dix longues années, au milieu de cette nation exposée aux tempêtes, le train ordinaire de la vie humaine; ils ont mêlé leurs contes frivoles aux plus sérieuses histoires; que dis-je? A force d'inventer, ils ont changé toutes les conditions du roman; ils ont prouvé, dans leurs livres, aux poëtes même de l'Orient, que leurs interminables fictions pouvaient être dépassées; ils ont démontré, à tous les romanciers de la France et de l'Angleterre, qu'ils étaient des timides, des maladroits et des rêveurs.

Gens habiles, plus qu'on ne saurait dire, ils ont traité le roman comme un pesant chariot qu'ils auraient rencontré dans une ornière. Du lourd chariot, chargé de tant de passions et d'aventures, ils ont fait un léger wagon pour le chemin de fer!

Mais quoi, c'était le malheur de ces temps aveugles, avides de fictions, et courant, à perdre haleine, après le mensonge. Absolument il fallait amuser ces oisifs, qui se figuraient que le règne du

---

[1]. « La littérature est le premier des beaux-arts, elle est le dernier des métiers. » C'est Voltaire qui l'a dit.

bon roi Louis-Philippe allait durer toujours, et qui ne voulaient pas voir les nuages dont le ciel était couvert. Il fallait, en ce temps-là, plus de contes, de romans et de fictions, pour chacune des matinées du peuple français, qu'il n'en fallait, autrefois, pour suffire à notre consommation, dans l'espace de cinquante années. Hélas! en dépit de tant d'événements sévères, nous sommes les mêmes, encore. Il nous faut des contes le matin, des romans à midi, des drames le soir; quand, par malheur, vous avez réussi à toucher cette foule indifférente, la foule ne veut plus entendre que vous seul, et vous voilà chargé de satisfaire à ses appétits gloutons, aujourd'hui, demain, toujours, jusqu'à ce que vous mouriez à la peine, ou bien, ce qui est encore un plus grand mal, jusqu'à ce qu'un autre conteur, plus habile et heureux, s'empare, à son tour, de l'attention du public; alors vous mourez de regret et de douleur, semblable à l'athlète qui veut briser le vieux chêne! Tout bien compté, mieux vaut encore mourir de fatigue, au bruit que font les oisifs [1].

De tous ces amuseurs frivoles qui ont endormi la société française aux bords de l'abîme, et dont l'œuvre a déjà disparu, dévorée, ou peu s'en faut, par les révolutions, Frédéric Soulié est resté le premier, sans nul doute, après Balzac. Même aujourd'hui, que nous sommes *tombés dans le sérieux* (c'est le mot de Shakspeare), si par hasard, nous rencontrons un des livres de Frédéric Soulié, nous voilà repris à le suivre, et nous lui appartenons, de nouveau, tout un jour. Il vous tient; vous êtes son esclave; il faut le suivre; et du vallon à la montagne, et de la gloire à l'infamie, il faut le suivre, par toutes sortes de sentiers, à lui connus; il frise l'abîme, il touche au ciel. Il se jette, à chaque instant, sur les plus rudes écueils, bientôt, par quelques-unes de

---

[1]. Nous avons sous les yeux, une lettre inédite de Piron, le poëte de la *Métromanie*. Il écrit à son frère, et il lui expose, en termes ineffables, la gêne et l'embarras, la misère dans laquelle il se trouve, avec sa pauvre femme, horriblement paralysée. « O mon frère... et tant de maux, pour
« nous être laissé gagner aux importunités d'un amy devenu tout à coup
« très-riche, qui nous a tiré presque violemment de notre ancienne habi-
« tation pour nous loger dans son nouveau palais, et qui du jour précis où
« le dernier clou fut mis, se trouva forcé encore plus violemment luy-même,
« de nous faire le plus mauvais compliment du monde, et de nous mettre
« à la porte de ce logis! »

ces témérités heureuses qui vous donnent le vertige, il se tire de ces mauvais pas.

D'autres conteurs, aussi bien que Frédéric Soulié, sinon mieux, entendent la description, le détail : celui-ci est un inventeur plein d'expérience, un romancier actif, passionné, sans vergogne ; celui-là est un portier qui parle et qu'on écoute ; il en est qui se font lire par l'esprit semé à pleines mains (Balzac) ; d'autres qui se recommandent par le naturel du dialogue (Alexandre Dumas) ; celui-là raconte, avec l'éloquence des grands écrivains, les transports de son cerveau et les passions de son cœur (George Sand) ; mais pas un seul, parmi ces rares et infatigables conteurs, ne saurait envelopper son récit, dans un mystère plus complet, plus varié, plus soutenu. L'inconnu est le grand Dieu de Frédéric Soulié. Même dans ses récits les plus impossibles, on comprend facilement qu'il sait les mœurs, les passions, les aventures du monde réel ; ajoutez qu'il a ce grand avantage, pour un conteur, d'être un poëte dramatique ; il sait parler à la foule du haut d'un théâtre, et tenir, d'une main ferme, les rênes d'un auditoire qui ne demande qu'un prétexte, pour se livrer à toute la gaminerie naturelle à un public français.

Or quand on demandait compte à Frédéric Soulié, de toutes ces inventions de la nuit, des ténèbres, de l'impossible, il répondait : « Mystère ! » En fait de mystère, il avait souvent à la bouche ces très-jolis vers, qui sont pourtant des vers de M. de Florian :

> Partir avant le jour, à tâtons, sans voir goutte,
> Sans songer seulement à demander sa route ;
> Aller de chute en chute, en se traînant ainsi,
> Faire un tiers du chemin jusqu'à près de midi ;
> Voir sur sa tête alors s'amasser les nuages ;
> Dans un sable mouvant précipiter ses pas,
> Courir, en essuyant orages sur orages,
> Vers un but incertain où l'on n'arrive pas ;
> Détrompé vers le soir, chercher une retraite ;
> Arriver haletant, se coucher, s'endormir,
> On appelle cela naître, vivre et mourir...
> La volonté de Dieu soit faite!

Nous arrivons ainsi à son chef-d'œuvre, à la *Closerie des Genêts*.

Lorsqu'il fit représenter cette belle œuvre, Soulié sentait définitivement grandir, dans sa poitrine oppressée, dans son cœur gonflé par les veilles, par les dettes, par l'inquiétude et par le travail, le mal qui devait l'emporter si vite. « Ah ! nous disait-il, quand il eut compris le succès de la *Closerie*, à cette heure enfin je tiens mon métier, j'en ai deviné le fort et le faible, et j'en suis le maître absolu. Quel dommage que la force me manque... et la santé ! » En même temps il retombait dans les profonds silences d'une lente méditation. Il se sentait perdu ; il se sentait emporté par ce mal sans remède ; il était comme cette beauté sur le retour que sa mère, un jour, trouva triste et abandonnée, en un coin sombre de son vaste salon. — Que fais-tu là, ma fille ? — « Hélas ! dit-elle, je me regrette ! » Il se regrettait en effet ; il pleurait sur ses belles années, misérablement dépensées à plaire à des esprits ingrats, à amuser quelques oisifs.

Nous raconterons, d'un bout à l'autre, cette *Closerie*, et le lecteur verra, par lui-même, si c'est là un drame touchant, vif, animé, bien fait, écrit avec passion, avec grâce et vigueur. En un mot, c'était du bel et bon Frédéric Soulié, quand il avait rencontré une action qui lui plaisait, des héros qu'il aimait, des probités dignes de ses respects. Il s'abandonnait alors aux meilleurs sentiments de son âme ; il marchait d'un pas sûr, dans son drame ; esprit tout viril, imagination active et forte, style rapide, excellent surtout dans le dialogue ; le dialogue, la première des illusions dans le roman, dans le drame, dans l'histoire, dans tout ce qui est la vie et la passion !

Si bien que vos héros, lorsqu'ils ne disent que ce qu'ils doivent dire, et lorsqu'ils ne disent que cela, sont, à coup sûr, dans la vérité, dans la nature ; ils parlent, comme il faut parler, donc ils agissent, comme il faut agir. A ces signes, je les reconnais et je les salue héros vraiment dramatiques..... et c'est la seule raison pour laquelle, d'un drame excellent, vous ferez un bon roman.

En même temps (et voilà pourquoi, à mérite égal, il faut préférer le drame au roman) ; le romancier a le temps, l'espace, la description, l'éloquence pour arriver justement au grand effet ; le drame saura le produire par l'action, par le dialogue, et souvent d'un mot, d'un geste et d'un regard.

Le drame s'inquiète de l'événement au théâtre, à telle heure, à telle minute de la vie humaine ; il faut qu'il marche, en parlant, et dans cette *course au clocher*, s'il oublie un incident nécessaire, ou s'il s'arrête à quelque pensée inutile, aussitôt tout est perdu. L'oubli le plus léger suffit à briser l'illusion ; la plus petite circonstance, mal expliquée, décèle à l'instant même le mensonge ; il faut éviter, à la fois, l'excès des ténèbres ou trop de lumière ; tant le public est blessé que l'on mette en doute son intelligence, ou que l'on y compte plus qu'il ne faut y compter.

Romancier et poëte dramatique, M. Frédéric Soulié, vous l'avez vu dans cette *étude*, qui sera la dernière que l'on fera jamais sur lui (tant la mort est pleine, entière, accablante autour de ces hommes qui ont fait un si grand bruit durant leur vie), était passé maître en ces rares secrets du roman, du drame et de leurs soudaines passions. — Romancier, il avait l'art des détails ; poëte dramatique, il connaissait toutes les ressources de l'unité et de l'ensemble ; il savait que ces vingt-quatre heures de haine et d'amour, d'espérance, et de désespoir accordées à ses personnages, doivent être inévitablement, les vingt-quatre heures les plus tourmentées et les plus agitées de leur vie ; il savait aussi par quels moyens énergiques se peut prolonger l'angoisse et la gêne de ces âmes en tumulte. Enfin il possédait, d'une façon suprême, l'art infini de mêler, dans les situations les plus fortes et les plus imprévues, les caractères les plus divers ; d'opposer les intérêts aux intérêts, la haine à l'amour, la vengeance à la pitié, le vice à la vertu ; et que, parmi tous ces hommes, occupés chacun du même événement, et le voulant chacun à sa manière, il est nécessaire d'apporter tant de contrastes et tant d'obstacles, qu'une fois arrivé au but, après ce grand choc des événements et des caractères, le spectateur se rende à lui-même cette justice, qu'il lui était impossible d'en supporter davantage.

Je crois bien que cette *Closerie des Genêts*, avant de s'élever à la puissance du drame, a dû commencer par être un roman, et même, le dirai-je ? un roman confus, mêlé, mal fait... par la raison toute simple que ce roman ; à sa naissance, était, véritablement, un drame. On vous explique cela dans le prologue, qui n'est au fond qu'un roman déguisé, une préface où l'on vous rende compte des divers personnages, que vous allez suivre, de leurs intérêts, de leurs passions, de leurs caractères.

Le prologue est une précaution nouvelle, inventée ou peut s'en faut, par Frédéric Soulié lui-même, et plus utile qu'elle n'est habile en effet. Mais l'utilité en est si grande, et pendant tout le cours de la représentation, l'excellent effet de ces clartés et de ces explications préalables, se prolonge avec tant de bonheur, que les plus difficiles faiseurs de *poétiques*, ne sauraient s'en fâcher.

Ensuite quelle est la joie et le délassement du poëte, une fois qu'il est délivré de ces explications ! Avec quel bonheur il nous fait pénétrer dans les complications du drame, à présent que nous avons en main le fil d'Ariane ! —*Ariane, ma sœur... et mon guide !* Grâce au prologue, je les connais tous, les uns et les autres, ces héros d'une fantaisie habile et sérieuse : voici le vieux général de l'Empire, un baron d'hier, qui grogne, tout bas, contre le colonel de 1840, un duc des Croisades ! Voici le vieux soldat de la vieille garde ; fier des Pyramides, il est injuste pour les sables d'Alger ! Ici, le vieux chouan, entêté de sa férocité bretonne ; à côté de son père, il faut saluer la jeune Basse-Brette, éblouie aux premières lueurs du monde nouveau, et qui s'est égarée à les suivre. Arrivent ensuite, en ce drame aux mille scènes, les *gars* d'autrefois, aux cheveux crépus, à l'âme brutale ; puis les dandys d'aujourd'hui, pâle nature, à demi effacée dans les plus tristes occupations de nos clubs et de nos boulevards. Enfin, au-dessus ou au-dessous de tout ce monde, arrive en hurlant, la *lionne* aux dents blanches, aux griffes acérées, la Vénus avare, la femme à la mode des petites maisons des quartiers neufs ; la femme sans frein, sans pudeur, sans loi, sans vertus, presque sans vice,... elle n'a pas d'autre vice que l'amour de soi, et l'amour de l'argent.

Ce froid caractère du reptile brillant au soleil ; cette femme infectée de cette prudence déloyale, aux entrailles de lamie, ces entrailles dont Horace ne veut pas que l'on tire même un enfant, est un être d'hier, dont la comédie avait le droit de s'emparer. Elle l'a prise ; elle en a fait la *Dame aux Camélias*, elle en a fait la *Fille de Marbre*, elle en fait la baronne d'Ange, elle en a fait l'héroïne du *Demi-Monde*. Eh bien (rendons au César ce qui est au César), elles sortent, en bloc, de la *Closerie*, et de la *Lionne* de Frédéric Soulié, ces héroïnes qui ont occupé le théâtre et le drame pendant quatre ou cinq années ; le public français a pu s'en lasser, il ne s'en est pas assouvi.

Vous cherchez leur origine... elles viennent de la *Closerie*. Elles n'ont pas d'autre père, et pas d'autre inventeur que Frédéric Soulié lui-même. Avec quel art, voisin du génie, il avait composé cette abominable Léona! Il en avait fait le produit le plus net, le plus mathématique et le plus honteux de cette rage d'argent qui nous pousse, mêlée à cette rage de vanité. La Léona de Frédéric Soulié, c'était bien la femme à la mode en ces temps misérables, la femme horrible, qui dévore le présent, le passé et l'avenir des familles; la fille perdue et sans pitié, qui se venge de toutes les corruptions dans lesquelles elle a vécu, et de toutes les misères qui la menacent! — Rien qu'à la façon dont cette horrible créature est posée, on comprend que le romancier a sondé toutes les fanges de cet abîme; on comprend qu'il connaît, à ne pas s'y méprendre, un seul instant, tous les détours de ces consciences sans honte et sans remords. Eh bien! cette haine sans contre-poids, nous la partageons; cette rage du poëte nous plaît, nous charme et nous enchaîne; elle est une vengeance pour les malheureux qui ont passé sous l'ignoble joug de ces mégères, vêtues d'or, de satin; elle est une leçon, pour les idiots qui vont se brûler à ces infects feux follets qui s'exhalent des fosses immondes!

C'est très-vrai! Toucher à de pareils êtres, arracher ces voiles affreux, souffler sur ces laids fantômes qui dégraderaient même le vice, en un mot, traîner dans le mépris et dans la haine publique, ces abjections entretenues par les faiblesses, par l'oisiveté, par la sottise, par la vanité, quelquefois par le crime, et toujours par le vice des enfants de famille, c'était agir comme un homme qui sait les devoirs du drame, et qui se dit, qu'en fin de compte, il est nécessaire, et pour ainsi dire providentiel, qu'il y ait un enseignement, un châtiment, une vengeance, une terreur, au bout d'un drame destiné à vivre plus d'un jour.

Le premier acte de la *Closerie* est très-joli, et d'une animation piquante. La fille du vieux fermier breton, Kerouan, Louise, a cédé, d'une façon beaucoup trop tendre, à l'amour de Georges d'Estève, un jeune homme de Paris, le propre fils du général baron d'Estève, l'ami et le vieux camarade du vieux Kerouan, le père de Louise. Un enfant de Louise Kerouan est né, en cachette, dans cette ferme bretonne, et l'enfant, déposé à la *Closerie des Genêts*, est surveillé par mademoiselle Lucile de Saint-Estève.

Lucile, ici, c'est l'honnête fille de tous les pays, de tous les drames! Personnage charmant, jeune et vieux comme la poésie et comme l'honnêteté! A côté de Louise, le jeune duc de Montéclain marchant *du pas léger de l'été*, poursuit les traces charmantes de celle qu'il aime; ainsi, pendant que, tranquille et fier dans sa joie paternelle, le vieux fermier Kerouan ne songe qu'à sa Louise, le vieux baron ne pense qu'à sa Lucile. Tout va donc assez bien, moins ce petit enfant caché, et gardé par sa seconde mère, mademoiselle Lucile. Et qui sait? le père de l'enfant, M. Georges, finira, tôt ou tard, par épouser la mère! Tout cela est raconté de bonne grâce, avec goût, au milieu d'une fête bretonne, quand chaque danseur, tenant par la main sa danseuse, improvise un couplet de la joyeuse chanson.

Hélas! cette paix profonde sera troublée et trop vite, par la femme complice et corrompue, par cette Léona, cette mégère qui a forcé M. Georges à l'épouser! Car voilà le nouveau crime de ces sortes de femmes, leur crime inconnu jusqu'à nos jours; elles aspirent au mariage; elles le veulent, elles l'exigent, et quand le malheureux qui les paie, n'a plus rien à leur donner, quand il a porté dans cet antre infâme, la maison, les terres, les contrats, et même le testament de son aïeul, il faut que ce malheureux prostitue à une prostituée, le nom même, le nom glorieux, honoré, respecté de son père, de sa mère et de ses frères! Ouvrez-vous, à deux battants, maison déshonorée, pour recevoir en grande parure, la plume à la tête, et le fard à la joue, cette grande coquette des boulevards, des Champs-Élysées et des loges d'avant-scène, qui s'en vient prendre sa dernière étape sous ce toit indigné [1]!

Vous comprenez tout ce que cette action dramatique a d'énorme quand cette fille, nommée Léona, se vient mêler à ces douces et pacifiques vertus! Mariée au jeune Georges d'Estève, et partant, belle-sœur de Lucile, et belle-fille du baron d'Estève cette Léona veut, absolument, entrer, avec scandale et violence, dans ce qu'elle appelle ses droits de femme légitime, et naturellement, elle procède par la calomnie, et par le déshonneur.

1. Soulié racontait, à propos de son *impossible* Léona, qu'il avait rencontré une de ces demoiselles errantes; elle portait sur sa tête coupable, les diamants d'une mère de famille, à peine morte depuis huit jours; elle avait mis à sa ceinture, en guise de breloques, les décorations d'un vieillard dont le fils servait de cavalier, à cette infante, dans ses jours d'oisiveté!

Oui, justement parce que c'est là un crime horrible, ce crime lui plaît de jeter l'outrage et le déshonneur sur la sœur même de *son mari*, sur Lucile d'Estève. Aussi bien, par ses espions gagés, Léona a bien vite appris qu'un enfant est caché dans la *Closerie des Genêts;* cet enfant, c'est mademoiselle Lucile d'Estève qui va le visiter chez sa nourrice ; donc Lucile est la mère anonyme de ce pauvre petit ! Lucile est accompagnée souvent, dans cette bonne œuvre, par le jeune duc de Montéclain ; donc M. de Montéclain a séduit, a déshonoré Lucile ! Telles sont les rumeurs ! On chuchote, on s'agite ; le paysan, méchant comme il l'est toujours, ne demande pas mieux que de dénoncer mademoiselle d'Estève au mépris de la contrée, pendant que les dames de l'endroit s'éloignent de la jeune et vertueuse pestiférée. Que devient Lucile alors ? Que peut-elle comprendre à la soudaine proscription de ce village, dont elle est la bienfaitrice ? Lucile s'éloigne sous le bras et la sauvegarde de M. de Montéclain. — La sortie est belle, et tout à fait digne de ce grand inventeur. Il y a même un moment où le jeune gentilhomme jette à terre le chapeau idiot d'un belâtre campagnard qui ne se découvre pas devant mademoiselle Lucile d'Estève... et c'est un beau moment.

Ceci dit, revenons aux deux pères de famille, à Kerouan, au baron d'Estève, deux glorieux débris de guerres bien différentes. Ces deux braves gens, qui s'aiment de tout leur cœur, sont occupés à parler de leurs filles, avec cette douce joie paternelle qui ne prévoit pas de démentis, lorsque soudain tout se trouble en cette joie. Un valet a vu revenir mademoiselle Lucile, seule par les chemins, avec M. de Montéclain. — Seule ! dit le baron. — Lucile arrive, et pour la première fois Lucile ment à son père. En même temps, le cri d'un enfant se fait entendre dans le pavillon de mademoiselle d'Estève ! C'est l'enfant de la Closerie que la *lionne* a fait transporter là, dans ce pavillon. En ce moment Lucile est perdue ; il est vrai qu'un mot dit à son père, à ce père qui l'accuse, va faire tomber le père aux pieds de sa fille ; oui, mais ce mot, comment le dire en présence de Kerouan, le père de Louise ?

Ici l'inquiétude et la terreur de l'auditoire sont à leur comble. Ce qui est honnête est si dramatique et si grand ! C'est à la chose honnête, c'est à l'émotion vertueuse qu'il nous faudra revenir, tôt ou tard, si nous voulons faire verser de justes larmes. Vous avez beau chercher l'intérêt dramatique dans les cris, dans les larmes, dans les crimes, dans les réhabilitations posthumes du vice, dans les *Trois hommes rouges* et dans le *Café des Aveugles*, un sentiment calme et pur l'emportera toujours sur les plus habiles violences! Il n'y a que ce qui est honnête qui soit éternel! Touchez-la hardiment, cette noble corde du cœur de l'homme, et soudain vous la reconnaîtrez, impérissable, éternelle, à ses toutes-puissantes vibrations.

L'acte suivant (le troisième) n'est pas d'un effet moins dramatique : le général d'Estève, accablé soudain sous l'immense déshonneur de sa fille, courbe la tête un instant, silencieux, immobile, et muet. Vous vous rappelez ce beau vers de Racine :

> Et les plus malheureux osent pleurer le moins!

L'instant d'après, la fureur, l'indignation, le mépris, la honte tirent le vieux soldat de la stupeur où il est plongé, et il s'en va demander au duc de Montéclain la réparation par les armes! — Sur l'entrefaite, le duc arrive; en présence de ce désespoir qui peut tuer ce malheureux père, M. de Montéclain met sous les yeux du vieillard — une lettre!..... une lettre écrite à Louise, par la fille de Kerouan. Ah! si vous aviez vu la joie, l'émotion, l'orgueil, le repentir, l'intime bonheur de ce père qui retrouve sa fille innocente... qui la retrouve, grandie par la patience, par le courage et par la vertu! Pour arriver... si naturellement, et avec si peu d'efforts à de pareils résultats, il faut avoir véritablement une belle imagination, en même temps il faut savoir obéir, inspiré et docile, à l'ordre des idées, à l'enchaînement des faits. Voilà d'abord le grand art, et voilà l'heureuse hardiesse : ne pas redouter les scènes difficiles, mais au contraire y pénétrer, fièrement, par le milieu de son drame, et, une fois à cette place ardue, s'y maintenir jusqu'à la fin, tant on aura mis de choix dans les moyens, de prudence dans les effets, de vérité et d'énergie en son discours : — *Veras hinc ducere voces!*

Mais ce n'est pas assez que l'innocence de Lucile d'Estève éclate aux yeux de tous, il faut aussi, et tout naturellement, que le crime de Louise se fasse jour, dans cette action tumultueuse et si cruellement remplie. En effet, l'instinct paternel du vieux Kerouan devine ce que contient cette lettre que lui cache le général d'Estève, et cette lettre, le vieux chouan force sa fille Louise, Louise à genoux, de la lire d'un bout à l'autre. Hélas! pauvre Kerouan! à son tour il courbe la tête; il s'éloigne, écrasé sous ce fardeau inattendu de honte et de désespoir. Frédéric Soulié avait fait un grand roman à propos de la Vendée, et il connaissait, à fond, ce monde armé, plein de rancune et de loyauté!

Vous croyez, peut-être, que le drame enfin vous laissera quelques instants de repos? Votre âme en a besoin, votre esprit hésite et se trouble; et vous cherchez à vous reconnaître en ces émotions si diverses, dont vous êtes le jouet. A qui en veut-on? où est l'homme à plaindre? où donc va s'arrêter l'intérêt, cette puissance irrésistible qui jusqu'à présent, a passé, tour à tour, à chacun de nos héros? Laissez aller le drame, et le laissez agir; jusqu'à présent le poëte est dans le plein exercice de ses droits, et pourvu que l'intérêt se pose enfin, une bonne fois, sur une de ces têtes qu'il a frappées, et que l'intérêt ne s'arrête plus, qu'à la fin du drame ou du récit... l'unité même n'a rien à dire. Passez donc, s'il vous plaît, et pour ne plus les quitter, du baron d'Estève, au vieux Kerouan, de Lucile à Louise!

Le personnage le plus touchant, peut-être, de la comédie antique (on se ressemble de si loin!), le Ménédène de Térence, le voisin de Chremès, ce père qui gronde toujours, vous représente, à s'y méprendre, le vieux Kerouan, de Frédéric Soulié. Tout comme le père du jeune Clinias, le père de Louise cherche à se garantir de sa propre férocité. *Heautontimorumenos*, c'est-à-dire *l'homme qui se hait lui-même*, voilà tout le quatrième acte de la *Closerie*, et ce mélange charmant de tendresse et de sévérité paternelles se retrouve ici encore, après deux mille années, dans toute sa grâce, et dans toute sa force. Le père de famille qui se demande, en effet, si sa justice ne dépasse pas toutes les bornes, le père de famille qui devient son propre bourreau, voilà le héros de Térence, et voilà le héros de Frédéric Soulié.

Dans l'intervalle, avec la comédie, avec le Ménédène de Térence, Diderot a composé, de son côté, le *Père de famille*. — « O mes espérances perdues! — J'ai de la peine tout ce que j'en puis porter! » J'aime cette peine de tous les pères infortunés, parce qu'elle est vraie, et parce qu'elle est touchante ; le vieux Kerouan se *hait* lui-même, de ranimer, comme à plaisir, la plaie saignante de sa fille ; mais c'est l'honneur qui le veut. Père de famille, Kerouan, veut tout au moins châtier le misérable qui a porté le désordre et la honte sous son toit, honoré naguère, et tout brillant des chastes et glorieuses splendeurs du foyer domestique, et quand enfin il apprend que le coupable c'est M. Georges, le propre fils de son ami et ancien camarade, le baron d'Estève, tout ce que peut faire l'honnête Kerouan, aidé de sa fille Louise, c'est de permettre à ce M. Georges, d'épouser la fille qu'il a séduite. « Allons ! c'en est fait ! je pardonne ! » En disant : « Je pardonne ! » il avait la rougeur au front, ce terrible vieillard.

Ici est tout le drame, un drame impitoyable ; car, maintenant qu'il se trouve en présence de ce père outragé, il faudra bien que Georges d'Estève explique enfin pour quels motifs impérieux, il a été si lâche et si perdu d'honneur, que d'abuser de l'innocence, de la beauté, du courage et du dévouement de Louise ! « — *Je suis marié !* » dit Georges, et cette fois le châtiment arrive, aussi funeste que vous pourriez le rêver. Cette fois, voilà la justice ! Elle éclate à la façon de ces foudres qui traversent un ciel serein ! Cette fois il faudra bien que ce don Juan de village et de boudoir, ce Lovelace du dernier ordre, convienne, en présence de tous les honnêtes gens, qu'il s'est laissé, lâchement, précipiter dans ces noces qu'il abhorre ! A ce mot extrême, à ce cri vengeur, à cet opprobre inattendu : — « *Je suis marié !* » tout est dit, tout est conclu ! Il ne reste plus qu'à châtier ce lâche et ce malheureux, qui a tendu la main aux chaînes d'une femme déshonorée.

Comment donc, il avait un père, une sœur, des amis, de la naissance, des parents, des richesses, une *patrie florissante*[1], une honnête et charmante maîtresse qui l'aimait d'un amour dévoué ! Il avait un enfant ; il avait tout ce qui fait aimer la vie et tout ce qui l'honore… et traître à tant de liens, il a sacrifié tous ces bonheurs à ces affections déréglées et pleines d'orages, à ces penchants dénaturés, suivis de tant de hontes ! A cette heure, l'égarement est complet ; absolue est la honte ; et pour tout châtiment, j'aurais voulu voir ce malheureux, écrasé sous les ruines

---

1. Patriam incolumem. TÉRENCE.

de tous ces honnêtes amours. Justice alors eût été faite; le drame était accompli; on eût laissé cet homme *à sa femme*, et Lucile, et son père, et Louise et Kerouan, — ces jeunes gens, ces enfants, ces vieillards, trahis ou deshonorés par ce coupable absurde, se seraient trouvés trop vengés.

Tout le drame était là, toute la leçon, tout l'intérêt; plus le poëte avait déployé de talent, d'esprit et d'audace à ce moment funeste, et plus nous devions refuser de le suivre au delà de ces limites terribles. Ma leçon est irrésistible, et mon drame est complet! Pourquoi donc aller plus avant? A quoi bon, quand déjà vous nous avez raconté, avec un rare bonheur, tant d'histoires particulières dans ce drame, nous précipiter, dans une série atroce d'explications et de commentaires sans fin?

— « Mais, dites-vous, ne faut-il pas que je châtie, à son tour, la fille de joie, et le public n'eût-il pas murmuré, si j'avais laissé Léona, comtesse et dame de cent mille écus?... » Châtier la fille de joie, à quoi bon? C'est le jeune homme livrant sa vie entière à ces joies honteuses, qu'il s'agissait de châtier! On ne *châtie*, en fin de compte, que les créatures dignes qu'on les corrige, et Dieu merci, le châtiment de ces créatures immondes, il est dans les rides de leur visage, à la pointe de leurs cheveux qui blanchissent, au bout de leur nez qui rougit! Il est dans la honte, il est dans le silence, il est dans le mépris; il est dans l'air qu'elles respirent, dans l'insolence de leurs valets, dans la pitié de leurs voisins! Cette honteuse Léona, pour nous, est toute châtiée, et pas n'est besoin de votre dénoûment, pour que nous soyons sûrs que cette misérable ne peut pas être heureuse. — Oui! mais il fallait sauver Louise!... A quoi le bon sens répond que, désormais, Louise ne peut pas être sauvée... il lui faudra nécessairement, épouser ce malheureux jeune homme, abandonné à ces passions imbéciles; ce malheureux tout souillé des baisers *de l'autre*, le beau présent à faire, à Louise Kerouan!

Cette *Closerie des Genêts* devait être, pour Frédéric Soulié, le chant du cygne! Il était frappé à mort, quand la ville entière se passionnait encore de ses passions, et s'enivrait de ses larmes. Elle-même, la jeune femme, éclatante en ce temps-là, de toutes les promesses de la vie et de la jeunesse, cette Lucie Mabire qui donnait au rôle de Léona, tant de vie et de vraisemblance, avec tant d'excuses pour la jeune Estève, Lucie une enfant... une découverte de Frédéric Soulié, belle, active, énergique, avec tant de feu dans le cœur, et tant de feu dans le regard, elle est morte à trente ans, elle est morte hier, laissant après elle son mari qui est un poëte, et qui la pleure ! Et tant de regrets ! Et tant de douleurs !... « Pulvis et umbra sumus ! »

§ XX

Si Frédéric Soulié n'était pas ce qu'on appelle un *grand écrivain*, il écrivait beaucoup mieux, certes, que les dramaturges et les romanciers de son voisinage. Il nous a laissé des portraits à l'emporte-pièce, et faits de main de maître ; on en trouverait vingt qui sont d'une horrible ou charmante ressemblance, en son fameux livre intitulé : *Si Vieillesse savait, si Jeunesse pouvait*. *Si Vieillesse savait* est un livre funeste ; il est étincelant, dans plusieurs de ses parties[1], et rien ne saurait se comparer à ces sombres et sauvages clartés.

[1]. Voici un portrait d'après nature, que Frédéric Soulié traçait de sa main mourante, et qui s'est retrouvé dans ses œuvres posthumes. Certes, l'image abominable et terrible, et pourtant (il faut le dire, quand ce siècle en devrait être déshonoré) cette image est un portrait ressemblant ; il y manque le nom de la femme... Interrogez les bagnes de Brest et de Toulon, les bagnes vous diront ce nom-là :

« Il y avait dans ce salon, une femme horriblement laide, et très-entourée d'hommes de tout âge. C'était la fameuse Tiennette, cette sublime Phryné qui peut soutenir une querelle avec la lie des femmes de la halle, et discuter les questions les plus hautes, avec les plus grands esprits de la littérature et de la politique. Elle passait une moitié de sa vie dans les orgies du cabotinage, et l'autre moitié dans les entretiens du meilleur ton et du meilleur goût. Elle connaissait tous les hommes qui portaient un nom illustre ou qui tenaient au pouvoir, et elle prenait une note habile de toutes les imprudences et de toutes les indiscrétions de la conversation, écrivant à tout propos, pour recevoir beaucoup de réponses, et s'armer de beaucoup d'autographes ; souple jusqu'à la bassesse, effrontée jusqu'au cynisme, patiente, résolue, et faisant gloire de tout scandale et de toute trahison. Elle était arrivée à mettre la moitié de ce monde sous sa dépendance. Elle seule elle savait à fond le cœur du vulgaire de ces femmes esclaves qui baisent la main qui les déchirent, et qui déchirent celles qui les caressent. Elle disait (c'était son évangile) que la conscience était une marchandise, que la tricherie était habileté, que le mensonge était vertu. Que de choses savait cette femme, que d'histoires scandaleuses, d'intrigues féroces, d'hypocrisies infâmes, d'aveuglements et de concussions... Elle avait perverti l'esprit de ce jeune homme, elle lui avait démoralisé le cœur. »

Il avait, en écrivant, ce grand mérite, il était clair. « Or le style est comme le cristal, sa pureté fait son éclat. » Ce n'est pas Despréaux, c'est M. Victor Hugo qui l'a dit. Soulié était donc éloquent à force de clarté ; la hâte même de chaque jour ne pouvait pas le contraindre à se contenter de l'*à-peu-près*. Véritablement cet homme était un écrivain qui cherchait, sinon le mot propre, au moins le mot convenable ; il aurait eu honte de faire la roue et de se pavaner dans le style et dans l'invention d'autrui ; il était... lui-même, avec beaucoup de bonne grâce.

Il était vif, il était gai ; il trouvait, au besoin, des mots ingénieux qui disaient tout un caractère ; il est le premier qui ait donné aux deux célèbres directeurs du *Journal des Débats*, le nom de guerre sous lequel on les connaissait dans la presse : il appelait notre honorable et charmant maître, un des grands esprits de ce monde, M. Bertin l'aîné : *Bertin l'Ancien !* Il appelait son frère, M. Bertin de Vaux, le pair de France, un des maîtres de la politique, et qui vivait en roi de Paris : *Bertin le Superbe !* Et si vous saviez la joie et le bonheur de Bertin l'Ancien, quand il s'entendait appeler du nom des Tarquin ! Bertin *le Superbe* fut un peu moins content, mais il en prit son parti bien vite, et l'un et l'autre (ils étaient de grands liseurs de romans : Bertin *l'Ancien* lisait à la fois Platon et Balzac ; Bertin *le Superbe* lisait tout, même le *Cocu* par M. Paul de Kock) ils me prièrent de leur amener Frédéric Soulié, et ces deux hommes, les créateurs du journal en France, qui avaient vu tant d'hommes si différents, qui avaient mis en œuvre tant d'esprits si divers, ils furent charmés de la verve et de l'esprit de ce nouveau venu au *Journal des Débats*.

Grâce à ce bon accueil de deux esprits difficiles, et qui certes n'étaient pas accessibles à tout le monde, Frédéric Soulié devint, chez nous, et tout de suite, une étoile ; on ne jurait que par son génie ; il n'était pas de bonne fête où il n'était pas. On l'aimait comme un enfant de la maison ; on l'écoutait comme un oracle. Bertin *l'Ancien*, qui à soixante-dix ans était le plus jeune, parmi tant de jeunes gens qui vivaient de sa vie, avait adopté Frédéric Soulié en vingt-quatre heures ; Bertin *le Superbe* l'invita à dîner au bout de huit jours, ce qu'il ne faisait guère qu'au bout de quatre années, et encore ! Lui-même, il a raconté son entrée au *Jour-*

nal des Débats, et selon son usage, il a fait de ce récit, un très-vrai petit roman :

« Or, il faisait beau; j'étais sorti pour quelque chose ; en vérité, je crois que c'était pour aller remercier quelqu'un que je connais fort peu, d'avoir fait un excellent article sur les *Mémoires du Diable;* ou plutôt (car enfin, puisque c'est la première fois que je vous parle, il faut que j'y mette de la franchise) je crois que j'étais sorti pour aller prier, un de mes amis intimes, de ne pas trop dire de mal de mon pauvre livre. Ce n'est pas pour moi, je vous jure, que je faisais une pareille démarche; c'était pour mon libraire. Vous savez bien que les auteurs de notre siècle sont gens de trop bonne compagnie pour imposer, à qui que ce soit, l'ennui d'écrire du bien de leurs œuvres, quand il s'agit d'un intérêt de gloire, et qu'en vertu de ce grave précepte du droit romain, qui dit au chapitre des Servitudes : *Eumdem quem commoda, eumdem sequentur onera*, ils gardent ce fardeau pour eux, à qui en reviennent les profits.

« Ainsi donc ce n'était pas pour moi, c'était pour mon libraire que j'étais sorti ; car je ne pouvais faire souffrir cet honnête homme de mon désintéressement. J'étais sorti, et je m'en allais rêvant ; rêvant à quoi ? Je vais vous le dire encore. Je m'en allais rêvant à ce qui m'arrive. Et que m'arrive-t-il ? Il m'arrive d'être admis au nombre des rédacteurs du *Journal des Débats!* Ceci vous importe peu probablement, mais cela m'importe beaucoup à moi. C'est que pour un homme de lettres journaliste, voyez-vous, le *Journal des Débats*, c'est l'épreuve du Théâtre-Français pour le vaudevilliste ; on peut n'y pas arriver, mais on n'y tombe pas impunément. Je m'en allais donc en rêvant à la bonne fortune qui m'était advenue, et à la manière dont je m'en tirerais, car il y a des bonheurs, aussi embarrassants que des catastrophes.

« Au fond, ma rêverie était assez légère ; j'avais trouvé tant de bonne grâce dans l'accueil qui m'avait été fait, que je m'étais senti tout de suite, à mon aise, en présence d'une si aimable protection. D'ailleurs on m'avait laissé toute liberté. — « Vous plaît-il de faire de la critique ? Choisissez ; voici des livres dont vous pouvez dire ce que vous penserez. Préférez-vous nous donner un article de mœurs ? Vous avez le champ libre. Aimez-vous mieux écrire une nouvelle ? Nos colonnes sont à votre disposition.

Avez-vous envie de traiter quelque grave question littéraire ou politique? Nous sommes prêts à vous imprimer. » On n'est pas plus bienveillant, on ne dit pas mieux à un homme : mesurez vos forces, choisissez la route, nous avons le désir de votre succès.

« Hélas! il en fut de cette liberté, comme il en serait de toute autre qu'on jetterait, pleine et entière, à qui la demanderait; à peine avais-je fini de m'en féliciter, que je ne sus plus qu'en faire. Ma légère rêverie avec laquelle je marchais, le front haut et le nez au vent, ma rêverie s'assombrit, peu à peu comme le ciel qui était si beau à mon départ; le léger nuage brillant auquel je m'amusais à donner des formes charmantes, devint noir et menaçant, et je n'étais pas au quart de ma course dans les rues de Paris, que déjà je regardais autour de moi, quelle voie je prendrais dans le *Journal des Débats*, et par quel chemin j'échapperais à l'orage amoncelé sur ma tête. Toutes les routes littéraires me paraissaient hérissées de difficultés que je ne voyais pas autrefois, et je ne découvrais pas un fiacre où me réfugier. Ma tête se baissa progressivement; une sombre préoccupation s'empara de moi, tandis que de grosses nuées s'amassaient dans le ciel; j'étais tout à fait désorienté et de toutes les façons, lorsque l'averse partit comme un cheval de course, c'est-à-dire qu'il se mit à pleuvoir avec une violence et une rapidité inouïes. Je n'eus que le temps de lever le nez, de ne plus penser à rien, et d'entrer sous une porte cochère, pour me mettre à l'abri. »

Alors le voilà qui se met à poursuivre une aimable et poétique histoire, à travers la pluie et le nuage; il regarde, il écoute, il devine, il pressent, et chemin faisant, il rencontre plus d'une anecdote qu'il raconte à merveille. C'est ainsi qu'à propos *de l'homme d'affaires*, un des héros de son premier récit, il nous raconta l'aimable aventure que voici :

« Un homme d'affaires, marié à une femme digne de lui, prête à un de ses clients, passablement solvable, une somme de 300 fr., pour un an, à 50 pour 100, *les intérêts en dedans* : c'est-à-dire qu'il fait souscrire à l'emprunteur, un billet de 600 fr., pour 300 fr. à toucher *hic et nunc*. Cette négociation conclue, il attend avec joie sa femme pour lui en faire part. Elle rentre, apportant la maigre provision du jour, pour le prix de laquelle elle s'est débattue une heure au marché; son mari lui explique alors sa belle opération; mais la femme lui jette un regard de dédain, et lui dit : « Tu as prêté 600 fr. pour un an à 50 pour 100, et tu as donné cent écus? — Oui. — Eh bien! il fallait les prêter pour deux ans, tu n'aurais rien donné du tout. »

Quand il racontait ces choses-là, Frédéric Soulié riait comme un fou, et tant pis pour le récit qu'il avait commencé, il le reprenait, plus tard, quand son rire était épuisé. Ou bien, au plus beau chapitre du roman, quand l'intérêt se précipite, et que l'esprit marche en toute hâte au dénoûment, notre homme (et ceci est un des caractères de ce talent original) s'arrête, oublieux de son conte, et contemple on ne sait quelle image qui passe, et qui l'arrête en passant :

« ..... Je ne pus résister davantage à ma curiosité. Je m'approchai de M. Nivre, et je lui demandai, tout naïvement, l'explication de son admiration et de sa pantomime?

— J'observe, me répondit-il.

— C'est-à-dire que vous regardez.

Il tourna légèrement la tête de mon côté, et me mesurant de l'œil avec une supériorité dédaigneuse, il ajouta :

— Vous êtes écrivain, et vous ne comprenez pas ce que j'observe, et comment j'observe?

— Non, je vous le jure, et je vous ai vu considérer, tout à l'heure, un monsieur et un melon, avec un enthousiasme que rien ne m'explique.

M. Nivre laissa échapper une petite toux souriante; il se raccota contre la porte, et continua de regarder. La pluie redoublait et la rue était tout à fait déserte. M. Nivre baissa son binocle, et parlant à part lui, comme s'il eût dédaigné de s'adresser directement à moi, il murmura à demi-voix :

— Ne pas comprendre mon enthousiasme pour cet homme; mais j'aurais dû le saluer, cet homme.

— Et pourquoi ça?

— Pourquoi ça? me dit vivement M. Nivre, en se tournant tout à fait de mon côté; pourquoi? parce qu'il y a une croyance, une foi, une superstition dans cet homme, une vieille habitude bourgeoise, honnête et sacrée qu'il n'a pas livrée à la merci d'un serviteur, et qu'il s'est gardée. Vous n'avez donc pas compris que cet homme achète ses melons, lui-même?

— Eh bien ! après ?

— Après ? C'est que le melon, mon bon ami, est le dernier privilége du maître de la maison, à toucher aux choses du ménage ; le melon est une superstition. Il y a des gens qui se vantent d'avoir la main heureuse, pour choisir un melon. Le melon est le père d'une foule de plaisanteries de famille, dont la plus vénérable est celle-ci : *Le melon est comme les femmes, ce n'est qu'à l'user qu'on les connaît.* Cet homme qui vient de passer croit au melon ; c'est-à-dire que s'il ne charge pas une cuisinière de lui acheter son melon, c'est parce qu'il s'imagine avoir un tact assuré, ou un privilége divin, pour les choisir excellents, car le melon est un être dont les apparences sont perfides ; il faut être doué, tout particulièrement, pour ne pas s'y laisser tromper.

« Oui, cet homme est un homme important, par le temps qui court ; il décide des melons, parmi tous les gens de sa connaissance. Il dit juste, combien il fallait encore d'heures à un melon pour être à point, et de combien d'heures il est passé. Il a plusieurs dissertations, très-savantes, sur le côté de la couche et le côté découvert. Un de ces *hommes-melon*, que j'estime tant, a deux neveux qui attendent sa succession. Tous deux le flattent par le melon. Le plus riche l'invite à dîner, et lui fait servir des melons excellents. Ce neveu, tout riche qu'il est, ne réussira pas. Être riche et manquer une succession, c'est y mettre de la bonne volonté. Mais le neveu pauvre a mieux compris son oncle. Il l'invite à dîner, et le prie de lui apporter un melon. Voilà qui est de première force ; car le melon est servi avec pompe ; « le melon de mon oncle, entendez-vous ? » Le melon, toujours excellent, de cet oncle, qui a, je crois, de la corde de pendu dans sa poche pour être si heureux en melons. A quoi le bon oncle répond en découpant son propre melon, de sa propre main. Bref, ce neveu-là aura l'héritage ; il le mérite. Vous me demandez pourquoi je regardais cet homme avec enthousiasme ; mais vous n'avez donc pas vu de quel regard il couvait son melon ? Son melon était comme l'œuf d'où allaient éclore mille petits bonheurs d'amour-propre, des émotions de vanité, des anxiétés palpitantes ; car, à chaque melon, cet homme joue sa réputation. Un mauvais melon le perd, le ruine, lui enlève la seule supériorité qu'il ambitionne. Oh !

Monsieur, si vous voulez avoir une vieillesse heureuse et pleine d'émotions, achetez vos melons vous-même. »

Ne dirait-on pas une page de *Gil-Blas*? N'est-ce pas l'accent même de cet aimable livre, et la même gaîté? Un peu plus tard, Frédéric Soulié donnait au *Journal des Débats* son chef-d'œuvre peut-être, le *Lion amoureux*, mais le *Journal des Débats* ne suffisait pas à contenir toutes les inventions de l'inépuisable conteur. Il écrivait beaucoup, Frédéric Soulié; il travaillait la nuit et le jour. Hélas! Il obéissait aux dettes de la jeunesse, et la dette allait à peine en diminuant, tant l'usure était forte. En ces professions de belles-lettres et des beaux-arts, prenez garde à ne pas commencer *endetté;* votre vie entière ne saurait suffire à combler le passé. La médiocrité! c'est le vrai rêve. Horace la voulait *dorée;* elle est assez charmante, quand elle ne doit rien à personne.

« O dieux et déesses, disait Horace, accordez-moi une suffisante provision de bons livres, que j'aie toujours devant moi une année de mon revenu, et je me charge des progrès de mon esprit... »

..... Animum mihi ego ipse parabo!

Il parlait bien, mais il parlait comme un favori des princes et comme un enfant gâté de la fortune. Frédéric Soulié n'a pas eu de Mécène, il n'a pas rencontré d'Auguste. Il se fût contenté de rencontrer un libraire qui lui eût dit, comme ce libraire anglais à l'auteur de *Caleb Williams :* « M. Godwin, mille livres sterling de rente, et deux romans de vous, par an, est-ce convenu? »

Un jour qu'il avait promis un nouveau chapitre qu'il ne pouvait trouver dans sa tête fatiguée, il se plaignait « de cette étreinte morne, poignante, continue, où toute pensée est une douleur aiguë et pénétrant dans une douleur sourde. » En même temps il écrivait une page touchante sur la *migraine,* la *céphalalgie* ou la *céphalée.* Et de même qu'il n'y avait rien de plus jovial que Frédéric Soulié quand il était dans un jour de verve et de bonne humeur, il n'y avait rien de plus triste en ses heures de tristesse. Il avait, comme disait le philosophe Montaigne en parlant de lui-même : « une complexion entre le jovial et le mélancolique, moyennement sanguine et bilieuse! » A mesure que sa vie et son œuvre avançaient, il quittait le *jovial* pour le *mélancolique;* il est mort en doutant de lui-même; il est mort; absorbé par la dette, et se demandant, si du moins il aurait sa place en cet Élysée, où le poëte réserve un petit coin aux beaux esprits qui ont vécu dans l'exercice des beaux-arts?

Inventas qui vitam excoluere per artes.

En même temps, laissez-moi vous raconter comment (et ceci soit dit à la louange du feuilleton), Frédéric Soulié a touché au feuilleton dramatique. Comment il a tenu la férule, lui-même, un maître en ce grand art du théâtre. — « Tenez, me disait-il, reprenez votre férule, elle m'a donné la fièvre, elle m'a pris plus de temps qu'elle ne vaut. »

Un jour de l'an 1840, l'homme-feuilleton, l'homme qui avait creusé *son antre, au bas des grands journaux*, se sentit pris d'un vif désir de voir l'Italie, et Frédéric Soulié remplaça cet enfant perdu du *Journal des Débats*, pendant trois mois que dura son absence. Frédéric Soulié annonça, lui-même, aux lecteurs, ce changement dont le lecteur devait avoir toute la joie.

« Ami lecteur, disait-il, il faut bien en prendre votre parti, ceci n'est point ce que vous attendez : ce que vous attendez, c'est beaucoup d'esprit et beaucoup de gaieté, des aperçus ingénieux et supérieurs, une moquerie fine et déliée, un jugement rapide et sûr, une phrase bien faite et toute pleine de mots heureux qui disent de bonnes choses; c'est un spirituel récit de beaucoup de pièces sans esprit, une chaude analyse de drames sans chaleur, c'est cette critique infatigable d'un esprit robuste qui a gardé de vives admirations pour la beauté, au milieu de la continuelle dissection des cadavres dramatiques; ce que vous attendez, enfin, c'est le feuilleton de notre ami Janin. Hélas! vous n'aurez point ce feuilleton. Janin part, Janin est parti. Comme il considérait que nous étions à la fin du mois de mai, il lui a pris envie de voir le soleil, et il est allé en Italie. L'Italie est heureuse, l'Italie a des saisons sur lesquelles on peut compter; le soleil lui est fidèle, tandis qu'il nous traite en petits-maîtres, nous donnant par-ci par-là, quelques heures à la dérobée. Quand l'Italie n'aura plus ses ruines, que les Anglais achètent pierre à pierre, il lui restera son soleil ! »

Ainsi il parlait. Certainement il est peu modeste à l'homme qui écrit ce chapitre, avec tant de doux et amers souvenirs, de citer, mot pour mot, ces paroles d'un ami ; mais comment résister au légitime orgueil de ces dernières paroles, et de ces amitiés qui nous charment et qui nous consolent ? A ces premières lignes, Frédéric Soulié ajoute les lignes que voici : « Plaignez-moi, moi qui cherche en vain un peu de soleil pour mes rosiers, moi qui ne vais point en Italie, moi qui demeure à Paris avec le rude emploi de remplacer Janin pendant son absence, c'est-à-dire avec l'obligation de vous instruire et de vous amuser, d'être gai, sérieux, pétulant, naïf, gracieux, élégant ; vous croyez peut-être que je serai tout cela ? Ma foi, non ! c'est trop difficile ; je laisse à faire à Janin, c'est son habitude ; cela le regarde et non pas moi. Tout ce dont on a pu raisonnablement me charger, c'est de vous rendre compte des pièces représentées sur les théâtres de Paris, et je ferai comme je pourrai, désirant, plus que jamais, que l'on mette le soleil en actions pour l'amener en France, et à sa suite Janin, et à la suite de Janin son feuilleton, à la place duquel il faudra bien que vous preniez celui que je vous envoie. »

En même temps il entre en matière, et sa première ligne est une plainte (à qui le disait-il ?) de la *stérilité* du théâtre contemporain.

« Puisqu'il est vrai que la semaine a été si stérile en pièces de théâtre, qu'elle me fournirait, tout au plus, une demi-colonne de ce feuilleton que je me suis chargé de remplir tous les lundis du récit des nouveautés dramatiques, permettez-moi de vous raconter une anecdote qui pourrait bien être aussi une petite comédie, si nous avions un homme comme Marivaux, pour la faire. »

Alors il appelle à son aide un conte, qu'il va faire, aussitôt qu'il aura parlé de Marivaux, et cette page sur Marivaux, il ne faut pas qu'elle soit perdue :

« Il était d'un talent admirable pour rendre vraisemblables les aventures les plus inouïes, pour parer, d'une grâce séduisante, des sentiments qu'on peut dire honteux, pour faire parcourir à l'amour, et en quelques heures, tous les sentiers détournés qui le mènent droit à une faiblesse ; faiblesse que les mœurs du théâtre d'alors sauvaient toujours par un mariage. Rappelez-vous les *Fausses Confidences*, cet amour d'une femme du grand monde pour son intendant, amour qui dit son premier mot, à l'instant même où Araminte voit Dorante pour la première fois.— *Marton, quel est donc cet homme qui vient de me saluer, si gracieusement?*

« Donc la dame, elle a déjà vu que Dorante l'a saluée très-gracieusement; puis, quand elle saura que c'est son futur intendant, elle vous dira, tout de suite, qu'il a très-bonne façon : « la bonne façon d'un intendant, à quoi cela sert-il ? » Cela sert à alarmer presque Araminte de ce qu'il est si bien fait; mais elle sera si prompte à se laisser persuader qu'il est honnête homme, et d'ailleurs la recommandation de M. Remi est si puissante, qu'elle déclarera le prendre tout de suite, et tellement tout de suite, que lorsqu'on parlera des conditions à faire à ce bel intendant, elle répondra : « qu'il n'y aura pas de dispute là-dessus, qu'il sera content; » que si on demande où il sera logé : « Mais, où il voudra, dit-elle; qu'il vienne, seulement qu'il vienne. » Tout cela dans une scène de quelques lignes. En vérité, si ce n'est déjà un peu d'amour qui se montre, n'est-ce pas déjà beaucoup de curiosité qui agit? De la curiosité, entendez-vous, ce sentiment par lequel commencent, si souvent, les passions des femmes. »

Tout ce chapitre est d'un goût exquis, d'un ton très-fin, mais bientôt la critique pure devient une fatigue pour ce romancier, pour cet inventeur, pour cet auteur dramatique, et trop heureux d'échapper à l'analyse, à l'explication de l'esprit d'autrui, il revient à tout ce qui l'intéresse, à tout ce qui l'irrite, à tout ce qui le charme, aux théâtres, aux comédiens. Quels gens difficiles, ces comédiens ! Les irritables et capricieuses créatures, ces comédiennes ! Quels idiots, ces directeurs de théâtre ! un rien les blesse et les chagrine. Aussi :

« Changez-moi ce passage où je suis humilié, vous dit le comédien ! — Je ne porterai jamais cette robe hideuse, s'écrie en pleurant, la comédienne. — Faites de votre bal splendide, une fête champêtre, je n'ai pas d'assez riche salon, vous dit le directeur ! » Quoi donc? L'inconnu ! l'absurde et l'impossible ! « Non, disait Soulié, l'histoire de ces mystères n'est pas racontable; il y faudrait trop d'espace et trop de temps. Comment dire le mauvais vouloir des artistes, leurs jalousies, leurs prétentions, leur dédain, le malheur d'entendre fredonner ou réciter *en charge*, ses airs ou sa poésie aux coulisses; et celui-ci qui, en pleine répétition, vous déclare net, qu'il ne comprend pas ce que vous avez voulu dire, et qui se fait de son incapacité, un titre à l'impertinence; et celui-là qui, sciemment, dit mal un passage pour ne pas servir à l'effet que pourrait produire son camarade qui lui répond une belle chose; et les vieilles ganaches dont vous dérangez les habitudes, et les génies méconnus dont vous usurpez la place, et toutes les envies qui vous mordent aux talons : comparses, choristes, comédiens, chanteurs, instrumentistes, souffleur, décorateur, machiniste, il faut tout combattre et tout vaincre; et lorsque après de longs mois d'efforts, quand vous avez posé une limite à votre courage ; quand vous vous êtes dit : Demain je serai quelque chose ou je ne serai rien ; quand la solution du problème de votre vie est là, que vous avez calculé les heures, les minutes qui vous séparent de la chute ou du succès.....

« Soudain, ô misère, et voir tout d'un coup ce résultat s'enfuir, et la gloire rêvée s'éloigner comme le mirage du désert! Arriver harassé, brûlé, abîmé, tendre ses lèvres à la coupe, et la coupe est vide! En vérité, je vous le dis, c'est un horrible supplice, une désespérante déception; c'est à rendre fou! »

Ici, vous le voyez, reparaît le souvenir de *Christine* et des outrages qui l'assaillirent. « Ah! disait-il encore, j'en puis parler de ces misères du théâtre, et je m'en souviendrai jusqu'à la fin de mes jours! » Pourtant, quand il écrivait ainsi, il était le maître des directeurs de théâtres, de mesdames les comédiennes, et de messieurs les comédiens.

Un autre jour, comme il était sans cesse à l'affût de feuilletons qu'il fallait remplir, et comme les pièces nouvelles ne venaient pas, il arrangeait, dans sa tête, une histoire, dans laquelle histoire il racontait les suites funestes d'une représentation annoncée à l'Opéra, et que l'indisposition du ténor avait renvoyée au surlendemain.

Soudain que d'accidents cruels, que d'aventures étranges, et combien d'accidents imprévus, le feuilleton aux abois entrevoyait dans ce simple mot: « Relâche par indisposition! » A l'entendre, une révolution de trois jours, n'eût pas causé plus de ravages dans la *bonne ville*, que ce relâche, un jour d'opéra. Alors tout un récit de rendez-vous manqués, d'espérances trompées ; des amoureux éconduits, des maris qui rentrent chez eux trop vite, et des femmes qui sont sorties, trop tard, de chez elles. Écoutez-le :

« Je ne vous parle pas de l'honnête bourgeois porteur de deux places d'amphithéâtre, un présent de son ami l'ophicléide, et qui, sûr de passer une longue soirée dehors, donne congé à sa bonne (horrible mot) jusqu'à dix heures et demi. Il arrive à la porte de l'Opéra, avec sa femme, en souliers de satin et en cheveux. Il n'entre pas à l'Opéra, et il n'a pas la clef de son appartement, qui eût fait goder son habit neuf ! Un homme — fût-il un bourgeois, en habit neuf, peut se promener pendant trois heures sur le boulevard ; mais que diable voulez-vous qu'il fasse de sa femme, en souliers de satin et en cheveux ? Aller en visite ? Sotte visite en sotte toilette, et qui serait une sottise, puisqu'on ne va chez les gens que comme pis-aller. Et tous les rendez-vous donnés à cette représentation, où devaient se régler de si graves intérêts d'ambition ou d'amour !

« Et celui-ci qui est venu, de la campagne, et qui ne voit rien, après s'être promis de voir tant de belles choses ; et — indépendamment du malheur des maris et des femmes qui ne peuvent rentrer, — le malheur du mari et la femme qui s'en retournent chez eux tête à tête ; et le jeune homme qui, après s'être difficilement décidé à dépenser dix francs, pour une stalle, va perdre deux cents francs à la bouillotte, dans un salon où le conduit un ami malencontreux ; et les marchands de billets qui comptaient sur les recettes du soir, pour payer les échéances du lendemain, car les marchands de billets ont des livres et des échéances ; et tous les projets de la semaine prochaine, dérangés par ce retard :

« Un malade qui partira huit jours trop tard pour les eaux et qui en mourra ; une partie de chasse qui n'aura pas lieu, un sanglier qui ne sera pas tué, et qui dans l'intervalle éventrera un enfant ; une entrevue de mariage qui devait se faire à la campagne, et qui est devenue impossible, attendu que durant les huit jours en plus, que les parents de la demoiselle ont passé à Paris, celle-ci s'est décidée à se faire enlever... Enfin quand on vous dit qu'il y a dix mille anecdotes, dix mille romans dans cette simple remise de l'opéra nouveau. »

Ainsi il allait, arrangeant et disposant toute chose, à son gré !

Et Dieu sait, s'il était content de ne pas parler de la pièce nouvelle! Et comme il inventait mille péripéties incroyables, dont la moindre lui eût coûté beaucoup moins qu'une analyse fidèle et toute simple de la pièce, ou du début de la nouvelle comédienne! Enfin, vous ne sauriez croire que de peines il s'est données et que d'esprit il a dépensé, dans ces trois mois d'*intérim*. — « Certes, disait-il à mon retour, ça paraît une heureuse position, ce feuilleton du *Journal des Débats*, mais j'aimerais mieux être commissionnaire au coin d'une borne, ou caporal dans la onzième légion, que de faire, plus longtemps, ce travail de manœuvre où il faut souvent tout fournir, le plat, la sauce et le poisson. »

§ XXI

Pendant que cet écrivain infatigable lutte encore avec tant de courage et tant de résignation, vous le savez, contre sa terrible agonie, il me semble que vous ne serez pas fâchés de contempler deux existences moins douloureuses, qui peut-être vous réconcilieront avec l'exercice assidu des belles-lettres et des beaux-arts. Certes, nous ne voulons pousser personne dans les hasards de la vie littéraire, encore serait-il injuste de trop maltraiter cette grande profession. Dans cette foule éloquente de tant de braves gens livrés à la gêne, à la pauvreté, à la lutte, à la mort précoce, hélas! au suicide[1], on en peut trouver, certes, qui ont parcouru sans trop de gêne et d'entraves, les sentiers de la vie heureuse, occupée et récompensée, en fin de compte, par les rares honneurs, et par l'humble fortune que peuvent raisonnablement espérer ces enfants perdus de la fantaisie. A chaque époque, en remontant aussi haut que vous voudrez remonter, vous rencontrerez, dans l'histoire des lettres, ce mélange éclatant d'abondance et de pauvreté, de toute-puissance et de vie obscure. Amyot, le traducteur de Plutarque, est grand aumônier de France; il meurt, dans son palais épiscopal, pendant que son contemporain, Mathurin Régnier expire, obscurément, sur le grabat qu'il a chanté.

1. Nous publierons, dans la deuxième série de *l'Histoire de la Littérature dramatique*, tout un volume intitulé : *Les morts violentes et l'hôpital*.

Un siècle plus tard, l'heureux remplaçant de Molière (hélas! tout le monde, ici-bas, se remplace, et voilà ce qui doit réprimer les plus terribles orgueils), le gai, le jovial, le folâtre amoureux et poëte Régnard, étonne la ville et la cour des élégances de son faste, pendant que son camarade, le petit-fils de Henri IV et de la jardinière d'Anet, Dufrény, le plus bel esprit de son temps, facile à vivre et fécond en mille saillies, jardinier, poëte et prosateur, favori du roi de France qui le traite en cousin; gai, charmant, plein de génie, est forcé d'épouser sa blanchisseuse s'il veut avoir du linge blanc, et de vendre à ce même Régnard, pour dix écus, les plus ingénieuses inventions de sa comédie. Heur et malheur! nous avons vu cela de nos jours; nous avons vu (pour ne parler que des morts) un homme, étourdi par tous les enchantements de la poésie et du hasard, un improvisateur, à quatre mains, de mille petites comédie qu'il écrivait en courant, et qui faisaient la fortune et les délices du théâtre, un nommé Théaulon, qui était bien le bel esprit le plus disposé pour la comédie! Il en eût fait, sur la pointe d'une aiguille; il en eût fait, au milieu d'un accès de goutte. Il ne savait pas le nombre de ses inventions; à peine il en savait les titres. Il a vendu, plus d'une fois, pour cent écus, des œuvres qui en valaient deux mille. Et jamais, jamais las d'espérer, jamais étonné de sa ruine, et jusqu'à la fin, parfaitement indocile aux conseils de la plus légère prudence. Ainsi il a vécu, il est mort ainsi, à la façon de Dufrény.

Dufrény, Théaulon, deux frères jumeaux, les victimes et les héros de cette vie à l'aventure qui est toujours, peu ou prou, le lot de ces légers esprits de l'heure présente; hélas! tout leur crime est de ne pas croire au lendemain! Dufrény (nous l'avons déjà dit), était l'arrière-petit-fils d'une agreste fillette qu'avait aimée Henri IV, et c'est pourquoi le roi Louis XIV l'avait nommé un de ses valets de chambre. Dufrény, facile et charmant esprit, comprenait toutes choses sans les avoir apprises. Il savait la musique, il se connaissait en peinture, il dictait de jolis airs, il dessinait des jardins comme Le Nôtre. Malheureusement ou heureusement, il aima un peu trop le vin et l'amour, les deux passions qui compensaient jadis, et au delà, toute la misère poétique.

Il vendit sa charge à la cour, pour acheter des perles à sa maîtresse; il avait une pension de mille écus, il vendit sa pension payer son cabaretier. Un jour qu'il devait cent écus à sa blanchisseuse, et qu'il n'avait plus rien à vendre, il épousa sa blanchisseuse, et ce ne fut pas sa plus sotte affaire. Il avait bien de l'esprit, et bien de la grâce dans l'esprit. Il a fait de charmantes comédies, et il les a laissé prendre à tout le monde. Regnard lui a pris *le Joueur*, Voltaire lui a pris le personnage de Freeport, Collé lui a pris *le Jaloux honteux de l'être;* vingt faiseurs de comédies lui ont pris son naïf mariage, pour en faire des vaudevilles, et je suis sûr que de tous ces emprunts, c'est celui-là qui le fâcherait le plus ; car enfin il est beau de prêter à Regnard, à Voltaire, à tout le monde, et même à Collé !

Ces sortes d'existences sans feu ni lieu, seraient vraiment charmantes, si l'homme avait toujours vingt ans, si le bel esprit n'avait pas ses défaillances, si la vieillesse enfin n'arrivait pas (si vite) avec son cortége infini de douleurs, d'abandon, d'isolement, d'oubli. Qui que vous soyez, héros de l'heure présente, et quelle que soit votre gloire, il ne faut pas compter sur cet éclat d'une heure ! C'est beau l'improvisation, mais ça n'a qu'un jour ! C'est charmant la fécondité, mais la fécondité s'épuise ! Ah ! nous avons vu le plus infatigable inventeur de ce siècle, un héros, sir Walter Scott, accablé de fatigue et de soucis, qui s'en revenait, sur un un vaisseau que lui prêtait l'Angleterre, mourir dans cette maison que dévorait la dette, au milieu de ces livres, de ces meubles, de ces tableaux qu'attendaient la vente à l'encan ! — Certes, Dufrény avait donné un triste exemple à M. Théaulon ; M. Théaulon, de son côté, a donné un triste exemple aux imprévoyants venus à sa suite. Heureusement qu'il est mort comme il a vécu, en toute hâte, et qu'il n'a pas eu le temps de vieillir ; il est mort, après avoir écrit et chanté son dernier couplet. C'était un homme d'un rare esprit, esprit fin, délié, élégant, actif, ingénieux.

Peu de gens (M. Scribe à part, M. Scribe est une exception), parmi les plus habiles amuseurs de ce temps-ci, au théâtre, se pourraient comparer à M. Théaulon, à cet homme oublié déjà. Il était né un inventeur. Il avait plusieurs des qualités du poëte comique : l'observation, la malice, la gaieté, la bonne humeur, l'abandon.

Nous avons dit qu'à toutes ces qualités sagaces, il ajoutait une imprévoyance absolue, et qu'il s'est donné plus de soin et plus de peine pour mourir pauvre, qu'il n'eût été besoin pour mourir dans son propre château.

On parle, à tous propos, de Lopez de Vega, de Calderon et de leur prodigieuse fécondité; qu'est-ce à dire, comparée à la fécondité de M. Théaulon? Soudain, tout ce qu'il touchait devenait un vaudeville ou une comédie. Il arrangeait, en un clin d'œil, tous ses personnages, qui se montraient obéissants à la voix du maître. Son dialogue était simple, facile et naturel, et pour montrer beaucoup d'esprit, il ne s'en fiait qu'à lui seul. Certes, il aurait eu honte d'aller chercher des bons mots, tout faits, dans les vieux livres d'*anas*, ou de copier des scènes entières, dans quelque comédie oubliée. Sa gaieté était peu bruyante; elle ne vous prenait pas au collet pour vous faire rire, de gré ou de force; il ne voyait pas de très-loin, mais il voyait juste.

Tel était cet homme dont les succès, très-nombreux, ont été emportés bien plus vite qu'on n'eût jamais pu le croire; mais il tenait fort peu à ses œuvres; il oubliait au bout de peu d'années ses comédies les plus aimables; on l'a surpris, qui battait des mains à une pièce qu'il avait faite, depuis longtemps... il avait tout à fait oublié qu'il en était l'auteur.

Autour de ce galant homme, et toute sa vie, se sont agitées sans doute bien des renommées plus bruyantes. D'autres que lui ont obtenu des succès plus éclatants, sinon plus nombreux, et de tous les domaines qu'il s'était préparés dans le pays des chimères, il en avait peu conservé, quand il est mort. De plus habiles étaient venus, qui s'étaient emparés de ses conquêtes d'un jour. Lui, cependant, il ne s'est jamais aperçu de ces injustices. Comme un homme sans défense, et grand ennemi de la lutte inutile, il cédait la place à qui la voulait prendre. — Avait-il une idée? il s'en allait la colportant çà et là, s'en servait qui voulait s'en servir. Sa chanson nouvelle, il la chantait à qui voulait l'entendre; au premier plagiaire appartenait sa comédie; il n'en tirait même pas les dix écus que Regnard donnait à Dufrény, pour le plan du *Joueur*. Que de fois il a vendu, — pour rien, — pour une écharpe ou pour un chapeau rose, — la moitié d'un vaudeville dont le produit représentait cent arpents de bonne terre! — De ces bonnes gens qui vendent leur esprit au premier enchérisseur; de ces nventeurs qui font tout pour les autres, et qui ne font rien pour eux-mêmes, de ces heureux vagabonds de la poésie, en un mot, de cette littérature sans façon, au jour le jour, qui a effacé de son dictionnaire ce mot inquiétant : *le lendemain,* M. Théaulon est resté, jusqu'à ce jour, même en comptant M. Merle, son camarade et son ami, le plus obstiné représentant. Aussi fallait-il le voir sourire quand on lui montrait la voiture de M. A... son confrère, l'hôtel de M. B... son confrère, la terre de M. C... son confrère, le fauteuil à l'Académie de M. D... son confrère. « Quoi! des fermes, des maisons, des hôtels, et l'Académie! O Panard! ô Piron! ô Collé! ô vous surtout, Lesage, notre heureux maître, où êtes-vous, et qu'en dites-vous? »

Quand il disait ces choses-là, M. Théaulon les disait sans envie et sans regrets; il était, en ceci, plus logique avec lui-même, que Frédéric Soulié, dont les dernières années furent remplies d'inquiétude et de tristesse. M. Théaulon, content de peu, n'avait jamais rêvé même l'aisance; au contraire, il était arrivé que Frédéric Soulié s'était enivré des plus beaux rêves, qu'il s'était posé au beau milieu de ses propres fictions, et que, plus d'une fois, il s'en était fait le centre unique; alors le succès poussant à la roue et soulevant toutes ces ambitions longtemps endormies, il ne comprenait pas qu'il restât toujours si pauvre, et si loin du but qu'il s'était proposé?... Il se l'était proposé, trop tard pour qu'il pût jamais l'atteindre. Si donc M. Théaulon se montra jusqu'à la fin, le digne enfant du hasard, Frédéric Soulié, dans ses dernières années, accusait, hautement, la fatalité qui l'empêchait de vivre; il refusait de se soumettre à ses décrets sévères; il appelait la gloire, il appelait la fortune, il bâtissait sa maison, il plantait son jardin, il convoitait, pour les agrandir, les héritages d'alentour; en même temps, moins sage et moins avancé que M. Théaulon lui-même, il était forcé, au beau milieu de ces magnificences menteuses, de songer à la dette, à l'usure, à la nécessité! A ces faits glorieux et splendides, soudain il se sentait navré du papier timbré qui lui tombait de toutes parts. Il y avait longtemps que ce bon Théaulon n'y songeait plus.

Quand il est mort, M. Théaulon écrivait encore un vaudeville; il n'a pas laissé vingt-quatre heures, entre sa chanson dernière et le *De profundis,* le couplet final de la vie humaine. Hélas! c'est la vie, et c'est la mort des amuseurs! Ils sont condamnés à amuser les oisifs, même au delà du tombeau. Nous sommes oisifs, amuse-nous; absolument, il nous faut notre rire et notre chanson de chaque jour. Tu es mort, à la bonne heure, on va te porter au monument tout à l'heure, à condition que ce soir,— si c'est ton métier,—tu nous feras rire. Ce matin, nous aurons pour ta bière un trou de six pieds, sur lequel va piétiner le fossoyeur; mais ce soir nous aurons, pour faire valoir ton bel esprit, un nombreux orchestre, une ingénue, une grande coquette, un père noble, un lustre allumé, une foule heureuse et contente, qui sait à peine si tu es mort. Que lui importe? Après toi, il en vient un autre; avant toi, il y en avait mille autres dont l'esprit, la belle humeur et les passions servaient de délassement éphémère au genre humain.

Ce fut même le seul accident qui suivit la mort de Théaulon; lui mort, on eût dit que sa comédie était inépuisable, et qu'elle renaissait, toute chantante et tout amoureuse, du fond de ce tombeau. C'était, à chaque instant, une pièce nouvelle de M. Théaulon. La dernière de ces pièces posthumes s'appelait (s'il m'en souvient) *l'Ingénue de Paris*.

L'Ingénue de Paris, c'est là une épigramme comme les aimait M. Théaulon. En effet, rien de Paris ne ressemble aux autres produits du reste du monde, ni les raisins de Paris, ni les œufs frais de Paris, ni les grands hommes de Paris, ni les ingénues de Paris. Que disons-nous? l'Agnès de Molière! Elle était tout à fait une ingénue de Paris.

Nous cependant, les assistants à ce vaudeville d'outre-tombe, occupés à suivre cette action dramatique, à écouter ces jolis éclats de rire, ces ingénieux quolibets, ces paroles galantes, étrange écho d'un cercueil à peine refermé, nous ne pouvions pas croire que c'était là une plaisanterie *in extremis*, qu'il y avait une tête de mort derrière ce masque de théâtre, et qu'enfin hier, pas plus tard qu'hier, on portait en terre tout ce qui restait de ce chansonnier des grâces françaises. L'incroyable accident! et quel abîme séparait donc ce théâtre et ce tombeau? Ce matin même on enterrait le chansonnier, dont on chante, ce soir, les chansons nouvelles. Autant le théâtre est rempli de jeunesse et de vivantes passions, autant le convoi funèbre était triste et lamentable. Hélas! la pluie et l'orage étaient déchaînés sur nos têtes, la bise soufflait en sifflant, les dernières feuilles du saule pleureur se jouaient, d'une façon plaintive, sur la tombe des morts. — Déjà ce pauvre cadavre se crispait de froid dans son linceul; — déjà cette main, qui a tant écrit, était raidie à ne plus se détendre; — déjà cette bouche, qui a tant chanté, se couvrait de la mousse verdâtre; — déjà le ver rongeur pénétrait dans ce cœur qui a tant aimé. — La décomposition éternelle commençait, pour cet inventeur de tant de folies et de passions. O vanité du deuil des poëtes! On pleurait celui-là à dix heures du matin, on l'applaudissait à neuf heures du soir! Le matin même il était un cadavre, ce soir il est un *air à boire*, et nous voilà tout occupés à rire de son esprit, de sa bonne grâce et de sa charmante belle humeur, nouvellement éclose au fond d'un cercueil. Oh! les contrastes! Et que Théaulon se serait estimé un poëte heureux, s'il avait pu rencontrer celui-là!

§ XXII

Parmi les auteurs dramatiques, j'en rencontre un, cependant, qui répond volontiers aux habitudes anciennes, à l'ancienne vie, aux vieilles mœurs. Il a tenu, de son vivant, une place considérable parmi les amuseurs de son temps; il a eu le malheur de mourir après sa renommée. Il est écrit que l'on n'aime guère son héritier, jugez donc si M. Alexandre Duval pouvait aimer M. Scribe, le sachant l'héritier et le continuateur de toutes les comédies de son temps. Il a régné vingt ans sur le théâtre, M. Alexandre Duval, puis tout d'un coup, son œuvre entière s'est arrêtée. « Hélas! disait-il, c'était bien la peine d'avoir couru tant de hasards! » Véritablement, les hasards, les entretiens, les rencontres et les voyages en avaient fait un auteur dramatique..... Il ne lui a guère manqué qu'un peu de style et de talent.

M. Alexandre Duval avait été, tour à tour, marin, soldat, ingénieur, architecte, comédien, secrétaire de la députation des États de Bretagne, sociétaire du Théâtre-Français, et cependant pas une de ces professions, si diverses, ne pouvait le contenter. En ce temps-là, l'*idéal* n'était pas inventé; on ne savait guère ce que c'était que le *vague* et la *mélancolie*; un jeune homme, sain de corps et d'esprit, eût été bien mal venu à s'écrier, tout haut, qu'il était un homme *incompris ;* en ce temps-là, pour arriver, il n'y avait qu'un moyen, il fallait agir, non pas attendre ; il fallait se défendre et se protéger soi-même ; la renommée et la gloire, ces capricieuses, n'avaient pas encore pris l'habitude de vous faire toutes sortes d'avances, et de vous sauter au cou. — Si bien que notre poëte, fatigué de la mer et de ses tempêtes, content d'avoir contribué, pour sa part, à l'indépendance de l'Amérique, ne trouvant pas, comme architecte, un palais à bâtir qui fût à la taille de son génie, et déjà dégoûté de la politique, à son premier pas dans le fatal labyrinthe, finit par essayer, un beau jour, d'un art tout nouveau qui était en lui. Il se raconta, d'abord, pour s'amuser lui-même, quelques-unes de ces comédies intimes que chacun de nous compose, et pour lui tout seul, dans ses moments d'oisiveté et de jeunesse. Drames charmants, dont on est tout à la fois le héros, l'amoureux, le tuteur opulent, le valet goguenard, le comédien applaudi. A cet exercice de la pensée heureuse, ceux qui ne sont pas nés pour écrire des comédies, reconnaissent tout de suite leur impuissance ; mais aussi, pour peu que le démon poétique ait dit vrai, soudain vous verrez sortir, de ces fantaisies, quelque drame réel.

La chose se fit ainsi, pour Alexandre Duval. Après avoir été, un instant, son poëte et son comédien ordinaire, il voulut essayer, s'il ne serait pas, par hasard, le comédien et le poëte du public ? Hélas ! le moment était mal choisi, pour s'abandonner à la douce et franche gaieté de la comédie. La France était alors dans ses mauvais jours de douloureuse et ignoble terreur. Le théâtre, en ces temps misérables, portait le bonnet rouge ; le théâtre ne savait plus sourire ; il était monté, comme un Roi, un Roi de France encore, sur l'échafaud sanglant. De ces hauteurs funèbres, au milieu des mourants et des morts, l'art dramatique s'abandonnait aux plus affreux paradoxes. Vous rappelez-vous *les Victimes cloîtrées*, *le Jugement dernier des Rois*, et tant d'autres barbaries ? Après la révolution de 1830, le Théâtre-Français a tenté d'y revenir, mais le bon sens public, et surtout nos souvenirs de meurtre et d'épouvante, eurent bientôt effacé ces dégoûtantes orgies. Alexandre Duval, lui aussi, tant les âmes les plus honnêtes sont faciles à surprendre, entreprit la comédie politique.

Sans pitié pour les vaincus, il fut sans colère pour les vainqueurs; pardonnez-lui son erreur, d'abord parce qu'il se rend à lui-même (on peut l'en croire) cette justice *qu'il n'avait rien écrit qui pût être désavoué par un honnête homme,* ensuite parce que le bon sens public mit au néant ces premiers drames, qui ne se sont pas retrouvés dans les papiers de l'auteur. Le temps, qui dévore toutes choses, fit justice de ces égarements. Enfin, pour sa réhabilitation, M. Alexandre Duval, dans les jours même de la Terreur, eut l'honneur d'écrire une comédie où il était question des *despotes sanglants* de 1793. Certes, il y avait là un noble instinct, un grand courage. Nous avions, en ces affreux temps, une si grande liberté de tout dire et de tout écrire, qu'un soir de septembre, à une représentation de *Timoléon,* comme le parterre se permettait d'applaudir certains vers où il était question du bon sens et de l'humanité, qui ne meurent jamais tout à fait dans l'âme des peuples, les membres du comité de Salut Public se levèrent, transportés d'une colère unanime... et les pâles spectateurs de s'enfuir, en tenant leur tête à deux mains.

Ainsi les débuts de M. Alexandre Duval furent remplis de dangers, de traverses, de tâtonnements. Ce n'était pas le courage qui lui manquait, c'était la patience. A coup sûr, il eût proposé sa tête, comme l'enjeu d'un bon mot plein de courage; mais courber la tête sous la censure brutale des bourreaux, lui paraissait une humiliation, indigne d'un poëte. Il allait donc renoncer au théâtre, comme il avait déjà renoncé à la marine, à la guerre, à l'architecture, à la politique, lorsque, fort heureusement, son frère, Amaury Duval, revint de l'Italie, où il avait été envoyé en qualité de diplomate. Quand Amaury vit son frère Alexandre retombé dans ses doutes sans fin, il n'eut rien de plus pressé que de rendre à cet esprit malade un peu de courage et d'espérance. Il lui parla des temps meilleurs qui allaient venir; il lui expliqua, comment la nation française ne pouvait pas rester plus longtemps sous ce joug de lâchetés et de terreurs. Amaury avait sur son frère, le grand avantage d'une éducation complète, d'une connaissance approfondie des chefs-d'œuvre, d'un goût sûr et exercé; il était inspiré par l'amitié fraternelle et par le dévouement aux saines renommées de la famille, qui sont le patrimoine de tous.

Tels se sont aimés, Thomas Corneille et Pierre Corneille, son frère et son enfant. C'est à son frère Amaury, qu'Alexandre Duval a dédié son drame, le plus touchant et le plus populaire : *Édouard en Écosse.* — « Combien l'amitié de mon frère m'a été utile ! Sa « douce philosophie et ses lumières m'ont guidé dans la carrière « de la vie, et dans celle des lettres. Il me prodiguait, tour à tour, « les conseils, les encouragements, les consolations. — Puisse, ô « mon frère ! notre attachement mutuel durer autant que nous ! « — Que nos enfants apprennent à s'aimer, à l'exemple de leurs « pères ! » — Nobles vœux, tendres vœux, qui ont été pieusement accomplis !

Le voilà donc enfin protégé par un ami, par un frère, et désormais il sera vraiment fort. « Deux hommes qui s'aiment bien, sont une armée ! » est un mot de M. Thiers, qui se connaît, certes, en amitié. Le premier soin d'Amaury Duval envers son frère, ce fut de lui expliquer et de lui démontrer, par des exemples, comment ni le hasard, ni les entretiens, la marine, et la guerre, et surtout les *voyages*, ne sauraient donner l'art d'écrire ; et comment le dialogue, cette formule qui paraît si naturelle et si facile, est le grand échec, même des inventeurs les plus habiles. A tous les mystères de l'art dramatique, Amaury Duval était façonné depuis longtemps : il les avait étudiés dans les grands poètes de l'ancienne Grèce et de la vieille Rome, sur lesquels il a écrit des commentaires, pleins de finesse et d'agrément. Vous voyez donc que peu à peu, nous entrons dans le secret du talent d'Alexandre Duval. Il est mort, en disant encore que *c'était le hasard* qui l'avait fait poète..... C'était tout simplement son bon génie, et l'observation ; ajoutez l'étude et la fréquentation des maîtres, sous la direction de son frère, Amaury Duval.

Restait, maintenant, à trouver un digne et bon sujet de comédie. Or, dans cette fin de l'ancien monde français, si la comédie était partout, on ne pouvait la faire jouer nulle part. En ce temps-là, toutes sortes de vices inconnus, de ridicules nouveaux, des comédies étranges, s'agitaient au milieu de cette France, enfin rendue à sa malice, à son ironie, à son bel esprit d'autrefois. Oui, mais le moyen de s'attaquer à ces vices, qui naissaient d'un jour à l'autre ? Le moyen de corriger les vainqueurs d'aujourd'hui, qui seront, à coup sûr, les vaincus de demain — et comment déjouer l'active surveillance d'une censure, obéissante à toutes les terreurs qui poursuivent les pouvoirs mal constitués ?

Si bien que la comédie de mœurs, abondante en mille petits vices tout nouveaux, en toutes sortes de petits crimes, inconnus aux grandes mœurs du *Misanthrope* et des *Femmes Savantes*, était, tout simplement, impossible. A ces causes, notre ancien marin fut obligé de louvoyer. Il prit bien moins de voiles qu'il n'en pouvait prendre; il laissa de côté la comédie de mœurs et ses leçons piquantes, pour mettre au théâtre, en attendant un peu de liberté, les anecdotes et les héros de l'histoire.

Toute cette période comique entre le Directoire et les commencements de l'Empire, se compose ainsi d'une espèce de roman à la Walter Scott, dont Walter Scott s'est emparé plus tard, vous savez avec quel succès unanime! Singulière idée, allez-vous dire, de chercher l'origine du roman historique dans le *répertoire des pièces du genre historique!* En fait d'origine, cependant, trouvez-en une meilleure, et surtout plus honorable, pour la littérature française, si vous pouvez.

Outre la censure, il y avait encore en ce temps-là, tout comme aujourd'hui, mais le mal s'est accru outre mesure, un terrible accident qui nuisait fort à la grande comédie, au théâtre sérieux. C'était le nombre illimité des théâtres, c'était la petite comédie courante de chaque jour, c'était cette façon leste et piquante de resserrer, en quelques scènes lestement nouées et dénouées, les développements accoutumés de l'action dramatique. Cela marchait vite et bien, mais cela déshabituait le public de l'attention sérieuse, et jetait une langueur mortelle sur les grandes œuvres du théâtre secondaire. Regnard, Dancourt, Destouches, étaient tout à fait écrasés par la verve facile, par l'entrain joyeux, par le bon mot, vivement et brutalement lancé, par ces nouveaux venus dont le Hasard était le Dieu. Il y avait aussi cette raison : que le vaudeville, à tout prendre, avait plus de liberté que la comédie. Le censeur disait : « Ce n'est qu'un vaudeville! » et cependant ce vaudeville gâtait, sans pitié, un beau et bon sujet de comédie.

Il y avait, certes, de quoi hésiter, pour un homme qui voulait réussir. Que faire et que devenir? Se traîner dans les langueurs du Théâtre-Français, ou bien, vivre un jour, d'une joyeuse et pimpante improvisation? C'était *un cas!* eût dit le roi Louis XV. Du côté sérieux de cette question, était Molière.

Molière l'emporta, il devait l'emporter, en effet, dans un esprit qui comprenait toute sa vocation. Donc, quoi qu'il pût advenir, M. Alexandre Duval résolut de marcher sur les pas de Molière, son maître; seulement il ne renonçait pas à la grande ressource des larmes et du pathétique. En effet (car l'émotion était un des caractères de son talent, et il savait à merveille les agencements d'un drame), il fut un des premiers qui aient apporté, dans les œuvres du théâtre, ces longues complications qui ne déplaisent pas au public, pourvu que le public ait la joie de les deviner, aussitôt que l'envie lui prend de savoir ce qui va se passer!

C'est ainsi que M. Alexandre Duval a produit cinquante comédies, dans l'espace de vingt années. Sa vie était remplie abondamment de colères énergiques, de passions généreuses, de luttes acharnées, de joies vives, de regrets amers. Au premier abord, il n'était que passion, indignation, mauvaise humeur..... au fond de l'âme il était le plus honnête des hommes. Ce qu'il détestait le plus au monde, c'était la censure, c'étaient les censeurs. Rien qu'à l'idée de livrer son manuscrit aux hommes de Fouché, le malheureux poëte ne dormait plus. Il y pensait le jour, il y rêvait la nuit ; sa peur durait jusqu'à l'instant fatal où son œuvre lui revenait, mutilée par ces *bourreaux de l'esprit*, comme il les appelait avec une énergie excellente et toute bretonne. — Après les censeurs, ce qu'il avait en exécration, c'était le feuilleton et la critique.

Il appelait les critiques, des *bandits!* Il ne tolérait pas, sans impatience et sans douleur, les plus légères piqûres de cette épingle auxquelles il faut bien, que nous nous soumettions peu ou prou, les uns et les autres. Comme il a traité le *Journal des Débats*, par exemple, et cet implacable Geoffroy et (voilà mon tour!) « son successeur *qui ne vaut guère mieux que lui!* » Il a pris même à partie Étienne Becquet, le meilleur, le plus calme et le plus patient de tous les critiques, que dis-je? et de tous les hommes! Quoi! dans le cours de cette longue vie il n'a pas donné un remerciement, pas un éloge et pas un sourire à cet art de la critique, utile à la gloire des plus rebelles, et qui les sert, même par ses violences les plus vives? Non, rien, pas même un petit signe de tête. Enfin, ce qu'il déteste presque autant que les critiques, ce sont les comédiens du Théâtre-Français, ses anciens confrères.

A l'entendre, ils ont empoisonné ses derniers jours; ils ont anéanti son répertoire; mademoiselle Mars seule lui restait fidèle. Mais aussi il l'aime, et de tout son cœur; il accompagne de tous ses vœux ce rare instinct qui la poussait. Hélas! elle et lui ils ont fini en même temps!

Vous pensez bien qu'en sa qualité d'auteur comique, Alexandre Duval a dû écrire, lui aussi, sa petite tragédie; il n'y a pas d'autre commencement, c'est le premier essai de tout écolier qui vient d'acheter le *Dictionnaire des rimes :*

> Mon fils en rhétorique, a fait sa tragédie,

dit La Harpe quelque part. La tragédie d'Alexandre Duval s'appelle *Christine*. La *Christine* de M. Alexandre Duval ressemble beaucoup trop à l'histoire, et trop peu aux drames qui sont venus après celle-là, pour être bien dramatique! On a vu, plus haut, la comparaison entre la *Christine* de Frédéric Soulié, et la *Christine* de M. Alexandre Dumas. Celle de M. Alexandre Duval est *simple comme : bonjour!* Depuis longtemps déjà, Monaldeschi n'aime plus cette fière et impérieuse maîtresse, et Christine se plaint, comme se plaignent, depuis le commencement du monde, toutes les femmes qui ne sont plus aimées. Au second acte, dis-je, et c'est beaucoup trop tôt, la reine, qui tient en ses mains les preuves de la trahison de son amant, charge Lagardie d'assassiner Monaldeschi, son ami. Or Lagardie est amoureux de la reine : le voilà donc placé entre l'amitié et l'amour, le voilà qui devient le héros de cette histoire, ce qui est une faute; car cette histoire n'a pas d'autre héros possible, que la reine Christine, ou le grand écuyer Monaldeschi. Au quatrième acte, M. Alexandre Duval se rappelle à propos le terrible : *sortez!* de *Bajazet*, et voici comme il traduit ce mot : *Sortez!*

> Ne sors pas de ces lieux si tu chéris la vie,
> *Tous les* bourreaux sont là, dans cette galerie.

Le drame se termine par l'assassinat obligé du grand écuyer, et par les remords de sa coupable maîtresse.

> *Peuples de l'univers,* dont j'ai reçu *l'estime,*
> *Mutilez mon image* en apprenant mon crime.

Voilà toute cette tragédie innocente. Le jour même où les comédiens de la Nation allaient jouer *Christine*, pour la première fois, on les jetait en prison comme autant d'aristocrates que réclamait le bourreau. Le moment était bien choisi pour faire jouer une tragédie !

Cependant quand la Terreur eut relâché nos seigneurs du Théâtre-Français, je vous laisse à penser la colère et l'indignation du *citoyen* Alexandre Duval, lorsqu'il vit sa tragédie, en cinq petits actes, rester enfouie dans les cartons !

C'étaient de terribles douleurs pour le poëte breton ; il ne cherchait pas à les dissimuler, et, de temps à autre, il en donnait de bonnes nouvelles, dans plus d'un pamphlet, imprégné des irritations de son esprit : « Qu'il était beau ce temps de ma « jeunesse où j'allais lire à la Comédie-Française mon premier « ouvrage dramatique, *Christine*. C'était le temps des Lemière, « des La Harpe, des Ducis, des Demoustiers, des Fabre d'Églan- « tine, des Collin d'Harleville ! Aujourd'hui les bons bourgeois de « Paris s'ennuient de ne voir sur le théâtre, qu'une très-mauvaise « compagnie, richement logée et richement vêtue à la vérité, mais « dont le langage ne ressemble en rien à celui des princes et sei- « gneurs qu'ils avaient autrefois admirés ! »

Qu'il était beau ce temps ! C'est lui-même qui le dit, oubliant que dans ce *beau* temps, les comédiens ordinaires du roi furent menacés de mort, et que lui-même il les suivit dans leur prison, si voisine de l'échafaud. Vraiment il déteste encore plus les poëtes *romantiques* que l'échafaud. On n'est pas poëte, et poëte breton, impunément !

En 1793, car même durant cette affreuse Terreur, Avril se parait de ses plus belles fleurs, et les poëtes composaient des pièces nouvelles pour le théâtre, Alexandre Duval fit représenter *la Vraie Bravoure*, petite comédie qu'il avait faite avec Picard, son maître et son ami. Je dis son maître, non pas que la comédie de Picard soit née beaucoup plus viable que la comédie d'Alexandre Duval, mais c'est qu'en effet Picard a moins d'apprêt et plus de grâce ; il est moins solennel, en revanche il est plus aimable : sa comédie est plus vive, plus alerte et plus joyeuse ; elle marche en babillant, d'un pas léger, à la surface des choses.

La raison en est que la gaieté de Picard était en lui-même, et que la gaieté d'Alexandre Duval était soumise à toutes sortes de causes étrangères. Picard était naturellement enjoué, content, heureux de vivre et d'être au monde; Alexandre Duval, au contraire, quand il voulait rire, il se faisait une violence.

Picard, de son côté, riait partout et toujours; il considérait la vie humaine comme un ricochet perpétuel où le mal pousse le bien, où le bien pousse le mal. Au petit bonheur! disait Picard, et tant pis pour qui ne saisit pas le bonheur au passage. Au bout du compte, chaque homme, ici-bas, s'il est sage, aura sa petite dose de fête et de plaisir. Au contraire, Alexandre Duval ne savait de la vie, que les traverses, les embûches, les comédiens qui refusent des rôles, les censeurs qui décapitent des comédies, et les critiques qui les écorchent. Quant à être deux amis, Picard et Duval, la preuve en est qu'ils se sont, l'un et l'autre, accablés d'épigrammes, jusqu'au jour où la vieille amitié se fit entendre à ces cœurs offensés; alors le pardon fut réciproque.

La Vraie Bravoure était, tout simplement, une déclamation contre le duel. Cette déclamation arrivait-elle en son temps, au milieu de la Terreur? Je ne le crois guère. Le duel, c'était encore une façon d'être un gentilhomme, c'était un préjugé d'autrefois, donc c'était œuvre d'aristocrate. Les préjugés!... On les avait tous abolis. Il y avait, à l'heure de cette *bravoure réciproque*, des filles-mères, entourées d'estime et de respect. Il y avait de grands seigneurs par le nom, par les alliances, par toutes les faveurs de l'histoire, qui brûlaient, en riant, leurs titres de noblesse. Tel, dont le père était aux galères, avait place à toutes les fêtes, justement par la recommandation de son père, le faussaire ou le meurtrier; tel autre était recherché en mariage par les plus belles demoiselles, tout simplement parce qu'il avait le bonheur d'être un enfant adultérin.

Donc, à quoi cela pouvait-il être utile de déclamer contre le duel en 1793, et d'arracher ce dernier ruban qui nous restait de nos anciennes élégances? Je préfère, et de beaucoup, la comédie des *Suspects* de ce même Alexandre Duval. Déjà l'époque est meilleure. Nous sommes en 1796; Robespierre vient de tomber enfin. On respirait; on se sentait vivre. On avait fait ses preuves de courage et d'énergie au fond des prisons, aux sommets de l'échafaud; on voulait, maintenant, faire ses preuves d'esprit et d'ironie.

Leur comédie intitulée : *les Comités révolutionnaires*, est un pamphlet de ce temps de relâche, un rire innocent, si l'on songe aux misérables dont le public se mit à rire, après tant de peur. Picard fut, encore cette fois, le colloborateur de Duval ; mais ce fut la dernière. Chacun des deux amis se maria de son côté, celui-ci comme un fou de bon sens, celui-là comme un sage. Une fois marié, Alexandre Duval ne voulut plus de collaborateurs. Il prit les moindres choses au sérieux, et même son art. Il accepta toutes les joies, et aussi toutes les inquiétudes de son état nouveau. Si j'avais le temps, je chercherais, pour le citer, un beau passage sur la vanité de ces œuvres dramatiques, faites en commun, où la division du travail est poussée à sa dernière expression. Ces boutades d'Alexandre Duval sont pleines d'esprit, de sagesse et de bon sens.

Le Chanoine de Milan vient ensuite. Ceci est un souvenir de nos guerres d'Italie. Comment s'étaient comportés nos soldats, maîtres de cette terre, nouvellement découverte et conquise aussitôt? Comment avaient été reçus dans les grasses maisons du Milanais, les admirables va-nu-pieds du mont Saint-Bernard ? Tel était le sujet de cette comédie. Le hussard Sans-Quartier s'en va prendre son gîte chez le chanoine Barnabé, et je vous laisse à penser la vie qu'il y mène ! On rit beaucoup du chanoine et du hussard ; cependant le premier consul arrêta les représentations du *Chanoine de Milan*, sous le prétexte, déjà curieux pour la date, qu'on y tournait les chanoines en ridicule! La pièce défendue fut jouée, cinq ou six fois, sur le théâtre de la Malmaison.

Vint ensuite la comédie des *Héritiers;* c'est là une comédie heureuse, et qui n'est pas encore tout à fait oubliée. L'esprit, la gaieté, la bonne humeur, la fine observation des mauvais penchants de l'homme, et même un bon dialogue plein de verve et d'entrain, ont fait valoir *les Héritiers* d'Alexandre Duval. Mais voilà l'obstacle : il y avait deux comédiens dans *les Héritiers*, Baptiste cadet et Dugazon, « qui n'ont pas eu d'héritiers, pour hériter de leur héritage. »

Le sujet de cette comédie était choisi à merveille. Duval l'avait prise dans une phrase de La Bruyère, le sévère poëte comique, un poëte qui ne rit jamais. Plus d'une fois Alexandre Duval s'est repenti de n'avoir pas fait, avec ce sujet-là, une grande comédie, comme s'il fallait jamais se repentir d'une esquisse charmante, et qui fait rire depuis trente ans! Ceux qui ne savaient pas que l'auteur était Breton, qu'il avait été soldat et marin, s'extasièrent sur la façon dont il faisait parler ses deux Bretons, Antoine et Jacques Kerlebon.

Dans un autre genre, *la Jeunesse du duc de Richelieu* obtint à la scène un succès qui a duré longtemps, mais qui ne pouvait pas durer toujours. Ceci est tout à fait un drame, et n'en déplaise à M. Alexandre Duval, qui était, lui aussi, un novateur et un très-hardi novateur au besoin, c'est là tout à fait *un drame moderne*. Dans cette *Jeunesse du Duc de Richelieu*, tout vise à l'effet; tout l'intérêt repose sur un crime abominable; tous les sentiments sont forcés; la terreur est violente; la passion est déclamatoire; le héros est un infâme; jamais dans les drames qu'il a si violemment attaqués, M. Alexandre Duval n'a rencontré plus de haines, plus de violence, plus de rage, et des déclamations plus brutales que sa rage à lui-même, et sa propre déclamation contre un des plus charmants esprits, contre un des plus spirituels causeurs, contre le plus aimable grand seigneur de l'ancienne cour. Dans sa lettre à M. Victor Hugo, Alexandre Duval s'indigne contre les jeunes gens *qui cherchent un nouveau chemin pour arriver;* mais il nous semble que c'est justement, en passant par ce nouveau chemin, qui est défoncé depuis longtemps, que l'auteur du *Duc de Richelieu* est arrivé à cette péripétie, impitoyable, et cependant touchante, de la mort de madame Michelin.

Dans la préface de son drame, Alexandre Duval, pour la première fois, parle au lecteur, d'une façon presque tendre et bienveillante :

« Nouvellement marié, je me trouvais dans un état voisin de
« la pauvreté, par le discrédit des mandats. Mes petites res-
« sources étaient épuisées, ma femme avait déjà vendu ses bijoux.
« Que je m'estimais heureux et riche, lorsque je rentrais dans
« mon petit ménage, avec une douzaine de pièces d'or ! »

Allons plus vite, car cette lente et consciencieuse histoire de tous les titres d'un seul homme, nous mènerait trop loin, et citons seulement un opéra intitulé : *le Capitole sauvé*, dont la musique est à faire, une comédie en trois actes : *la Manie d'être quelque chose*, comédie anglaise qui n'eut aucun succès à Paris.

En ce temps-là (c'était un nouveau métier qu'il entreprenait), Alexandre Duval passait sa vie à dessiner le portrait des législateurs de la nation. Ils étaient plusieurs, occupés à cette composition, peu gracieuse, de tous les portraits des représentants du peuple : Gérard, Gros, Isabey. L'entrepreneur donnait six francs pour chaque portrait. Six francs pour un dessin d'Alexandre Duval, et six francs pour un dessin de Gérard ; c'était un prix fait, pour celui-ci comme pour celui-là. Trop heureux encore si MM. les législateurs consentaient à poser, un instant!

Marie ou les Remords d'une Mère, est un lugubre opéra-comique, imité de l'allemand. Qui disait un opéra-comique, disait une caverne, un meurtre, un cadavre. *La scène représente un souterrain.* — *Bella*, autre tragédie chantée ; mais déjà le public n'avait plus peur de rien, et *Bella* rentra dans son petit cercueil et dans l'incognito, sans avoir été publiée. Quelle différence ! Aujourd'hui, un poëte qui se respecte et qui s'aime un peu, publie impitoyablement, tout ce qu'il a donné au théâtre, et tout s'achète et tout se vend.

Entendez-vous les beaux airs de Della Maria, cet aimable élève de Paësiello, qu'Amaury Duval avait adressé, de Naples, à son frère Alexandre ? Pauvre Della Maria ! Il est mort, à vingt-sept ans, à l'âge de Bellini. Comment il est mort ? C'est un doute ! On porta son corps à la Morgue, et il fut reconnu à la beauté de son visage, à l'élégance de ses habits. Alexandre Duval possédait (c'est notre rêve à tous!) un petit jardin, il fit ensevelir le corps de l'aimable artiste, sous un arbre de son jardin.

Dans le théâtre d'Alexandre Duval, vous retrouverez, avec un peu de soin, les livres, les mouvements, les modes de cette époque changeante, si l'on peut appeler des changements, toutes sortes de révolutions inattendues. C'est ainsi qu'Anne Radcliffe elle-même, Anne Radcliffe, une vieille enfant qui fait de la terreur avec le frôlement d'une robe, le craquement d'un soulier, la bise qui se lamente dans les bois, un tombeau nouvellement ouvert, a inspiré une comédie à M. Alexandre Duval.

Cette comédie s'appelait *Montoni;* ce sont *les Mystères d'Udolphe* en toute leur horreur. Tour du Nord, portes secrètes, voleurs de grands chemins, rien n'y manque. Anne Radcliffe n'est pas la seule qui ait passé dans ce drame ; vous y retrouverez aussi l'empreinte effrontée et terrible des *Brigands* de Schiller. — *Montoni* eut le succès d'un drame. On eut peur, encore une fois ; on battit des mains à outrance, on se passionna pour Orsino, pour Ludovico, pour Rinaldi, pour Spalatro lui-même. Une femme d'un rare esprit, d'un goût très-pur, dont les mélodies étaient populaires, madame Gail, fit la musique des deux romances :

> Astre des nuits, lumière bienfaisante, etc.

Bref, le succès fut complet. Mais Alexandre Duval eut peur de réussir ainsi. Il se fit pitié à lui-même, de toutes ces terreurs amoncelées dans ces cinq actes; il rougissait, tout bas, des larmes qu'il avait fait couler, à si bon marché. Honnête esprit et rare esprit! Jamais il n'a compté pour un succès de bon aloi, cette surprise, faite aux grossiers instincts des multitudes. Cependant avec le talent qui était en lui, pour fabriquer de la grosse terreur, avec cette rare habileté à trouver des incidents tout nouveaux, il lui fallait être un homme sage et de bon sens, pour s'en tenir aux œuvres longtemps méditées, faites avec soin, et dans les limites les plus strictes de l'art et du goût!

Arrivent plusieurs opéras-comiques, tués ou sauvés par le chant d'Elleviou : *Joseph, le Vieux Château, l'Officier enlevé, Béniowski, le Trente et Quarante, le Prince Troubadour*; puis un drame en cinq actes : *la Courtisane*, qui ne vaut pas le conte de La Fontaine, puis les *Projets de mariage, l'Oncle Valet, les Tuteurs vengés, la Maison du Marais, Struenzé, la Femme Misanthrope, l'Enfant Prodigue, le Faux Bonhomme, la Princesse des Ursins, l'Orateur anglais, le Complot de Famille*, toutes choses assez peu connues; avez-vous lu, par hasard, non pas les œuvres de Thomas Corneille, mais seulement les œuvres complètes du grand Corneille? Que d'œuvres inconnues! que de tragédies sans nom! que de vers oubliés à tout jamais, et perdus dans cette gloire immense! Le droit de l'auteur dramatique, c'est de beaucoup oser, de beaucoup entreprendre, et de chercher toujours le drame qui se cache au fond de l'âme humaine.

Son devoir encore, c'est que l'auteur lui-même, fasse un choix dans ces essais sans nombre. Un pareil choix serait d'autant plus facile à faire, que le public est là, pour guider l'auteur, en personne. Quoi qu'on en dise, une pièce qui reste au théâtre, est bien digne de rester dans un livre; comme aussi le drame dont le théâtre n'a jamais voulu, n'a guère d'excuses pour se faire imprimer après sa mort.

La mémoire du lecteur s'est déjà rappelé, au milieu de toutes ces exhumations, les véritables titres littéraires d'Alexandre Duval : *Maison à Vendre*, qui est une comédie véritable, *ornée de couplets*, si l'on veut; ce petit acte fut écrit dans la maison même de Dalayrac, un autre homme enterré comme Della Maria, sous les arbres d'un jardin profane. *Shakspeare amoureux*, un petit acte amusant, où vous ne reconnaîtriez pas facilement le poëte d'*Othello*, du *Roi Lear* et de *Macbeth*; *Le Menuisier de Livonie*, une aventure célèbre de Pierre le Grand. Mais ce ne sont pas là vraiment les ouvrages sérieux de notre poëte : il a fait des œuvres qui resteront au théâtre, à bien plus juste titre qu'au titre de l'esprit et de l'invention, au titre de la pitié, de l'émotion, et toutefois de la bonne humeur.

Il a fait *Édouard en Écosse*, en 1802, un drame touchant, pathétique, et plein de larmes. Cette histoire d'un roi proscrit, fugitif, errant sur sa terre, était un beau sujet, à coup sûr; mais, en l'an de grâce et de liberté 1802, c'était un sujet plein de dangers :

Incedo per ignes
Suppositos cineri doloso.

Comment donc parler d'un roi légitime, au milieu de la France qui n'est déjà plus la France républicaine, et qui sera tantôt la France impériale? Comment éviter les allusions, les souvenirs, les espérances, sur lesquels l'auteur devait lui-même compter, pour le succès de son œuvre? Enfin, comment échapper à la censure? L'auteur appela à son aide tous ses amis : M. Maret, qui fut le duc de Bassano, plus tard, M. Chaptal, qui fut le comte Chaptal! Que de précautions! que de protecteurs!

Pourtant dans cette pièce inquiétante il s'agissait simplement d'un roi proscrit, d'un prince sans couronne, d'un malheureux sans patrie ! A la fin cependant *Édouard en Écosse* trouva grâce chez le censeur, et la représentation en fut permise, ou plutôt tolérée. Aussi bien le succès dépassa toutes les espérances; la foule était accourue à cette représentation du malheur des Rois proscrits. C'étaient de temps à autre, des cris de terreur qui partaient de l'âme de cet auditoire ému et transporté; la salle entière se mit à frémir, rien qu'à ce mot-là : *Je ne bois à la mort de personne !* Si bien que le maître absolu voulut juger, par lui-même, de l'effet de ce drame. Il y vint; il écouta comme il écoutait toutes choses. Au premier acte, il était ému; on eût dit même qu'il y avait, dans ses yeux, une larme; mais soudain, voici que le consul est distrait, préoccupé; son front se couvre d'un nuage... il avait découvert, dans une loge en face de la sienne, un condamné à mort, un nouvel arrivé de l'émigration, M. le duc de Choiseul, qui applaudissait, de toutes ses forces, aux sympathies, soulevées par le fugitif Stuart !

Il faut l'avouer, le temps n'était guère meilleur pour les poëtes indépendants en 1802, qu'en 1793. L'allusion la plus innocente était un crime. Il était défendu (la défense était formelle), de rappeler le passé, et de rire du temps présent. M. Alexandre Duval ne fut pas exilé, mais on lui conseilla de partir. Et voilà notre poëte qui s'en va, çà et là, en Prusse, en Allemagne, en Suisse, proscrit à son tour, pour avoir raconté cette touchante histoire d'un proscrit, dont Voltaire avait eu pitié !

Le Théâtre-Français doit encore à cet infatigable inventeur, trois belles comédies : *La Jeunesse d'Henri V*, *le Tyran domestique* et *la Fille d'Honneur*. Est-il besoin de vous dire aussi qu'Alexandre Duval a été toute sa vie un homme de lettres, qu'il s'est confiné loin du bruit, loin de la foule, loin de l'ambition, et même de l'ambition la plus légitime. Brave homme ! Esprit entêté et bienveillant ! Les lettres ont perdu, en le perdant, un modèle un peu bourru, mais excellent, de probité, de loyauté, de désintéressement et d'honneur.

Nous avons vu, à l'exposition du Louvre, un admirble portrait d'Alexandre Duval, par son digne neveu, le bon peintre Amaury Duval.

§ XXIII

En fait d'artistes heureux, j'en tiens un autre, et j'en veux faire un compagnon à l'ombre attristée de Frédéric Soulié, qui s'éteint silencieusement, dans mille inquiétudes du présent et de l'avenir. L'homme heureux dont je vais parler est mieux qu'un poëte, il est un musicien, il s'appelle Boïeldieu.

Boïeldieu est né, le 15 décembre 1775, à Rouen même, la patrie de Corneille, à qui sa ville natale dédie (octobre 1834) une statue de marbre, après plus d'un siècle et demi d'attente, et presque d'oubli! Mais aussi à côté du blâme plaçons l'éloge. La même ville qui a rendu, si tard, les honneurs légitimes qu'elle devait rendre à son grand concitoyen, Pierre Corneille, envoya une ambassade funèbre pour demander à la veuve de Boïeldieu, le corps de son mari. Madame Boïeldieu a répondu que le corps de son mari appartenait à la tombe, où Paris l'avait descendu, de ses mains, en attendant le marbre du monument. *Hic jacet!*

Mais chassons ces idées de mort, de cadavres que demandent les villes, et de nobles cœurs qui ne battent plus! Quand ce cœur battait dans une poitrine de quatorze ans, quand Boïeldieu était un enfant naïf et déjà inspiré, voilà le beau et touchant spectacle! Son père, bourgeois aisé de la ville de Rouen, avait l'esprit d'un artiste. Pour cet homme heureux, l'art était une vocation et une profession; l'artiste obéissait à son instinct, et au besoin de parvenir. Ainsi étaient nés le père et le fils Boïeldieu; ainsi l'un permit à l'autre de devenir un musicien.

En conséquence, le jeune Adrien Boïeldieu fut placé chez M. Broche, maître de chapelle de la cathédrale; maître Broche était grand musicien et grand buveur, toujours à son orgue et plus souvent au cabaret, homme brutal, quand il avait bu, ou quand il était en verve (maître Broche était volontiers dans l'un ou l'autre de ces deux états); tel fut le maître à qui fut confié le jeune Boïeldieu. C'etait l'usage encore, et j'ai vu l'heure où tout élève qui entrait chez un maître, devenait à la fois son commensal, son élève et son serviteur.

L'élève remplissait les services du page, s'exerçant à la chevalerie chez son seigneur. Ainsi faisait le jeune *Boïel* (c'était son nom d'enfant) ; ce qu'il faisait le plus volontiers, c'était de se livrer à son humeur, à son chant déjà naissant, à sa passion pour l'harmonie. Un jour, comme son maître, qui revenait de son orgue, et peut-être aussi du cabaret, lui demandait brutalement : « Qu'est-ce qu'une quinte ? » l'enfant ne sut que répondre. Alors voilà maître Broche qui saisit l'enfant par le bras, et qui le jette sur l'escalier, de façon à lui rompre les os.

En même temps, il lui ordonne de monter l'escalier sur les deux mains, et à chaque marche il disait : bon ! la main droite est un *ut*, la main gauche un *ré; mi-fa-sol*. Arrivé au *sol*, maître Broche s'écria : « *Combien as-tu monté de marches?* — Cinq marches, répondit l'enfant. — Tu vois donc, grosse bête, reprit le maître, que de *ut* à *sol* il y a une *quinte*. » Et, pour rendre la démonstration plus positive, il la soutenait d'un vigoureux soufflet.

Mais qu'importent les leçons et la manière dont elles sont données, pourvu qu'elles profitent à l'élève ? J'ai vu souvent que ces maîtres, si brutaux, finissent par être adorés de leurs disciples, vingt ans plus tard. Et puis ces excellents maîtres oublient si vite les coups qu'ils ont donnés ! Ils sont si facilement fiers de leurs élèves, quand ceux-ci sont devenus de grands hommes ! Toujours est-il qu'un beau jour de grande fête solennelle, comme maître Broche n'était pas à son poste, l'orgue de maître Broche fut touché d'une si belle façon, que la ville en fut émerveillée, et que de toutes parts, chacun faisait son compliment sincère à l'organiste. Or il se trouva que c'était le petit *Boïel*, qui avait touché l'orgue en ce jour solennel, si bien que maître Broche, plus que jamais, se crut obligé à donner ses leçons au petit *Boïel*, et vous savez quelles rudes leçons !

L'enfant cependant s'émancipait de temps à autre. Son premier forfait fut celui-ci : on jouait au théâtre de Rouen, *la Barbe-Bleue*, opéra de Grétry. Le petit *Boïel* voulut entendre et voir *la Barbe-Bleue*. Il entre, il écoute, il admire, il est ravi. Il était donc en présence d'un opéra ! Il était si heureux, qu'il résolut de passer la nuit dans le théâtre même, couché sous quelque banquette, afin d'être tout porté, et tout entré le lendemain.

Au prix d'un jeûne de vingt-quatre heures, il entendra l'opéra, une seconde fois. Grande résolution! Mais de malheureux allumeurs de chandelles découvrent l'enfant blotti dans sa cachette, et le mettent à la porte. A dater de cette joie... et de cet affront, le petit *Boïel* ne rêva plus qu'opéra; il venait d'entrevoir sa vie, et son œuvre à venir.

Une fois la passion allumée au fond de son jeune esprit, l'enfant résolut d'obéir à la vocation. Il a entendu dire que Paris est la capitale de la musique, et que Grétry est un Italien de Paris... aussitôt il part, tout seul, à pied, avec dix-huit francs dans sa poche, dix-huit francs, gagnés à accorder des clavecins! Il était neuf heures du soir, quand il partit; sur son chemin se trouvait la maison de campagne de son père. Il entre, on l'embrasse. « *Ah! c'est toi, Boïel!* » Puis on l'interroge; il répond mal, il se trouble, il sent qu'il va se trahir, il sort sans chapeau, pour ne pas donner de soupçon, et... le revoilà sur la grande route. De temps à autre il retourne la tête, ou bien il contemple, en songeant, les belles étoiles qui semblent lui sourire. Il poursuit ainsi son chemin, gaiement, et chantant, et rêvant!... Il marcha..., tant qu'il put marcher.

Mais à quatorze ans, si l'esprit va vite, le corps est bientôt las. L'enfant, à son premier pas, croit toucher l'avenir; à son premier geste il croit toucher le ciel. Cependant, les étoiles pâlissent, le chemin s'allonge, et la tête s'appesantit; de ces étoiles silencieuses soudain tombe la rosée, et la fraîcheur de minuit; bientôt il est temps de dormir, et pas une maison, sur ce chemin inhospitalier! A la fin, il en découvrit une; c'était, non loin de Pont-de-l'Arche: une petite maison au niveau de la bruyère et sur la clairière du bois, roulante demeure d'un berger. La cabane était posée au milieu d'un troupeau de moutons; les chiens veillaient; le berger dormait; les brebis dormaient. L'enfant s'approche; il appelle, et les chiens répondent; au même instant le vieux berger sort de sa cabane, les moutons ouvrent leurs rangs: en voilà un de plus qui entre dans la bergerie! Et bientôt il s'endormit, tout fatigué, tout frêle, et tout petit qu'il était, à la place du vieux berger. Comme il n'y avait dans sa chambre qu'un seul lit, le rustique se coucha à côté de ses chiens, et se rendormit, protégé par son étoile, la belle étoile du berger!

Quand le matin arrive, le troupeau se réveille au tintement argentin des sonnettes; les chiens prennent la quête, et le berger traîne sa maison autre part; ils s'en vont de compagnie, chantant, bêlant, jappant, chercher une autre place à dévorer le jour, et à fumer le soir. Ainsi fit le vieil hôte du petit *Boïel*. Il prit bien garde de ne pas réveiller son hôte en sa maison roulante? La maison n'en était que plus légère à traîner. Il était midi, quand l'enfant se réveilla.

Il avait faim : le berger lui donna du pain et du lait. Puis ils se dirent adieu, ils s'embrassèrent, et les moutons le regardèrent partir pour Paris, avec la pitié d'un enfant qui voit partir un agneau pour la boucherie. Enfin, les deux chiens, qui l'aimaient déjà, l'accompagnèrent jusqu'à la frontière de leur domaine; et le berger lui dit encore : Adieu! Et lui, pauvre enfant, dont le petit raisonnement n'était pas formé par l'austère nécessité, se disait à lui-même : « Puisque les moutons et les chiens me « reçoivent si bien, comment me recevront les hommes, et « comment serai-je accueilli des grands et des rois, puisque « je suis ainsi reçu par les bergers? »

Aussi plus il marche, et plus la grande ville se montre en son splendide lointain. Quel est le jeune homme, devenu célèbre, qui ne se rappelle avec un grand serrement de cœur, cette inexplicable sensation, de peine et de joie, au moment solennel où pour la première fois, il pénètre heureux et troublé, dans ce vaste Paris, pauvre et seul, inconnu dans ce gouffre? Et cependant c'est un beau moment, le premier moment où l'on franchit ces murailles bruyantes, entre le carrosse du pair de France, et la hotte du chiffonnier. — « Mon ami, se dit-on à soi-même, il faut pourtant que tu fasses ton chemin entre ces deux écueils. N'approche pas de ce boueux tu en serais sali; n'approche pas trop près du carrosse, tu serais écrasé. Ne t'arrête pas en chemin, tu serais à la fois sali et écrasé. »

Vous sentez bien que le jeune enfant *Boïel*, n'a pas échappé, plus qu'un autre, à cet enivrement de Paris. Paris s'empara, victorieusement, de cet ambitieux précoce. — « Oh! se dit-il, entendant tout d'un coup, ce grand bruit que fait la ville immense, et qui nous rendrait fous, sans l'habitude qu'on a de l'entendre, je ferai, ici, de grandes choses! » Disant ces mots, il fut du même pas, se loger dans une méchante auberge, de la rue Saint-Denis.

Je vous ai dit qu'il avait quatorze ans... sur sa tête, et dix-huit francs dans sa poche. En arrivant à Paris, il comptait beaucoup sur ses dix-huit francs d'abord, sur ses quatorze ans ensuite, deux pauvres ressources pour un jeune homme, à Paris. Mais sur le grand chemin, à minuit, n'avait-il pas trouvé un abri, dans une prairie, et le maître de cette maison ne lui avait-il pas accordé le repos de la nuit, et le déjeûner du matin?

Pourquoi se méfier de la Providence? Or, cette fois, la Providence, pour Adrien, c'était une vieille femme, la maîtresse de son hôtel, qui voyant que l'enfant n'avait plus que ses quatorze ans, et qu'il avait dépensé son dernier petit écu, le mit durement à la porte, non pas comme maître Broche pour lui apprendre à définir une quinte, mais pour lui apprendre à supporter la misère, la faim, l'abandon, la nécessité. Triste leçon souvent donnée aux hommes de génie, et qu'ils ont, par la grâce de Dieu, supportée avec courage et bonheur, pourvu cependant que la leçon arrive à la bonne heure; il est un âge où pareille leçon ne profite plus à personne... on en meurt!

Chassé de son hôtel, l'enfant ne songea plus qu'à se jeter à la rivière, et il y allait de franc jeu, sans larmes, sans détours; il y allait, comme il allait aux leçons de son maître, quand tout d'un coup, sur le bord de la rivière, au moment où il cherchait une bonne place où se jeter dans la Seine (ils se connaissaient elle et lui), le petit Boïel s'entend appeler de son nom... c'était le domestique de son père, le brave Delyer (conservons le nom de cet excellent serviteur), qui accourait au secours de son petit maître. Il le voit au bord de l'eau, il croit que son jeune maître se promène : il accourt, il descend de cheval, il embrasse l'enfant, il lui remet l'argent que lui envoyait son père; bien plus, il lui remet une lettre de M. Mollien, qui fut plus tard M. le comte Mollien. Dans cette lettre, M. Mollien, avec cette noblesse d'âme, qui ont marqué tous les instants de sa longue et honorable carrière, recommandait le jeune musicien à sa femme, il le recommandait comme son propre fils.

Madame Mollien acquitta, de la façon la plus maternelle, la traite de son mari; — elle logea le bel enfant dans sa maison; — elle l'entoura de soins et d'aménités; le jeune artiste, plein de reconnaissance au fond de son cœur, se dit à lui-même : qu'il avait retrouvé l'étoile du berger.

Une fois libre de se livrer à ses belles humeurs, le petit Adrien devint bientôt Adrien Boïeldieu. Il fréquentait, avec tout respect, les grands musiciens de Paris : Chérubini, Catel, Méhul ; il allait à l'Opéra, et même à l'Opéra-Comique ; il savait, par cœur, tous les grands chanteurs et toute la bonne musique. Il n'était pas encore un homme assez notable pour qu'on lui confiât les paroles d'un opéra comique, cette précieuse drogue, si rare en ce temps-là, et qui est presque aussi rare de nos jours ; mais enfin, il se trouvait des poëtes d'Athénée, assez hardis, pour lui confier des paroles de romances.

Bref, il écrivait beaucoup de musique, en même temps qu'il en étudiait beaucoup ; enfin, il atteignit sa seizième année. Quand il eut seize ans, il revint à Rouen pour voir son père. Son père le trouva si grand musicien, qu'il consentit à lui faire un opéra-comique ; que dis-je? deux opéras-comiques ! Ces deux œuvres de famille, *la Fille coupable*, et *Rosalie et Mirza*, furent exécutées avec un grand succès, au théâtre de Rouen. Maître Broche était ravi ; il disait à qui voulait l'entendre, qu'il reconnaissait bien là son élève *chéri*.

Dans ces jours de la Renaissance, le célèbre chanteur Garat, qui avait rencontré le jeune Boïeldieu dans les beaux salons de M. Érard, le rendez-vous de la musique française, et qui avait deviné le grand artiste, à ses premières romances, vint donner des concerts, à Rouen même. Il y chanta des romances de Boïeldieu, qui naturellement servit d'accompagnateur à Garat. Ces concerts, qui étaient fort suivis, amenaient parfois quelques désordres, à ce point que certains amateurs de l'ancien club des Jacobins s'avisèrent de demander qu'on leur chantât... la *Carmagnole!* Une fois même, Garat, effrayé, allait obéir, et chanter ces ignobles violences, mais le jeune Boïeldieu refusa net, d'*accompagner* la *Carmagnole*. Il se leva, en frappant sur l'instrument, d'un geste plein d'horreur... puis il sortit, à la faveur de la stupeur générale. C'était là du courage, et le jeune homme jouait sa tête, à ce jeu-là. Il sortit donc, encore une fois, de sa ville natale, — et faute d'un passe-port, il se cacha, sous une charrette, pour rentrer à Paris.

La ville de Rouen lui fut bonne et propice : elle ne poussa pas la fureur révolutionnaire jusqu'à demander la tête de son petit compatriote : elle laissa vivre Adrien Boïeldieu.

Lui, cependant, il reprit ses occupations ordinaires. Il composait de la musique, pour les pianos, et des romances pour les voix. A peine chantées, ces romances devenaient populaires. Plus d'une même obtint un succès immense. *Vivre loin de ses amours*, eut douze éditions, et suffit à faire une espèce de fortune à M. Coche, l'éditeur.

Mais ces grands succès de salon et de piano, et ces deux succès de province étaient bien loin des ambitions et des espérances de notre jeune homme. Il s'était dit : *Je ferai de grandes choses!* or le musicien ne fait guère de grandes choses, qu'au théâtre. Nous étions alors en 1797. Boïeldieu parvint à faire jouer *la Famille suisse*, commençant ainsi cette révolution musicale qui nous reporta à l'idylle même, florissante avant Grétry. La *Médée* de M. Chérubini était le chef-d'œuvre de cette fin du xviii siècle, et pourtant madame Scio chantait, alternativement, la *Médée* et *la Famille suisse*. Vint ensuite *Montreuil de Verville*, puis *Zoraïme et Zulnare*. Quand il eut fait jouer, non pas sans succès, ces trois premiers opéras, il s'aperçut qu'il ne savait ni les règles de la composition, ni les règles de l'harmonie, et résolument il se mit à l'école, une bonne fois.

Il fut donc un des premiers élèves du Conservatoire, qui venait d'être nouvellement créé. « Vous voyez bien, disaient quelques professeurs de l'endroit, que ce petit Boïeldieu, malgré la grande faveur où il est dans le public, n'est après tout, qu'un musicien de piano. » A quoi l'un d'eux répondit : « Prenez garde que le joueur de piano n'éclipse bon nombre d'entre nous ! » Au reste, le professeur de Boïeldieu ne pouvait être que M. Chérubini.

Hélas ! il n'y a pas quarante ans de cela, et déjà le *Requiem* du maître a été chanté sur le tombeau de son élève ! Voilà le grand malheur de toute biographie; gloire, bonheur, jeunesse, beauté, le narrateur a beau se débattre, il a beau se complaire à tous les détails de la vie de son héros, il faut toujours qu'il arrive au dernier moment. Triste préoccupation, qui donne à toutes les biographies du monde, la même et sombre couleur !

Élève de M. Chérubini, Boïeldieu était, en même temps, maître de piano au Conservatoire; il n'en continua pas moins à écrire pour le théâtre, et il donna, la même année (1798), *la Dot de Suzette*, tirée de ce charmant livre, qui n'est pas même oublié de nos jours, où tout s'oublie. L'année suivante, Boïeldieu fit jouer *les Méprises Espagnoles*; enfin, la première année de notre siècle, ce siècle déjà si long et si vieux, furent donnés ces deux opéras que toute l'Europe a chantées : *Beniowski*, et *le Calife de Bagdad*. Boïeldieu était un de ces esprits difficiles pour eux-mêmes, dont chaque tentative nouvelle est un progrès, et qui réussissent jusqu'au moment suprême. S'ils s'arrêtent ou s'ils meurent, c'est qu'ils n'avaient plus qu'à descendre. En 1803, il donnait : *Ma Tante Aurore*, et vous savez si *Ma Tante Aurore* est une aimable et joyeuse chanson!

En ces temps reculés, le poëme d'un opéra-comique était, au moins, pour moitié dans le succès. Le dernier acte de *Ma Tante Aurore* fut sifflé à outrance, pendant trois soirées, et peu s'en est fallu qu'une des plus aimables partitions de l'auteur de *la Dame Blanche* fût perdue en ce naufrage. — J'ai sous les yeux, un singulier témoignage en faveur de Boïeldieu, dans un ouvrage très-rare aujourd'hui, et que personne ne connaît en France, ni même en Allemagne. Cet ouvrage est une suite de lettres, fort spirituelles sur Paris, que publia, en 1805, à Hambourg, le compositeur allemand Reichard; Reichard, que le grand Opéra de Paris de 1805 avait fait venir, tout exprès, pour composer la musique de *Tamerlan*, tout fêté, caressé et gâté qu'il était par la belle société du Directoire, trouvait encore le temps d'écrire, en Allemagne : que *Ma Tante Aurore* était tombée, malgré la délicieuse musique (*die allerliebste musik*) d'un jeune compositeur nommé Boïeldieu. Dans la lettre suivante, Reichard annonçait l'immense succès de *Ma Tante Aurore*, allégée de son troisième acte.

Après ces bonheurs de l'inspiration, qui le placent au premier rang des musiciens français, Boïeldieu, qui n'avait été jusqu'alors qu'un heureux et joyeux artiste, fut saisi par le ver rongeur des chagrins domestiques. Il dit adieu à Paris, où la gloire ne le consolait pas de mille petites infortunes, et il partit pour la Russie. Or, la Russie était le grand voyage, et Saint-Pétersbourg était le Mexique ou le Pérou des artistes.

Boïeldieu entra donc à Saint-Pétersbourg, comme il était entré à Paris, sans savoir où il allait, et il fit, tout d'abord, la rencontre du célèbre et excellent Hummel, qui lui prédit la plus brillante réception à la cour de l'Empereur. Le même jour, et au même lieu, Boïeldieu reçut une dépêche du cabinet de l'empereur Alexandre. S. M. venait d'apprendre l'arrivée de l'artiste français, et pour sa bienvenue il lui envoyait le brevet de son maître de chapelle; en même temps, Boïeldieu recevait une invitation pour le théâtre de l'Ermitage. Il obéit à l'invitation, et justement les chanteurs de S. M. chantaient *le Calife !* Boïeldieu se place à l'orchestre, comme le portait l'invitation. Il écoute, et sans retourner la tête. Cependant l'empereur, qui était dans sa loge à la gauche de l'artiste, applaudissait de toutes ses forces; mais Boïeldieu, que le respect tenait immobile, ne se retournait pas... l'enthousiaste en fut pour ses *bravos !* Bref, l'artiste eut peur de l'empereur.

Quelques jours après, ce fut au tour de l'empereur à trembler devant l'artiste. Alexandre avait chargé Boïeldieu de composer des marches militaires, pour sa garde. L'empereur voulut donner, lui-même, au musicien, les thèmes de ces morceaux militaires. Mais comment faire? Alexandre n'osait pas chanter devant Boïeldieu. D'abord il essaie de se faire comprendre, en faisant courir son doigt sur le piano, mais l'intonation ne se trouvait pas toujours, et le rhythme ne paraissait guère. Le souverain prend alors sa flûte, et le souffle lui manque... il a peur ! Enfin, après mainte hésitation, l'empereur se décide, et fort bourgeoisement, à chanter les notes formidables auxquelles cent mille hommes armés allaient obéir.

En Russie, Boïeldieu fut entouré d'hommages et d'honneurs. Il composa plusieurs opéras; d'*Aline, Reine de Golconde*, et de *Télémaque*; c'est à peine s'il a rapporté quelques airs, qui lui ont paru dignes d'être conservés. On dit cependant que la partition de *Télémaque* était une belle partition. On parle, encore aujourd'hui, surtout à Saint-Pétersbourg, d'un opéra que Boïeldieu composa, d'après l'ordre de l'empereur, pour les relevailles de l'impératrice. Cet opéra fut achevé en six semaines, au milieu des copistes qui s'arrachaient la musique du maître, à mesure qu'elle était faite; bien plus, on n'accorda pas une seule répétition à l'auteur.

Il assista à sa première représentation, sans savoir au juste ce qu'il avait fait, et, n'est-ce pas une chose inouïe, un opéra presque aussi nouveau, pour le musicien qui l'a composé, que pour l'auditoire du premier jour?

C'est aussi, pendant son séjour en Russie, que Boïeldieu écrivit *Abderkhan, la Jeune Femme Colère, les Voitures Versées, les Deux Parvenus, Amour et Mystère*, et une foule de morceaux détachés de différents genres. Il fit aussi des chœurs pour l'*Athalie* de Racine, et ces chœurs furent chantés par les cent voix de la chapelle impériale. Il parlait souvent, avec admiration, de l'effet que produisaient ces cent voix, choisies parmi les plus belles voix de l'Ukraine, la province aux belles voix.

Quand la guerre parut imminente entre la France et la Russie, Boïeldieu revint dans sa patrie, et donna successivement plusieurs des opéras qu'il avait rapportés : *Jean de Paris, le Nouveau Seigneur*. Il fit même plusieurs opéras de circonstance, en compagnie de MM. Chérubini, Berton, Nicolo, Catel, Paër; il a fait le beau premier acte de *Pharamond;* trois ans plus tard, il entrait à l'Institut à la place de Méhul, et *le Chaperon rouge* fut son discours de réception. Vint ensuite *la Fête du Village voisin*, puis enfin *la Dame Blanche*, et *la Dame Blanche* est restée son chef-d'œuvre. Son dernier ouvrage, *les Deux Nuits*, fut donné en 1829. C'est là une œuvre que bien des connaisseurs estiment égale aux autres productions de l'auteur. Mais la foule en jugea autrement.

L'artiste n'a que peu de beaux jours dans sa vie, et dans ses beaux jours, ses plus beaux, il faut compter ses premières misères. Venir, et paraître, et vaincre, voilà les grands trois mots de l'artiste; et puis c'est à recommencer toujours. Toujours la lutte, et la même : être inquiet de tout...; étudier avec soin, ses œuvres les plus chères, pour y trouver quelque défaut, et se féliciter d'un mauvais ouvrage avec orgueil, parce que le mauvais ouvrage de votre jeunesse, vous rassure sur votre âge mûr. Oh! la jeunesse! elle est tout l'artiste, elle réunit à elle seule, toutes les vertus qui font les chefs-d'œuvre.

Quand l'artiste vieillit, quand il voit sa joue pâlir, ses cheveux tomber, et que son cœur se serre d'effroi en sa poitrine oppressée; quand la maladie, cette maladie incurable (chacun a la sienne) que nous portons tous dans notre sein, est là qui prend son mort, et qui s'étend sur lui, alors, adieu, adieu à l'art! adieu à la passion qui faisait ces chefs-d'œuvre! Adieu à l'inspiration! Elle abaissait les montagnes, elle comblait la vallée, elle ouvrait le ciel! Adieu au printemps, à l'été, à l'automne, à l'hiver, aux quatre saisons qui sont de belles saisons, tant qu'on est jeune; adieu! adieu! adieu l'artiste! Adieu, notre languissant et souffreteux Boïeldieu. Heureux celui qui meurt comme est mort Hérold, vaincu tout d'un coup par la mort! Heureuse la corde de la lyre! Elle se brise et ne se détend pas!

Parmi les artistes, imprévoyants de l'avenir, et qui ne se doutent pas que la vieillesse arrive un jour, il faut placer Boïeldieu. Sa beauté, sa jeunesse et son talent lui semblaient des trésors inépuisables... puis, tout d'un coup, devenu vieux, il vit passer la fortune aux jeunes gens, et ce fut à grand'peine, s'il se trouva assez riche pour acheter une vilaine petite maison, dans un triste petit village de la Brie, où il se mit, lui qui avait été l'hôte des rois, au triste régime de la médiocrité non dorée. Ah! l'imprudent! Dieu lui fit cependant cette grâce, qu'il le préserva de l'envie et des regrets. Pas une des fortunes rivales ne lui put arracher un chagrin; pas une des privations présentes ne lui rappela, trop amèrement, les jours d'abondance, et les prospérités éclatantes. Il était simple et bonhomme, avec beaucoup d'enjouement, de philosophie et de résignation. Si dans sa vie il fut aussi imprudent que Frédéric Soulié, il fut plus calme et plus résigné dans sa mort!

Les physiologistes, dont le système consiste à reconnaître dans les actes des hommes, leur organisation physique et morale, auraient pu faire le portrait de Boïeldieu, après avoir entendu sa musique. Sa musique était tout l'homme, et l'homme était toute sa musique. Beauté extérieure, esprit, tact, finesse, intelligence, Boïeldieu avait tous les avantages et toutes les qualités des gens aimables, sans en avoir les défauts. A quiconque l'a connu, il est impossible de croire qu'il ait pu jamais dire une plaisanterie dont même un absent eût pu se plaindre : aussi n'eut-il pas un ennemi, s'il fit bien des envieux. Il a rendu, toute sa vie, un hommage spontané et sincère aux célébrités de son temps. Il admira surtout le dieu nouveau du monde musical, Rossini.

Bien plus, sans trop s'inquiéter des détracteurs et des panégyristes de Rossini, Boïeldieu voulut donner un gage de sa profonde admiration pour ce génie, en réunissant dans *la Dame blanche*, par des procédés fort habiles, les combinaisons rossiniennes, à sa propre manière, qui ne cesse d'y être évidente.

A peine mort, Rouen, sa ville natale, s'inquiéta de cette gloire qui lui appartenait, et comme elle ne pouvait pas obtenir le tombeau de son cher artiste, elle lui éleva une statue en bronze, au plus bel endroit de la promenade publique. Ainsi la statue et l'hommage que Pierre Corneille avait attendus, pendant plus de deux siècles, dans sa patrie, l'auteur de *Ma Tante Aurore*, de *la Dame blanche*, et de *la Fête du Village voisin*, ne l'attendit pas plus de vingt-quatre heures après sa mort !

§ XXIV

Dans le présent tome, intitulé : *L'Homme de lettres*, au moment où nous cherchons à donner aux lecteurs qui n'ont vu que de loin, ce monde à part, des luttes, des peines et des bonheurs de l'esprit, celui-là serait très-malhabile, et peu obéissant au titre, au texte de son livre, qui oublierait de raconter la vie et les travaux de M. Charles Nodier.

« Charles Nodier, le plus heureux des écrivains misérables ! » C'est une parole de Frédéric Soulié lui-même. Il était, ce Nodier, le plus charmant et le plus fécond des beaux esprits, dont la grâce et le talent furent une des fêtes les plus calmes de notre laborieuse et contente jeunesse. Écrivain de la meilleure école, savant critique, poëte à ses heures, ingénieux romancier, il fut, le dernier des grammairiens, c'est-à-dire le dernier écrivain qui crût à la grammaire, dont il avait fait une science, voisine de la poésie. Ses mœurs étaient simples et calmes comme sa pensée; sa vie s'est écoulée dans le travail nécessaire au pain de tous les jours, rude travail, mêlé des plus beaux rêves, nécessité sévère sur laquelle la fiction complaisante n'oubliait jamais de jeter son espoir, son rêve et son manteau.

Peu d'écrivains ont été, de leur vivant, entourés d'amitié, de sympathie et de faveur autant que M. Charles Nodier. Comme il n'était sur le chemin de personne, au contraire, comme il trouvait facilement, merveilleux tout ce qui se faisait, tout ce qui se disait autour de lui, c'était à qui lui rendrait louange pour louange, amitié pour amitié. Nodier, à l'heure où M. Victor Hugo et la nouvelle école jetaient au loin leurs premières clartés, n'était déjà plus un écrivain, c'était un rêveur ; il avait quitté le monde réel, pour ce monde à part où l'on ne voit guère que des ombres, où l'on entend des voix confuses, tant il avait marché vite, à travers les nouveaux sentiers, tant il les connaissait, pour les avoir pressentis, le premier. Il était venu trop tôt, pour appartenir au présent siècle, il était venu trop tard, pour appartenir au xviiie siècle, et de même qu'il n'avait pas été le contemporain de Diderot, il n'était pas le contemporain de M. Victor Hugo, qui l'appelait son maître. « Ni trop tôt, ni trop tard ! » c'est la devise de l'écrivain qui arrive en son temps, à son heure. Faites que Voltaire vienne au monde, à l'heure du grand Corneille, il n'y a pas de Voltaire, la Bastille l'engloutit et le dévore. Appelez madame de Sévigné, entre mademoiselle de L'Espinasse et madame Geoffrin, madame de Sévigné ne sait que dire, et nous sommes privés des *Lettres de madame de Sévigné*.

Quand nous l'avons connu, Charles Nodier (il le disait lui-même) s'était dépensé en petite monnaie, sur tous les chemins de la vie. — Il avait vécu dans tous les hasards ; il avait jeté à toutes les ronces du sentier, son invention, son conte, son roman, sa verve féconde, et cette science exquise, ingénieuse, inépuisable, qu'il dissimulait avec tant de soin, qu'elle ne peut être devinée et comprise que par les esprits les plus habiles. Prodigue, à la façon des enfants, de tous les biens de l'imagination et du goût, il n'a jamais songé à rien sauver de cette dépense infatigable de son âme et de son cœur ; le vent de ses premiers printemps avait emporté, dans le pays des chimères, les premières et les plus heureuses poésies de ce vagabond qui lisait Théocrite et Virgile dans leur langue naturelle, à l'âge où c'est à peine si l'enfant sait parler la langue de sa mère nourricière.

Il entrait dans sa première adolescence, au moment furieux de 1792 ! — Il avait quatorze ans, en 1793, et son premier printemps fut vraiment : *le Printemps d'un proscrit*.

Pourtant la douce campagne est si belle, à quinze ans! Le mois de mai jaseur qui fleurit dans l'aubépine, apporte aux jeunes cœurs, tant d'oubli, tant d'espérances! Et puis la Terreur, dans ces provinces reculées, ressemblait si peu à la grande Terreur du Paris des terroristes fameux, et des bourreaux de la place de la Révolution! À ce point que le petit Nodier eût échappé à ces visions, si son père, qui était un honnête homme et un père prévoyant, n'eût pas songé que la société française ne pouvait pas mourir dans cette mare de sang humain, et qu'elle ressusciterait, un jour, triomphante, à la douce clarté des astres cléments. C'est pourquoi le père de Charles Nodier, comme il voulait que son fils se trouvât digne, aux moments prédits par le *Contrat social*, par l'*Essai sur les mœurs* et l'*Esprit des lois*, d'être un homme, l'envoya, en pleine Terreur, demander des leçons de la langue grecque (la langue, chère à Port-Royal-des-Champs) à certain capucin, très-savant et défroqué, nommé Euloge Schneider.

Cet Euloge Schneider était resté, tout attique et tout sanglant, dans la mémoire et dans l'esprit de Charles Nodier, et le frisson nous en vient encore, à nous-mêmes, lorsque, nous rappelant ces étranges récits, il nous semble entendre Nodier nous racontant sa première jeunesse, avec sa voix un peu lente, et l'accent presque allemand qu'il avait rapporté de la douce Alsace. « *Étranger*! disait une marchande athénienne à l'élégant Théophraste.... » Or l'*étranger* Théophraste, habitait la docte Athènes, depuis quatre-vingts ans !

Ainsi voilà le petit adolescent, loin de la maison paternelle, qui s'en vient, à pied, à Strasbourg, la ville capitale de sa province, y chercher un maître de grec. Certes, le moment était bien choisi pour aborder l'*Iliade* et l'*Odyssée*, Anacréon et Pindare, Lucien et Démosthène, l'antiquité tout entière. Hélas! un nuage sanglant, venu des clubs et des faubourgs de Paris couvrait, en ce moment, la ville et la cathédrale de Strasbourg.

La ville appartenait aux terroristes; l'antique église était en proie aux démolisseurs. O misère! Et quelle fut l'épouvante de cet enfant, à peine sorti d'une maison si paisible et si correcte, lorsqu'il se vit forcé d'assister à ces ravages? Elle allait donc tomber, sous les coups de ces furieux, la cathédrale antique, dont les sommets dominaient toutes les campagnes d'alentour?

Heureusement que ces démolisseurs de cathédrales étaient impuissants à démolir cette montagne de pierres, taillées par les géants, mais dans leur impuissance, ils s'adressaient aux ornements les plus exquis et les plus frêles ; ils brisaient les couronnes et les fleurs de la pierre ; ils arrachaient les images, veuves de leur piédestal ; ils traînaient, dans leurs gémonies, les marbres de l'autel ; ils cassaient, à coups de pierres, les grandes verrières où resplendissaient, en mille couleurs brillantes, éternelles (on les disait éternelles) les poëmes, les drames et les récits des deux Testaments. La cathédrale au pillage, en ruines, en cendres, en sable, en fragments ! Tel fut le premier spectacle qui s'offrit aux yeux du petit Nodier, la première fois qu'il mit les pieds dans la bonne ville de Strasbourg.

Cependant, pour obéir à son père, à la vocation, à l'instinct qui le pousse, à la curiosité, qui est un des appâts de ces temps misérables, le jeune écolier demande aux passants, le logis d'Euloge Schneider, le professeur de grec ? — Euloge Schneider, jeune homme ? Et les passants de s'enfuir, sans oser répondre. A la fin, un plus hardi lui répondit, en courant, qu'Euloge Schneider n'est plus capucin, et que le traducteur d'Anacréon est devenu le pourvoyeur de la guillotine. Euloge Schneider a remplacé le capuchon, par le bonnet rouge ; quand il est rassasié de victimes, il fait des lois ; il se repose à l'ombre de l'échafaud, comme Anacréon à l'ombre de Bathylle. — Imprudent, qu'allez-vous faire chez ce bandit ? Cependant le petit Nodier, tout tremblant, va chercher le tigre en son antre, et frappe, hardiment, à la porte de l'ancien capucin, de l'ancien Grec, de l'ex-professeur.

La tricoteuse qui servait de nymphe Égérie et de portière au terroriste en voyage, ouvrit la porte au bel enfant qui demandait à parler à son maître. Il était midi ; le proconsul Euloge Schneider était à table, et dînait de bon appétit. — A cette table étaient assis trois convives étranges : le musicien Édelman, l'émule de Gossec pour les chants d'église ; le cordonnier Young, un cordonnier qui savait le latin et le grec, poëte égal à son homonyme ; le dernier des convives s'appelait Monnet, d'abord grenadier, puis sacristain, puis juge au tribunal révolutionnaire, assez bon homme au bout du compte. Ces messieurs riaient beaucoup des petits accidents arrivés à la cathédrale ; Édelman lui-même se moquait de ses orgues en débris. On but à la déesse Raison, à sainte Guillotine, à maître Euloge Schneider ! C'était un jovial buveur, l'annotateur d'Anacréon.

Young chanta une aimable chanson à boire, dont le gai refrain était : *Que l'enfant suce le lait sanglant de la liberté.* Bref, le repas fut empreint de toute cette gaieté à part des beaux jours de 93, et le petit Nodier, quand enfin il expliqua pourquoi sa visite : « — Jeune homme, lui dit le traducteur d'Anacréon, la république d'Athènes est une billevesée, comparée à celle que nous voulons faire, » et il le congédia, d'un geste à la Démosthène. Le lendemain Euloge Schneider, comme il avait tranché dans le vif à Strasbourg, continua sa tournée, et fit son second carrosse, de la guillotine ambulante. Ainsi il allait, de village en village, au pas, suivi de ses hussards de la mort !

Ce voyage fut court, il fut sanglant. Le dictateur de la Convention, le bourreau de l'Alsace, assis dans une calèche qu'il avait volée, allait de ville en ville ; il allait, à la façon des triomphateurs. Derrière lui, à l'humble place où se tenaient jadis l'heiduque et le valet du gentilhomme, se trouvait un homme pâle, impassible, attristé... le seul homme de cette horrible époque qui eût le droit d'être impassible, parce que lui seul il ne jouait pas sa tête, à couper des têtes innocentes. Après ce carrosse de la mort, et pour finir la marche, comme elle avait commencé, on entendait gémir en fausset, la lourde machine horrible à voir, une masse, un couteau ! La machine était portée sur quatre larges roues. Voilà comment maître Euloge Schneider se rendait dans sa maison des champs !

Tendens venefranos in agros.

A l'époque du dernier voyage de ce terrible helléniste, le général Pichegru venait de reconquérir nos frontières au pas de course, et sa marche triomphale au dehors, avait laissé toute liberté aux tyrans de l'intérieur. Donc Schneider, en Alsace, promenait son échafaud, à travers la province épouvantée, afin d'égorger au plus vite, les malheureux que l'Autrichien avait pillés. Un jour, Schneider, l'homme pâle, et la machine rouge, tout cela s'arrêta dans le faubourg, à la porte d'un suspect !

Ce suspect, le proconsul l'avait relâché, la veille, en s'invitant à dîner chez lui, pour le lendemain. Donc Euloge Schneider venait dîner, ce jour même, chez le malheureux, dont la vie tenait à un fil.

Le *suspect* avait une fille. Une grande et belle Alsacienne, taillée sur le modèle de Charlotte Corday, la digne héritière du grand Corneille; Charlotte Corday, le seul courage qui se soit manifesté dans cette lâche époque, où les plus braves gens ne savaient que mourir.

C'était une coutume des campagnes de l'Alsace, passablement gourmande, et raisonnablement adonnée au vin généreux, que les femmes ne parussent point à la table du maître, à côté des convives étrangers, et vous pensez si l'hôte du proconsul eut garde, cette fois, de manquer à cette coutume du pays. Mais ce n'était pas le compte de son terrible invité, le commandeur de l'échafaud. Ainsi le Terroriste Euloge commanda que la fille de la maison vînt s'asseoir à ses côtés! Elle vint. Pendant le dîner, Euloge déploya tout ce qui lui restait de grâce et d'*anacréontisme*. Il fut aimable tant qu'il put; il fit le passionné; il fit remarquer à cette enfant sa galanterie, et combien il pensait la charmer par cette guillotine, en guise de sérénade. A la fin, quand il crut avoir assez fait pour être aimé, il demanda, de la façon la plus tranchée, la main de la belle Alsacienne. Il la demanda, à ce père au désespoir, en homme, absolument sûr d'être obéi, et qui tient sous son couteau, tout un peuple! Comment résister? Et pourtant elle hésitait. Épouser ce brigand! Euloge alors la prend par la main, l'attire à la croisée, et sous sa fenêtre, épouvantée, elle voit sur la grande machine, immobile, l'homme sérieux et pâle, qui attend sa proie, en silence.

Ainsi était fait l'Anacréon de Strasbourg :

> Mais, hélas! ma lyre rebelle
> Ne peut chanter que les amours.....

A l'aspect de cette menace suprême, et comprenant que son père allait mourir, soudain la jeune Alsacienne tombe aux pieds de son père, et, les mains jointes, elle lui déclare alors, que le proconsul a trouvé le chemin de son cœur. En même temps, elle demande, impatiente, à ce père au désespoir, la permission d'épouser ce savant homme, disant qu'elle l'aimait, justement parce qu'il commandait à la mort, parce qu'il était terrible, et tout-puissant. A ce discours, Euloge était transporté, Anacréon lui revenait en mémoire, il cherchait une chanson qui pût convenir à son bonheur. Enfin, il relevait cette belle personne qui ne redoutait pas cette main sanglante ; elle, cependant, elle demande *à son mari*, pour toute grâce, d'être ramenée à Strasbourg, en grand appareil, en robe de fiancée.

Elle disait... qu'elle voulait être épousée, et devant tous, devant Saint-Just lui-même ; et... c'était sa seule condition ! L'impatient Anacréon jura, sur son bonnet rouge, qu'il obéirait *à sa femme*; il prit congé de son beau-père, et la jeune épouse, dans tout l'éclat de son habit de noces, monta sur le char du proconsul. Cette fois le cortége, et la cérémonie étaient les mêmes qu'au départ. On voyait d'abord la voiture du proconsul, venait ensuite l'homme pâle et sérieux, les bras croisés, précédés de ses hussards; la machine rouge allait toujours sur ses quatre roues, plus criarde encore que la veille, fort étonnée et fort mécontente de n'être pas plus sanglante au retour, qu'au départ.

Schneider entra donc à Strasbourg, sur les trois heures du soir, par un temps froid et pluvieux, car nous étions au 6 *frimaire*, et le mois de décembre tenait à justifier son nouveau nom. Euloge était au comble de la joie et du triomphe. Il regardait, tour à tour, la foule qui le regardait passer, frémissante... et cette jeune fille pensive et calme, et l'homme pâle et sérieux, puis aussi la machine horrible et béante qui s'avançait, jetant au ciel ses deux grands bras affamés.

Tout à coup, la calèche du dictateur s'arrête sous le balcon de la maison de Saint-Just. Saint-Just, attiré par le bruit, cherchait à se rendre compte de ce spectacle étrange : un bourreau couronné des myrtes de l'hymen, une guillotine ambulante, une enfant de dix-sept ans, parée en fiancée, et belle à ravir? La marche d'Euloge Schneider, en ce moment, était semblable au grand triomphe de Jules-César, qui dura huit jours. Il se paraît doublement de sa conquête, et de la terreur qu'il inspirait. Qu'étaient donc, près de lui, les petits maîtres de l'ancien Versailles : Bucy, Lauzun, Bassompierre et don Jüan? Mais en ce moment la justice au pied boiteux, s'emparait de ce misérable.

La justice, la justice d'en haut, a posé sa main de fer sur la tête de ce brigand. Voilà donc la fille captive qui se lève, à l'aspect de Saint-Just, et, les bras tendus au ciel, et ses beaux yeux, pleins de larmes, et de sa voix pleine de sanglots, elle atteste à la fois la terre et le ciel, Dieu et les hommes, de son innocence et de sa contrainte. « O Saint-Just! ô Saint-Just! prends-moi en pitié! Ce monstre a posé son échafaud sous ma fenêtre, il a fait jouer son couteau, autour du cou de mon père, il s'est introduit, dans notre maison, la menace à la bouche, et le sang dans les yeux! »

Et comme elle vit que Saint-Just l'écoutait, en pâlissant de honte et d'effroi, elle raconta toutes les violences de cet homme, qui la voulait épouser *le couteau sur la gorge!* En ce moment, jugez de l'épouvante et de la stupeur! Jugez si les habitants de cette ville anéantie, hésitèrent à crier : vengeance! Il n'y a rien de pareil à cette tragédie, non pas même dans les *Furies* du vieil Eschyle, qui faisaient accoucher les femmes enceintes, et palpitantes de frayeur. « Eh! qu'aurais-tu fait, ce soir, si tu avais été la femme de Schneider? demanda Saint-Just. — Je l'aurais tué avec ce poignard! répondit l'Alsacienne. — C'est bien! dit Saint-Just. Sois libre, enfant, justice sera faite, à coup sûr. »

Au même instant, il interpella ce bourreau, prosterné sous le balcon, et tout courbé sous l'ironie et sous le mépris de son maître. Il fallait entendre Charles Nodier racontant ce terrible Saint-Just, et le montrant, solennel et brusque, d'un geste sec et absolu, méprisant trop le peuple pour le flatter, les sourcils noirs et barrés, poudré à blanc comme Robespierre, la tête perpendiculaire sur son ample cravate, la taille insolente, un habit décent... « un Spartiate, moins la vertu! »

Telle fut la première et la dernière leçon qu'Euloge Schneider devait donner au petit Nodier : l'abjection dans le meurtre, et le viol sur l'échafaud. Ce bandit, élevé pourtant dans le culte des lettres savantes, n'avait rien gardé de ses études anciennes, non, pas même le respect qu'un homme hardi porte à sa propre infortune, et il tomba, tout de suite, dans la plus honteuse abjection. Il pâlit, il eut peur, il cria grâce et pitié! Il s'accusa de meurtre et de corruption! O bourreau d'une province, ô délateur, ô tyran! Mais la grâce et le pardon n'étaient pas faits pour ce défroqué!

Entre autres supplices par lesquels il s'était rendu célèbre, il avait imaginé d'attacher à la guillotine, qui les devait décapiter le lendemain, les condamnés de la veille. Ces infortunés, attachés à cette glèbe abominable, passaient leur dernière nuit, sur l'échafaud, doublement exposés à l'inclémence du ciel. Saint-Just, avant d'envoyer ce monstre aux bourreaux de Paris, ordonna qu'il serait, à son tour, exposé sur sa machine. A cet ordre absolu, l'ancien ami de Schneider, l'homme pâle obéit, sans mot dire. Il commença par lui arracher sa cocarde, par respect pour les couleurs nationales; son bonnet, par respect pour le peuple souverain; son habit enfin, par respect pour l'habit militaire; en même temps, il fut dépouillé de son titre de commissaire et du nom grec qu'il s'était donné : *Euloge*, à savoir « le beau parleur ».

Ainsi dépouillé, il passa toute la nuit, attaché par des cordes tendues aux branches de cette guillotine qui lui servait, naguère, de carrosse et de lit nuptial, de théâtre et de piédestal. Et comme si l'hiver avait voulu prendre sa part de ces châtiments, de ces vengeances, l'hiver sévit, cruellement, contre la nudité de ce misérable. Lui cependant, il gémissait, il pleurait, il criait, il se taisait, il en appelait à Robespierre des *atrocités* de Saint-Just..... Cris impuissants, prières inutiles, le sans-culotte Saint-Just fut implacable, et le comité de salut public, quand le bourreau de l'Alsace lui fut conduit, pieds et poings liés, le renvoya à l'échafaud, tout comme s'il se fût appelé André Chénier, où M. de Montmorency.

Quand il vit qu'il était si difficile de faire donner des leçons de grec à son fils : « — Reviens, disait le père Nodier, laissons passer la *propagande*, et tâchons de nous retrouver dans l'*Iliade*.... O vanité des tendresses paternelles! Maintenant que le jeune homme avait touché à la révolution, il n'en voulait plus sortir; la curiosité le poussait, il allait en avant. Ainsi, après *le départ* de Schneider, le petit Nodier s'*affilie* aux clubs jacobins de Besançon, et dans son *club*, dans son *cleub*, dans son *claub* (écrivez et prononcez *caverne*), il assiste à toutes les joutes oratoires. Là, il entend hurler Robespierre le jeune, et Chevalier, son digne émule; il entend déclamer Dumas, le Vergniaud du Jura, contre son frère François Dumas, qui en était le Marat; il assiste à ces luttes presque éloquentes, qui n'ont laissé aucune trace, effacées qu'elles ont été par le sang humain. A la convention nationale, il entend le véritable Robespierre; il entend Vergniaud, dont l'éloquence paresseuse et fatiguée aspirait déjà au repos de la tombe, Vergniaud, qui s'étend presque endormi, sur la planche de la guillotine, en recommandant au bourreau, moins intelligent que le bourreau athénien « de porter le reste de la coupe au beau Critias ! » Quels hommes de la Révolution ont échappé aux curiosités de Charles Nodier? Il a connu Brissot, Guadet, Gensonné; Guadet, qui gronde; Gensonné, qui ricane; il a entendu le tisserand Armonville, blasphémer contre la terre et le ciel; il a entendu mon éloquent compatriote, l'armurier de Saint-Étienne, Noël Pointe, un homme qui a prouvé qu'on pouvait naître orateur, dans une mine de charbon.

A propos de charbon, quand Charles Nodier a dix-huit ans, on l'envoie, lui trentième, dans les montagnes du Puy, avec la mission de découvrir, tout au moins une mine d'or. Voilà donc le jeune homme les yeux au ciel, le nez dans les livres, ou sa main dans la main de Thérèse, la fille du père Christe, un des chercheurs d'or. Thérèse était jolie, elle avait le teint frais et coloré d'une fille des montagnes; elle tutoyait le jeune mineur, et le jeune mineur la tutoyait légalement, car telle était la volonté du peuple souverain. A force de la tutoyer, Nodier l'aima; Thérèse fit semblant d'aimer Nodier : même une nuit, poursuivie, troublée, perdue, la pauvre fille se cacha dans le lit du jeune homme, en tout bien, en tout honneur, et cette fois le jeune homme fut sur le point de s'écrier : *Vive la Terreur!*

Pendant que Nodier cherchait de l'or dans ces belles montagnes, où Pascal, moins heureux que Nodier avec Thérèse, trouva mieux que de l'or, arrivait la réaction thermidorienne. Ce sont là d'épouvantables époques, quand il n'y a plus de lien dans une nation, et qu'elle en est à regretter les jours terribles où tout tombe, où tout tremble, où tout meurt. *La Terreur*... au moins elle est franche; elle est nue, elle est sale, elle est en guenilles; on la reconnaît à sa démarche, à sa robe, à son odeur de boucherie; on sait à quoi s'en tenir avec elle, reste à savoir si l'on veut se battre contre elle, ou lui céder? La réaction thermidorienne, au contraire, c'est Tartufe qui se déguise en courtisane, et qui cache son couteau.

A tout prendre, le Tartufe est laid de sa nature, il porte un habit disgracieux, des cheveux huileux, la soubrette elle-même le déteste, il n'est dangereux que pour M. Orgon, dans toute cette famille de bourgeois. Le Tartufe de thermidor, au contraire, se pare et fait le beau, il se couvre d'odeurs, sa parole est élégante, il boit, il mange, il fait l'amour, il fait des vers, il se lave les mains dans les pâtes d'amandes, à peine une tache de sang autour de son index, en guise d'anneau. Maintenant tout est changé dans le meurtre ; on se tue encore, mais ce sont les victimes qui tuent à leur tour. Ils tuent, non pas avec la guillotine, avec le bourreau, mais avec l'épée et le poignard ; ils brisent les portes des prisons, pour tuer les prisonniers ; ils violent les domiciles, pour tuer les habitants. Les *Mattevons* tombent à l'eau, et, s'ils se sauvent, ils sont fusillés ; à Lyon, les flots du Rhône ont remplacé le gazon sanglant des Brotteaux.

En même temps le vol est organisé sur les grandes routes ; on arrête les diligences de la république, on vole le peu d'or de ce gouvernement qui fait chercher l'or dans les entrailles de la terre ; la république tremble au seul nom des *Compagnies de Jehu*. Les voleurs, pour la plupart, étaient jeunes, beaux, bien faits. M. Nodier les a beaucoup connus ; après avoir dîné à la table de Schneider, il a couché sur la paille d'Amyet, de *la Compagnie de Jehu*, il a vu Leprêtre, Hyvert et Guyon. Leprêtre était l'Achille de la bande. Il était joli comme une femme à mâle visage ; il était fort comme Hercule. Ils furent condamnés, lui et ses amis, par la déposition d'une pauvre dame qui voulait les sauver.

Pensez à l'étrange spectacle, quand le jour de l'exécution étant venu, les quatre condamnés se présentèrent au préau de la prison nus, et armés jusqu'aux dents ; là, en présence des gendarmes étonnés, et de la foule interdite, Leprêtre se brûla la cervelle en souriant ; Amyet et Hyvert furent tués par la gendarmerie. Hyvert qui restait debout, se plongea un poignard dans le cœur. Ce fut une des belles scènes de la réaction thermidorienne, époque de meurtre, qui respire le musc et l'ambre, époque sanguinaire, en dentelles, en manchettes, en petits souliers ; elle a grand besoin de se cacher dans l'histoire, sous le manteau rouge de la Terreur ! Après 1794, la France est lasse (Dieu soit loué au plus haut des cieux !) de cadavres et de bourreaux.

A la fin, quand ce tétanos fut à son apogée, une volonté se fit sentir qui remettait un peu d'ordre, au milieu de ce peuple au désespoir. A cette heure on avait tant abusé du désordre, que le pouvoir eut tous les droits du despotisme. Triste et malheureuse nation, longue histoire de meurtres et de prisons! La Terreur a rempli les prisons, la république les remplit, et les vide à mesure, le consulat se maintient par les prisons; l'empire arrive et l'empire aussi se protége et se défend par les prisons. Sous le consulat, Nodier est arrêté par M. Veyrat; c'était en 1803, il avait encore dans ses cheveux bouclés, quelques brins de paille enlevés au cachot d'Amyet de *la Compagnie de Jehu*; on le mène au *Dépôt de la Préfecture*, un trou infect, mêlé de boue et de pourpre, de sabots et d'escarpins. Dans cet abîme, et chaque jour, la police aux abois précipitait pêle-mêle, et les républicains encroûtés, et les naïfs de cette époque nouvelle, et les hommes dont le nouveau pouvoir avait peur. Là, Nodier retrouva M. Récamier, M. Brentau et M. Titus, le danseur, républicain à sa manière; là gisait, sur un grabat, M. de Prune, un journaliste de la vieille roche.

Le jour où Charles Nodier fit son entrée à la Préfecture, le geôlier appela Octave! Octave ne répondit pas! Octave était un nègre, le secrétaire et le confident de Toussaint Louverture; il s'était laissé mourir de faim; il avait succombé après neuf jours d'abstinence! Plus d'un ancien est mort, célèbre et pleuré, qui n'a pas eu le courage et le dévouement du nègre Octave.

C'est ainsi que peu de gens des derniers temps de la république et des premiers jours de l'empire, ont échappé à Charles Nodier. Il se rappelait très-bien Robespierre le jeune, au club de Besançon, le général Pichegru dont il avait été le secrétaire, et qui lui avait sauvé la vie, le beau grenadier Monnet, *suspect aux hommes exaltés de tous les partis*, ce qui est une grande louange. En un mot, celui-là est digne d'envie qui a partagé le lit si dur, et le pain si noir de Nodier! Nodier l'habille et le pare avec soin, il l'excuse, il le lave, il lui pardonne, il en fait sa consolation, dans les heures d'oisiveté.

Croiriez-vous qu'à Sainte-Pélagie, à la Conciergerie, à la Préfecture, à Bicêtre, Nodier n'a pas trouvé un scélérat, un méchant homme? Il a trouvé des extravagants, des exaltés, des fous, des héros, des amants, des rêveurs; il n'a pas découvert un seul criminel ; ce qui fait une satire terrible de cette époque, un grand éloge de notre prisonnier, un grand éloge de son égalité d'âme et de sa bonne humeur.

Laissons-le donc se livrer à son imagination, sa compagne chérie ; l'imagination a fait la vie de Nodier ; elle a changé en duvet le fumier de ses cachots, elle a tendu un tapis d'Aubusson sur les dalles humides ; elle a fait jaillir, même sur les coupables, je ne sais quel éclat héroïque qui les excuse ; elle adoucit le crime, elle agrandit la vertu, que dis-je ? à l'imagination se rattache, et par tant de liens charmants, la vie entière de Charles Nodier, ce conte d'enfant qui commence à Strasbourg sous la guillotine d'Euloge Schneider, et qui s'achève au souvenir du général Foy et du colonel Oudet, ce héros, le seul peut-être des héros de l'empire, pour qui la gloire ait été ingrate, et que la postérité ait oublié.

Mais quoi ! Laissons là ses prisons, et revenons à ses amours. Ceci n'est pas écrit en vain, dans un chant de *la Jérusalem Délivrée :*

> L'angelo gli appari d'all Oriente...
> L'ange s'offre, à ses yeux, du côté de l'aurore....

Lui aussi, ce jeune homme, il s'est tourné *du côté de l'aurore ; il a vu l'ange*, et non-seulement il a vu Thérèse, la fille du proscrit dont il a fait, plus tard, dans un récit pathétique, la touchante et charmante *Thérèse Aubert*, mais encore il a vu Clémentine, Amélie et Séraphine ! Elles venaient.... *du côté de l'aurore*, par où viennent les filles de la terre. Elles venaient, d'un pas léger, sur les herbes et sur les fleurs de la flore franc-comtoise.

Amis, disait le jeune homme à ses compagnons, cherchez de l'or, je vais chercher des poëmes. Ainsi, de cette excursion dans les domaines poétiques, le jeune Nodier rapporta, non pas, Dieu sait, une mine d'or, une pépite d'argent, mais un riche herbier, mais de brillants insectes, mais un gros livre intitulé : *la Bibliothèque anthologique*. Il avait aussi rêvé, non pas un poëme, mais ce dictionnaire d'un goût si nouveau : *Dictionnaire des Onomatopées*, cette aimable histoire de tous les mots de la langue française qui ont une forme, un accent particuliers ; qui disent : —

me voici, *je suis Oreste ou bien Agamemnon!* le son du mot mêlé au sens de ce mot-là, et l'expliquant d'une façon nette et rapide. Et quand on songe que ce dictionnaire de la musique même du langage, est un livre écrit sans aide, et sans autre secours qu'une prodigieuse mémoire; quand on se rappelle qu'à leur place, à leur rang, j'ai presque dit à leur *clef*, arrivent en se jouant, tous les grands écrivains de la langue française, dont le siècle de Voltaire ne voulait plus, ces vieux écrivains du xvie siècle oublié : Rabelais, Dubellay, Marot, Étienne Pasquier, Ronsard, et que cet enfant en pressentait déjà la résurrection, on se prend à admirer tant de grâce et de soudaine volonté. — Cependant quel fut l'étonnement de *l'étudiant de Besançon*, lorsqu'il reçut l'avis du ministre Fourcroy, que son livre : *était indiqué pour composer les bibliothèques des colléges!* Il avait fait un livre classique, à vingt ans, sans le savoir, et peut-être aussi sans le vouloir.

L'anthologie et l'onomatopée étaient cependant les moindres soucis de cet enfant de la poésie, il songeait surtout à l'amour. La Terreur avait peuplé les campagnes de tant de beautés fugitives; tant de gentilshommes s'étaient enfuis, et cachaient leur jeune famille au fond des vieux manoirs! Ainsi le chercheur d'aventures rencontrait, à la fois, la jeune Séraphine et le *carabus auro nitens!* Elle avait seize ans, cette petite aristocrate de Séraphine, elle était toute grâce et tout sourire; elle venait de l'*aurore*, elle y retournait doucement. Elle est morte, un jour d'automne, en appelant son ami Charles. Et lui, forçant toutes les consignes, il entra brusquement dans la chambre de Séraphine. Un grand feu brillait dans l'âtre; la lampe jetait, jusqu'aux angles obscurs, ses dernières et pâles clartés; deux vieilles femmes cousaient quelque chose dans un drap blanc; ce qu'elles cousaient dans ce drap blanc, c'était Séraphine !

La seconde!... Hélas! la seconde elle s'appelait Clémentine. Elle avait dix-huit ans : c'était un ange, sous l'enveloppe d'une femme. La vie auprès d'elle, était une fête du cœur. A peine elle approchait (elle était encore dans les fleurs du bosquet), l'air disait à Nodier : Voilà Clémentine! Or il était tombé d'une aristocratie dans une autre. Plébéien, il avait aimé la jeune petite comtesse Séraphine; pauvre diable, artiste et poëte, il aimait l'opulente héritière Clémentine. Ainsi, la voyant si riche, et se voyant si pauvre, il se prit d'un grand désespoir. Plus de regard pour lui! plus de sourire! Il se mettait sous les pieds de Clémentine, Clémentine passait à côté, sans daigner l'écraser; la cruelle!

Et cependant il était aimé de Clémentine. Quand elle lui dit un jour, au plus délicieux moment de son désespoir, « je t'aime! » le ciel s'ouvrit, il fut heureux à en mourir; elle tendit la main à ses baisers, il se sentit dans le cœur cette immense joie d'une heure, que donnent les jeunes amours, et il en vint à entasser dans son trésor intime, toutes ces petites richesses que dérobe un amant à la beauté qu'il aime : Un morceau du ruban bleu, tombé sous les ciseaux de Clémentine; une corde de sa harpe brisée sous ses doigts, un brin de plume détaché de sa coiffure en revenant du bal, surtout une ancolie... elle l'avait portée tout un jour, l'ancolie, triste fleur dont le front courbé et meurtri se penche vers la tombe; la douce fleur n'a jamais quitté Charles Nodier... il va vous en montrer, si vous voulez, les mélancoliques débris.

Il nous disait aussi ses petits malheurs, ses vives extases, ses lentes et muettes contemplations, à la fenêtre de Clémentine! Mystérieuse croisée! Il la contemplait, rayonnante, aux doux feux du soleil couchant! Elle l'arrêtait, immobile, aux premiers bruits de l'orage. Quand tombe, en grondant, la pluie, et quand l'éclair brise la nue, et qu'il est là, jeune homme de dix-huit ans, qui regarde, oublieux du froid, pendant que toute la ville tremble et grelotte au coin du feu... quelle joie, et que d'espoir!

Or ce fut, justement un soir, en plein orage, à ce grand bruit de tonnerre, à la clarté de la lune qui brise le nuage, un soir d'espérance et de bonheur sous la fenêtre de Clémentine, que Clémentine expira!

Après Clémentine, Amélie. Une innocente maîtresse à côté d'une maîtresse aimée... il les aimait toutes de si bon cœur! Le cœur de notre poëte, au moment où il nous disait tous ses amours, était comme un calme cimetière où chaque tombe, blanche et couronnée de roses et de violettes, est à sa place, au champ des morts, visitée et fleurie, et bénie à son tour. Séraphine est morte par la fièvre, Clémentine est morte de chagrin; Amélie.... il faut bien qu'elle meure! Il le faut! Ne demandez pas pourquoi donc tous ces dénoûments funèbres? C'est l'unique secret que Charles Nodier ait jamais gardé. Voyez cependant le rare et merveilleux talent de ce conteur excellent : il sait nous intéresser à une triple histoire dont la catastrophe est la même, et s'il n'est jamais en peine de faire répandre les mêmes pleurs, nous ne sommes jamais las de les verser.

C'était à Genève. Il était parti pour se faire chartreux, il devint ce qu'il était encore, à sa dernière heure, un enthousiaste, un savant, un fanatique bibliophile. Moi, qui le connais bien, parce que c'est une vie que j'ai étudiée avec amour, je divise la vie de Nodier, en trois passions bien distinctes. Des papillons, l'amour et la botanique ; la grammaire, les livres et l'amour ; les papillons et Séraphine, Clémentine et l'ancolie, la bibliomanie et Amélie. Avec cet homme heureux se rencontrent inévitablement les plus savants botanistes, les plus habiles relieurs, et les plus heureux amateurs de beaux livres : Linné et Pasdeloup, Grolier et M. de Thou, la fleur de l'herbier et le marocain rouge ou vert, la robe de gaze et le soulier neuf, Horace et Virgile, autant de grâces, de beautés, de parfums, de héros, d'enivrements ; une femme nouvelle à côté d'une étude nouvelle ; et ce qui fait le charme infini de ses livres, c'est que ses livres, sont à la fois, une passion et une étude.

Ainsi, rien n'est aimable comme l'histoire que fait Nodier de la bibliothèque du chevalier Robert Grove. Ce chevalier Grove est un bibliomane accompli ; il fait de Nodier, son secrétaire. Ils compulsent ensemble, autant de beaux livres que Nodier a abîmé de beaux papillons, avec le comte de C..., son premier ami.

Dans cette ville abondante en grec, en science, en bons exemples, en rares enseignements, dans cette Athènes de la Réforme, Genève, un des vrais centres de la philosophie et du bel esprit, bâti de science et de solidité ; au milieu de l'austère et calme cité qui vit passer au loin, tant d'orages, le jeune amoureux, Charles Nodier, refit son éducation grecque et latine. Il se plongea (avec quelles délices !) dans l'Océan des scoliastes et des commentateurs ; il apprit à se connaître en beaux exemplaires des poëtes les plus élégants, et qui mieux est, il apprit à les aimer ! Quel bonheur, se disait-il, d'être à l'abri des passions, et de lire Sophocle, à livre ouvert ! Puis, tant il a lu Sophocle et Platon, Virgile et Cicéron, l'*Énéide* et la *Nouvelle Héloïse*, avec un brin de *Candide* et de *Dictionnaire philosophique*, soudain il jette aux orties la grammaire et Sophocle, et ramasse aussi, qui les voudra ramasser, l'herbier et la boîte aux papillons! C'en est fait; adieu Genève, adieu au beau lac; à la prairie, adieu!

Notre homme ira s'asseoir au coin du feu, chez la baronne de P..., et, les pieds sur les chenets, il lui raconte enfin des amours plus humaines. Et quelles amours, chère baronne! avec la blonde Alexandrine! Il l'enlève, et fouette cocher! Sur la grande route, Alexandrine voit des fleurs; elle descend de la chaise de poste; mais un ruban lui manque pour son bouquet; un Anglais passe; elle court après l'Anglais, qui lui donne un ruban pour attacher ses fleurs. Bon voyage à la blonde Alexandrine!

Après Alexandrine, il aima Justine la brune, Justine au nez retroussé, au pied mignon. Mais Justine a pour amoureux un capitaine de hussards, c'est bon. Les deux rivaux se battent sous les fenêtres de Justine. Le capitaine brise une dent à notre homme, et lui fend la lèvre, c'est bon. Notre homme va se faire panser comme il peut, chez un barbier voisin. A peine pansé il revient à Justine, il frappe, un homme se met à la fenêtre et lui dit : — « Bonsoir! » C'était la voix du capitaine.

En 1803 — c'était vous, baronne. — Passons, dit la baronne. — Je le veux bien, reprend Nodier; il trouvait madame de P... trop grande dame pour entrer dans sa collection.

Puis il tombe, ou plutôt il s'élève, car il est dans l'âge où l'on s'élève toujours, jusqu'à un amour de théâtre, aux mille visages : Aménaïde, Hermione, Célimène, Zaïre, tout cela rue Saint-Martin, n° 48... sous les toits.

N'importe, elle était jolie comme on était jolie au Théâtre-Français, autrefois. La jeune comédienne s'appelait, férocement, Lucrèce. Heureusement, un beau soir d'oisiveté, elle consentit à partir pour Nangis.

Oui, à Nangis! Ils voyageaient, Lucrèce et lui, par ce clair de lune qui a rendu célèbre le département de l'Aube. Elle était si contente! Était-il assez heureux!

Rassurez-vous... celle-là, du moins, ne mourut pas!

Mais hélas! encore, encore hélas! si elle ne mourut pas, elle eut la petite vérole; vous savez bien, une petite vérole du bon temps : la peau sillonnée comme par un coup de fouet, l'œil rouge, et ni cils, ni cheveux, ni sourire, et plus de voix.

Il avait enlevé une belle fille, Hermione, Zaïre et tant d'autres ; il restait avec Armande, Œnone, Arsinoë, et madame d'Escabagnas, le pauvre enfant !

Que vous dirai-je ? Il eut Jeannette, la commère de Polichinelle, et de cet amour, non contrarié, lui est venu ce grand amour pour Polichinelle, dont il nous promettait l'histoire, en dix-huit tomes *in-quarto*.

Après Jeannette, Henriette, et après Henriette... Holà !

On n'en finirait pas si l'on se mettait à raconter les amours de ce jeune homme. Heureusement (pour nous) qu'il était plus amoureux avec sa tête, qu'avec son cœur. Ces souvenirs de sa première jeunesse eurent bientôt pris, sous cette plume accorte et savante, une forme littéraire ; il fit des romans, de ses amours ; il écrivit, pour notre fête à tous, l'histoire de ses vingt ans. *Thérèse Aubert*, *Smarra*, *Trilby*, *la Fée aux miettes*, *Hélène Gillet*; autant de pages ravissantes, mais Balzac et Frédéric Soulié les ont fait oublier à force d'émotions, de curiosité, de pitié, de terreur. La modération en toute chose, et le « *rien de trop* » était un des caractères de Charles Nodier ; à peine s'il a été violent, une ou deux fois dans sa vie, à son corps défendant.

Au moment où le maître absolu faisait sentir à l'Europe entière son génie et son joug, Charles Nodier, il est vrai, écrivait une satire en vers, *la Napoléone*, mais cette « satire » était si parfaitement innocente et peu dangereuse, que le maître absolu des âmes et des corps sut à peine le nom du téméraire. Lui, cependant, importuné du peu d'estime que le consul faisait de ses innocentes fureurs, il écrivit (avec les souvenirs, les grâces et les parfums des montagnes hospitalières du Jura) son poétique récit : *Stella ou les Proscrits*. Cette fois, pour lui apprendre à vivre, on le vint prendre en grande cérémonie, à la façon même des lettres du petit cachet du roi qui ouvraient, si volontiers, les portes de la Bastille, et le voilà content, si la Conciergerie et le *Dépôt*, ce fameux *Dépôt* dont le nom seul est une terreur, peuvent contenter un faiseur de satires, de romans, d'onomatopées, de botanique et d'anthomologie. Hélas ! ce jeune homme, qui avait déjà manqué l'échafaud, d'une seule voix, il faisait de si beaux rêves lorsque, pour la première fois, il s'en vint chercher, à Paris même, cette liberté si chèrement achetée, dont son père lui avait si souvent et tant parlé. Il se figurait que tout au moins, il retrouverait, debout, dans la passion et dans l'action, les temps de Voltaire et de Diderot, le xviiie siècle tout entier, qui venait de mourir en donnant le jour à la révolution française, et qui ne devait plus sortir de son tombeau.

Chemin faisant, il entendait encore à son oreille enchantée, les grands bruits de ce grand siècle, étouffé dans les larmes et dans le sang, et il ne se doutait guère que ces grands bruits s'étaient perdus dans l'apathie et dans l'épouvante de cette nation. Il prenait les bruits nouveaux pour les bruits anciens, les tempêtes de la gloire pour les orages de la liberté. Qui lui eût dit que les passions du xviiie siècle étaient mortes, que ses espérances étaient brisées, que désormais les bourreaux reposaient à côté des victimes, et qu'enfin, dans toutes les mains viriles l'épée allait remplacer la plume, un outil dangereux, un outil brisé? Plus d'autre gloire, enfant, dans ce Paris des fièvres, que la gloire des armes; plus d'autre parole que la cantate universelle; et plus de tribune, et plus de journal! Partout la censure et des censeurs. Obéissez, jeune homme, et si tu résistes... malheur à toi!

Ce fut donc pour lui apprendre à obéir (l'obéissance était en ce temps-là déjà, la plus utile et la plus humble de toutes les sciences humaines), que le magistrat fit déposer ce jeune homme au Dépôt de la Préfecture, cet horrible lieu, ce lieu maudit dans lequel les malfaiteurs de nos jours ont grand'peine à rester vingt-quatre heures. Cette salle, ou plutôt ces limbes misérables, était encombrée d'infortunés qui n'avaient pas même assez de place où se reposer, la nuit, sur un lit de camp, plus dur que le lit des forçats. Dans ces ombres funestes, étaient jetés pêle-mêle, sans forme de procès, tous ceux qui faisaient obstacle au nouveau pouvoir! De vieux jacobins, la terreur de l'univers entier, et dont les enfants, eux-mêmes, n'avaient plus peur; de vieux royalistes, inoffensifs par l'excès de leur aveuglement et de leurs espérances, attendaient, au Dépôt, la fin de leurs misères.

Une fois plongé dans ces tortures, vous étiez un proscrit; nul ne prenait la peine de donner même un prétexte à votre supplice. Étiez-vous acquitté par les juges? On vous ramenait à la prison, et plus d'un y est resté jusqu'à la fin de l'empire. Véritablement ils étaient bien endurcis, les uns et les autres, à force de captivité et de misère, mais ce fut pourtant une pitié universelle quand ils virent entrer ce beau petit jeune homme, à l'air inspiré et naïf, et quand ils l'entendirent qui osait protester, du fond de ces abîmes, contre le tout-puissant. *De profundis clamavit!* Chacun se leva pour le mieux recevoir. « Sois le bienvenu, » disait le républicain ; « sois le bienvenu, » disait le gentilhomme ! Le vieux journaliste Démailhot se leva à demi de son grabat où le retenait la paralysie, et il se mit à raconter sa vie au jeune captif.

Nodier resta quinze jours au Dépôt, puis on le renferme au Temple, dans une chambre où il eut pour compagnon (quel supplice à ce jeune homme !) un misérable, appelé le marquis de Sade, un brigand de la plume, un biographe, le biographe de Justine (il a laissé plus d'un petit, de ses basses œuvres), mort au milieu de ses excréments, de ses délires et de ses blasphèmes, parmi les fous de la Salpêtrière, qu'il avait corrompus de ses doctrines. Très-heureusement, il y avait dans cette même chambre du marquis de Sade, un très-galant homme, Nicolas Bonneville, le poëte, l'ami d'André Chénier, si beau que les furies de guillotine avaient demandé sa grâce à Marat ! Du Temple, Nodier fut traîné à Sainte-Pélagie, et *mis au secret*. Quoi donc, *au secret*, dans un cachot, ce jeune homme dont l'œuvre la plus dangereuse est un *dictionnaire ?* Quoi ! tout seul, dans ces ténèbres, sur ce grabat, dans ce silence ?

Mais la poésie est la grande consolation des jeunes âmes ; — elle est au chevet du patient ; elle se tient, heureuse et souriante, aux pieds du captif ; elle l'endort de sa voix amie ; elle le berce dans ses bras passionnés ; elle murmure à son oreille les mots divins : *liberté ! espérance ! avenir !* C'est la poésie qui a sauvé Nodier ; elle lui a donné la patience et le courage !

Mourant, on le transporte enfin dans une chambre éclairée du soleil, et sur un lit.... Juste ciel ! le lit de madame Roland ! Là elle avait dormi ! A la ruelle de ce grabat, on pouvait lire encore gravé dans la pierre : *Jeanne Philipon, femme Roland !* Hélas ! Deux innocentes créatures, celle-ci et celui-là, madame Roland et le petit Nodier ! Celle-ci, forte et puissante entre tous les hommes de son temps ; celui-là, naïf et calme enfant de la

France allemande, et qui ne devait rien comprendre à tant de fureurs!

Que vous dirai-je? Il a fait de sa jeunesse, une touchante et cruelle histoire, nettement racontée, avec l'accent d'un homme qui se souvient, mais qui se souvient sans haine, et qui n'a conservé de toutes ces misères, que le regret pour les malheureux qu'il a vus mourir. Certes, il a été cruellement éprouvé; certes, il a passé par bien des angoisses; mais à peine libre, à peine Fouché lui a-t-il montré la route qui conduit à Besançon, que le voilà revenu, tout entier, au caprice qui est sa muse, à l'imagination qui est sa compagne. Bien plus, même sur ces grands chemins qu'il parcourt d'un pas si rapide, il se reporte par la pensée, au fond du cachot qu'il a quitté; il revient aux amitiés de la prison; même il retrouve un peu mieux que l'amitié. Par exemple cette jeune fille à l'œil noir et doux, qui venait au guichet, chaque lundi; cette jeune femme dont la tristesse était si charmante! Quant à ses compagnons, laissés là-bas — fusillés dans la plaine de Grenelle ou déportés dans les déserts de Sinnamary: Hérisson de Beauvoir le jeune chouan, Coste de Saint-Victor, Joyant de Villeneuve, Raoul Gaillard, le Bourgeois, il les voit, il les appelle, il les pleure. Hélas! s'ils étaient libres avec lui! S'il pouvait les emmener dans les vastes campagnes! Si seulement, Renou était là, pour chanter ses belles chansons! Si seulement il avait à ses côtés, son compagnon *Duclos*, Duclos devenu, plus tard, *l'homme à la longue barbe;* déguenillé, que j'ai vu si souvent aborder Nodier, avec le geste élégant, et la main bien lavée d'un homme de la meilleure compagnie! Ainsi il pensait, ainsi il rêvait, et puis tout d'un coup, il se prenait à tressaillir, il lui semblait qu'il avait vu passer, marchant à la mort, un de ses compagnons de captivité... George Cadoudal!

Au demeurant, de toutes ces impressions diverses, il devait arriver ce qui est arrivé en effet, que ce jeune homme, rejeté par la pitié de Fouché dans la vie et dans le seul travail auxquels il était propre, à savoir la vie et le travail des poëtes, resterait désormais étranger aux passions, aux cruautés, aux vengeances des partis. Il avait traversé, de trop bonne heure, les dangers de la politique, pour être tenté de rentrer dans cette arène, où les honnêtes gens succombent presque toujours, où le seul ambitieux sans conscience a des chances de salut. Rien n'est plus juste; et rien ne s'est mieux justifié, selon moi, que ce mot du digne Beauvoir à Nodier : « Pour toi, Charles, sois tranquille, on n'en veut « pas à ta vie; ta vie n'est liée à aucun système redoutable; tu « tiens à tous les partis par quelques idées, et tu te dérobes à « tous par quelques répugnances! » Il était impossible de mieux parler [1].

Voilà donc les renseignements que nous rencontrons dans les *Souvenirs de Nodier*. Je me rappelle qu'un jour, je lui disais : « Comment donc avez-vous oublié que vous avez été guillotiné, le « même jour que la reine de France? » — A ce propos, il devint tout

---

[1]. A quel point Charles Nodier s'était retiré de la politique, on en peut juger par cette lettre qu'il écrivait à M. Villemain, le grand ministre de l'instruction publique :

« Vous n'avez pas oublié, peut-être, car vous n'oubliez rien, que je divertis, il y a quelques mois l'Académie, d'une improvisation hargneuse et brutale contre les nomenclatures, sans en exempter la nomenclature *des poids et mesures, qui était alors légale*.

« Cette boutade réussit. Elle vous fit sourire. M. Royer-Collard me cria de son fauteuil : « Il faut écrire cela! » M. de Lamartine ajouta : « Et l'écrire comme l'avez dit. » Je l'ai fait, et puis j'ai oublié que je l'avais fait; mais on l'a su dans les bureaux d'un journal, parce qu'on y sait toute chose. On m'a enlevé ce fatras et il va paraître.

« Une question se présente, et je suis devenu tellement circonspect, comme tous les hommes qui n'ont pas l'habitude d'être heureux, que cette question s'est attachée à ma pensée comme les remords de *Macbeth*. Elle a tué mon sommeil. *Non missura cutem*.

« Cette nomenclature fatale, que je méprise et que je déteste, n'en est pas moins un fait légal. C'est une sottise inflexible, une turpitude respectable. Je l'ai senti en écrivant; j'ai sauvé par quelques précautions que je n'ose appeler oratoires, la soumission due au gouvernement, le respect de la loi, mais le délit reste, s'il y a délit.

« J'ai du courage contre une poursuite judiciaire, contre un procès, contre une amende. Je m'en trouverais peut-être contre la destitution elle-même; quoique la destitution fût, en ce cas, un nom euphémique de la peine de mort; mais je n'ai pas de courage contre l'idée de vous déplaire.

« Oh! qu'un mot consolant tombé de votre plume, jetterait du baume sur mon cœur malade!

« Mon cher et illustre maître, ayez pitié de moi!

« Votre inviolablement dévoué,

« Charles Nodier. »

Paris, e 14 septembre 1841.

pensif, comme un homme qui cherche à se rappeler si en effet, il n'a pas été le héros de cette glorieuse infortune? — C'est là d'ailleurs une partie du talent de Nodier; ce qu'il raconte, non-seulement il l'a vu, mais il le voit encore; il l'a senti, touchez son cœur! Son cœur bat de la même émotion : l'échafaud et les fleurs, le bourreau et Thérèse Aubert, les cris de la rue et les harmonies divines des campagnes, le cachot et le vagabondage de l'homme heureux qui va tout droit devant soi, au hasard, sur la crête des monts, au bord des fleuves, au pied des chênes.... voilà de quoi se composent sa vie et ses livres. Il y avait en lui quelque chose de cette rêverie à pied, et saine, dont il est parlé dans les premiers livres des *Confessions*; j'imagine que ses plus beaux livres, il se les est racontés à lui-même, après quoi autant en emporte le vent!

C'est d'ailleurs une destinée singulière des livres que Nodier a laissés; à peine si les gens pour qui il les a écrits, ont voulu les lire; il a attendu longtemps ses lecteurs. D'abord on s'en étonne, et bientôt la chose est facile à comprendre. Il arrivait, le premier, de toute la nouvelle école, sans être précédé du grand tapage que font d'ordinaire les novateurs, et naturellement le public surpris, ne comprit pas, tout d'abord, la piquante nouveauté de ce style aux formes limpides, aux transparentes couleurs. Comme aussi cette fiction nette et rapide et contenue en cet étroit espace, ne pouvait guère convenir à ces lecteurs, avides d'émotions étranges, et blasés doublement, sur les événements qui se passaient dans les livres, et hors des livres. *Jean Sbogar*, le premier des romans qui se présente dans la collection des œuvres de Nodier, a été écrit pour venir en aide à Nodier, nommé professeur des sciences politiques dans la petite Tartarie (Ovide chez les Sarmates!) et forcé de revenir sur ses pas, faute d'argent, le ministre ayant oublié de payer le professeur. « *Jean Sbogar* réussit, *grâce à l'anonyme*, dit Nodier. Les grands critiques de 1812 attribuèrent le livre à Benjamin Constant lui-même; les autres assurèrent qu'il avait été écrit par madame de Krudner. »

Or, savez-vous qui donc, le premier, devait nommer le véritable auteur de *Jean Sbogar*? l'empereur Napoléon lui-même, qui le lut un jour, dans son exil de Sainte-Hélène, et qui écrivit sur

les marges, des notes de sa main. « Il n'était pas dans ma des-
« tinée d'être pesé dans une telle balance, » disait Nodier ; or il
disait cela, d'autant plus volontiers, que plus loin il ajoute : « *Jean*
« *Sbogar* n'est que mon ombre tout au plus, ou je me suis gran-
« dement trompé sur la pauvre place que je tiens au soleil ! »

Cependant, si en effet, *Jean Sbogar* est l'ombre de Nodier, les
tablettes du philosophe Sbogar doivent être lues avec le plus
grand respect. — « Un brin de paille, c'est quelque chose ; une
idée, ce n'est rien. » — « La plus haute liberté d'une nation,
c'est de choisir un esclavage à son gré. » — Je ne sais plus
qu'un métier à décréditer, celui de Dieu. » — « Je voudrais bien
qu'on me montrât, dans l'histoire, une monarchie qui n'ait pas
été fondée par un voleur ! »

Le peintre de Salzbourg est antérieur, de dix ans, à *Jean
Sbogar*. « En ce temps-là, disait Nodier, les hommes de génie
étaient fort occupés de leur gloire, et les hommes d'esprit de
leur fortune ! Or, notre *peintre de Salzbourg*, ce jeune artiste
qui ne s'occupe que du rêve et de l'idéal, qui ne songe ni à la
gloire ni à la fortune, était quelque peu dépaysé chez les grands
lecteurs qui avaient lu *Faublas,* le digne Télémaque de cette
génération de malheur. Heureusement que les femmes, même
dans les temps de licence, croient encore à l'amour ; les femmes
ont protégé l'amoureux sentimental d'Eulalie ; elles ont pleuré
sur les malheurs de la jeune Adèle, elles ont protégé, de leur
pitié et de leurs plus douces larmes, la courageuse et patiente Thérèse Aubert, la douce image et l'écho charmant des premières
années du poëte. Il n'y a rien de plus tendre et qui soit plus
voisin du mois de mai, que cette histoire de Thérèse Aubert. Le
paysage est digne de Goëthe lui-même ; les héroïnes touchent
à l'idylle, quand l'idylle est digne des consuls. Mondyon, Jeannette, la ronde des jeunes filles, ne diriez-vous pas autant de
pages arrachées aux premiers romans de George Sand, tant se
ressemblent les divines aspirations de la jeunesse, et les premières fêtes de l'amour ?

Smarra est encore une des plus aimables pages de Charles
Nodier. *Smarra* est une fantaisie où se rencontrent toutes sortes
d'éléments divers ; il y a de l'Hoffmann, il y a du Schiller, il y
a de l'Apulée ; on assiste au rêve d'un poëte éveillé, et pour-

suivant dans l'espace enchanté, les fugitives féeries du sommeil. Comme étude d'une langue habilement, hardiment travaillée, ce conte de *Smarra* est une étude admirable ; Nodier a mis dans ces pages, tout ce qu'il a pu prendre aux anciens : Homère, Théocrite, Virgile, Catulle, Stace, Lucien, sans oublier Dante, Shakspeare et Milton ; même la peine et le tourment du style, et cette imitation laborieuse des magies antiques, ajoutent un intérêt irrésistible à ce *cauchemar ;* Charles Nodier ne voulait pas faire autre chose, quand il écrivait *Smarra*.

Rien n'est plus joli que *Trilby*, doux souvenirs des montagnes de l'Écosse, avant que Walter Scott eût fait de l'Écosse une contrée aussi connue que la place du Carrousel. *Trilby* est une élégie, écrite avec soin, avec amour. On y retrouve, à chaque ligne, à chaque souffle, un écrivain naïf qui admirait les Contes de Perrault, presque autant que les Fables de La Fontaine. *Trilby*, c'est le lutin triste et gai, bon enfant et moqueur ; ami de la joie et des gaietés champêtres, il ne se refuse pas une douce larme. Autant que Perrault, Charles Nodier avait été créé et mis au monde, pour être l'*Hésiode des esprits et des fées* qui n'avaient pas de secrets pour lui. Au premier rang de ces fées, de ces féeries, de ces douces fantaisies, de ces rêves d'été, n'oublions pas la plus légère de toutes les fées et la plus brillante, Mlle Taglioni, si bienséante sous l'aile du sylphe aérien de Nodier.

Suivons-le toujours, non pas le sylphe, mais Nodier lui-même, (on pourrait aisément s'y tromper), à chaque instant vous verrez l'aimable conteur varier sa leçon et son conte. Plus d'une histoire, parmi ces histoires, est un vrai drame : *Hélène Gillet*, par exemple... il n'y a rien de plus terrible à raconter... Heureusement *la Fée aux miettes* eut bientôt racheté toutes ces cruautés :

« Souvenir de ma vingt-cinquième année, doucement passée entre les romans et les papillons, dans un pauvre et joli village du Jura, que je n'aurais jamais dû quitter ! » Véritablement, il a entendu raconter l'histoire de *la Fée aux miettes*, assis au coin de l'âtre, sur un bahut délabré, et se réchauffant au feu clair et brillant d'une bourrée étincelante et petillante de genévrier odorant. C'est une jolie et très-ingénieuse esquisse, cette *Fée aux miettes*, pleine de caprice, d'esprit, de malice, et d'une piquante bonhomie, naturelle à l'esprit franc-comtois.

La Fée aux miettes est un peu comme *le Roi de Bohême*, qui est introuvable dans ses sept châteaux, d'autant plus introuvable, que, même le premier de tous ces châteaux, s'en va, disparaissant toujours. Au reste, ces sortes de tours de force renouvelés de l'Arioste, plaisaient à Nodier. Jamais il n'avait plus d'esprit qu'entre deux parenthèses ; mais aussi la parenthèse, une fois ouverte, il s'en donnait à cœur joie ; il allait, il allait dans toute la liberté de son esprit, dans toute l'innocence et dans toute l'ignorance de son cœur. Que de beaux chapitres, épars çà et là, qui seront bien difficiles à retrouver, si quelque *tout voyant,* et *tout lisant* ne nous vient en aide ! Que de charmantes parenthèses franchement ouvertes, que l'auteur oubliait de refermer ! Adorables négligences dont il a emporté le secret ! Il touchait, en se jouant, à toutes les questions d'art, de littérature et de goût, marchant un peu le premier, avant même les plus hardis, plantant le drapeau sur les côtes escarpées, et quand le drapeau était planté, s'amusant à regarder qui donc sera assez hardi pour l'enlever, et le porter cent pas plus loin ? Puis, si le nouveau venu, un génie, un certain Victor Hugo, jeune homme, et ne doutant de rien, portait le drapeau à quelque brèche inconnue, aux sommets des tours crénelées, voici Charles Nodier qui battait des mains à cette prouesse, admirant (sans se douter qu'il avait donné le signal, et qu'il était parti le premier), qu'un simple mortel osât toucher à ces sommets fabuleux.

Le : *sic vos non nobis !* ne s'est jamais mieux, et plus complétement rencontré que dans le travail littéraire de Charles Nodier. Il avait en lui-même, les meilleurs instincts de la révolution littéraire ; il en avait deviné la nécessité, la force et la toute-puissance, et pourtant la révolution s'est faite, à son ombre et sans lui ! Il avait ouvert les sentiers dans lesquels sont entrés hardiment les jeunes esprits de ce siècle... Il n'a pas marché dans ces sentiers. Il a pressenti ce qu'ils ont deviné... il a indiqué le nouveau monde qu'ils ont découvert. Ainsi Moïse a vu, de loin, le pays de Chanaan où il introduisait tout un peuple.

Il n'y avait rien, non-seulement dans les lettres, mais dans le monde hors des lettres, de meilleur que Nodier. A toute tentative heureuse, il éprouvait le contentement d'un enfant ; à toute gloire éclose hier, il tendait une main bienveillante.

Il encourageait, il écoutait, il guidait, mais d'une main si légère! Très-savant dans toutes les parties de l'art, il cachait sa science ; il la cachait, par pitié pour ceux qui ne savaient pas, et quelquefois par respect. Nodier, tout comme Frédéric Soulié, a été tout à fait l'homme de lettres, tel qu'on peut le rêver dans une époque où les lettres sont devenues la brûlante et terrible profession des malheureux qui n'en ont pas d'autre. Il n'a été que cela toute sa vie ; écrivant pour vivre et vivant au jour le jour, riche aujourd'hui, pauvre demain, content toujours. Ainsi s'est passée son innocente vie, à oublier les livres qu'il écrivait, à encourager ceux des autres; à relire, à racheter les vieux livres d'autrefois, auxquels il avait voué un culte savant et sincère.

Vie heureuse, à tout prendre.... elle n'a pas été sans chagrins, sans amertume. Ce travail de toutes les heures le jetait, parfois, dans d'ineffables tristesses. La nécessité d'avoir l'esprit toujours tout prêt, lui était odieuse ; il l'a bien montré, lorsque après la mort du grand critique Geoffroy, M. Bertin l'aîné offrit à Charles Nodier, l'insigne honneur d'écrire, à son tour, ce feuilleton redoutable alors, parce que le *Journal des Débats* était alors le seul journal qui se fît lire. Aujourd'hui, grâce à tant de plumes légères, à tant de plumes vaillantes, à tant de beaux esprits jeunes, hardis, féconds, charmants, qui ont fait, en se jouant, de la critique, la parure et l'ornement exquis des meilleurs journaux, Geoffroy lui-même, s'il revenait au monde, aurait grand' peine à défendre son poste, et bien souvent il s'avouerait vaincu par la grâce de celui-ci, par la science de celui-là, par l'ironie et les élégances du troisième; il n'y a plus de feuilleton, il y a les feuilletons.

Charles Nodier fut séduit, un instant, par la succession de Geoffroy; mais quand il eut compris la gêne et l'assiduité de ces fonctions littéraires, quand, à peine, il fut entré dans ce labeur de tous les jours, dans les cris, dans les tumultes, dans les réclamations, dans les vengeances occultes de l'amour-propre aux abois [1]; quand il lui fallut répondre au poëte, au comédien, au théâtre, au public, au

> . Mais je veux que le sort, par un heureux caprice,
> Fasse de vos écrits, prospérer la malice,
> Et qu'enfin votre livre, aille, au gré de vos vœux,
> Faire siffler Cottin, chez nos derniers neveux;

jeune homme, au vieillard, à la ride, à la fleur, à tout ce qui commence, à tout ce qui finit, et pas une heure où sa porte ne fût assiégée, il renonça bien vite à ce triste esclavage.

Ayez pitié de moi, disait-il à M. Bertin l'aîné, et prenez, à ma place, un écrivain plus robuste... En effet, Charles Nodier était un homme de loisir ; il voulait écrire à son heure ; il voulait rêver tout à l'aise ; il exécrait la vie en public ; il n'eût voulu, à aucun prix, d'une position agitée et toujours sur le qui-vive? Et savez-vous ce qu'il admirait le plus dans cet admirable La Bruyère, l'auteur des *Caractères?* C'était la facilité de son abord !

« Rien de si beau que ce caractère, disait un contemporain de La Bruyère, Bonaventure d'Argonne ; mais il faut avouer que, sans supposer d'antichambre ni de cabinet, on avait une grande commodité pour s'introduire, soi-même, auprès de M. de La Bruyère. Avant qu'il eût un appartement à l'hôtel de Condé, il n'y avait qu'une porte à ouvrir, et une chambre, proche du ciel, séparée en deux, par une légère tapisserie. Le vent, toujours bon serviteur des philosophes, courant au-devant de ceux qui arrivaient, levait adroitement la tapisserie, et laissait voir le philosophe, le visage riant, et bien content d'avoir l'occasion de distiller, dans l'esprit et le cœur des survenants, l'élixir de ses méditations. »

Donc après six mois de ce labeur (il y a près de trente ans que celui qui écrit ces lignes a repris, aux mains d'Étienne Béquet mort, la tâche qu'Étienne Béquet avait prise aux mains de M. Duviquet mort, qui l'avait prise à Charles Nodier, le successeur de Geoffroy, mort à la peine), Charles Nodier renonça, volontiers, à ces rudes et stériles fonctions. Et pourtant, dès le premier jour, il avait réussi par la grâce et par l'atticisme. Il s'était fait lire, en dépit de sa bienveillance, ou pour mieux dire en dépit du peu d'importance qu'il attachait aux choses même dont il était forcé de parler. « Pourtant, disait-il, ces fonctions de la critique au jour le jour, quand elle s'applique à des œuvres à peine échappées à la forge brûlante, convenaient à ma paresse,

> Que vous sert-il qu'un jour l'avenir vous estime,
> Si vos vers aujourd'hui vous tiennent lieu de rime,
> Et ne produisent rien, pour fruit de leurs bons mots,
> Que l'effroi du public, et la haine des sots?
>
> Despréaux, *Sat.* IX.

et je conviens que c'est là une façon supportable d'avoir de l'esprit, quand on est absolument forcé d'en avoir. Ce bel esprit que l'on jette au vent qui souffle, a le grand avantage de ne pas durer : un souffle l'emporte, et soudain tout s'efface en petillant, de ces étincelles qui brillent une heure. Enfin ça ne ressemble pas à un livre. Fi du livre! Les anciens savaient à peine ce que c'est qu'un livre. Démocrite, Épicure, Socrate et même Chrysippe ont dicté d'innombrables chapitres, ils n'ont pas fait de livres.

« L'*Iliade* est une suite de chapitres épars. Athénée, Valère-Maxime, Aulu-Gelle, Macrobe, Montaigne, La Mothe-le-Vayer, Diderot, ont nettement tranché la question; ils n'ont laissé que des pages, avec lesquelles il y a des milliers de livres à faire, pour des milliers de générations de pédants !

« Si donc la méchante habitude et le besoin de me distraire des angoisses de la maladie et des infirmités de l'âge, me forçaient à écrire, ce ne serait pas pour entreprendre un livre. J'abandonnerais, tout au plus, au papier blanc, quelques impressions, quelques histoires sans suite, jusqu'au jour où la mort viendra souffler, en riant, sur ces feuilles fugitives ! » Ainsi a-t-il fait — peu de *livres*, mais des pages charmantes, des chapitres pleins d'art et de goût, des œuvres pleines de sens et d'un atticisme que rien n'égale. Hélas! durant le dernier été qu'il a vécu, moins que l'été, dans les premiers jours de son dernier automne, il avait publié un beau petit conte intitulé : *Franciscus Colonna!*

Jamais il n'avait eu plus d'esprit, plus de tendresse, « et croyez bien, disait-il en finissant, que si j'écris ceci, c'est tout bonnement pour acheter de beaux livres qui me narguent, et qui me provoquent dans la boutique de Techner. »

A Dieu ne plaise que nous rappelions ici tous les titres de Nodier à la reconnaissance, aux respects! Son œuvre est faite; elle est éparse dans les livres, dans les recueils, dans les revues, dans les journaux, un peu partout. Reste, maintenant, à recueillir ces pages errantes, à ramener au bercail ces brebis vagabondes, que le berger n'a pas su réunir, faute d'un chien de garde, et seulement alors on pourra juger quel était cet homme d'une imagination si fraîche, et d'une science charmante.

Les *Souvenirs de Jeunesse*, le *Songe d'Or*, *Inès de las Sierras*, *Mademoiselle de Marsan*, les Satires du ***Docteur Néo-***

phobus, les *Notices de Linguistique*, le *Dernier Banquet des Girondins*, les *Mélanges tirés d'une petite Bibliothèque*, et tant d'excellents articles d'une critique excellente, à l'usage des éditeurs des plus beaux livres, et des lecteurs les plus difficiles, compléteront cette édition attendue et désirée.

N'espérez pas cependant que jamais l'œuvre de Charles Nodier soit complète. Qui peut dire ce qu'il a écrit dans sa vie, et qui saurait retrouver ces pages d'un jour, emportées par tous les vents du nord ? Enfin, quand bien même vous les retrouveriez, les unes et les autres, où donc retrouver cette autre partie de Nodier, sa causerie vive et piquante, ce bon mot ingénieux, cette satire innocente, ces souvenirs, ces histoires, ces inventions, ces visions décevantes, tout Nodier : causeur plus calme, aussi simple, et plus vrai, mais non pas moins abondant, moins écouté que Diderot ?

Il avait fait, comme ont fait avant lui, plusieurs de ses confrères de l'Académie, il s'était longtemps affranchi du joug de l'Académie ; il en riait, à ses heures ; il célébrait le charme et la douceur de la liberté, puis tout d'un coup, aussitôt qu'il eut compris que son heure était venue, il frappa, d'une main timide, à la porte de la savante compagnie, et comme il convenait parfaitement à sa gloire, elle ne le fit pas trop attendre. Il fut accueilli en ce lieu célèbre, par la sympathie universelle. Comme il s'était fort peu prodigué, et qu'il n'avait pas fait de sa personne un spectacle, il y eut un grand nombre d'honnêtes gens qui tinrent à honneur de l'entendre, et de le saluer, pour la première fois. A l'Académie il remplaçait M. Laya, un homme qui, pour avoir été courageux tout un soir, vivra éternellement dans le souvenir et dans les respects de la nation lettrée. A l'Académie, il fut reçu par M. de Jouy, M. de Jouy, le plus frappant exemple et le plus salutaire des inconstances de la multitude, et de sa hâte à briser, aujourd'hui, l'idole qu'elle adorait hier. Qui fut plus célèbre un instant, plus populaire et plus généralement écouté que M. de Jouy ? Qui fut plus vite, et plus universellement oublié ?

Pendant dix ans qu'il avait à vivre encore, Charles Nodier resta fidèle à cette illustre compagnie ; il en partagea, tranquillement, les moindres travaux ; il prit sa part, et sa bonne part dans le travail du dictionnaire, et ses plus belles heures lui furent consacrées. Il vivait de peu, il se contentait de rien. Sa passion pour les vieux livres avait remplacé toutes les passions de sa tête et de son cœur, et même au fond de cette ardeur à découvrir les pages brillantes du temps passé, il mêlait, faut-il le dire? une certaine prévoyance. Il n'aimait pas les beaux livres, plus qu'il n'aimait sa femme et sa fille, et plus d'une fois, non sans peine et sans regret, il mit en vente sa chère et douce bibliothèque. « Amis, disait Scaliger, voulez-vous connaître un des grands malheurs de la vie, eh bien, vendez vos livres ! »

Charles Nodier poussait la vente jusqu'au stoïcisme. Il parait son livre avec le zèle et le soin de M. Grolier lui-même ; à ce livre, ressuscité par sa tendresse infinie, il ajoutait son chiffre et son nom, il le décrivait dans son catalogue (et le catalogue aussitôt devenait un charmant, un savant livre), enfin le bel exemplaire appartenait au dernier enchérisseur. Vendue aujourd'hui, la bibliothèque de Charles Nodier représenterait une fortune... il se contentait de gagner un peu d'argent à vendre ainsi ses plus rares découvertes, dans les hasards de la bibliographie, et, vendu la veille, il rachetait le lendemain. Un ministre, ami des lettres, un bel esprit que les lettres ont consolé après sa disgrâce, un honnête homme, et qui savait récompenser le mérite, M. de Corbière, avait nommé Charles Nodier conservateur de la bibliothèque de l'Arsenal ; grâce à M. de Corbière, il avait enfin rencontré le calme et la paix :

Inveni portum, spes et fortuna valete....

La maison de l'Arsenal est grande et belle, elle est placée entre le silence qui vient de ces lieux déserts, et le bruit qui vient de la ville ; elle exhale une suave odeur de fleurs nouvelles et de bouquins. Là, vivait Nodier dans le somptueux appartement qui avait abrité M. de Sully lui-même ; là il recevait (il était né hospitalier) tous ceux qui tenaient honorablement une plume, un burin, une palette, un ébauchoir. En cette capitale du bel esprit, de l'agréable causerie, et des amusements littéraires, venaient, chaque dimanche, les poëtes nouveaux, tout brillants de leur fortune naissante. Il était l'ami de M. de Lamartine ; il était le confident de M. Victor Hugo, jeune homme ; il encourageait le jeune Alexandre Dumas, le jeune Frédéric Soulié.

Sa bienveillance était inépuisable, et son sourire était charmant. La première fois que S. A. R. monseigneur le duc d'Orléans (*tu seras Marcellus!*) écrivit ses campagnes dans la nouvelle Afrique, il voulut que M. Charles Nodier relût ce beau livre, écrit d'une main délibérée, et Nodier se fit un grand honneur de corriger le *journal de l'expédition des Portes de fer*. Mgr le duc d'Orléans l'aimait; il aimait sa grâce, il aimait son talent; il aimait son courage et sa résignation; il l'a pleuré quand il est mort. Notre roi lui-même, et notre reine (un ange!) envoyaient pour savoir des nouvelles de Charles Nodier, et lui, Nodier, à l'agonie, il disait, avec un doux sourire : « Eh! que d'inquiétudes pour un pauvre homme! » Ainsi les douleurs de sa mort ont racheté, et au delà, les agitations de sa vie; il a vécu comme un poëte, il est mort comme un sage; à son heure dernière, il disait, en voyant toutes les tendresses qui l'entouraient : Je n'aurais jamais pensé qu'il fût si difficile de mourir.

Il n'avait que soixante-quatre ans; sa dernière inquiétude, — et sa dernière espérance ont été pour sa femme, qui l'a tant aimé; pour sa fille, digne héritière des talents de son père; pour ses petits-enfants, qui pleuraient.... Sa femme est restée à l'Arsenal, où elle s'est doucement éteinte, en parlant de son bon Charles; sa fille a combattu vaillamment, pour son mari, pour ses enfants. Le roi vint en aide à cette famille illustre; il donna au gendre de Nodier, une belle place dans les finances de son royaume, il permit aux petits-fils de Nodier, d'ajouter le nom de leur grand-père, au nom de leur père! Enfin, Charles Nodier eut une tombe, et les louanges suprêmes ne manquèrent pas à cette tombe honorée. Hélas! Frédéric Soulié fut moins heureux que Charles Nodier.

§ XXV

Frédéric Soulié n'a pas obtenu un seul honneur parmi les honneurs réservés aux belles lettres; il n'a été aidé de personne; il a demandé, mais en vain, un emploi qui l'aidât à vivre; il n'a pas été de l'Académie; il n'a pas eu de tombeau, il n'a pas encore de tombeau. Même les efforts qui ont été faits pour que sa tombe fût stable, autant d'efforts stériles! Qui l'eût dit, le jour de sa pompe funèbre? Qui l'eût dit, quand cette ville en deuil se leva comme un seul homme, au-devant de ce cercueil? L'église était tendue de noir, et la foule accourue à ces funérailles, débordait même dans la rue! Une musique, empruntée à la ronde joyeuse de *la Closerie des Genêts*, accompagnait le *De Profundis!* Les assistants à cette fête de la mort, poussés par une main habile à former des groupes, défilèrent dans un ordre quelque peu théâtral, autour de ce drap funèbre! Au dehors de l'église, un peuple entier attendait, pour les conduire au champ du repos, les restes de cet homme ingénieux, de cet inépuisable et charmant inventeur qui avait tant amusé les vingt-cinq plus belles années du dix-neuvième siècle! Enfin, pour ajouter aux grandeurs de ce jour suprême, on entendit, sur le bord de cette fosse ouverte avant l'heure, la voix puissante, écoutée, honorée, la voix de M. Victor Hugo lui-même, qui parlait, en termes excellents et magnifiques, du talent, du courage et des travaux de cet ami de sa jeunesse, et tant de larmes, et tant de regrets, et tant de douleurs... Frédéric Soulié n'a pas encore de tombeau!

Pas de tombe à Frédéric Soulié! Pendant que, dans sa patrie, à Bergame, on dresse une statue à Donizetti, mort à l'hôpital des fous! Pas de tombe à Frédéric Soulié! Pendant que la veuve de Dœlher, jeune et belle, rapporte, du fond de la Russie, où la mort l'a frappé, le corps de son mari, et l'ensevelit, elle-même, à Florence, dans l'illustre église de San-Miniato, où reposent Machiavel, Dante et le poëte Alfieri! Ingrats et avares que nous sommes! Nous faisons beaucoup de bruit, autour de nos morts, le jour de leurs funérailles... Repassez, le lendemain, dans ce cimetière, où tant de douleurs, tant de louanges retentissaient, la veille encore, et vous verrez, abandonné, dans une tombe provisoire, ce même homme à qui la France entière a promis l'immortalité! Dérision de la renommée; ironie et trahison de la gloire humaine! Aussi bien les plus sages, parmi les écrivains de tous les temps, ont pressenti cet oubli du public, et ils s'en sont expliqué à l'avance:

Amis! de mauvais vers ne chargez pas ma tombe!

disait Despréaux, fidèle à son mépris pour les mensonges poétiques. Avant Despréaux, Ovide, un proscrit, avait dit, en parlant de ses ossements :

> Sint modo carminibus non onerata malis !

Avant Ovide, un grand poëte, Ennius, cher au peuple romain, dont il parlait la langue, et dont il flagellait les ridicules, avait demandé (prière exaucée à l'avance!) un convoi sans tumulte et des funérailles sans larmes :

> Qu'on ne me rende point de funèbres hommages,
> Je deviens immortel par mes doctes ouvrages.

> Nemo me lacrymis decoret, nec funera fletu
>   Faxit. Volito vivu', per ora virûm.

— Que faites-vous là, demandait son ami, au philosophe Hobbes, une heure avant sa mort, votre testament ?
— Je n'ai rien à laisser à personne, répondit le philosophe, et j'écris mon épitaphe ; ils sont de force à écrire un barbarisme, sur la pierre de mon tombeau !

Si vous lisez les poëtes français, les anciens poëtes, quelle misère durant leur vie, et quel abandon après leur mort !

> Là, grâce à Dieu, Phœbus et son troupeau,
> Nous n'eûmes sur le dos jamais un bon manteau...

disait le poëte Regnier, il disait vrai ! Corneille est mort, aussi pauvre que Regnier !

Cherchez M. de Lamennais... Il a voulu être précipité dans les abîmes de la fosse commune !

Imprévoyant pour toutes les choses de la vie, et mourant d'une pension viagère, M. de Chateaubriand ne s'est inquiété que de son tombeau ! Lui-même il en a choisi la place, au sommet d'un roc battu des flots. Eh ! qu'il avait raison de songer à sa sépulture ! Il serait oublié, à cette heure, en quelque recoin du cimetière, où tant de poëtes, tant d'écrivains, et tant de pauvres et glorieux artistes languissent, jusqu'au jour où il faudra céder la place aux nouveaux venus. Postérité ! postérité ! Que la mort des poëtes serait affreuse, si tu ne leur montrais pas un sourire, une larme, une sympathie, une pitié dans le lointain !

Deux poëtes, dans notre siècle, ont obtenu de grandes funérailles, et des hommages publics d'une certaine durée, et ces deux poëtes étaient... deux poëtes Espagnols.

Le premier, s'appelait Moratin...

Le second poëte (Espagnol!) *Quintana*, a laissé, en mourant, une couronne d'or, que ses concitoyens lui avaient offerte, sur un plateau d'argent, et cette couronne il l'a léguée à l'Académie... avec le plat d'argent! Que, par hasard, chez nous, pareille fortune soit accordée à quelque honnête poëte, à quelque poëte, resté fidèle aux premiers dieux de sa muse... Ah! la bonne supposition que nous faisons là! Un écrivain qui reçoit une couronne d'or! Y pensez-vous, chez nous? Mais cette couronne, il ne serait pas assez riche pour la garder, plus de huit jours!

Chez nous... le plus grand poëte de l'Allemagne, et le plus redouté par son courage, et par les *sagettes* de son esprit, Henri Heine, après une douloureuse agonie (elle a duré trois ans!) meurt, le sourire à la lèvre, et du chagrin, plein le cœur... A peine si quelques honnêtes gens, reconnaissants de son génie, et se souvenant de tant de belles heures, passées à le lire, ont accompagné ce malheureux, jusqu'à son dernier asile... Il a fait moins de bruit dans sa mort, que le vaudeville nouveau que l'on chantait, le soir de ses funérailles, et que l'on ne chantait déjà plus le lendemain!

Chez nous, le grand poëte, Alfred de Musset, s'éteint lentement; il se brûle à petit feu; il abandonne aux derniers venus ce grand art, cet art charmant de plaire à la jeunesse, à l'amour, au bel esprit, au mois de mai, aux passions décevantes, et de parer, des plus fraîches guirlandes, la langue que parlaient La Fontaine et Clément Marot! Que pensez-vous que l'on dise, à cette agonie, et quels regrets, pour tant d'infortunes? Les sages disent, en levant l'épaule : Ah! fi! cet homme aimait le vin! Les fous disent, en allant à leurs folies : Bah! cet homme était épuisé.

Eux-mêmes, les jeunes gens le trouvaient si vieux! Les jeunes gens qui chantent, au mois de mai, les chansons d'Alfred de Musset à leurs maîtresses; ils n'ont point paru à ses funérailles! Impitoyables, à leur tour, les vieillards ne pardonnaient pas au charmant poëte, d'avoir été si jeune, et d'avoir jeté tant de verve et de bonne humeur à leur tête chenue, à leur barbe blanchie!

Elles-mêmes, les femmes qui l'ont tant aimé, pour tant de chères élégies, les femmes qui récitaient le *Caprice*, et qui savaient, par cœur, les *Contes d'Espagne et d'Italie*... elles n'avaient pas le temps de pleurer leur poëte, elles étaient prises par le roman d'hier, par la comédie, ou par le drame d'après-demain. « Alfred de Musset!... Attendez donc!... » Il semble à ces vaporeuses qu'elles l'ont entrevu, elles ne savent plus en quel endroit!... « — M. de Musset... N'était-ce pas ce frêle petit homme blond, qui les regardait à peine, et qui sortait d'un salon, sans avoir dit un mot à ces dames? » Allons! silence! Oublions celui-là, comme nous avons oublié les poëtes, morts avant lui. S'il est véritablement un grand poëte, nos neveux paieront la dette arriérée, et l'on en reparlera... dans cent ans.

Alfred de Musset! Les belles dames l'ont moins pleuré, qu'elles n'ont pleuré le pianiste Chopin. Elles ont élevé, de leurs deniers, une tombe à Chopin! Elles l'entouraient de soins et de mélodies à son lit de mort! Il a rendu son âme heureuse, au bruit du charmant *de Profundis* que murmuraient ces lèvres poétiques, sur le rhythme indiqué par Mozart... Elles étaient au bal, à la fête, à l'Opéra, les belles dames d'Alfred de Musset [1].

> Connaissez-vous dans Barcelonne
> La marquise d'Amaeghi?

Chez nous! chez nous! (instruisez-vous par ces exemples, écrivains présents et à venir!) chez nous, le vénérable Alexis Monteil, l'infatigable historien de l'*Histoire des Français des divers États*, homme admirable, excellent, d'une érudition à effrayer le père Mabillon lui-même, d'une constance à épouvanter toute une congrégation de Bénédictins, Alexis Monteil, après cinquante ans (un demi-siècle, entendez-vous!) de recherches, d'études et d'écritures, à travers tous les siècles de notre histoire..., des fureurs du moyen âge, aux violences de 1792, M. Monteil avait perdu à cette profession douloureuse, son fils!... Et quand il eut

---

1. « Ce n'est pas la mort que je crains, mais le mourir, » est une parole de Montaigne.
Un poëte infortuné, Tasse, avait dit, avant Montaigne, en un vers, tout rempli des plus tristes pressentiments:

> Piango il morir, non piango il morir solò
> Ma il modo.....

perdu son fils, enseveli sa femme, et vendu ses livres, quand il eut perdu la force et la santé, et son œuvre achevée, il ne fut pas assez riche pour vivre obscurément, dans un grenier de Paris, il se retira dans un humble village du département de Seine-et-Marne, où il est mort, en lisant *Gil-Blas* (sa femme, Amélie, aimait tant Gil-Blas!).

Bon! le voilà mort! Le voilà qui n'est plus qu'un tout petit cadavre, et qui tient si peu de place! On l'enterre en un coin du cimetière du petit village de Cély. Là il repose, à l'ombre de cette église hospitalière, ce brave homme qui a fait un chef-d'œuvre, un chef-d'œuvre impérissable; il repose, attendant l'heure et le moment de la gloire... Au bout de trois ans, quelques amis de ce grand historien (il a dit à notre histoire : « *Lève-toi et marche !* » et notre histoire, obéissante, elle s'est levée, elle a marché!) se sont rappelé enfin que M. Amand-Alexis Monteil, l'historien *des Français des divers États*, n'avait pas de tombeau! Alors les voilà qui se mettent à calculer ce que peut coûter une pierre funèbre, dans le petit village de Cély? Et ils arrivent, par une suite incroyable de calculs, et de *soustractions* au projet primitif, à découvrir que le tombeau de M. Monteil coûtera... cent écus! Cent écus, tout autant. Cent écus!

Aussitôt le comité se forme; il appelle à son aide! Il crie : au secours! Il convoque, au pays natal de M. Monteil, ses amis, ses compatriotes, ses fanatiques, enfin que vous dirai-je? Au bout de deux années de cette éloquente réclamation, c'est à peine si l'on est arrivé à compléter cette magnanime inscription de... *cent écus !*

Dix pistoles de plus, et M. Monteil attendrait encore son tombeau... chez nous!

De ces misères, on ferait tout un volume, et ce volume..., on le fera.

Écoutez cependant, le vénérable M. de Lacretelle, presque centenaire, et peu de jours avant sa mort, racontant les obsèques de son ami, l'abbé Delille! Certes, les obsèques de l'abbé Delille ont été moins bruyantes que les funérailles de Frédéric Soulié, en revanche, quelle aimable et touchante douleur, de tout un peuple, sur le passage de ce funèbre convoi!

« Le premier jour du mois de mai 1813, la France perdit

l'abbé Delille, et je puis dire que ses funérailles m'ont présenté la gloire littéraire, et surtout la gloire du poëte, dans leur éclat le plus pur. Rien d'officiel, nulle pompe dans ses obsèques; le concours était à la fois brillant et spontané. La république des lettres, qui survivait à la plus orageuse des républiques, s'était emparée de cette occasion pour montrer qu'elle existait encore, que rien n'était changé dans ses lois, et qu'elle reprenait avec ferveur son culte ancien, pour les maîtres vénérés. C'était Virgile qu'on saluait encore dans son interprète ingénieux.

« Le jour était calme et pur, comme un beau jour du printemps qui recommence; une vraie et sincère douleur, mêlée à tant de respects, signalait le deuil de ce grand poëte, resté fidèle à tous les sentiments généreux de sa jeunesse, et partout, sur le chemin des funérailles, on entendait cet immense et pieux cortége qui répétait à voix basse, comme autant de prières, plus d'un vers que ce brave homme avait consacrés à nos douleurs les plus profondes, et aux sublimes espérances que la religion a gravées dans nos cœurs. Vous eussiez dit qu'il avait, comme Mozart, composé son *Requiem*, et sa messe des morts, afin d'honorer ses propres funérailles. »

Rien de plus; mais que ces dernières paroles d'un vieillard qui va mourir, et qui raconte à ses amis, à sa femme, à ses enfants, les funérailles qu'il envie, ont de charme et de bonhomie! Il est vrai que M. de Lacretelle était un ancêtre; il était un exemple; il était un encouragement, une force, un conseil. Il nous apprenait l'espérance! Il nous faisait aimer les années menaçantes du vieil âge! Il nous enseignait, surtout par son exemple, à rester fidèles aux belles-lettres, qui étaient le charme de ses derniers jours, après avoir été la force et la consolation de ses belles années [1].

---

1. A quel point M. de Lacretelle aimait les belles-lettres, en voici un exemple excellent :

Il venait de publier un nouveau livre d'histoire, et son livre à peine a paru, que voilà notre historien qui se sent pris par cette fièvre de doute et de malaise, si commune parmi les honnêtes gens, dignes d'exercer la grande profession des écrivains, amoureux de leur renommée. Inquiet, il s'en va chez madame Bertin de Vaux, son amie, une des femmes les plus honorables de Paris, mais d'une exactitude et d'un bon sens inaltérables.

D'abord elle écoute avec intérêt les plaintes de son ami l'historien; elle le

Il était, lui-même, M. de Lacretelle, aussi bien que l'abbé Delille, un témoignage vivant que l'exercice assidu des belles-lettres n'est pas toujours sans récompense. La récompense des belles-lettres, qui donc y compte? Un faiseur de ballets a plus de chances d'arriver à la fortune, qu'un faiseur de beaux poëmes; le chansonnier prime en ceci le romancier; le romancier vient avant le poëte, le poëte a de meilleures rencontres que l'historien; le plus malheureux de tous, c'est l'orateur, parce que, justement c'est celui-là qui est le plus inquiétant.

Comptez donc, en présence de tant d'obstacles, sur le bord de tant d'abîmes, ce que peuvent espérer les simples écrivains qui n'ont pour vivre, ici-bas, que leur plume, un peu d'esprit, une grande honnêteté, et qui ne vivent que de leur travail de tous les jours! Frédéric Soulié était un de ces hommes « qui ne s'attendent qu'à eux seuls. » Ne t'attends qu'à toi seul! c'est La Fontaine qui l'a dit. Eh quoi! toujours écrire, inventer toujours, monter, incessamment, sur la brèche ardente de l'attention publique, et pourquoi faire? Afin qu'à son dernier jour, Frédéric Soulié soit accompagné jusqu'au cimetière, par une foule immense! Afin qu'avant de mourir, M. de Balzac entende une jeune fille qui s'écrie : « Ah! monsieur de Balzac! » et laisse tomber le verre qu'elle lui présentait. « — Voilà la gloire! » disait Balzac. Balzac faisait aussi le conte d'une bonne servante, et d'un bon curé de Normandie. « — Et tu dis donc, Jeannette, que dans la maison d'où tu viens, a logé M. de Chateaubriand? — Oui, monsieur le curé. — Et c'est toi, Jeannette, qui servais à table M. de Chateaubriand! — Oui-da, monsieur le curé. — Eh bien! made-

---

rassure de son mieux. « Il faut attendre; on ne lit pas de si gros volumes en un jour; le public est distrait pour un rien; » bref, tout ce qu'on peut dire à un brave homme, qui ne comprend guère que l'univers entier ne s'attache pas immédiatement à son poëme, à son roman, à son *Histoire de la Littérature dramatique!* Un peu remis, M. de Lacretelle prend son chapeau et va pour sortir. — Mais vous êtes en deuil, et de qui? reprend madame Bertin de Vaux. — De notre vieux cousin, reprend M. de Lacretelle. — Il était riche? — Oui... trop riche. (Parlant ainsi, M. de Lacretelle était déjà à la porte du salon.) — Et qui donc est l'héritier de ces grands biens? reprenait la dame. — Ah! c'est moi, reprit M. de Lacretelle. — Elle était alors presque fâchée : — Oh! disait-elle, que vous voilà bien, vous autres barbouilleurs de papier; voilà tantôt deux heures que vous me persécutez de votre livre, et vous ne me dites pas un mot d'une fortune qui vous tombe du ciel!

moiselle Jeannette, faites-moi l'honneur de dîner avec moi! — *Et voilà ce que c'est que la gloire!* »

— Euh! euh! disait Soulié, un jour qu'on parlait de la gloire, il est sûr et certain que plus tard, dans cent ans peut-être, et dans la ville où nous sommes nés, le conseil municipal de ce temps-là, cherchant un nom, pour une nouvelle rue, pour un carrefour nouveau, dira: nommons-les rue ou carrefour: Frédéric Soulié, Léon Gozlan, Alphonse Karr, Alexandre Dumas. Bon! voilà ta rue et voilà la mienne! Et pendant vingt ans, comme ta rue est inhabitée, et qu'elle est un vrai coupe-gorge, on lira, dans tous les journaux de ta localité: « Hier, dans la rue Alphonse Karr, un horrible assassinat a été commis sur la personne.... Hier, dans la rue Alexandre Dumas, un homme a été arrêté et volé, en plein jour... Avant-hier, dans le carrefour Léon Gozlan, des filles de joie ont maltraité un Anglais qui passait...; » pendant trente ans, ton ombre consolée aura la joie d'entendre dire : — « Accusé! où logez-vous? — Et l'accusé répondra : Rue Alphonse Karr! » Donc en voilà pour trente ans. Cependant peu à peu ta rue est mieux habitée; elle fait moins parler de ses vices et de ses crimes, et même elle finit par devenir une belle rue; ou bien ton carrefour est rebâti, de fond en comble... enfin tes crimes, tes vols, tes prostitutions et tes assassinats vont tenir leurs assises un peu plus loin. Bon! voilà ton pauvre nom délivré de ces histoires de la rue Pierre Lescot ou de la rue Solis; et désormais tranquille en ton Élysée, tu te frottes les mains, de n'être plus imprimé tout vif dans la *Gazette des Tribunaux*.

C'est alors qu'un capitaine heureux, un habile négociant, un préfet zélé, voire un sous-préfet populaire, un maçon enrichi, arrivent, et donnent leur nom définitif à ta rue, à ton carrefour! Pendant trente ans tu as séché les plâtres de la cité nouvelle, et....! Voilà ce que c'est que la récompense.... un vain bruit [1].

---

[1]. Acceptons cependant les biens qui nous viennent. Un brave horticulteur de la Hollande a donné naguère notre humble nom, à une tulipe nouvelle. (Un Hollandais! et pour être juste et vrai, c'est à peu près la seule récompense qui nous ait été accordée!) Il ne saura jamais ma surprise et ma reconnaissance, ce brave homme, plus royal à lui seul, que tous les rois de la terre. Il s'appelle M. Twist; son jardin fleurit dans un bel endroit qu'on appelle Alkmaar. Comme il a publié la lettre que je lui écrivais, je l'im-

Comparez l'abandon, l'oubli, la solitude et le silence qui pèsent déjà sur la mémoire de Frédéric Soulié, et sur tout le travail de sa vie, aux honneurs que l'Espagne a rendus, naguère, à ce don Moratin, que nous citions comme un poëte heureux.

prime ici, afin que les nouveaux venus me voyant, moi-même, ainsi récompensé, ne désespèrent pas de l'avenir :

« A M. Twist :

« Que vous êtes bon, Monsieur, et que je suis content de vous! Vous avez donné mon nom à votre nouvelle tulipe, et me voilà, à mon âge, en cheveux déjà blanc, renouvelé dans une fleur! Certes, si je m'attendais à une métamorphose, ce n'était pas à celle-là. Une fleur! une tulipe! une des parures du prochain mois de mai, pendant que tant de braves gens, qui valent mieux que moi, en sont réduits à écrire leur nom sur les neiges du mont Blanc, sur le sable du désert, au sommet des Pyramides, sur le clocher des hautes cathédrales! Les imprudents! L'été vient qui fond la glace; un souffle, emporte au loin le sable enflammé; la pyramide, elle peut crouler; la cathédrale, elle tombe! Au contraire, la fleur, à peine expirée, elle va renaître, et le nom qu'elle porte brillera d'un éclat tout nouveau. Quelle immortalité plus généreuse et plus charmante, et que me voilà mille fois plus heureux même, que si j'avais une statue! On la brise, on l'insulte, on la renverse, la statue! Elle dépend de la fortune et du caprice populaire.

Athènes a brisé, en un jour, les trois cents images d'airain qu'elle avait décernées à son tyran. Mais quelle main assez impie oserait briser une fleur? Quel téméraire ose arracher la tulipe, de son piédestal de gazon? Grâce à vous donc, monsieur Twist, me voilà, tout simplement, immortel! Soyez loué, soyez béni pour cette bonne œuvre; il y a quelque mérite aujourd'hui, de reconnaître, ne fût-ce que par un sourire, les honnêtes écrivains qui sont restés fidèles à la liberté, et qui n'ont jamais fait de *Cantates*. D'ailleurs de quel droit imposer à quelque innocente tulipe, ornement de la terre, et présent des cieux cléments, le nom d'un traître ou d'un flatteur de la force? Il y a tant de ciguë et d'ivraie, et tant de chardons, et tant de champignons vénéneux, pour porter le nom de ces gens-là!

« J'aurai grand soin de ma tulipe, et déjà, je cherche, à sa gloire, un beau vase, orné des plus délicates peintures, où elle puisse, à son aise, naître et grandir. Je la vais mettre aussi sous la garde excellente d'un grand fleuriste, M. Lemichez, qui est resté fidèle à la reine des jardins de Neuilly.

« Je fais des vœux, Monsieur, pour que je vous puisse embrasser et remercier quelque jour, et je ne désespère pas de vous rencontrer avant de mourir. Au reste, vous avez pour vous, un proverbe consolant : « De mémoire de rose (et de tulipe) on n'a jamais vu mourir un jardinier.

« Laissez-moi, cependant, vous serrer la main de tout mon cœur.

« Juin 1856.
« JULES JANIN. »

Il était royaliste, ce poëte Moratin! Il resta fidèle à ses rois arrachés à l'Espagne; il partagea leur captivité; il fut pour eux, une consolation, une espérance! Il mourut, avant de savoir quelles seraient les nouvelles destinées de sa patrie! Il mourut, sans se plaindre, en faisant des vers. « Celui-là enchante, qui son mal chante! » est un proverbe espagnol. Enfin, après vingt-cinq ans de silence, et quand si peu de gens songeaient à ce poëte enterré là (le nom de Moratin n'avait pas été prononcé chez nous, depuis le drame de cet illustre exilé, Martinez de la Rosa, depuis les opéras de cet autre exilé, Gomez, joués et chantés à Paris), voici qu'un juste et bienveillant décret de la reine de toutes les Espagnes [1] le rend enfin à sa patrie, et au culte de ses concitoyens, ce poëte exilé, ce poëte honnête homme, une des gloires de l'Espagne!

A ce rappel, aussi glorieux certes pour la reine que pour le poëte, l'Espagne entière applaudit, la France entière applaudit. On le vint chercher dans son tombeau d'emprunt, ce poëte exilé, et il revint dans sa patrie, au milieu des louanges unanimes! Il revint, chez lui, dans un cercueil chargé de couronnes! Il revint, en belle et noble compagnie, à la droite de l'illustre ambassadeur, orateur et historien Donoso Cortès, mort à la peine, et les cloches des cathédrales annoncèrent à grand bruit, ce triomphe inespéré.

Les villes ouvrirent, à deux battants, leurs portes reconnaissantes, et le plus riche tombeau en pierre dure, le bronze uni au marbre, s'éleva soudain en l'honneur de ces deux gloires fraternelles (à tant de distance!), le poëte et l'homme d'État, Moratin et le marquis de Valdegamas. « Laissez passer, disait un ancien, les poëtes du Tage doré! »

Si la mort de Charles Nodier fut calme et douce, la mort de

1. Le 15 juillet 1853, la reine d'Espagne a rendu une ordonnance conçue en ces termes :

« Voulant donner un témoignage solennel du profond respect que j'ai
« pour la mémoire du célèbre auteur dramatique, et restaurateur du théâtre
« espagnol moderne, P. Leandro Fernandez de Moratin, j'ai décidé ce qui
« suit, d'accord avec mon conseil des ministres :

« Les restes mortels de Moratin, déposés aujourd'hui, dans le cimetière du
« Père-Lachaise, à Paris, seront transportés à Madrid, après avoir rempli
« les formalités de coutume, dans les cas semblables.

« Les dépenses qu'occasionnera ce transport seront à la charge de l'État.
« Donné à Saint-Ildephonse.

« *Signé* Isabelle. »

Frédéric Soulié fut pleine d'angoisses et de regrets. Absolument, il ne voulait pas mourir. Un sien ami, qui l'a veillé et servi, jusqu'à l'heure suprême, M. Achille Colin, a raconté, dans un récit très-simple, et très-vrai, cette longue agonie.... « Aussitôt que son mal eut reparu, il comprit qu'il fallait mourir. Dès ce moment il n'a plus parlé, il n'a plus agi, il n'a plus pensé, que dans la prévision de sa fin inévitable. Une funeste certitude s'était emparée de lui. En vain il essayait de la repousser... par l'énergie et par la prière, il comprenait que le mal était plus fort que sa volonté. L'infortuné, il a lutté jusqu'à sa dernière heure ! Il demandait à Dieu de ne pas compter encore le nombre de ses jours ; il le suppliait de le laisser vivre deux ans, un an encore, le temps d'achever les œuvres à peine ébauchées, le temps d'écrire les choses dont il allait emporter le secret, le temps de dire le dernier mot d'un talent nouveau qui lui avait été révélé, mais qu'il n'avait pas dit encore ! O prière impuissante !

« Dans la nuit du 22 au 23 septembre, il sentit que la mort arrivait à lui ; hélas ! nous ne la pensions pas si proche ; il se pencha vers M. Massé :

« — Docteur, lui dit-il, entre le malade et le médecin, il y a une heure où rien ne saurait plus être caché ; parlez-moi, sincèrement : la mort va-t-elle bientôt venir ?

« Et pour détourner la réponse, je m'approchai alors en lui demandant s'il avait froid ?

« — Je n'ai pas froid, me répondit-il, mais je suis un mort.....

« Ainsi, prêt pour la mort, il demanda tous les artistes absents qui avaient eu leur part dans ses succès ; nous l'écoutions, nous prêtions l'oreille, malheureusement le hoquet entrecoupait les paroles, et ne nous permettait pas toujours de les saisir complétement. Je pris un moment la plume, et j'écrivis sous sa dictée : »

.....Je n'achèverai point mon pénible labeur,
Plus de récolte, hélas ! imprudent moissonneur,
Hâtant tous les travaux, faits à ma forte taille,
Je jetais au grenier le froment et la paille ;
De mon rude travail nourrissant ma maison,
Sans m'informer comment s'écoulait la moisson.
Viens près de moi, Béraud, et vous Massé, Colin,
Près de moi, près de moi, car voici bientôt l'heure
Voici qu'on me revêt de ma robe de lin
Pour entrer dignement dans...

Hélas ! il finissait comme il avait commencé, en écrivant des élégies...

Il n'en dit pas davantage ! Il n'eut pas la force d'indiquer sa *dernière demeure !* Il fit signe que tous les gens qu'il avait aimés, vinssent lui dire adieu. Il tendit la main à son domestique ; il prit congé de ses voisins ; il demandait pardon du scandale qu'il avait pu donner. Il était redevenu chrétien, et il en avait rempli fidèlement tous les devoirs, mais laissez parler M. Colin :

« Il ne se lassait pas de nous regarder les uns les autres, et de nous dire affectueusement, mais d'une voix presque éteinte : « Je vous vois, je vous vois encore ; » et il nous désignait tous, par nos noms.

« Il avait Béraud à sa gauche, madame Béraud à sa droite ; Béraud lui tenait la main gauche. « Mon ami, lui dit le mourant, cette main est déjà inerte, elle ne sent plus celle d'un ami ; si vous en voulez une, qui réponde à votre étreinte, prenez celle-ci. » Et il lui tendit la main droite, l'autre appartenait déjà à la mort.

« A l'heure suprême, notre admirable ami semblait transfiguré ; sa pensée s'élevait, sa langue était la langue immortelle de la poésie. Il parlait, et ne parlait plus qu'en vers : il adressait des vers à ceux qui l'entouraient, à ses deux médecins, à ses amis présents, à ses amis absents !

« Il y avait une telle foi, un tel rayonnement de confiance, sur ce beau visage, que Béraud prit son fils par la main, et demanda pour lui, la bénédiction du mourant. — « Enfant, lui dit Frédéric Soulié, tu es appelé bien jeune à voir un sévère spectacle ; aime ton père, aime ta mère et sois bon pour tous ; quand on n'a fait de mal à personne, on meurt tranquille, comme je meurs. »

Finissons ce récit funeste, en racontant une dernière épreuve, une cruelle épreuve, réservée à la destinée de Frédéric Soulié ! Donc le voilà mort, en bénissant l'enfant de son ami, un bel enfant blond et charmant qui pleurait, en l'appelant. Puis quelques années se passent, et pendant que les petits enfants de Charles Nodier se livraient, sous le regard attentif de leur père et de leur mère, aux longues et sévères études qui font les hommes utiles... Voilà le comble du malheur ! le pauvre enfant, le bel enfant, béni par Frédéric Soulié, ce compagnon, tout blond et tout bouclé qui l'assistait en sa dernière maladie, cet enfant

témoin attendri de sa mort.... il est devenu un jeune homme!
Et ce jeune homme (il avait dix-huit ans, à peine...), aveugle, il
s'est abandonné aux plus violentes passions de la jeunesse; et
sans rien qui l'arrête, il a suivi dans ses sentiers fangeux, la
petite-fille et l'héritière de l'immonde Léona, la triste héroïne
de *la Closerie!*

O vanité des leçons du drame, et des enseignements de la
comédie! Il était, certainement, ce jeune homme, aux premiers
rangs des spectateurs de ce drame, et plus que personne, il
devait apprendre, à cette école, le danger des liaisons mauvaises, les misères des unions suspectes, et que l'abîme est
aux pieds de ces drôlesses!... Encore une fois tout est vanité!
Ce jeune homme, au premier coup d'œil, avait reconnu Léona la
courtisane... il s'est abandonné corps et âme à cette impure;
et puis, le pauvre enfant, comme il allait toucher à sa vingtième
année... il s'est tué de sa main!... Il s'est tué, l'infortuné, sans
se rappeler le courage et la résignation de son ami le poëte, sans
songer aux larmes de son père, au désespoir de sa mère... Il
n'avait pas vingt ans!

Frédéric Soulié avait à peine quarante-sept ans, deux ans de
plus qu'Alfred de Musset. Il est mort, peu de jours avant la révolution de 1848, dans une maison achetée à crédit, à l'endroit
même où commence la douce vallée de Bièvre, et non loin de
cette hospitalière maison des *Roches*, où notre admirable patron,
M. Bertin l'aîné, nous réunissait, si souvent.

Frédéric Soulié est mort, trois ans après M. Bertin, l'aîné, et
quatre ans avant vous, ô notre ami, notre compagnon, notre
conseil, notre courage et notre exemple, Armand Bertin, la grande
âme, et le ferme esprit que nous aimions, comme nous aimions
son père, et de toute notre âme, et de tout notre cœur!

FIN DU TOME V

TABLE DES MATIÈRES

I

Les tumultes littéraires de 1830. — Frédéric Soulié. — De l'autobiographie au xixe siècle. — Opinion de Cicéron, de Montesquieu, de Fénelon. — La jeunesse des poëtes. — L'*Hôtel de la Grande Chartreuse*, par M. Eugène Pelletan. — La louange de la pauvreté. — Les conquêtes de la science nouvelle. — L'abbé Gaume et M. Nicolardot. Pages.................. 1 à 20

II.

Les poésies fugitives. — Les *Amours françaises*. — L'Hospice des *Frères de Saint-Jean de Dieu*. — Le Jardin du Luxembourg. Pages..... 20 à 29

III.

Les commencements littéraires. — *Roméo et Juliette*, ou la première tragédie. — La tragédie originale et la traduction. — Mlle Anaïs Aubert.
Pages. 29 à 40

IV.

La condition de l'homme de lettres. — Du brigandage en littérature. — Perse, traduit par M. Félix Desportes. — Une lettre inédite de Mirabeau, écrivain. — Des *Femmes savantes*, de Trissotin et de Vadius. — Ménage et l'abbé Cottin. — *La Métromanie*. — *L'Écossaise*. — Voltaire et Piron. — Le neveu de Rameau. — Ce qui est écrit reste, et voilà pourquoi il faut écrire en hésitant. — Les Satires de Despréaux. — La poésie et le bûcher. — Belle, parole de M. Armand Bertin. Pages........................ 40 à 57

V.

Le premier succès, la première chute — *Christine à Fontainebleau*. — Les sifflets. — Le vieux feuilleton : M. Moreau, M. Évariste Dumoulin. — M. Genoude et M. Jay. — Les amours du palais de Fontainebleau.
Pages. 57 à 63

VI.

M. Alexandre Dumas et sa *Christine à Fontainebleau*. — Parallèle entre es deux *Christine*. Pages............................ 63 à 68

VII.

Le petit journal. — Le dernier des trois jours.— Que le poëte ne doit pas descendre dans la rue, un fusil sur l'épaule. *Pages*............ 68 à 71

VIII.

Armand Carrel. — Du conte et de sa toute puissance. — *Clotilde.* — Le drame et ses abîmes. — Mlle Mars. — Un feuilleton d'Étienne Becquet.
Pages. 71 à 80

IX.

La Famille Lusigny. — Diderot et *le Père de Famille.* — *Gaetan il Mammone.*— Henri Delatouche et *Fragoletta.*— Lady Hamilton.— Du drame par *entassement.* — Les amants de Murcie. *Pages*................. 80 à 93

X.

Frédéric Soulié romancier.— *Le Lion amoureux.*— La Lionne.— Question de littérature légale, et que nul n'a le droit de faire un drame, avec le conte où le roman de son voisin. — Pourquoi le théâtre est préférable au roman, dans la fortune de l'écrivain.— *Le Fils de la Folle.* — Un meurtre à Rome (en 1834). — Les incestes de l'hôtel Marignan, à Nîmes. — La véritable histoire de Guido et Ginevra. — La vraie folle.— Le vol au duel. — Histoire d'un homme magnétisé. — *Le magnétiseur.* — La définition du génie, par M. Saint-Marc Girardin. — *Diane de Chivry.* — Balzac et Frédéric Soulié.— Guyon.— Mme Rose Pougaud, ou la mort de la jeune comédienne. — Pétrus Perlet et la *Esmeralda.* — Alcide Tousez. — Léopold Robert. *Pages*... 93 à 133

XI.

Après la tragédie et le drame, le mélodrame. — *L'Ouvrier.*— Les spectateurs du boulevard. — *Les Étudiants.* — Les Étudiantes.— La Grisette. — Les talismans. — Le maréchal de Thémines. — De la collaboration. — La coquette et ses collaborateurs. — M. Scribe n'a jamais eu de collaborateurs.
Pages. 133 à 158

XII.

Une aventure sous Charles IX. — M. Badon. — *Le Fils du Diable.* — M. Paul Féval. — M. Fauchery, le graveur de la *Joconde.* — *Les deux Reines.* — M. Hyppolyte Monpou. *Pages*..................... 158 à 163

XIII.

Les premiers symptômes funèbres. — Les commencements de l'hypertrophie. — Opinion de M. Bichat. — La Fontaine et M. Victor Hugo. — Du destin des poëtes. — Étrange oraison funèbre de Descartes, par Gabriel Naudé.— *Melmoth* et le révérend Mathurin.— Richard Savage, ou l'écrivain sans talent. — D'Alembert, le fils de la vitrière.— Qu'il faut être à la fois patient et courageux. — Histoire d'un livre jugé à huis clos : *Les Lamentations sociales.* — *L'Almanach des Muses.* — Les imprécations de M. de Lamartine. — M. Liouville. *Pages*..................... .... 163 à 179

XIV.

Lord Byron. — Lady Blessington. — Le comte Dorset. — Lady Byron. — Béranger.— Le testament d'une Anglaise.— Mme.Thérèse Guiccioli et Lucy Sheppard. — Alfieri et lord Byron. — Shéridan. — Walter Scott. — Mort de lady Blessington. — Mort du comte Dorset. Pages.......... 179 à 199

XV.

Wilhem Meister. — *Le roman comique.* — *Gil Blas* et le comédien. — David (d'Angers). — Gœthe et son buste. — *Faust.* — Weymar. — Gœthe par M. Saint-Marc Girardin. *Pages*............................ 199 à 208

XVI.

Du travail de l'homme de lettres. — De la position sociale des lettrés. — Un mot de M. Scribe. — Un mot de Cicéron. — Le biographe et le galérien. — Barmécide. — Pelisson. — Singulière parole d'un Marseillais à M. Paul de Musset. — M. de Corbière. — Clitandre et Trissotin. — Voltaire et le chevalier de Rohan. — Despréaux à un duc et pair. — Despréaux au roi. — Conseil aux rois, par Henri Heine.— La Lisette de Béranger. — Du concubinage en littérature. — Du mariage libre. — La dot de Mme Franchomme. — Racine en son logis. — Charlet chez lui. — Le ménage de Charlet. — Le premier tableau. — Les dix-huit cents francs de rentes. — Beroalde, et son entrée en ménage.— Le bain de pieds du célibataire.— Du mariage, par M. Saint-Marc Girardin. *Pages*................... 208 à 234

XVII.

Un ménage parisien, par M. Bayard.— *Adolphe*, par Benjamin Constant. — L'adultère et le *Lépreux*. — *Le billet de faire part* de Frédéric Soulié.
Pages. 234 à 242

XVIII.

Le mariage du critique. Pages........................... 242 à 251

XIX.

La cantate de M. Victor Hugo. — Du labeur littéraire. — La définition de la littérature, par Voltaire. — Une lettre de Piron. — La vie humaine, par M. de Florian. — *La Closerie des Genêts.* — Léona ou la fille de marbre.
Pages. 251 à 268

XX.

Si vieillesse savait, si jeunesse pouvait. — Le dernier portrait, par Frédéric Soulié. — Bertin l'*Ancien.* — Bertin *le Superbe.*— Frédéric Soulié au *Journal des Débats.*— *Le Melon.*— Soulié au feuilleton.— Un feuilleton de Soulié sur Marivaux. — *Les Comédiennes.* — *Les embarras* du poëte dramatique. — *Relâche. Pages*............................ 268 à 280

XXI.

Grandeurs et misères des écrivains. — Dufrény. — Théaulon. — Amyot. — Mathurin Régnier. — *L'ingénue de Paris.* Pages......... 280 à 286

XXII.

M. Alexandre Duval, ou la comédie impériale.— *Les victimes cloîtrées.* — Une représentation de *Timoléon.* — Amaury Duval. — La comédie historique. — La censure. — La critique. — Christine à Fontainebleau, par M. Alexandre Duval. — *La vraie bravoure.* — *Le Chanoine de Milon.* — *Les Héritiers.* — *La Jeunesse du duc de Richelieu.* — Della Maria. — *Maison à vendre.* — *Shakspeare amoureux.* — *Édouard en Écosse.*
Pages. 286 à 301

XXIII.

Boieldieu, ou la vie heureuse. — Une statue à Corneille et à Boieldieu.— Définition de la quinte, par M. Broche. — Le premier opéra-comique. — Garat et *la Carmagnole.* — *Le Calife de Bagdad.* — *Ma tante Aurore.* — S. M. l'empereur Alexandre. — *Aline.* — *Jean de Paris.* — La vieillesse des artistes. Pages.. 301 à 312

XXIV.

CHARLES NODIER. — En littérature il faut venir au bon moment. — Euloge Schneider, ou la terreur en Alsace. — Saint-Just. — Nodier au club des Jacobins... de Besançon. — Les montagnes du Puy. — L'or et les rêves. — Les Compagnons de Jéhu. — Le dépôt de la Préfecture et les prisons du Directoire. — *La Bibliothèque anthologique.*— Les satyres. — Les amours. — *Le Dictionnaire des onomatopées.* — Les romans de Charles Nodier. — *La Napoléone.* — *Jean Sbogar.* — *Le peintre de Salsbourg.* — *Smarra.* — *La Fée aux miettes.*— *Hélène Gilet.* — Genève. — Une lettre de Nodier à M. Villemain. — Nodier et le feuilleton du *Journal des Débats.* — L'arsenal. — La mort de Nodier. Pages........................ 312 à 343

XXV.

Honneurs funèbres, rendus aux poëtes. — La question de la sépulture et du tombeau. — Moratin et Quintana, poëtes espagnols. — Les obsèques de M. Alfred de Musset. — Le tombeau de M. Monteil. — Les obsèques de l'abbé Delille, racontés par M. de Lacretelle. — Définition de la gloire, par M. de Balzac.— Définition de la gloire, par Frédéric Soulié. — M. Twist et sa tulipe. — Les derniers moments de Frédéric Soulié. — Sa mort. — Le suicide d'un enfant. Pages... 343 à 356

www.ingramcontent.com/pod-product-compliance
Lightning Source LLC
Chambersburg PA
CBHW050537170426
43201CB00011B/1464